젠더와 재현

영미 문학과 문화를 통해 본 여성 문제

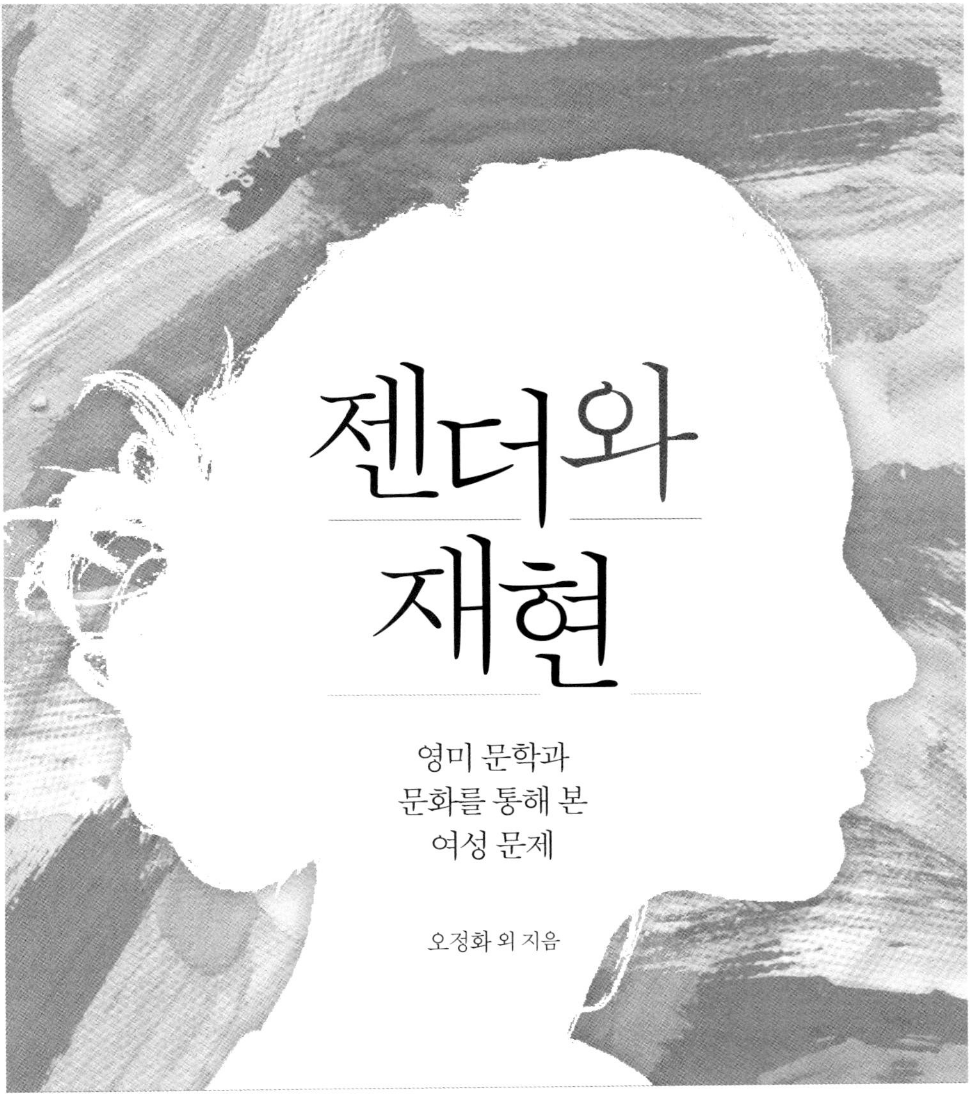

젠더와 재현

영미 문학과 문화를 통해 본 여성 문제

오정화 외 지음

이화여자대학교출판문화원

책머리에

이 책은 영어영문학을 전공한 여성 학자들이 영미 문학과 문화를 분석하며 마주친 젠더와 재현의 문제에 관해 다양한 연구를 진행해서 얻은 결과물이다. 영국과 미국에서 1970년대에 시작된 페미니즘 비평은 지난 40여 년간 문학 텍스트에 관한 연구를 변형시켰고, 무엇을 읽을 것인가, 무엇을 가르칠 것인가의 기준이 되는 정전正典을 근본적으로 바꿔 놓았으며, 문학 작품의 분석 방식을 새롭게 구축했고, 출판과 비평의 전 과정에 큰 영향력을 발휘했다. 또한 문학 분야뿐 아니라 철학, 역사, 신학, 사회학, 문화예술 등 다양한 분야에 많은 영향을 미쳤다. 영어영문학에서 페미니즘 비평은 다양한 이론과 분석 방법을 통해 다양성과 확장성, 지속성을 가진 중요한 비평 양식으로 발전을 거듭해왔다.

이 책에 실린 열여섯 편의 글은 이러한 페미니즘 비평에 입각해 여성 문제를 둘러싼 다양한 논의들이 영문학 작품이나 영어권 문화 속에서 어떻게 재현되어 있으며 어떠한 문제점들이 논의되고 있는지를 고찰하고 있다. 젠더는 담론적 재현에 의해 생산된다고 할 수 있지만, 재현은 젠더의 생산에만 기여하고 있지 않다. 오히려 보이지 않는 것을 보이게 하는 재현은 젠더의 생산뿐 아니라 젠더에 대해 중층적이고 전복적인 역할을 수행하기도 한다. 그러므로 '젠더와 재현'이라는 제목을 가지고 있는 이 책은 여성이 어떤 이미지로 재현되어 있는가에 대해 비판하고 재현에 의한 젠더 구성을 비판하는 단순한 관점이 아니라, 재현의 이중적인 역할, 즉 기존의 젠더 관계를 반영할 뿐만 아니라 기존의 젠더에 관한 개념을 해체하고 도전적·전복적 의미를 만들어내는 역할을 함께 조망하는 복합적 관점을 가지고 있다.

이 책은 시대적으로는 17세기 말 애프라 벤의 희곡에 나타난 여성 문제로부터 21세기 4차 산업혁명 시대 신재생산 기술의 문제에 이르기까지 폭넓게 다루고 있으며, 공간적으로는 영국과 미국, 캐나다를 비롯해 미래의 행성 등 다양한 공간을 배경으로 하고 있다. 또한 페미니즘 비평 이론의 면에서 볼 때 자유주의에서부터 포스트 구조주의, 포스트 휴머니즘에 이르기까지 여러 관점에서 여성 문제를 조명하고 있다. 아울러 젠더의 문제는 인종, 국가, 계급, 나이, 종교 등 다양한 억압 및 차별의 축들과 교차하고 있음을 직시하며 이러한 교차성이 문학과 영화 속에서 어떻게 재현되고 있는지에 관심을 기울인다. 이러한 연구를 통해 이 책에서는 남성 중심적 사고의 문제점을 비판하고 젠더화된 주체성이 가진 복합성을 분석하고 있다.

이 책은 총 3부 16장으로 구성되어 있다. 1부는 오늘날 뜨거운 논쟁거리가 되고 있는 육체를 주제로 '몸의 정치학과 젠더'에 관해 다룬다. 몸의 정치학은 사회의 권력이 인간의 육체를 통제하는 정치학을 이르며, 인간의 육체를 제약하는 실행을 비롯해 이를 지배하는 타인과 사회에 대한 투쟁까지 통칭한다. 몸은 가정, 사회, 국가, 경제, 정치 등 다양한 영역에서 핵심에 자리하고 있으며, 특히 여성의 몸은 이러한 지점에서 지배적 권력이 어떻게 작동하는지 여실히 드러내고 있다. 몸의 정치학에 관한 연구는 자신의 몸을 관리할 권리를 부정당한 사람들에게 가해지는 개인적·제도적 권력으로부터의 억압을 경감시키고자 노력한다.

먼저 1장에서는 인공 배양 및 수태 등 여성의 생식과 관련된 신재생산 기술에 관해 알아보고 이를 둘러싼 논쟁을 다룬다. 포스트 휴먼 시대를 이끄는 첨단 기술의 하나로 여성의 몸을 대상으로 하는 신재생산 기술에 대한 페미니즘의 중심 논쟁들은 기술 결정론적 시각과 기술 결정론을 넘어서는 시각으로 분류해 분석할 수 있다. 이 장에서는 이러한 기술과 관련된 다양한 관점의 페미니즘 담론들이 사회에서 여성의 위치를 어떻게 설정하고 있는지, 여성의 행위성에 어느 정도의 가능성을 부여하고 있는지 살펴본다.

몸을 당대의 지배 담론과 권력이 각인되는 장소라고 볼 때, 여성의 몸이나 마음에 생기는 병은 그 시대의 사회가 규정하는 여성성 이데올로기와의 관계 속에서 규명해볼 필요가 있다. 2장에서는 1960년대 캐나다를 배경으로 젊은 여성 메리언이 사회가 요구하는 여성성을 추구하다가 거식증을 얻게 되는 과정을 그린 마거릿 애트우드Margaret Atwood의 『먹을 수 있는 여성*The Edible Woman*』(1969)을 살펴본다. 거식증의 사회 문화적 의미를 고찰함으로써 거식증과 가부장적 소비 자본주의 체제의 상관관계를 밝히고, 여성의 몸에 관련된 남성 중심의 이데올로기를 폭로하며, 서구 역사에서 정신보다 열등한 위치에 자리매김해왔던 몸에 주체성을 부여하고 있다.

3장에서는 한국 전쟁 때 혼혈아로 태어나 미국으로 입양된 엘리자베스 김Elizabeth Kim의 자전적 소설 『만 가지 슬픔*Ten Thousand Sorrows*』(2000)을 고찰함으로써 지배 권력과 역사적 시각에 의해 형성되어왔던 몸 담론의 허구성과 폭력성을 드러낸다. 이러한 분석을 통해 초인종적·초민족적·초국가적 접점에 놓인 엘리자베스의 '몸 이야기하기'는 자신의 몸에 대한 부정적 이미지를 극복하는 치유의 여정이자, 자신의 몸의 주체성을 찾아가는 자아 성장의 과정임을 보여준다.

4장에서는 도리스 레싱Doris Lessing의 『어느 좋은 이웃의 일기*The Diary of a Good Neighbour*』(1983)에 나타난 여성 노인, 특히 초고령 여성의 몸에 관한 고찰을 통해 그들의 주변화된 처지와 사회에서의 유용성에 대해 알아본다. 모디라는 노동자 계층의 90대 여성 노인과 그녀와 비슷한 나이의 이웃들의 삶을 조명함으로써 이들 소수자가 어떻게 가족으로부터 소외되고 사회에서 홀대받고 있는지, 국가는 이들에게 어떤 복지를 제공하고 있는지 살펴본다. 아울러 이들이 자신의 가치를 인정받고 실현할 수 있는 방법을 제시하고 사회와의 융합을 위해 어떤 노력을 해야 하는지도 소개한다.

5장은 두 편의 고딕 소설, 존 폴리도리John Polidori의 「뱀파이어The Vampyre」(1819)와 조지프 셰리든 레퍼뉴Joseph Sheridan Le Fanu의 『카밀라*Carmilla*』(1872)를 고찰한다. 18세기 중반부터 19세기 초까지 영국에서 유행한 고딕 소설은 섹슈얼리티, 젠더, 계급, 인종이라는 다양한 범주에 있어서 영국성Englishness을 구성하는 데 바람직해 보이지 않는 요소들을 괴물이나 괴물과 같은 인물로 형상화해 억압하는 과정을 추적하며, 이러한 타자성의 억압으로 구성되는 영국성과 그에 기초한 지배 담론에 문제를 제기한다. 이 장에서는 이성애 중심주의에 도전하는 '위반의 욕망'으로서의 동성애에 초점을 맞춰 루스벤 경과 카밀라라는 두 퀴어 뱀파이어를 조명함으로써 몸 정치학의 젠더 개념 해체의 한 면을 보여준다.

2부는 젠더의 재현에서 문제가 되는 이미지에 대한 분석에 초점을 맞추어 '이미지와 중층적 재현'에 대해 고찰한다. 일찍이 버지니아 울프는 역사가들이 설명한 여성과 시인들이 묘사한 여성에 관한 글을 읽고 나면 "독수리 같은 날개를 가진 벌레"라는 "이상한 괴물"이 떠오른다고 지적했다. 현실에서의 여성과 문학이나 문화 속에서 다른 무엇인가의 기호로 존재하는 여성 사이에 이토록 커다란 차이가 있을 때, 실재하는 여성의 살아 있는 경험이 재현되는 것은 가능한 일일까? 언어가 '아버지의 법' 아래 놓여 있다면 언어를 통한 재현은 어떠한 방법을 통해 여성의 경험을 전달할 수 있을까?

6장에서는 생계를 위해 글쓰기를 선택한 최초의 직업 여성 작가라고 할 수 있는 애프라 벤Aphra Behn의 희곡 『가장한 고급 창부들*The Feigned Courtesans, or A Night's Intrigue*』(1679)을 살펴봄으로써 여성에게 씌워진

양극단의 이미지에 관한 문제를 다루고 있다. 가부장제 아래에서의 강제 결혼과 여성의 상품화, 여성을 '처녀/창녀'로 인식하는 이항 대립적 인식, 결혼과 매춘과의 유사성 등에 주목해 고급 창부의 가면 쓰기 문제를 중심으로 분석하고 있는 이 글은, 작품에 등장하는 모든 여성이 고급 창부의 가면을 선택해 씀으로써 '처녀/창녀'의 두 정체성을 한 몸에 동시에 갖게 되는 상황에 주목하고, 가면 쓰기와 가면 벗기라는 설정이 의미하는 바와 그 효과에 대해 살펴보고 있다.

7장은 빅토리아 시대의 대표적인 여성 시인인 크리스티나 로세티 Christina Rossetti가 자매애와 모성애를 바탕으로 강한 여성 공동체를 일궈낼 수 있는 대안적 비전을 그려낸 동화 시 「도깨비 시장Goblin Market」(1862)을 고찰한다. 이 시가 당시의 사회와 관습에 대해 전복적인 비판과 유토피아적 해결책을 모두 담고 있음을 살펴보고, 로라에 대한 리지의 자기희생적 사랑을 '집안의 천사'가 아니라 그리스도가 행한 것과 같은 고통의 행위로 해석함으로써 고귀한 여성적 영성의 비전을 구현하는 것으로 파악한다. 로라의 회생과 서사적 힘을 통해 이 시는 무기력한 이브를 당당한 여성으로 성장시키는 새로운 여성 신화를 쓰고 있음을 밝힌다.

8장에서는 한국계 미국 작가 수잔 최Susan Choi의 소설 『외국인 학생 *The Foreign Student*』(1998)에 형상화된 아시아 남성과 백인 여성의 사랑을 통해 인종, 민족, 국가가 다른 두 남녀가 그러한 차이를 어떻게 직면하고 초월하는지, 그들의 사랑은 그들이 놓인 사회적 현실에서 어떤 의미를 갖는지 살펴본다. 또한 이 소설이 주변부에 위치한 아시아계 남성 안창이 중심부에 있는 백인 여성 캐서린을 통해 미국 사회로 안전하게 동화되어가는 전형적인 플롯을 반복하는 것 같지만, 안창 역시 캐서린의 삶을 의미 있게 변화시킨다는 점에서 사실은 그러한 플롯을 전복시키고 있음을 보여준다.

9장에서는 샬럿 브론테Charlotte Brontë의 『제인 에어*Jane Eyre*』를 각

색해 만든 세 편의 영화, 즉 1944년 작(로버트 스티븐슨 감독), 1996년 작(프랑코 제피렐리 감독), 2011년 작(캐리 후쿠나가 감독)을 비교해 각 영화가 제작된 시기의 사회상에 따라 소설이 어떻게 해석되었는지 살펴본다. 특히 브론테의 『제인 에어』에서 중요하게 다루고 있는 계급/성 평등, 개인의 자유 의지, 여성 공동체 등의 문제가 당시의 사회 상황과 정신에 따라 어떻게 달리 해석되었는지, 문학 텍스트를 영화 매체에 옮기는 과정에서 주요 이슈와 모티브가 어떻게 진전되고 왜곡되며 재창조되었는지 자세하게 고찰한다.

10장에서는 보수적 가치를 중시한 1950년대에서 새로운 변혁을 추구하게 된 1960년대 중반으로 넘어가는 과도기에 제작된 할리우드 영화 「티파니에서 아침을Breakfast at Tiffany's」(1961)이, 당시 미국 사회의 영화 제작 현실에 작동하는 다양한 제도적·사상적 요인을 그대로 체화하고 있다는 데 주목한다. 트루먼 커포티Truman Capote의 원작 소설의 내용과 인물에 다양한 수정을 가한 이 영화가, 이전에는 볼 수 없었던 도덕적 판단이 보류된 새로운 인물형을 그려내는 과감함과 이들을 가부장제의 체제 내로 복귀시키고자 하는 보수성을 동시에 드러냄으로써 양가적 가치를 보여주고 있음을 분석한다.

3부는 '전복의 장으로서의 글쓰기'에 초점을 맞추어 문학 작품들을 분석한다. 텍스트는 여성들이 글쓰기를 통해 자신들의 삶을 구성·재구성해온 공간이다. 텍스트 속에서 현실에서는 생각할 수 없는 것들이 상상을 통해 재현되고 불가능한 것들이 성취되었다. 젠더와 문학 장르 사이의 갈등이나 여성적 글쓰기의 문제는 페미니즘 비평 내에서 중요한 논쟁거리가 되어왔으며, '제2의 성'으로서 주변적 존재로 살아온 여성들에게 글쓰기는 기존의 담론과 권력에 저항하는 전복의 장으로서의 역할을 담당해왔다. 여기에 실린 글들은 글을 쓰는 작가로서의 여성과 글을 읽는 독자로서의 여성이 함께 만나 어떻게 젠더에 대해 새로운 의미를 만들어내고 있는지 잘 보여준다.

11장은 19세기 영국에서 남성의 장르로 간주되었던 자서전 쓰기를 통해 전복적 글쓰기를 시도한 작품으로 『제인 에어*Jane Eyre*』(1847)를 분석한다. 결혼을 통해 제인이 '집안의 천사'로 안주한 것처럼 보이지만, 실은 가정적인 여자로 살아가는 데 만족하지 않고 그 틀을 깨고 나와 자신의 사적인 삶으로 공적 담론을 만들고 있는 것에 주목한다. 즉, 이 장에서는 샬럿 브론테가 소설의 제목을 '제인 에어: 자서전'이라고 붙인 것에 대해, 제인이 도전과 저항의 연속이었던 자신의 삶을 글로 옮겨 독자들에게 들려줌으로써 빅토리아 시대의 가정관에 근거한 분리 영역 이데올로기에 의문을 제기하고 사적 영역을 넘어 공적 영역에서 말하기를 시도하는 것으로 분석하고 있다.

12장에서는 엘리자베스 배럿 브라우닝Elizabeth Barrett Browning의 『오로라 리*Aurora Leigh*』(1856)를 통해 브라우닝이 여성 시인으로서 갈등을 경험하면서도 남성 위주의 문학 전통에 적극적으로 참여하는 양성적 시인이 되고자 한 시도를 평가하고, 그 함의를 젠더와 서사시라는 장르의 상관관계 속에서 탐색한다. 또한 작품 속에서 오로라가 시인으로서의 정체성을 확립하는 과정에서 남성성과 여성성을 통합한 양성성을 지향하고 있음을 살펴보고, 브라우닝이 『오로라 리』를 '소설적 시'로 일컬으며 당시 남성적 장르로 간주된 시와 여성적 장르로 평가된 소설을 결합해 장르상의 양성성을 보여주고자 한 것과 연관해서 설명한다.

13장은 남성 중심의 전통적 내러티브를 비틀고 패러디하는 마거릿 애트우드의 글쓰기를 분석함으로써 이러한 글쓰기가 사회의 권력과 이데올로기가 양산하는 폭력을 드러냄과 동시에 여성 주체의 다양한 목소리를 들려주고 있음을 서술한다. 계급과 젠더에 있어서 억압받는 시녀/하녀라는 공통점이 있는 『시녀 이야기*The Handmaid's Tale*』(1985)와 『그레이스*Alias Grace*』(1996)의 주인공 오브프레드와 그레이스는 여성 화자로서 당대 사회가 규정지은 억압적 담론에 순응하지 않고 자신만의 방식으로 자아 주체성을 표현한다. 이 장에서는 그들의 말하기/글쓰기를 통해 여성이 갖게 되는 힘의 정도와 역기능을 살펴보고 있다.

14장은 페미니즘 내부에서도 타자로 존재하는 노년의 여성에 관한 문제를 분석한 글로, 여성 노인들의 '성숙'의 문제를 고찰하고 있으며 그들의 목소리를 드러내고 내적 경험을 다룰 수 있는 문학 서사가 지닌 잠재력을 평가한다. 미국의 백인 여성 작가 메이 사튼May Sarton의 소설 『지금의 우리*As We Are Now*』(1973)와 미국의 카리브계 흑인 여성 작가 폴리 마셜Paule Marshall의 작품 『과부를 위한 찬가*Praisesong for the Widow*』(1983)를 함께 분석함으로써, 인종과 문화적 배경에 따라 노년의 문제를 설정하고 해결하는 방식이 어떻게 다른지 연구한다.

15장에서는 개성과 자아를 중시하는 백인 사회의 전통과 공동체를 중시하는 인디언 부족 사회의 전통이 결합되어 발전한 현대의 인디언 여성 자서전 문학에 관해 알아보고 대표적 작품으로 린다 호건Linda Hogan의 『파워*Power*』(1998)를 소개한다. 『파워』에는 여주인공 오미슈토의 성장사를 다룬 이야기에 아메리칸 인디언 문학의 특성인 구전 양식의 요소들이 함께 짜여 들어가 있다. 호건은 백인 사회와 인디언 부족 사회의 가치관을 대비시키며 생명력 있는 전통적 삶의 복원을 주장하고 인간과 인간, 인간과 자연 사이에 참된 공존을 모색하고 있다.

16장에서는 SF 문학에 신화적 요소가 강하게 나타난다는 점에 착안해 SF와 신화의 상관관계를 고찰하고, SF와 신화의 형태가 여성 작가의 상상 속에서 젠더 문제와 합쳐질 때 어떤 양상으로 나타나는지 알아본다. 특히 어슐러 르 귄Ursula K. Le Guin의 『어둠의 왼손*The Left Hand of Darkness*』(1969)을 살펴봄으로써 이 작품에서 젠더 문제가 양성성의 신화를 통해 탐구되고 있음을 밝힌다. 소설 속 배경인 게센 행성에 사는 존재들은 고정된 성을 가지고 있지 않은 양성적 존재들로, 이들에 대한 상상은 젠더에 의해 얼마나 많은 것이 결정되고 파생되는지를 드러냄으로써 젠더 이데올로기를 비판하고 평등한 인간관계로 이루어진 새로운 사회에 대한 탐구를 추동시킨다.

이 마지막 글에서 양성적 존재들이 사는 게센 행성은 "폭력에서 완전히 자유로운 유토피아는 아니지만, 지구의 많은 결정론적 제약으로부터 벗어나 있다는 점에서 유토피아적 요소를 찾을 수 있다"고 분석되는데, '젠더와 재현'을 다루는 이 책 또한 비록 완전한 유토피아는 아닐지라도 젠더의 이분법적 사고를 넘어선 자유롭고 평등한 사회에 대한 유토피아적 비전을 재현의 문제를 통해 추구한 노력의 결집이라고 할 수 있을 것이다. 같은 대학에서 같은 학문을 공부했던 연구자들이 각자의 자리에서 다양한 여성 문제에 대한 의식을 가지고 연구한 결과물인 이 책은, 때로는 같이 때로는 따로 문학과 문화 속에서 만난 여성 문제에 천착해 온 해석 공동체의 힘을 잘 보여주고 있다. 이 책이 영미 문학과 문화를 전공하는 학생들에게, 그리고 여성 문제에 관심을 가지고 공부하는 연구자들에게 많은 도움이 되기를 바란다.

이 책이 나오기까지 여러모로 도움을 주신 분들께 깊이 감사드린다. 특히 영미 문학과 문화에 나타난 다양한 여성 문제들을 깊이 있게 분석한 글들을 통해 젠더와 재현의 문제에 관한 연구가 진일보할 수 있도록 도움을 주신 저자들께 감사의 마음을 전한다. 좋은 책이 나올 수 있도록 원고를 모으고 저자들과 출판문화원 사이에서 모든 수고를 아끼지 않은 이소영 선생님에게는 감사의 마음을 어떻게 표현해도 부족하기만 하다. 끝으로 책이 나오기까지 애써주신 이화여자대학교출판문화원 선생님들께도 감사드린다.

2018년 10월

저자를 대표하여 오정화

차례

3부 전복의 장으로서의 글쓰기

1부

몸의 정치학과 젠더

1장 신재생산 기술에 대한 페미니즘의 논쟁과 여성의 위치*

이선주

1. 신재생산 기술에 대한 페미니즘의 동향

인공 지능 바둑 프로그램인 알파고와 인간 대표 바둑기사의 대결이라는 전 지구적, 아니 전 우주적 사건을 지켜볼 수 있을 정도로 현재 과학 기술은 비약적으로 발전했다. 인간은 싫든 좋든 비약적으로 발전한 이러한 기술을 가지고, 기술과 함께, 기술에 의해서 살아가야만 하는 운명이다. 거듭되는 기술의 진화는 인간의 진화를 강요하기 때문에 인간은 기술에 적극적으로 개입해야만 한다. 기술의 발전으로 인해 인간의 몸과 지능, 상상력의 한계를 초월하는 포스트 휴먼 시대가 현재 우리의 시간과 공간, 즉 크로노토프chronotope이다. 포스트 휴먼 시대의 기술에는 인공 지능AI, 전자 생명체, 인간과 기계가 융합한 사이보그, 유전 공

* 이 글은 『동서비교문학저널』 제36호(2016 여름호)에 게재된 논문을 수정·보완한 것이다.

학적으로 조성된 안드로이드와 인공 생명A-Life, 인간의 의식이 저장된 컴퓨터 소프트웨어 및 로봇 등이 있다. 이러한 기술 가운데서도 여성의 몸을 대상으로 하는 신재생산 기술new reproductive technology은 포스트 휴먼 시대를 이끄는 첨단 기술이다. 여성의 생식과 관련된 재생산 기술은 자궁을 검진하기 위한 금속 기구 끝에 거울을 단 검경speculum에서부터 시작된다(해러웨이, 2007, 342-360). 일종의 확대경인 검경을 이용한 검사는 현대의 더 발전한 신재생산 기술에서는 컴퓨터를 사용한 초음파 검사, 양수 검사로 발전한다. 신재생산 기술은 또한 불임 여성을 대상으로 하는 고난도의 다양한 인공 배양 기술과 인공 수태 기술을 포함한다. 현대의 신재생산 기술은 인간과 기계가 결합된 사이보그를 비롯해 자연적인 생명 탄생을 벗어나서 인공적으로 생명을 만들어내는 '무시무시한' 혹은 '환상적인' 기술로 계속 확장 중이다.

신재생산 기술의 압도적인 권능과 위험은 남성 비평가들 사이에서도 많은 논쟁을 낳았다. 위르겐 하버마스Jürgen Habermas는 『인간이라는 자연의 미래*Die Zukunft der menschlichen Natur*』에서 유전학적 개입은 후손의 자율성을 침해하는 것이라고 경고한다. 하버마스에 따르면, 착상 전 유전자 검사나 유전자 조작을 통해 태어날 아이의 특징을 결정하는 행위는 그 부모뿐 아니라 미래에 태어날 아이에게도 큰 영향을 미친다는 점에서 출산과 관련된 향상 기술은 다른 향상 기술과 구별된다. 그는 유전자를 선별해 자질을 개선하는 유전학적 개입은 자유와 평등의 원칙을 위반하는 것이라고 주장한다. 출생에 대한 유전학적 개입이 세대에 걸쳐서 "자유롭고 평등한 개인들 본연의 대칭적 관계"를 파괴함으로써 자유주의의 평등 원칙을 위반한다는 것이다(하버마스, 99). 하버마스가 주목하는 것은 인간 탄생의 우연성과 자유 사이의 연관성이다. 하버마스는 인간이 만들어지지 않고 태어난다는 탄생의 우연성이 인간이 자유로운 행위를 시작할 수 있는 전제 조건이라고 말한다. 이러한 하버마스에 대해 기술 친화적인 포스트 휴먼 학자들과 인간의 강화·향상을 추진하는 트랜스 휴먼 학자들은 기술 발전을 반대하는 논리로 자유와 평등이라는 논거가 타당하지 않음을 밝히는 일련의 반박을 내놓는다.

신재생산 기술을 직접 몸으로 접하게 되므로 여성들에게서는 더욱 다양한 의견이 나오고 있다. 신재생산 기술에 대해 어떤 견해를 가지고 있는지에 따라 페미니스트들을 크게 몇 개의 그룹으로 분류할 수 있다. 그러나 그 분류는 단순하지 않아 일치되는 점이 있어서 비슷한 그룹 같아도 어떤 점에서는 차이를 보이면서 다소 복합적인 양상을 띤다. 한 그룹의 페미니스트들은 하버마스처럼 유전 공학과 신재생산 기술의 적용에 반대한다. 그렇지만 하버마스와는 다른 이유에서 반대한다. 지나 코리아Gena Corea가 대표하는 급진적 페미니즘과 마리아 미스Maria Mies가 대표하는 에코 페미니즘이 기술 반대론의 입장에 선다. 신재생산 기술을 반대하는 또 하나의 그룹으로 자나 소위키Jana Sawicki가 대표하는 푸코주의 페미니즘이 있다. 그런가 하면 현대의 기술 과학을 적극적으로 도입하고 이에 대한 논의를 발전시키며 기술을 찬양하거나 옹호하는 입장에는 각각 사디 플랜트Sadie Plant와 다나 해러웨이Donna Haraway가 대표하는 사이버 페미니즘과 사이보그 페미니즘이 있다.

이와 같이 신재생산 기술에 대한 입장에 따라 크게 기술 반대론과 기술 옹호론으로 나뉜다. 그런데 이 두 가지 분류는 이합집산을 거듭한다. 기술이 과연 그 본성상 내재적으로 인간에게 해악을 미치거나 이익을 가져다주는 것일까? 기술 자체에 본래의 내재적인 성격이 있다고 보고 사회와 분리해 독립적인 영역으로 파악하는 관점은 기술 결정론이다. 이러한 기술 결정론의 관점에는 신재생산 기술을 해악으로 보는 급진적 페미니즘이나 에코 페미니즘만이 아니라, 기술이 여성에게 전적으로 유익하다는 입장을 갖는 사이버 페미니즘도 속한다. 반면에 기술 자체가 이롭거나 해롭다고 보지 않고 기술을 사회와의 구조적 관계 속에서 바라보는 논의들이 있다. 기술을 구조적 관점에서 바라보는 테크노 페미니즘, 신재생산 기술에 대해 반대하면서도 여성의 저항성의 자리를 탐색하는 푸코주의 페미니즘, 포스트 휴먼적 기술과 사이보그에서 가능성을 찾는 사이보그 페미니즘이 기술 결정론을 넘어서는 시각을 보여준다.

각각의 페미니즘이 기술을 바라보는 시각은 이들이 생각하는 여성의 위치와 연관이 있는가? 기술을 일정 시각으로 바라보면 여성을 특정 방향으로 위치 짓게 되는가? 기술을 바라보는 어떤 시각이 여성의 행위성에 큰 가능성을 부여하는가? 이와 같은 질문들을 염두에 두고 신재생산 기술에 대한 페미니즘의 중심 논쟁들을 살펴보고자 하는 것이 이 글의 목적이다.

이를 분석하기 위해 크게 기술 결정론적 시각과 기술 결정론을 넘어서는 시각으로 분류해 살펴볼 것이다. 기술 결정론적 시각에서는 신재생산 기술을 반대하는 급진적 페미니즘과 에코 페미니즘, 신재생산 기술을 찬양하는 사이버 페미니즘에 대해 살펴본다. 이러한 고찰을 통해서 기술에 대해 서로 반대 입장을 취하면서도 어떤 점에서 같은 기술 결정론의 입장으로 묶이는지, 어떻게 여성을 수동적 위치에 놓게 되는지를 알아본다. 기술 결정론을 넘어서서 여성의 행위성을 적극적으로 해석하는 시각으로는 테크노 페미니즘, 푸코주의 페미니즘, 사이보그 페미니즘을 분석한다. 주디 와이즈먼Judy Wajcman의 테크노 페미니즘이 어떤 면에서 기술 결정론을 효과적으로 비판하게 되는지도 자세히 알아볼 것이다.

2. 기술 결정론적 시각

기술 결정론적 시각은 기술을 사회와 무관하게 하나의 독립된 영역으로 보는 경향이 있다. 그리고 기술 자체에 고유의 성격이 내재되어 있다고 본다. 기술은 그 자체의 독립적인 논리를 따르며 궁극적으로는 사회에 '효과'를 남기는 것으로 묘사하는 경향을 갖는 시각이다.

신재생산 기술을 반대하는 급진적 페미니즘과 에코 페미니즘

주디 와이즈먼은 『페미니즘과 기술*Feminism Confronts Technology*』에서 유전 공학과 재생산 기술의 발전 및 적용에 가장 강력하게 반대하는 페미니스트로 지나 코리아, 잴나 핸머Jalna Hanmer, 로빈 롤랜드Robin Rowland, 마리아 미스 등을 든다(와츠맨, 112). 이들은 재생산 기술이나 신재생산 기술에 강하게 반대하는 입장을 갖는다는 공통점이 있다. 그런데 1970-1980년대에 주로 활약한 코리아와 같은 급진적 페미니스트와, 1990년대에 주로 활약한 미스와 같은 에코 페미니스트는 중요한 차이를 보인다. 일단 시대적 차이에 의해 이들이 다루는 재생산 기술의 수준이 다르다. 1970-1980년대에 활약한 급진적 페미니스트들이 반대하는 재생산 기술은 여성의 자궁 검진에 사용하는 거울 달린 겸자의 도입, 약물을 사용하는 유도 분만, 마취와 제왕 절개와 같은 기술이 주를 이룬다. 1990년대에 활약한 에코 페미니스트들이 직면한 신재생산 기술은 초음파 검사, 난자 채취, 인공 수정, 시험관 아기 시술, 태아 유전자 선택과 제거까지 가능해진 상태이다. 이런 이유로 급진적 페미니스트와 에코 페미니스트는 기술 자체를 여성에게 유해한 부정적인 시각으로 보는 점에서는 같으나 그 이론의 시대성이나 강조점, 치밀함 등에 있어서 차이가 난다. 그러므로 여기서는 두 입장의 차이도 염두에 두면서 살펴보고자 한다.

지나 코리아로 대표되는 급진적 페미니스트들은 1970년대 후반에 대두되었다. 이들은 남성성과 여성성 간의 젠더 차이를 강조하고 여성성 자체를 찬미한다. 그리고 아이를 낳고 기르는 어머니의 양육 경험에서 여성의 본질적인 이타심과 사랑을 읽어낸다. 이들은 남성의 경우 이기적인 경제 활동과 군림하는 가부장적 생활 방식에서 남성 고유의 호전성과 이기심이 나온다고 본다. 본성과 경험의 차이에 의해 여성과 남성 간에는 뿌리 깊은 성 차이가 있다는 개념이 이들을 통해 설파되었다. 급진적 페미니스트들은 여성적인 인간다움과 평화주의를 인간 경험의 필수적인 측면으로 진작시킬 필요성을 주장하고 과학 발전에서 이러한 여성적 가치가 위협받고 있음을 강력히 경고한다. 이들은 재생산 기술의 발전을 여성의 신체를 가부장적으로 착취하는 또 하나의 형식이라고 말한다. 전통적으로 대부분이 여성이었던 산파의 도움을 받아 가정에서 출산하던 방식이 지금은 대부분이 남성으로 대체된 의료진에 의해 인위적이고 강제적인 출산 방식으로 바뀌게 되었다고 비판한다. 겸자를 사용한 인위적인 유도 분만이나 남성 의료진에게 편리하도록 만들어진 여성 검진 자세, 여성의 몸에 대한 통제에 기반을 둔 낙태나 인공 수태술 등을 그 예로 든다. 이러한 기술로 여성의 몸은 물질로 간주되어 박탈당하고 파편화되고 해부되고 있다고 주장한다.

급진적 페미니스트들은 여성의 신체에 기술 과학을 적용하는 신재생산 기술을 여성의 고유한 능력을 탈취하려는 시도로 간주한다. 아이를 낳는 것은 여성만이 할 수 있고 여성에게 유일하게 허용된 권능이라고 보기에 신재생산 기술을 여성의 유일한 권력의 근원인 재생산 능력을 탈취하는 시도로 간주하는 것이다. 코리아는 『엄마 기계*The Mother Machine*』에서 가까운 미래에 여성들은 전문적 사육자, 즉 남성의 명령을 따르는 '엄마 기계'가 될 것이라고 경고한다(Corea, 10-25). 여성의 신체가 조작 가능한 물체로 전락하면서 여성에게 남겨진 최후의 권력 자원인 생명 창조력마저 남성 의사에 의한 인공 수태 시술로 대체되리라는 것이다. 인공 수정을 통해 남성은 인간의 창조를 완벽하게 통제할 것이고 여성은 불필요한 존재가 되리라는 것이다.

급진적 페미니스트들의 시각은 근대 산부인과 의료 관행에 대해 역사가들이 내놓는 진보의 이야기를 역전시키는 설명이다. 역사가들은 근대적 출산을 무지한 산파의 영역으로부터 벗어나서 전문 기술을 갖춘 계몽된 남성 의사의 영역으로 전환되는 발전 과정으로 묘사한다. 임상 지식 및 기술이 비약적으로 발전한 대표적 의학 분야로 산부인과가 꼽히기도 한다. 이러한 의학 기술이 여성의 건강에 실질적인 혜택을 준 것 또한 사실이다. 그러므로 급진적 페미니즘이 주장하는 것과 같이 의학의 맥락 속에서 여성의 몸에 대한 강제성을 충분히 인정하면서도 모든 서구 의학과 기술을 여성에 대한 폭력의 한 사례로 환원시키는 오류는 피해야 한다. 여성들 또한 의료 기관에 건강 관리를 의존할 수밖에 없는 현실을 감안하면 폭력이라는 수사학은 페미니즘 정치학으로서는 한계를 갖고 있다. 같은 연장선 위에서 나타나는 또 다른 한계는 급진적 페미니스트들의 논의에서 여성은 의료 기관의 희생자이거나, 여성의 신체에 대한 가부장적 통제 아래 놓여 있는 피해자로 그려지고 있다는 점이다. 이 논의에는 재생산 기술을 여성에게 어떤 선택권도 부여하지 않는 것으로 설정하는 문제점이 있다.

에코 페미니즘은 생태 및 환경의 관점을 부각시킨 페미니즘이다. 1993년에 마리아 미스와 반다나 시바Vandana Shiva가 쓴 『에코페미니즘 *Ecofeminism*』이 이에 관한 대표적인 책이다. 에코 페미니즘은 신재생산 기술에 대해 매우 비판적이라는 점에서는 급진적 페미니즘과 같은 연장선 위에 있으면서도 급진적 페미니즘보다 이론이 더 정교하고 설득력이 있다. 그 이론이 보다 정교하고 설득력을 가지게 된 첫 번째 요인은, 에코 페미니즘이 특히 현재 첨단의 신재생산 기술을 대상으로 하는 비판이기 때문일 것이다. 미스는 기본적으로 생명 공학을 비도덕적이라고 본다. 그녀는 생명 공학이 인간을 자연의 일부가 아닌 자연의 주인이자 지배자로 여기는 사고방식의 실용화라고 생각한다. “생명 공학자에게 인간은 단지 유기 물질, DNA, 원료의 덩어리일 따름으로 마음대로 분해하고 새로운 바이오 기계로 조립할 수 있는 것이다"(미스·시바, 231). 이러한 윤리의 부재는 신재생산 기술의 발전을 들여다보면 명확하다. 신재생산 기술에서는 여성이 자연에 대한 인간 지배의 표적일 뿐 아니라 유용한 '유기 물질'의 주된 원천이기 때문이다(미스·시바, 232). 신재생산 기술을 이용해 특정 자질의 기준에 따라 정자와 난자를 분리하고 선택할 수 있을 뿐 아니라, 유전자를 분리하고 DNA를 재단하며 어떤 염색체가 결함이 있는지 검사해 DNA 조각을 재조합해서 유전 물질에 직접 영향을 줄 수도 있다. 인간의 이윤을 최대로 높이기 위한 이러한 선택과 제거의 원칙에서 미스는 신재생산 기술의 비도덕성을 찾아낸다.

에코 페미니즘이 신재생산 기술에 대한 보다 정교한 비판이라고 할 수 있는 또 다른 요인으로는 신재생산 기술의 가속적인 발달을 전 지구적 자본주의의 생리 속에서 파악한다는 점을 들 수 있다. 미스는 인공 수정과 시험관 아기 시술이 불임 여성에게 행복을 가져다주며 저출산 시대에 출산율을 높여 국가 경제에 기여한다는, 현재 우리가 흔히 듣는 신재생산 기술의 장점을 뒤집어 보인다. 이러한 기술은 인간의 행복을 증진하기 위해서가 아니라 자본 증식과 소비 패턴 구조에 근거하는 자본주의를 영속하기 위해 발전되고 있다고 보는 것이다. 과잉 투자로 다른 투자 영역의 전망이 더 이상 그리 밝지 않은 상황에서 여성의 생식 능력과 관련된 신재생산 기술이 투자자와 의료 기술자들의 새로운 투자 영역으로 떠오르고 있다는 것이다. 신재생산 기술이 자본주의 경제의 새로운 이윤 창출지로 부상하고 있음을 보여주는 예는 많다. 인공 수정을 위한 난자 추출이 신체에 미치는 위험에도 불구하고 한국의 불임 치료 연구소들에서 빈번하게 이루어지고 있는 것도 그 예이다. 배아 복제와 난자 추출은 단지 인공 임신을 위한 것만이 아니라 난치병을 치료하기 위한 줄기세포 배양 실험을 위한 것이라는 '숭고한' 목적을 제시하고 시행되고 있다(조주현, 94-96). 이러한 신재생산 기술이 자본주의의 유망한 투자 종목으로 우뚝 부상하고 있다는 측면에서 볼 때 에코 페미니즘의 비판은 상당히 타당성이 있다.

에코 페미니즘은 신재생산 기술에 대한 저항을 보다 현대적인 차원에서 정교하게 이론화한다는 장점이 확실히 있다. 그럼에도 신재생산 기술에 대한 비판에 있어서 급진적 페미니즘처럼 기술 결정론의 시각을 기본으로 하고 있다. 에코 페미니즘은 기술, 특히 신재생산 기술이 그 자체 내에 여성에게 해롭게 작용하는 속성을 가지고 있다고 본다. 그렇기 때문에 여성을 전적으로 수동적인 위치에 두게 된다. "여성은 더욱 대상화되고 수동적이 된다. 새로운 생식 기술에서 여성은 하나의 온전한 대상도 못 되고 떼어내어 재조합하고 팔아먹고 빌려주거나 하는 대상에 불과하다. 인간으로서 나누어질 수 없는 온전한 존재로서의 여성의 완전성이 파괴된다"(미스·시바, 234). 이는 (남성) 의료 전문가들이 여성의 생식 기능에 대해 전면적으로 통제해버린 상황으로 파악해 여성을 전적으로 수동적인 위치에 놓는 것이다. 에코 페미니즘은 여성의 위치를 어떻게 보고 있는가, 여성의 행위성에 적극적 의미를 부여하고 있는가 하는 점에서는 급진적 페미니즘과 마찬가지로 부족한 부분이 있다. 모든 여성은 과학이라는 이데올로기의 희생자의 위치에 있고 모든 남성은 폭력적이고 지배적인 권력자의 위치에 있다고 보는 것이다. 이러한 논의는 여성을 가능성을 발현할 잠재적인 행위자로서보다는 신재생산 기술이라는 막강한 권력에 의해 조건 지워진 존재로 위치시키는 결점을 떨치지 못했다.

신재생산 기술에 대한 사이버 페미니즘과 테크노 페미니즘의 입장 비교

과거의 페미니스트들이 기술 과학을 바라보던 시각과 현재의 페미니스트들이 바라보는 시각 사이에는 단절보다는 연속성이 존재한다. 20세기 중엽의 재생산 기술을 찬양하던 슐라미스 파이어스톤Shulamith Firestone과 현재의 훨씬 첨단화된 신재생산 기술을 찬양하는 사디 플랜트에게서 그러한 연속성을 확인할 수 있다. 두 사람 모두 기술 자체가 그 성격상 남성보다 여성에게 더 유리할 것이고 여성을 굴레에서 해방시켜줄 것이라고 보는 기술 결정론의 시각을 갖고 있다.

파이어스톤은 『성의 변증법*The Dialectic of Sex*』에서 여성을 해방시키기 위해 정교한 재생산 기술을 사용할 것을 주장한다. 그녀는 재생산 기술이 섹슈얼리티와 생식 사이의 연계 고리를 끊어버릴 것으로 생각한다. 이는 가부장제가 여성의 신체, 특히 섹슈얼리티와 출산력에 대한 남성의 통제에 근거한다고 보는 입장이다. 여성 억압의 원인이 여성의 생물학적 특성 그 자체에 있다고 보므로 피임과 제왕 절개, 낙태 수술을 찬성한다. 재생산 기술이 여성 억압의 본질인 생식으로부터 여성을 해방시키는 방향으로 전개되리라고 믿기 때문이다. 파이어스톤은 1970년대에는 존재하지 않았던 기술인 인공 수정, 인공 자궁, 체외 수정과 같은 첨단 재생산 기술이 여성의 자유를 신장시켜줄 수 있다고 믿어 환영하는 입장이었다. 급진적 페미니즘이 재생산 기술 그 자체를 여성의 유일한 권능의 찬탈이라고 본 점에서 본질주의적이었던 것과 같이 재생산 기술에 대한 파이어스톤의 찬양은 이와는 정반대의 입장이지만 본질주의적이라는 면에서는 마찬가지이다. 여성성과 기계 자체에 항존하는 내재적 성격이 고정되어 있다고 보는 점에서 그러하다. 의료 관련 사업계나 남성 의료진은 파이어스톤과는 전혀 다른 의도에서 그녀의 주장을 환영했던 반면, 파이어스톤의 주장에 대해 페미니즘 내부에서의 호응은 적었다.

기술에 대한 전면적인 환영이라는 점에서 현대 여성학자들 가운데 가장 두드러진 그룹은 사이버 페미니스트들이다. 그들이 다루는 기술은 파이어스톤이 논의하던 1970년대의 기술보다는 훨씬 첨단의 것들이다. 사이버 페미니스트들은 그들이 '사이버'라는 명칭을 얻게 된 것에서도 알 수 있듯이 컴퓨터와 인터넷에서 이루어지는 가상 현실의 기술에 매료된다. 그들은 전 세계의 웹이 어느 한 집단의 통제를 넘어서고 있으며 사회적·정치적 목적을 위해 여성들이 사용할 수 있도록 개방되어 있는 것으로, 지극히 희망적으로 본다. 웹과 인터페이스가 만들어내는 가상 현실은 낡은 사회관계를 파괴하는 새로운 공간이며, 전통적 젠더 관계로부터 벗어날 수 있게 해주는 해방과 자유의 장소로 생각한다. 앞서 소개했듯이 대표적인 사이버 페미니스트로는 사디 플랜트를 꼽을 수 있다. 그녀가 쓴 「매트릭스 위에서: 사이버 페미니스트 시뮬레이션On the Matrix: Cyberfeminist Simulations」의 다음 첫 문단은 사이버 페미니스트의 성격을 잘 보여준다.

> 수십 년 동안 기술을 모순적인 양면 감정으로 바라보았던 많은 페미니스트들이 이제는 '텔레콤 혁명'이라는 신복합체 속에서 생각을 확장시킬 새로운 기회와 풍족한 공간을 발견하게 되었다. 인터넷은 여성들이 그 안에서 대화를 나누고 수다를 늘어놓고 일하고 여가를 보낼 네트워크 웹을 약속한다. 가상 현실은 고정되어 있어야 했던 정체성들에 유동성을 가져다준다. 멀티미디어는 여성 예술가들이 자신들의 공간을 찾을 수 있는 새로운 촉각적 환경을 제공한다. (Plant, 2000, 41)

플랜트는 『0들과 1들*Zeros+Ones*』에서 여성이 역사적으로 어떻게 기술과 결부되어 있었는지를 설명한다. 여성은 남성과는 달리 베틀을 능숙히 다루어 옷감을 짰고 재봉틀을 이용해 옷을 만들었다. 현대 기록 매체의 혁신을 이끈 타자기가 재봉틀의 형태를 그대로 본떠 만들어진 뒤로 여성들은 타자수로서 사무직을 채워나가기 시작했다. 사무 자동화는 남성의 완력과 에너지, 운동성보다는 여성의 융통성과 기민함, 의사소통 능력을 훨씬 중요한 업무 능력으로 대두시켰다(Plant, 1998, 35-38). 정보 기술이 더욱 발전하면서 인터넷상과 사이버스페이스상에서의 여성의 적합성은 여성들이 사회의 공적 영역으로 뻗어나갈 수 있게 한다. 플랜트는 전통 사회와는 달리 현대 디지털 사회에서는 여성의 유연성을 선호하는 노동력의 여성화가 진행되고 있다고 강조한다. 남성들은 디지털 시대에 대한 준비가 덜 되어 있지만 여성들은 새로운 기술 문화에 더 적합한 이상적인 존재로 부각되고 있다는 점에서 플랜트는 정보 기술을 환영한다.

『0들과 1들』이라는 책 제목에서 1은 단일 남성의 정체성을 표현한다. 그에 비해 여성의 정체성은 아무것도 아닌 것, 즉 0으로 표현된다. 여성은 컴퓨터의 디지털 언어인 0과 1의 배열을 활용해 새롭게 기술 젠더화를 시도한다. 0은 이제 1과 마찬가지로 장소를 차지하게 되고 1이 단독으로 가졌던 권위적 질서를 상당 부분 대체해간다. 플랜트는 인터넷과 사이버스페이스의 분산적이고 비선형적인 속성을 여성적 세계의 형성과 연결한다. 인터넷과 가상 현실은 예상 가능하거나 질서 정연한 방식으로 발전하지 않으며 통제되지도 않는다. 웹상의 예측하지 못한 서로 다른 지점들에서 창발이 일어나고 비약적 진화가 촉발된다. 플랜트는 고정성과 예측성, 중심성을 벗어나는 디지털 매체를 이상적인 여성적 매체라고 말한다. 여성은 중심성에서 벗어난 위치에서 활약하며 한 가지 고정된 업무가 아닌, 가사와 육아, 직장일 등 다각적인 업무를 동시다발적으로 실행하는 능력이 체질화되어 있기 때문이다. 전천후적인 여성의 존재 방식은 유동적인 디지털 시스템에서 탁월한 재능을 발휘하게 되어 있다. "남성적 개념으로 독점되어왔던 창조성과 천재적 예술 활동이라는 것이 새로운 멀티미디어와 디지털 예술 공간으로 확장되어 나아감에 따라, 여성들은 이러한 실험 영역의 최첨단에 위치하게 된다"(Plant, 2000, 272). 이처럼 여성은 새로운 디지털 문화의 주역으로 나서게 되는 것이다. 플랜트에 따르면, 현대 정보 기술과 여성은 자연스럽게 접속하게 되어 있고 포스트 산업 사회에서는 여성 주체가 주역이 될 수밖에 없다.

플랜트의 사이버 페미니즘은 포스트 산업 사회의 정보 기술과 페미니즘의 이론을 접목하며 그 크로노토프 안에서 여성의 역량 가능성을 가늠하고 있다는 점에서 의의가 있다. 그렇지만 사이버 페미니즘에 대한 대표적인 비판자인 주디 와이즈먼은 플랜트가 기술 그 자체의 가소성으로 인해 똑같은 기술이 긍정적인 효과가 아닌 전혀 모순적인 효과를 낳을 수 있음을 간과하고 있다고 비판한다(와이즈먼, 113-114). 와이즈먼에 따르면 기술은 사회와 무관한 독립된 영역이 아니고 자체의 본질적인 내재적 성격을 가지고 있는 것도 아니다. 기술을 항상 사회적 관계와 연결시켜 생각해야 하고 기술과 사회의 상호 맥락이 중요한데 플랜트는 그러한 점을 고려하고 있지 않다. 또한 이러한 과정과 요인들을 논외로 하고 디지털 기술에 대한 여성의 친화성만을 들어 디지털 기술은 본질적으로 여성 해방적인 의미를 지닌다고 주장한다. 그러므로 여성의 본래적인 조각난 정체성들이 유동적이고 탈중심적인 디지털 세계에 더 적합한 존재 형태라고 설정하는 플랜트의 논리는 본질주의적 성격을 내포하고 있다. 그럼으로써 플랜트는 여성들의 섹슈얼리티의 차이에 근거한 성격적·업무적 차이를 고착시킨다. 유토피아적 기술론을 주장하는 이러한 "사이버 페미니즘에 와이즈먼은 정면으로 도전한다"(Suchman, 321). 와이즈먼은 사이버 페미니즘의 유토피아적 기술 낙관론에 대한 자신의 효과적인 비판론을 '테크노 페미니즘'[1]이라고 명명한다.

와이즈먼은 기술이란 그 자체로 긍정성 혹은 부정성을 내포하고 있는 대상이 아님을 강조한다. 다시 말하면 기술은 우연적이고 열려 있는 것으로, 기술이 구현되는 사회적 네트워크와의 연관성 속에서 생각해야 한다. 기술과 사회가 상호 구성적이라는 자신의 시각을 와이즈먼은 "혼

1 테크노 페미니즘은 기술 결정론을 넘어서는 입장이나 사이버 페미니즘과의 비교를 위해 여기에서 설명하기로 한다.

종적 네트워크heterogeneous network"라고 비유한다(와이즈먼, 65). 그녀에 따르면 인간만이 아니라 비인간적 실재, 즉 기술도 행위자 혹은 행위소actant로서 행위를 한다. 와이즈먼의 테크노 페미니즘은 기술 과학을 그 이론의 중심에 도입해 들여와서 기술과 사회의 구성 방식 및 상호 작용을 살피는, 포스트 모던 사회에 매우 적합한 페미니즘이다. 이 페미니즘은 기술과 사회 간의 관계 및 작용에 연루된 기술, 사회, 인간 모두 행위자라는 시각을 살리면서 구성주의적 시각으로 분석한다.

와이즈먼의 구성주의적 시각이 기술 결정론을 넘어서고 있음은 필Pill이라는 경구 피임약에 대한 분석에서 돋보인다. 여성과 남성의 신체가 비슷한 것이 아니라 본질적으로 다른 것이라는 개념은 18세기부터 시작되었다. 여성의 신체를 타자로 설정함으로써 여성의 신체는 신체에 대한 생의학적 실행 행위들이 일어나는 가장 중요한 장소가 되었다. 인구 과잉을 막기 위한 생리학적 피임에 관한 연구가 전적으로 여성의 몸에 초점을 맞추게 된 것은 이러한 사회 관례에서 당연한 귀결이었다고 와이즈먼은 설명한다. 그녀는 '자연적인' 신체에 관한 담론이 어떻게 경구 피임약 필을 만들게 되었는지, 그리고 역으로 필이 어떻게 여성의 신체를 보편적인 것으로 구성했는지 보여준다. 개발자들은 '한 가지 크기로 모두에게 맞는' 보편적인 피임약을 개발해 여성들로 하여금 그것을 매달 20일 동안 복용하게 만든다(와이즈먼, 81). 결과적으로 모든 필 사용자들은 4주라는 생리 주기를 갖게 되었고 여성들 사이에서 보이던 생리 주기의 다양성은 사라져버렸다. 와이즈먼은 필이 이렇게 해서 여성들의 생식 기능을 균일하게 '보편적으로' 구성하게 되었음을, 기술과 사회의 구성주의적 관점을 통해 분석한다.

와이즈먼이 주장하는 것처럼 여성들이 어떤 신재생산 기술에 기댈 때 그 사회의 남성 중심적인 사회적 관계가 그 기술 활용 방식을 결정한다는 예는 많다. 직장은 여전히 남성의 생체 사이클 중심으로 돌아가고 그 속에서 여성은 남성 중심 조직의 생체 리듬을 맞추기 위해 신재생산 기술을 사용한다(와이즈먼, 61). 직원의 임신을 달가워하지 않고, 가정을 가진 여성의 상층 진입을 배척하는 회사 분위기 속에서 여성들은 자신의 신체를 재생산 기술을 통해 조절(조작)하고자 한다. 피임을 통해 임신을 억제하고, 일을 계속하려고 임신을 늦춘 여성들은 뒤늦게라도 임신을 하기 위해서 자신의 난자를 냉동시켜 보관해두는 신재생산 기술을 이용하기도 한다. 남성의 생체 사이클 위주로 돌아가는 직업세계에서 여성들이 신재생산 기술을 이용해 자신의 신체를 그 사이클에 인위적으로 맞추는 이러한 상황에 비추어볼 때 와이즈먼의 논의는 타당성이 있다. 와이즈먼의 시각은 기술 그 자체를 독립된 영역으로 사고하지 않고 기술과 사회의 상호 구성성을 고려한다. 그런 면에서 와이즈먼의 시각은, 기술 관련 페미니즘 이론들 상당수의 경향인 기술 결정론에 대한 비판으로 유익하다.

3. 기술 결정론을 넘어서: 여성의 위치와 행위성을 적극적으로 해석하는 시각

기술 결정론적 시각을 가진 페미니스트들이 여성을 소극적인 위치에 배치한 반면에, 기술 결정론을 넘어서는 시각을 가진 페미니스트들은 여성의 위치와 행위성에 대해 적극적인 해석을 이끌어냈다. 그러한 입장을 대표하는 사람으로는 푸코주의 페미니즘을 주장하는 자나 소위키와, 사이보그 페미니즘을 주장하는 다나 해러웨이가 있다(해러웨이, 2002, 283). 소위키와 해러웨이는 기술에 대해서 각각 우려와 환영이라는 반대 입장에 서 있으면서도, 두 사람 모두 기술을 결정론적으로 보지 않음으로써 기술 속에서 살아가는 여성의 행위성을 적극적으로 살려낸다.

여성의 행위성을 강조하는 푸코주의 페미니즘

자나 소위키는 미셸 푸코Michel Foucault가 말한 '생체 권력biopower'의 역사에서 여성의 신체가 권력이 작동하는 가장 중요한 지점이었음에 주목한다. 생체 권력은 명시적인 폭력을 사용하지 않고서도 권력이 원하는 방향으로 신체들을 움직이게 하는 효과적인 사회 통제 방식이다. 푸코에게서 영향을 받은 소위키는 생체 권력을 통해 여성의 신체가 통제되는 과정을 밝혀낸다. 현재는 여성의 신체 기능 가운데 특히 여성의 생식과 관련된 것에서 생체 권력의 효과가 두드러진다. 생체 권력은 "신체들을 통제해 생산의 기계 장치 속으로 삽입시키는 것"이어서 신체들을 "자본주의 발전에 필수불가결한 것"으로 만드는 기제를 드러내 보인다(Sawicki, 191). 여성의 생식에 대한 생체 권력은 생체 권력 가운데 기율 권력disciplinary power의 방식으로 작동한다. 소위키는 현대의 신재생산 기술을, 18세기 말 부르주아들이 자신의 권력을 강화하는 방식으로 생명들을 기율하던 기술의 최신 담론이라고 말한다. 기율적 기술의 방식과 목적은 다음과 같다.

> 기율적 기술은 일차적으로 억압적인 메커니즘이 아니다. 다시 말하면 그것은 일차적으로 여성의 신체나 신체 과정에 대한 폭력이나 강탈을 통해서 작동하는 것이 아니라, 오히려 지식의 새로운 대상과 주체를 생산함으로써, 욕망을 일으키고 배출시킴으로써, 개인과 집단의 에너지를 발생시키고 집중시킴으로써, 신체 움직임과 능력을 관찰·감시하고 통제하기 위한 규범과 테크닉을 확립함으로써 작동한다. 기율적 기술은 보다 쓸모 있는, 보다 강력한, 보다 유순한 신체를 만드는 여러 테크닉을 통해 신체를 통제한다. (Sawicki, 212)

기율적 실천의 목표는 개인을 보다 유순하고 유용하게 만드는 것이다. 기율적 통제는 폭력이나 강탈을 통해서가 아니라, 오히려 개인들이 그 통제에 따르도록 하는 욕망을 유발함으로써 권력의 목적을 이룬다. 그러한 신체 관리 유형의 목표는 여성의 필요성을 인정하지 않거나 제거하는 것이 아니라, 여성의 신체를 자본주의적 필요에 맞춰 보다 유용하게 만드는 데 있다. 소위키는 신재생산 기술이 여성에게 고비용과 고강도의 고통을 줌에도 그것이 현대의 유망 산업으로 성공하고 있는 것은 무엇 때문일까 하는 의문을 던진다. 불임 치료를 위한 시험관 아기 시술은 그 성공률이 20퍼센트 미만이고 시술을 한 번 하는 데만도 많은 비용이 든다. 또한 배란 촉진, 난자 채취, 체외 수정과 이식을 위한 여러 검진 절차를 수년에 걸쳐 실패를 거듭하면서도 반복한다. 불임 여성들은 불임이라는 질병을 앓는 여성으로서 의학적 통제에 전적으로 몸을 맡기게 되고 그들의 몸은 아기를 생산하기 위한 자궁만으로 대상화된다. 그러고서도 대부분 아기를 갖는 데 실패하게 된다. 이러한 실정인데도 불임을 위한 치료책으로 인공 수정이나 시험관 아기 시술이 대대적으로 선전되고 있다. 이 덕분에 불임 치료 관련 의학은 새로운 먹거리 창출에 몰두하고 있는 자본주의 경제에서 큰 이윤을 창출할 수 있는 신바이오 산업으로 떠올랐다. 인공 수정과 시험관 아기 시술 등의 불임 치료술이 신성장 동력 산업으로 자리 잡게 된 데에는 불임 여성들 스스로가 의학의 힘을 빌려서라도 아기를 가져 '정상적'인 가정을 이루고 싶다는 욕망을 간절히 갖도록 한 것에 성공 요인이 있다. 소위키는 기율적 기술이 여성들의 욕망을 불러일으켜 의료계와 바이오산업계 이익 기관들의 목적을 달성시키고 있다는 타당성 있는 분석을 제시한다.

상당수의 여성들에게 신재생산 기술이 갖는 매력은 그것이 권능을 부여하는 것으로 이해된다는 점에 있다. 그런 면에서 푸코주의 페미니즘은 여성 스스로가 욕망하고 권력이 주입한 '규범'에 유순해지는 과정이 포함된, 다시 말하면 보다 여성의 위치를 의식한 논의로 향한다. 여성의 욕망을 염두에 둔 이러한 분석은 개인의 욕망과 경제적 상황이 얽혀 있음을 드러낼 뿐 아니라 사회 경제적 존재로서의 여성이 스스로 선택해 그 복합적 얽힘 속에 들어간 것이라는, 여성의 행위자로서의 면모를 부각한다는 장점이 있다. 기율적 담론과 실천에 영향을 받아 스스로 원해서 신재생산 기술을 찾는 행위의 영향은 긍정적인 점도 있고 부정적인 점도 있을 것이다. 푸코주의 페미니즘은 그 가운데 부정적인 점, 즉 여성의 신체에 대한 기율 방식이 자본주의 생산과 소비의 구조 안에서 하나의 필수적인 부분으로서 돌아가고 있음을 드러낸다. 소위키는 신재생산 기술이 새로운 저항의 지점을 만들어내기도 한다는 것을 강조한다. 레즈비언과 독신 여성들이 불임 치료를 요구함으로써 규범에 도전할 수 있고 불임 치료를 받는 여성들은 자신들의 경험을 공유하고 부적절한 치료 및 시술 등을 폭로해 개선을 요구할 수 있다는 점에서이다. 신재생산 기술을 기율적 통제의 맥락으로 보는 소위키의 논의는, 불임이 개인적 질병으로 간주됨으로써 그것을 유발한 구조적 요인 등을 생각하지 못하게 탈정치화되고 있음을 깨닫는 데 도움이 될 것이다. 소위키의 논의는 배아, 난자, 자궁과 같은 재생산적 신체 부위의 시장을 활성화함으로써 이윤을 얻는 세력이 누구인지를 깨닫게 해서 여성의 비판적 인식을 활성화한다.

신재생산 기술과 관련한 사이보그 페미니즘

기술 과학을 페미니즘 논의의 중심에 들여와서 여성의 행위성을 적극적으로 해석한 사람은 단연 다나 해러웨이이다. 해러웨이는 기존의 페미니즘에서 기술 과학에 대한 논의가 제대로 이루어지고 있지 않다고 본다. 기존의 논의에 도전하기 위해 그녀는 몸이 물질-기호적materialsemiotic 몸임을 부각한다. 여기에서는 먼저 물질-기호적 몸이라는 접근이 어떻게 몸에 대한 결정론적인 접근을 넘어서는 사고인지를 살펴보고자 한다. 다음으로는 해러웨이가 사이보그를 여성의 물질-기호적 몸의 기술 과학적 표현으로 제시한 의미를 살펴볼 것이다. 또한 그녀가 어떤 목적에서 여성의 물질-기호적 몸을 사이보그로 은유했는지, 그리고 기술 과학에 의해 사이보그화된 여성이 적극적인 행위성을 가진다는 관점이 타당한지를 검토하고자 한다.

해러웨이는 몸을 물질-기호적 몸이라는 개념으로 파악한다. 보통 물질은 실제 존재하는 어떤 객관적 실재이고, 기호는 인간이 대상을 이해하기 위해 만들어낸 임의적인 의미로 생각된다. 그래서 몸은 통상 물질로, 객관적인 실재로 생각된다. 하지만 몸은 전적으로 물질로서만 존재하지는 않는다. 몸이 따뜻함, 친근함, 아픔 등과 연관되어지는 것만 보아도 몸에는 기호적 차원이 있다. 더구나 몸은 단 한 가지가 아니어서 "그런 신체란 없다. 신체들만이 있다"(그로츠, 19). 백인 중산층 남성의 몸이라는 '하나'의 몸조차도 시대와 장소에 따라 그 몸에 대한 의미적 기호는 계속 변화한다. 몸이 기호와 분리된 채로는 우리에게 재현되거나 인식될 수가 없다. 이는 우리가 몸을 인식할 때 단지 물질 자체로서가 아니라 그 물질을 둘러싼 의미의 망 속에서 이해하고 있기 때문이다. 난자나 자궁과 같은 물질도 이미 그 이름이 붙여지는 것에서부터 물질-기호적 과정이 들어가 있고 그 구체적인 난자, 자궁이 갖는 의미망은 절대 단일하지가 않고 또한 변한다. 몸이 자연적 대상이라고 하더라도 그것이 드러나는 방식은 기호를 매개하지 않을 수 없다. 몸이라는 물질은 의미적 기호화가 없이는 이 세계 안에 존재할 수가 없다.

하나의 몸에 대해 물질-기호적 차원이 여러 가지가 있다는 말은 물질과 기호 사이의 연관이 전적으로 임의적이라는 의미는 아니다. 해러웨이는 물질의 허구성, 물질-기호 간의 자의성을 주장하는 포스트 모던의 입장은 아니다. 그녀는 "모든 세계가 탈자연화된 것이고 이미지로 재생산되고 복사로 복제된 것이라 보는 포스트 모던 관찰과는 거리를 둔다"(현남숙, 277). 몸에 대한 물질-기호적 차원이 여러 가지가 있다는 말은 앞에서 살펴본 여러 부류의 페미니즘이 신재생산 기술에 대해 각기 다르게 인식하고 있다는 점에서도 분명하게 알 수 있다. 각각의 페미니즘은 몸을 물질-기호적 몸으로 이해하는 각각의 양상을 보여주고 있다. 여성의 몸을 생물학적으로 결정화된 의미로 확정한 급진적 페미니즘도 물질-기호적 몸에 대한 이해의 한 방식이다. 몸에 대한 그러한 결정주의적 기호화는 자연의 모습인 듯하지만 실상은 자연에 대한 이해를 막는 접근이다. 해러웨이가 몸은 물질-기호적 몸임을 강조하는 것은 몸을 둘러싼 이분법과 결정주의적 이해에 대항하는 데 도움이 되기 때문이다. 해러웨이는 그러한 현행의 물질-기호적 몸에 대한 대항 담론을 자신의 물질-기호적 이해를 통해 제시하려는 것이다.

몸에 대한 물질-기호적 이해가 중요한 이유는 물질-기호적 과정은 "어떤 측면은 강조되어 가시화되는 반면에 다른 측면들은 비가시적 영역에 감춰지게"(김애령, 72) 하기 때문이다. 급진적 페미니스트는 여성의 몸의 기능 중에서 생식이라는 생물학적 기능에 가장 큰 중요성을 부여하고 여성의 몸의 자율성은 비가시적 영역으로 밀쳐두고 있다. 사이버 페미니스트의 경우에도 여성의 몸에 전통적으로 여성성이라고 생각되던 유연성, 적응성의 의미망을 긍정적으로 부각해 무비판적으로 기술과학을 찬양할 수 있는 것이다. 이 두 가지는 각각 몸을 물질-기호적 몸으로 이해하는 방식들이다. 급진적 페미니즘과 사이버 페미니즘은 몸을 물질-기호적 몸으로 이해하는 방식이 다르며 그래서 가시화되고 비가시화되는 측면이 각기 다른 것이다. 그러한 가시화와 비가시화 속에서 재생산 기술에 대한 각각의 페미니즘의 입장이 표명되는 것이며 그들이 보는 물질-기호적 몸이 만들어지는 것이다. 물질-기호적 몸으로서의 몸에 대한 이해는 그러므로 누구의 시각이며 무엇이 지식으로 간주되는가의 문제이다(해러웨이, 2002, 340-346).

그렇다면 해러웨이는 몸에 대한 물질-기호적 이해를 어떻게 하고 있을까? 1985년 발표한 「사이보그 선언문A Cyborg Manifesto」에서 해러웨이는 기술 과학 시대의 물질-기호적 몸을 사이보그로 은유한다. 사이보그는 몸의 자연성을 전복하는 존재이다. 그녀는 여성의 몸이 생물학적 성에 여전히 결박되어 이해되는 문제적 상황을 전복하고자 한다. 사이보그는 몸의 자연성과 그에 부착된 의미의 차원을 변화시킬 수 있는 기술적 기반을 제공한다. 생명 공학과 의학 기술의 발달로 인간의 몸은 변형되고 증강되고 또는 다른 형태로 착취된다. 20세기 말 기술의 발달은 자연적인 것과 인공적인 것, 정신과 육체, 자기 발전적인 것과 외부로부터 계획된 것, 유기체와 기계 간의 구별을 철저히 모호하게 만들었다(해러웨이, 2002, 272). 생물학적 성 자체가 기술의 도움으로 변화한다. 여성은 특히 출산이라는 생식 기능을 가지고 있어서 생식에 대한 첨단 생명 공학 기술은 여성의 사이보그적 가능성과 그 영향을 배가한다. 해러웨이는 여성에 대한 물신화인 창녀나 여신이 되기보다는 차라리 사이보그가 되겠다고 선언한다. "사이보그는 우리에게 우리의 정치를 주기" 때문이다(해러웨이, 2002, 268).

사이보그라는 물질-기호적 몸이 여성에게 정치를 준다는 말은 무슨 의미일까? 이는 사이보그화가 기존 여성의 몸의 물질성을 극복하는 데 도움을 준다는 뜻이다. 몸의 사이보그화란 유기체와 기계 간의 결합이다. 캐서린 헤일스Katherine Hayles의 표현을 빌리자면 "탄소 기반 생명체와 실리콘 기반 생명체"의 융합이다(헤일스, 23). 성의 사이보그화, 즉 유기체와 비유기체 부분 간의 결합이 기존의 가부장제 아래에서 지배적/종속적 성 역할을 각인하는 기반으로 사용되던 몸의 물질성을 극복하는 데 도움이 된다. 이런 면에서 기술 과학은 여성을 전통 가족과 문화의 신화로부터 해방시켜준다. 일단 구속의 굴레와 권위의 신화에서 벗어나 경계선을 뛰어넘을 가능성을 사이보그는 열어준다. 그런 점에서 해러웨이는 기술 과학에 힘입은 여성의 사이보그화가 몸 정치학을 확장한다고 본다.

그러면서도 사이보그의 가능성은 "위험한 가능성"이다(해러웨이, 2002, 276). 이는 자신의 변형된 몸에 기초한 경계선을 넘는 것이 그만큼 위험하기 때문이다. 그리고 그것이 위험한 가능성일 수 있는 더 중요한 이유는 사이보그가 되더라도 여전히 기존의 물질-기호적 몸에 안주하는 삶을 살 가능성이 많아서이다. 죽은 줄 알았던 창녀가 또는 여신이 "미소전자학적, 생명공학적 정치로 가득 찬 세계에서 다시 활기를 띠고 있기 때문이다"(해러웨이, 2002, 290). 앤 발사모Ann Balsamo도 기술 과학 시대에 기술적으로 몸이 변형되고 재구성되어 젠더가 재구축될 가능성이 열리지만, 그 테크놀로지 안에서도 여성의 몸은 여전히 '자연적인 것', '성적인 것', '재생산적인 것'으로 코드화되고 있음을 비판한 바 있다(발사모, 27-28). 인터넷 인터페이스를 상당 부분 장악하고 있는 여성의 성을 상품화한 야한 광고들에서 여성의 몸에 대한 기존 의미망의 여전한 범람을 보게 되고, 비밀스러운 커뮤니케이션망으로 운영되는 대리모 모집이나 여성 생식 기관의 매매 사이트 등에서 몸 정치학의 퇴진을 목격한다. 이러한 점에서 해러웨이는 "사이보그 몸은 순진하지 않"으며 "아이러니를 당연한 것으로 받아들인다"고 말한다(해러웨이, 2002, 323). 여성의 존재와 경험이 기술과 접합한 사이보그화가 여성에게 적극적인 행위의 가능성을 열어줄 수 있는가 하면, 사이보그화된 여성임에도 여전히 기존의 물질-기호적 이해의 틀 안에서 살려고 할 수도 있다. 해러웨이는 여성의 사이보그화가 이 두 가지 가능성을 모두 내포하고 있음을 중시하는데, 이러한 점이 그녀로 하여금 사이버 페미니즘과 같은 기술에 대한 무비판적인 낙관주의에 빠지지 않게 하는 것이다.

몸 자체가 교란적인 존재이며 행위자라면, 몸은 어떤 시각 또는 입장을 가지고 나가야 할까? 해러웨이는 상황적 지식을 방법론적 시각으로 제시한다(해러웨이, 2002, 183-201; 2007, 378-381). 그녀는 상황적 지식이란 보편적 지식이 아님을 입증하는 데 『겸손한_목격자』[2]의 많은 부분을 할애한다. 이것은 근대 과학 담론에서 '객관적' 주체였던 남성 과학자, 남성 중산층이라는 "겸손한 목격자"가 주장하는 보편적 지식과 다르다는 것이다. 상황적 지식은 이용당하고 위험한 실험의 대상이 되는 몸인 미국의 흑인 여성이나 가난한 제3세계 여성의 시각에서 본 상황 파악이다. 해러웨이는 기술 과학 시대에는 근대의 남성 목격자가 아니라 실험 기술의 직접적 대상이 되기에 더 쉬운 주변부 여성들이 목격자가 되고 있음을 부각한다. 심지어 인간 주체만이 아니라 "인간의 출산을 훌쩍 뛰어넘는 새로운 생식 기술의 결과물"인 "여성인간©"이나 "앙코마우스™" 같은 사이보그의 자매들을 현 기술 과학 시대의 겸손한 목격자로 위치시킨다(해러웨이, 2007, 248). 이들이 처한 상황에서 이들이 보는 것이 상황적 지식이다. 우리가 처한 상황에서 우리의 이익만을 추구하는 것이 아니라 "여기에서 무엇이 위험에 처해 있는가? 그리고 누구를 위해 위험에 처해 있는가?"를 묻는 것이다(해러웨이, 2007, 371). 해러웨이는 기술 과학 시대에 희망을 가져올 몸 정치학으로 상황적 지식을 제시한다. 상황적 지식은 어떤 위치에서 바라보아야 하는지, 어떤 상황적 지식이 가장 덜 억압적인지 묻고 행동하는 것이다.

사이보그 존재론과 상황적 지식에 이르는 해러웨이의 인식은 다분히 사회주의적 페미니즘의 경향을 띠고 있다. 해러웨이의 시각인 상황적 지식은 보편적이거나 지배적인 자의 시각이 아니다. "신세계질서(주)의

---

2 『겸손한_목격자@제2의_천년.여성인간©_앙코마우스™를_만나다Modest_Witness@Second_Millennium.FemaleMan©_Meets_OncoMouse™』가 정식 책 제목이다.

자기 동일적이고 낙인이 찍히지 않은 초월적 지식이 아니라, 모순되고 낙인찍히고 체현된 지식"이다(해러웨이, 2007, 269). 여성의 행위성은 특정 신기술이 누구에게 왜 중요하고 그러한 특정 신기술에 의해 누가 위험에 처하게 되는가 하는 상황적 지식에 근거한다는 주장은, 해러웨이의 담론을 신재생산 기술에 대한 페미니즘 주장들 가운데 여성의 행위성을 부각하는 것으로 자리매김하게 만든다.

이 글은 기술 과학에 관한 문제를 다루는 페미니스트들을 연구 대상으로 했으며, 기술에 대한 그들의 논의 가운데 특히 신재생산 기술과 관련된 논의에 중점을 두었다. 1970년대부터 현재까지 신재생산 기술과 연관된 페미니스트들의 논의를 정리해보는 것만으로도 의미가 있는 일이다. 하지만 그렇게 하면 신재생산 기술에 대한 페미니즘 담론의 정리에 그치는 것이기 때문에 그러한 담론을 추적하면서 그 각각의 담론에서 여성의 위치를 어떻게 설정하고 있는지에 초점을 맞춰 논의를 풀어가려고 했다. 여성의 위치, 여성의 행위성에 초점을 두다 보니 자연스럽게 기술 결정론과 기술 결정론을 넘어서는 담론으로 구분이 지어졌다. 기술 결정론에서는 기술을 사회나 인간의 행위와는 별도의 독립적인 영역으로 보기 때문에 여성의 위치를 지극히 수동적으로 간주하게 됨을 목격했다. 반면 기술 결정론을 넘어서는 보다 발전된 논의에서는 기술을 사회와의 연관성 속에서 파악하며, 기술이 여성에게 긍정적으로 작용할 수도 있고 부정적으로 작용할 수도 있는데 이때 여성의 행위성과 시각이 중요함을 분석했다.

기술 결정론을 대표하는 입장으로는 급진적 페미니즘, 에코 페미니즘, 사이버 페미니즘이 있다. 지나 코리아를 비롯한 급진적 페미니스트들은 재생산 기술이 여성의 생식 기능이라는 고유하고도 유일한 권능을 찬탈한다고 주장한다. 마리아 미스로 대표되는 에코 페미니스트들은 자연과 여성성을 동일시하면서 여성의 몸에 인위적인 기술을 적용하는 것을 자연에 대한 침해라는 시각에서 본다. 에코 페미니즘은 신재생산 기술이라는 첨단 유망 산업의 발전을 전 지구적 자본주의의 소비 시장과 연결 지어 비판하는 특징을 갖는다. 기술에 대해 부정적인 이들과 달리 기술 찬양적인 입장을 갖는 사이버 페미니즘의 경우도 기술 결정론이라는 점에서 공통점이 있다. 사디 플랜트를 비롯한 사이버 페미니스트들은 컴퓨터와 인터넷 등의 기술이 여성의 다용성이나 적응성에 더 잘 어울리는 작업 환경을 만들어 여성에게 보다 자유로운 활동의 장을 열어줄 것이라고 낙관적으로 본다. 20세기 후반의 급진적 페미니즘이나 에코 페미니즘과 21세기 초반의 사이버 페미니즘이 기술에 대한 호불호는 갈리지만 기술에 내재적인 본질성이 있다고 보는 공통점에서 사고의 연속성을 목격하게 된다.

기술 결정론을 넘어서는 입장으로는 각각 자나 소위키와 다나 해러웨이가 대표하는 푸코주의 페미니즘과 사이보그 페미니즘을 들 수 있다. 소위키는 신재생산 기술이 푸코의 기율 권력에서 말하는 기율의 최신 형태라고 설명한다. 기율적 기술은 여성의 몸에 대한 폭력을 통해 작동하는 것이 아니라, 여성의 욕망을 불러일으켜 권력을 가진 자나 자본주의 세력이 원하는 목적대로 따르게 함으로써 여성을 유순하고 유용한 몸으로 만든다는 논리이다. 소위키의 이론은 상당수의 여성들이 신재생산 기술에 이끌리는 것은 그것이 권능을 부여하는 측면이 있기 때문임을 확실히 드러낸다. 푸코주의 페미니즘은 자본주의적 생리 안에서 여성이 갖게 되는 욕망을 분석하고 신재생산 기술 안의 전복적인 지점에 대한 논의를 통해 여성의 위치를 보다 부각한다.

사이보그 페미니즘은 몸은 곧 물질-기호적 몸이라는 논리를 담론의 큰 틀로 제시하고, 기존의 기술 과학 담론에 대한 대항 담론으로 사이보그로서의 물질-기호적 몸을 제시한다. 몸의 사이보그화가 가장 잘 드러나는 장은 신재생산 기술의 영역에서이다. 사이보그는 유기적 가족을 모델로 하는 공동체를 꿈꾸지 않는다. 신재생산 기술을 통해 몸의 기능은 생리적·사회적으로 일치하지 않고 분리가 가능하다. 과거에는 여성의 몸 안에서만 이루어지던 수정도 재생산 기술에 의해 체외에서 인공적으로 이루어질 수 있게 되었다. 그리고 몸의 기능에서 비롯된다고 간주되어온 부모의 역할이 생식 기술로 인해 분리가 가능해져서 유전적 엄마와 자궁을 제공하는 엄마가 분리될 수 있다. 동성애 커플의 경우에는 유전적 엄마와 사회적 엄마가 분리될 수 있다. 이러한 인위적인 출산과 인공 생명의 탄생은 생명 공학 기술과 자본주의 소비 시장의 네트워크 속에서 이루어진다. 사이보그화가 여성에게 적극적인 행위의 가능성을 열어줄 수 있는가 하면, 여성이 여전히 기존의 물질-기호적 이해의 틀 안에서 자본주의적 소비 구조의 공모자에 머물고자 할 수도 있다. 해러웨이는 이 양자의 가능성을 모두 인정하면서도 그 해방적 가능성에 더 초점을 두고 있다. 그녀는 여성이 주변적 존재, 사이보그와 같은 낙인찍힌 자들의 상황에 대한 인식을 중시하는 시각을 가져야 한다고 말한다. 앞서 언급했듯이 사이보그 존재론과 상황적 지식에 이르는 해러웨이의 인식은 다분히 사회주의적 페미니즘의 경향을 띠고 있다. 과학 실험의 대상에 머물기 쉬운 주변적 존재나 낙인찍힌 자들의 상황에 대한 인식을 중시하는 시각을 방법론으로 제시한다는 점에서 그러하다. 해러웨이의 담론은 여성의 행위성에 큰 가능성을 부여하고 있는 담론이며, 여성의 행위성이 어떻게 성취될 것인가에 대한 답을 찾고 있는, 진행 중인 담론이다.

2장

여성의 몸, 거식증과 소비 자본주의 사회의 여성성

마거릿 애트우드의 『먹을 수 있는 여성』*

이승은

1. 여성의 몸: 담론과 권력이 각인되는 장소

현대 캐나다 문단을 대표하는 시인이자 소설가, 비평가인 마거릿 애트우드Margaret Atwood는 첫 번째 소설 『먹을 수 있는 여성*The Edible Woman*』 이후 여러 작품들을 통해 힘의 정치학에 기초한 남녀 관계, 탈식민주의, 생태계의 파괴와 지구 오염, 제도적 억압에 의한 인권 침해 등 다양한 사회 정치적 쟁점을 다루었다. 이렇듯 다양한 주제들을 다루어온 애트우드를 페미니스트 작가라는 단일한 범주로 묶어두면 다층적인 그녀의 작품 세계를 올바르게 이해하지 못할 수 있다는 우려를 표하는 평자도 있다(Howells, 14). 그럼에도 많은 작품들에서 권력 관계가 중요하게 부각되는 성의 정치학을 고찰하고 있다는 점에서 애트우드의 작

* 이 글은 『영미문화』 제6권 2호(2006)에 게재된 논문을 수정·보완한 것이다.

품들은 여성주의적 시각에서 접근할 때 중요한 의미를 생산할 수 있을 것이다. 애트우드가 토론토에서 청년기를 보내고 미국 하버드대학원에서 박사 과정을 이수했던 1950년대 후반과 1960년대 중반은 북미 대륙에서 여성 해방 운동이 일어나던 시기였다. 1960년에 캐나다 최초의 전국 규모 여성 조직인 '여성의 목소리The Voice of Women'가 결성되었고, 1967년에는 '여성의 지위에 관한 왕립 위원회The Royal Commission on the Status of Women'가 설립되었다(Howells, 4). 1969년에 발표된 『먹을 수 있는 여성』은 여성 운동을 직접적으로 언급하지는 않지만, 1960년대의 캐나다를 배경으로 대학 교육을 받은 젊은 여성 메리언 맥알핀Marian McAlpin이 사회가 요구하는 여성성을 추구하다가 거식증을 얻게 되는 과정을 통해 거식증의 사회 문화적 의미를 고찰함으로써 남성 중심의 이데올로기를 폭로하는 강력한 정치적 진술을 담고 있다.

여성의 몸과 여성성의 재생산 관계를 고찰한 수잔 보르도Susan Bordo의 작업은 『먹을 수 있는 여성』에서 결혼이 다가올수록 자신의 몸이 해체되는 망상에 시달리다가 급기야 거의 모든 음식을 먹을 수 없는 거식증으로 고통받는 메리언의 문제를 이해하는 데 중요한 단서를 제공한다. 보르도는 몸을 담론과 권력이 각인되는 장소라고 보는 미셸 푸코Michel Foucault의 구성주의적 몸 담론을 페미니스트 관점에서 차용하면서 병으로 고통받는 여성의 몸에 주목한다. 보르도에 의하면 19세기 후반 빅토리아 시대 여성들 사이에서 전염병처럼 유행하던 히스테리, 제2차 세계대전 직후 미국 백인 중산층 여성들이 겪었던 광장 공포증, 1980년대 미국 사회에서 대규모로 발생한 식습관 장애의 하나인 거식증은 당대 사회가 주장하는 여성성 이데올로기를 깊숙이 각인하고 있어서 당대 문화에 대한 진술로 읽힐 수 있는 텍스트이다(Bordo, 240). 특히 보르도는 거식증의 원인을 1950년대와 1960년대 초반에 걸쳐 미국을 휩쓸었던 담론, 즉 여성의 이상적인 삶의 근거를 가정에서 찾는, 베티 프리단

Betty Friedan이 '여성의 신비'라고 명명한 이데올로기에 대한 저항에서 찾는다(Bordo, 200). 프리단은 『여성의 신비*The Feminine Mystique*』의 '점진적인 비인간화: 안락한 강제수용소Progressive Dehumanization: The Comfortable Concentration Camp'라는 장에서 "만약 인간 유기체가 성장하면서 자신이 될 수 있는 모든 것이 되고 싶은 생래적 욕구를 갖고 있다면, 건강한 여성의 몸과 정신이 이러한 성장을 허용하지 않는 역할에 적응하려고 애쓸 때 저항하기 시작한다는 것은 당연한 일"(Bordo, 282 재인용)이라고 하면서 여성의 신경증이 발생한 배경을 설명한다. 보르도나 프리단 모두 여성의 몸이나 마음에 생기는 병은 당대 사회가 규정하는 여성성 이데올로기와의 관계 속에서 규명될 수 있다고 설명한다.

이 글에서는 거식증이 당대 문화에 대한 의미심장한 진술로 읽힐 수 있다는 보르도의 논의를 차용, 확장해 『먹을 수 있는 여성』에서 메리언이 경험하는 정신적 불안과 공포, 거식증의 사회 문화적 의미를 고찰하고자 한다. 이를 위해 먼저 소비 자본주의 사회가 요구하는 여성성 이데올로기를 살펴보고, 이 여성성 규범의 어떤 속성이 메리언의 거식증을 유발하는지, 메리언의 거식증이 갖는 상징적 의미가 무엇인지를 분석함으로써 소비 자본주의 사회의 여성성에 대한 애트우드의 문제의식을 가늠해보고자 한다.

2. 거식증: 소비 자본주의 사회에 대한 저항

1960년대 캐나다의 토론토에서 살고 있는 메리언은 대학에서 영문학을 전공하고 졸업 후 시모어 서베이Seymore Survey라는 시장 조사 회사에서 4개월째 일하고 있는 젊은 여성이다. 메리언의 업무는 제품 광고가 소비자들에게 미치는 영향을 알아보기 위해 남성 심리학자들이 작성한 복잡하게 꼬인 문장을 일반 소비자들이 이해할 수 있도록 간단한 질문으로 수정하는 일이다. 소비자들의 충동구매를 자극하는 일에 간접적으로 관여하는 이 업무는 메리언으로 하여금 자신도 모르는 사이에 소비 자본주의 체제가 소비자들에게 벌이는 상업적인 세뇌에 일조하게 만들지만 (Hobgood, 3), 다른 한편으로 메리언에게 남성 중심적인 소비 자본주의 사회 속성의 일면을 통찰하는 계기를 제공한다. 메리언은 짧은 직장 생활을 하는 동안 사회의 엄격한 남성 중심적 구조를 실감한다. 그녀는 회사의 구조를 아이스크림 샌드위치에 비유하는데, 여성 조사원들, 그리고 이들이 작성한 조사 서류를 분류하는 여성 직원들이 일하는 가운데 층은 정보를 분류하느라 거의 쉴 새 없이 돌아가는 기계들이 있는 아래층과 남성 임원들 및 심리학자들이 있는 위층을 연결해준다. 자신은 절대로 위층, 즉 임원으로 올라갈 수 없다는 메리언의 푸념이 보여주듯이, 남성 중심적인 이 구조에서 여성은 사회적 상승의 한계를 경험할 수밖에 없다.

또한 시장 조사 업무를 처리하면서 메리언은 소비자들의 구매 심리를 자극하기 위해 소비 자본주의 체제가 이용하는 여러 기제를 통찰한다. 버스 안에서 "거들 입은 젊은 여자의 모습을 담은 화려한 색상의 광고"(Atwood, 112)[1]를 보면서 "구매자들이 저 제품을 사면서 젊음과 날씬한 몸매도 함께 얻게 되리라고 생각할 것"(112)이라는 메리언의 인식은 광고가 구매자들에게 미치는 심리적 효과의 허구성에 대한 통찰을 내포하고 있다. 쇼핑센터에서 흘러나오는 경쾌한 음악이 "소비자를 행복한 황홀경으로 끌어들여 모든 물건이 바람직하게 보일 정도로 제품 구매에 대한 저항을 낮춘다"(219)고 생각하는 부분이나, "소비자가 동일한 품목의 두 가지 다른 브랜드 제품 중에서 어떤 제품을 구매하기로 선택할 때

---

1 이후부터 Margaret Atwood, *The Edible Woman*(Seal Books, 1969)에서 인용 시 페이지만 표시하기로 한다.

그것은 소비자의 합리적인 판단에 따라 이루어지는 것이 아니며, 실제로 제품들의 차이도 없고 단지 소비자가 음악의 마력에 이끌려 되는 대로 제품을 집기 때문"(220)이라고 생각하는 부분은 소비 충동을 유발하기 위해 판매자들이 이용하는 기제를 메리언이 정확하게 통찰하고 있음을 보여준다.

이러한 소비 자본주의 사회가 어떤 의미에서 정신적 공포와 거식증으로 고통받는 메리언의 서사와 연관성을 갖는 것일까? 애트우드는 메리언의 문제를 소비 자본주의 사회가 요구하는 여성성 이데올로기와 관련지어 파악한다. 가부장적 소비 자본주의 사회에서 여성이 차지하는 위치와 역할은 메리언이 약혼자 피터Peter와의 관계에서 겪는 일련의 경험을 통해 드러난다. 피터는 무엇인가를 파괴하거나 소비하고 있을 때 가장 행복하다고 느끼는 소비 자본주의 사회의 전형적인 가부장적 남성이다. 세련된 옷맵시에 깔끔하고 잘생긴 의모를 가진 스물여섯 살의 전도유망한 변호사 피터는 야심 많고 이기적이다. 가령 그가 결혼을 결심하는 계기는 메리언을 사랑해서라기보다 스물여섯 살의 남자가 계속 혼자 떠돌 수 없으니 정착해야 할 필요가 있고, 특히 아내가 있는 것이 고객들에게 믿음을 주어 변호사 업에도 도움이 된다고 생각했기 때문이다(108). 피터의 이러한 자기중심적인 성격이 그의 남성 우월주의적인 사고방식과 무관하지 않다는 점은 침실 벽에 진열된 소총과 칼, 카메라를 통해 암시된다. 피터가 보수적인 남성이라는 것은 급진적 견해를 가졌다는 이유로 메리언의 룸메이트 에인슬리Ainsley를 탐탁하지 않게 생각하는 데서 드러난다. 피터 자신은 독립적인 메리언이 자신을 지배하지 않을 것 같아서 그녀를 좋아하게 되었다고 말하지만, 정작 메리언은 피터가 자신을 독립적인 존재로 간주하기보다 "말이 없는, 그러나 견고한 이차원적 윤곽을 지닌 무대 장치"(84)처럼 다룬다고 느낀다. 약혼 이후 피터의 친구들과 그 부인들을 자주 만나게 되면서 메리언이 그가 자신을 자랑스럽게 전시하고 있다고 느끼는 부분에서도 드러나듯이 피터는 메리언을 자신의 소유물로 생각한다.

피터와 메리언의 관계가 종속적인 남녀 관계를 벗어나지 못한다는 점은 메리언이 파크 플라자 호텔에서 피터와 에인슬리, 렌츠Lenz와 만나는 장면에서도 드러난다. 피터는 사냥한 토끼의 배를 갈라 내장을 꺼낸 다음 토끼의 사진을 찍었던 일을 생생하게 묘사하고, 이 이야기를 듣던 메리언은 자신도 모르게 눈물을 흘리면서 이들로부터 달아난다. 이때 메리언은 내장이 드러난 채 피투성이가 되어 죽은 토끼와 자신을 무의식적으로 동일시하는데, 이는 그녀가 당대 사회에서 여성으로서 갖는 자신의 희생자적 위치를 무의식적으로나마 인식했음을 의미한다. 애트우드는 토끼를 사냥하고 죽인 피터의 사냥 이야기를, 호텔에서 도망한 메리언이 뒤쫓아온 피터에게 잡혀 청혼받는 사건 바로 앞에 놓는 구성적 장치를 통해 여성에 대한 남성의 구애가 사실은 쫓고 쫓기는 사냥과 같은 위협일 수 있음을 시사한다(Bouson, 3).

그런데 메리언은 피터와의 관계에서 이러한 문제점을 감지하면서도 자기 생각을 주장하기보다 대체로 피터의 요구에 순응한다. 피터가 욕조에서 관계할 것을 요구할 때에 메리언은 이것을 불쾌하게 생각하고, 피터가 왜 할 줄 아는 요리가 없냐고 핀잔을 줄 때에도 자신은 요리하기를 좋아하므로 그건 부당하다고 생각하면서도 자신의 생각을 분명하게 말하지 않고 억누른다. 피터의 기분을 거스르고 싶지 않다는 메리언의 생각 역시 그녀가 남자의 고통을 위로해주어야 한다는 여성의 사회적 역할을 내면화한 결과이다. 메리언이 가부장제 이데올로기를 내면화하고 있다는 점은 피터의 청혼을 수락하자마자 자신도 모르게 수동적인 여성의 역할을 수행하면서 피터가 원하는 '소비될 수 있는 대상'으로 변화하는 모습에서 보다 분명하게 드러난다. 예비 신부가 된 메리언은 더 이상 직장 일에 몰두하지 않으며 수동적으로 결혼식을 기다릴 뿐이다.

피터가 결혼 시기에 대해 의견을 묻자 성촉절Groundhog Day이 적당하다고 생각하면서도, 피터에게 결정을 맡긴다. 메리언은 "거의 알아들을 수 없는 부드러운 목소리"로 "당신이 결정하는 게 좋겠어요. 중요한 결정은 당신에게 맡길게요"(109)라고 말하는데, 이것은 지금까지 메리언이 피터에게 해본 적이 없는 말로 그녀 스스로 이런 자신의 모습에 놀란다. 약혼 파티가 있는 날에도 피터가 요구하는 대로 선정적인 옷을 입고 머리를 치장한다. 피터의 뜻에 따라 그의 변호사 친구들과 점심 식사를 하는 자리에 갔을 때에도 메리언은 침묵을 지키며 미소를 지을 뿐이다.

애트우드는 결혼이 결정된 후 메리언이 점차 수동적인 존재로 변하는 것을 서술 시점의 변화로 드러낸다. 가부장제 이데올로기를 내면화하고 있으면서도 메리언이 그 사회의 구조를 통찰하고 있고 자기 목소리를 낼 수 있는 동안 서사는 그녀의 일인칭 시점에서 서술된다. 그러나 1부의 끝부분에서 메리언이 피터의 청혼을 받아들이고 2부에 들어와서 그녀가 독립적인 자아를 상실하고 수동적으로 변화함에 따라 서술 시점이 'I'의 일인칭에서 'she'의 삼인칭으로 변하는데, 이는 "여성의 조건에 대한 페미니스트적 의식을 효과적으로 표현하는 기법"(Peel, 119)이다.

피터와의 관계에서 자신이 점차 수동적으로 변화하고 있음을 인지하면서도 메리언은 자신의 부정적인 변화를 제어하지 못한다. "결혼하지 않은 사람들이 중년에 어떻게 적대감을 품고 혼란스러워하는지를 사무실에서 충분히 보아왔던"(125) 메리언으로서는 안락한 생활을 보장하는 유능하고 매력적인 피터야말로 이상적인 선택이고 피터와 자신은 합리적인 결혼 생활을 유지할 수 있으리라는 생각을 쉽게 떨쳐낼 수 없다. 그렇기 때문에 그녀는 피터와 결혼하기로 한 자신의 결심을 합리화한다. 이때 주목해야 할 것은 마지 피어시Marge Piercy가 정확하게 지적하듯이, 메리언의 이성이 자기기만에 빠져 있을 때 그러한 기만의 틀에서 벗어나기 위해 반항을 시도하는 것이 그녀의 몸이라는 점이다(Piercy,

54). 푸코는 우리의 몸에 제도 규범과 규율 담론이 각인되는 과정이 불안정하기 때문에 몸은 미시적이거나 내적 방식으로 저항의 가능성을 담보한다고 지적한다(Foucault, 25). 여기서 푸코의 논의는 남성의 몸에 국한되어 있지만, 그의 몸 담론은 여성의 몸에 내재된 저항적 가능성까지 드러낸다. 즉, 메리언이 가부장제 이데올로기를 내면화하고 있음에도 불구하고 그녀의 몸에는 그 이데올로기가 완전하게 각인되어 있는 것은 아니어서, 그녀의 몸에 벌어진 자그마한 틈이 그녀로 하여금 피터와의 관계에서 자신의 종속적인 위치를 인식하고 이에 저항하도록 이끄는 것이다. 이처럼 메리언의 저항이 시작되는 곳이 그녀의 몸이라는 사실은 여성의 몸이 지닌 새로운 가능성을 부각한다.

메리언의 몸을 통해 피터와 결혼하기로 한 결정이 잘못된 선택임을 경고하는 일련의 신호들이 주어진다. 먼저 메리언은 그녀가 받아들이도록 기대되는 여성의 역할에 의해 자신의 정체성이 위협받는다고 느끼면서 몸이 해체되고 단편화되는 두려움을 반복적으로 경험한다(Bouson, 3). 당대 사회에서 여성에게 기대되는 역할은 결혼과 출산, 양육으로 이어지는 전통적인 역할이다. 대학을 중퇴하고 결혼한 후 계속 아이를 출산하느라 자신의 정체성을 잃어버린 메리언의 대학 친구 클라라Clara, 결혼 상대를 찾는 일에 여념이 없는 메리언의 사무실 동료들은 모두 사회가 제시하는 여성성의 이상, 다시 말해 푸코가 말하는 제도 규범에 길들여진 '유순한 몸docile body'(Foucault, 135)이다. 이 사회에서 여성이 가야 할 유일한 길은 결혼으로, 대학 교육은 오히려 이 목적에 부정적인 영향을 주는 것으로 간주된다. 예를 들어 메리언의 가족과 친척들은 그녀가 대학 교육을 받는 것에 대해 우려를 표해왔다. 이들이 대학 교육을 받게 되면서 메리언이 고등학교 선생이나 노처녀, 약물 중독자, 여성 행정관이 되지 않을까, 혹은 근육이 발달하고 목소리가 깊어지는 등 충격적인 몸의 변화를 경험하게 되지 않을까 걱정해왔다는 사실은(222) 이 사회에서 지적 교육이나 사회적 성공을 추구하는 것이 '비여성적'인 것으로 간주되고 있음을 말해준다. 피터와의 결혼을 통해 자신에게 주어질 인습적인 역할을 의식할수록 메리언은 "젤리가 녹아내리듯 발이 녹기 시작하는"(43) 꿈을 꾼다. 피터의 청혼을 수락한 다음 날 아침에는 "누군가가 머리 안쪽을 국자로 퍼낸 듯 자신이 텅 비어 있다"(99)고 느끼고, 약혼 후 첫 파티가 있는 날 저녁 욕조에 누워 있을 때 "시궁창 안에 빠진 마분지 조각처럼 자신의 몸이 층층이 떨어져 나가는 느낌"(218)을 받기도 한다. 또한 인형 두 개가 자신의 몸을 각기 제 방향으로 끌어당겨서 몸이 해체될 것 같은 두려움도 경험하는데(225-226), 이것은 메리언이 피터로 대변되는 가부장제 가치관에 순응하려는 욕구와 이를 거부하고 자신의 독립성을 지키고자 하는 욕구 사이에서 분열을 느끼고 있음을 상징한다.

몸이 해체되고 분해될 것 같은 두려움보다 더욱 강렬한 저항은 메리언의 몸이 음식을 거부하는 형태로 나타난다. 메리언은 먹으려고 애쓰지만 자신의 정신이 음식을 강하게 거부하는 몸에 의해 통제당한다고 느낀다. 그녀는 몇 가지 음식을 거부하는 몸을 설득해보려 애쓰고 달래기도 하고 유혹도 해보지만 몸은 요지부동으로 저항한다. 전통적인 서구의 이원 대립적 사고에서 정신보다 열등한 몸은 늘 정신의 지배를 받아왔다. 그러나 애트우드는 메리언의 몸을 정신에 저항하는 주체로 묘사함으로써 기존의 몸 개념을 전복시킨다.

그렇다면 음식 삼키기를 거부하는 메리언의 몸은 궁극적으로 무엇에 대한 거부이며 저항일까? 보르도는 여성들이 겪는 거식증의 원인을 크게 두 가지로 설명한다. 가장 보편적으로는 1980년대 이후 현대 여성들이 영상 중심의 대중 매체를 통해 이상적인 여성의 모습으로 보급되는 마른 몸매를 극단적으로 추구한 결과 음식을 거부하면서 거식증에 걸리게 된다. 특히 사춘기 여성 거식증 환자의 경우에는 출산이라는 여성의 전통적 역할과 남성 중심 사회에서 여성의 사회적 제한에 대해 갖고 있는 공포와 경멸이 여성적인 몸으로 변화하는 것에 대한 두려움으로 연결되면서 소년 같은 마른 몸을 유지하기 위해 음식을 거부하게 된다(Bordo, 196). 이와 관련해 어떤 평자는 거식증이 일종의 여성의 무의식적인 저항이라고 해석한다. 즉, 전통적인 여성의 역할의 한계에 분노하고 그와 관련된 가치를 거부하며 그들의 미래가 그들 어머니의 삶과 같은 방향으로 진전되는 것에 강렬하게 반발하는 것이라고 본다(Orbach, 169-170).

메리언의 몸이 음식을 거부하게 된 계기에는 보르도가 사춘기 여성의 거식증의 원인으로 지적했던 배경이 부분적으로 작용한다. 메리언은 성적으로 성숙한 여성의 몸을 두려워하며 임신한 여성의 몸을 그로테스크하고 혐오스러운 것으로 생각한다. 그녀는 셋째 아이를 임신한 클라라의 몸이 "수박을 삼킨 보아 뱀"(30) 같다고 생각하며, 클라라가 "원형 모양의 배 안으로 흡수되고 있다고"(133) 상상한다. 이처럼 메리언이 임신한 여성의 몸을 혐오하는 것은 출산이 곧 자아를 위협하기 때문이다. 이는 임신한 클라라의 몸이 "주변으로 밀려드는 더러운 물을 막을 수도 피할 수도 없이 무력하게 서 있으며", "임신 기간 동안 클라라가 정신이나 어떠한 인식 기능을 갖고 있지 않는 것처럼"(133) 보인다는 메리언의 생각을 통해 알 수 있다. 결혼과 출산이 여성의 자아 상실을 가져올 것이라는 메리언의 두려움은 클라라의 남편이자 대학 철학 강사인 조Joe의 발언에 의해 그 타당성이 확인된다. 조는 대학 교육을 받은 여성들이 결혼과 더불어 "그녀의 여성적 역할이 수동성을 요구하기 때문에 자신의 핵심이 남편에 의해 지배되도록 허용하고, 아이들이 생기면서 어느 날 아침 자신의 내면에 남아 있는 것이 아무것도 없음을, 자신이 텅 비어 있음을 발견하게 된다"(304)고 말한다. 회사의 크리스마스 파티에서 늙어가는 뚱뚱한 여자 동료들의 몸에 둘러싸여 있던 메리언이 불현듯 얻게 되는 인식도 이와 유사한 맥락에서 이해될 수 있다.

"잠시 동안 그녀는 그들, 그들의 정체, 그들의 실재가 파도처럼 자신의 위로 지나쳐가는 것을 느꼈다. 언젠가 그녀는, 아니 이미 그들과 같았다. 그녀는 그들 중의 하나였다. 그들과 동일한 그녀의 몸은 꽃이 있는 실내의 공기를 달콤한 유기체의 향기로 질식시키는 다른 몸들과 합쳐졌다. 그녀는 바닷말로 뒤덮인 바다와도 같은 짙은 여성성에 의해 질식당할 것 같았다. …… 그녀는 숨을 깊게 들이마신 다음 만질 수 있는 어떤 바다 생물이 촉수를 거두어들이듯이 자신의 마음을 다시 자아 안으로 단단히 움켜쥐었다. 그녀는 단단하고 깨끗한 어떤 것, 즉 남자를 원했다. 그녀는 그곳에 피터가 있어서 자신이 빨려 들어가지 않도록 손을 뻗어 그에게 매달릴 수 있기를 원했다." (212-213)

메리언은 여자 동료들의 몸을 관찰하면서 그들의 살찐 허벅지와 언덕처럼 둥근 가슴, 허리, 엉덩이를 보며 이상한 인간들이라고 느끼다가 곧 그들이 갖고 있는 여성의 조건을 자신도 공유하고 있음을 인식하게 되고 무형의 여성성 안으로 빨려 들어가 질식할 것 같은 두려움에 시달린다. 메리언은 여성의 몸을 통제 불능의 무정형 상태로 보는 반면 남성은 단단하고 깨끗한 상태로 보고, 따라서 그녀를 무정형에서 구해줄 수 있는 것으로 생각한다. 가부장적 가치를 그대로 답습한 여성의 몸에 대한 메리언의 이와 같은 인식은 앞서 지적했듯이 임신과 출산과 같은 여성적 역할이 개인의 자아를 소멸시킬 것이라는 두려움에서 비롯된다. 임신과 출산이라는 여성의 역할을 두려워하는 메리언에게 있어서 성숙한 여성의 몸을 회피하고자 하는 무의식적 욕구가 몸으로 하여금 음식을 거부하도록 만드는 것이다. 이런 의미에서 바버라 힐 리그니Barbara Hill Rigney는 애트우드가 메리언을 통해 거식증에 대한 현대 이론을 선구적으로 보여준다고 정확하게 지적한다(Rigney, 23).

그런데 메리언의 거식증은 보르도의 분석보다 훨씬 복합적인 요인들에 의해 발생한다. 메리언의 경우에는 신경성 거식증의 일반적 증상이 나타나지 않는다. 그녀는 살찌는 것에 대한 공포나 마른 몸을 갖고 싶다는 욕망을 보이지 않으며 거식증 환자들처럼 자율성이나 강한 의지력에 대한 쾌감도 느끼지 않는다. 메리언의 경우에는 특이하게도 한때 살아 있던 재료로 만든 음식이면 그 어떤 것도 먹을 수 없는 현상이 나타난다. 메리언의 거식증이 처음으로 나타나는 장면을 주목해보면, 그녀는 스테이크를 썰고 있는 피터의 모습을 보면서 소고기 부위를 표시해놓은 그림을 떠올리다가 자신의 앞에 놓인 반쯤 먹은 스테이크 조각이 소의 근육 덩어리로 느껴지면서 먹을 수 없게 된다. 거북이에게 먹이를 주어 길들인 후 물에 넣어 거북이가 헤엄치면서 놀게 하다가 서서히 물을 끓여서 거북이를 죽인다는 조리법을 생각하면서 메리언이 인간의 잔인성에 놀라는 부분은 그녀의 거식증을 현대 소비주의 문화가 보여주는 소비와 착취에 대한 저항으로 이해할 수 있게 한다.

거식증을 "소비의 대상으로 전락하는 것에 대한 메리언의 무의식적 공포"(Howells, 49)라고 할 때 애트우드가 강조하는 것은, 메리언이 남성 중심의 소비 사회에서 소비될 수 있는 대상이 됨으로써 독립적 존재로서의 자아를 상실하는 것을 두려워한다는 점이다. 이것은 결혼 날짜가 다가올수록 메리언의 거식증의 정도가 심화되어 먹을 수 없는 음식의 목록이 길어지는 것에서 확인된다. 메리언의 거식증이 처음 발생하는 장면에서 메리언이 피터에 대해 갖는 의식은 그녀가 느끼는 두려움의 궁극적 대상이 무엇인가를 명확하게 보여준다.

> 최근에 그는 그녀를 더 많이 주시해왔다. 여름에는 그녀를 자주 바라보지 않았다고, 정말로 자주 보지 않았다고 생각했었다. …… 그러나 요즘에 그는 시선을 그녀의 얼굴에 맞추고 마치 그녀를 뚫어지게 바라보면 그녀의 몸과 머리를 꿰뚫고 뇌 안에서 일어나고 있는 일까지 들여다볼 수 있을 것

처럼 그녀에게 집중하곤 했다. 그런 식으로 그녀를 보고 있을 때 그가 무엇을 찾고 있는지 알 수 없었다. 이것이 그녀를 불안하게 만들었다. …… 그는 새로 산 사진기의 바퀴 모양 장치들과 작은 기계 장치들, 있을 수 있는 약점 등을 찾으려고 애쓰는 것처럼 그녀를 평가하고 있었다. 그는 무엇이 그녀를 움직이게 만드는지 알고 싶어 했다. (188-189).

메리언은 자신의 내면을 통찰함으로써 자신을 지배하는 것 같은 피터의 '응시'에 불안을 느낀다. 메리언이 피터의 '응시'에 부담을 느끼는 이 대목은 그녀가 스테이크 조각을 붉은 피가 흐르는 근육 덩어리로, 한때 살아 있다가 도축된 진짜 소의 일부분으로 느끼면서 이 고기 조각을 먹을 수 없게 되는 대목 바로 전에 놓여 있다. 이러한 구성은 메리언의 음식 거부가 남성 주체의 '응시'에 의해 여성이 소비의 대상으로 전락하는 것에 대한 그녀의 무의식적 공포와 연관되어 있음을 시사한다. 이 때문에 게일 그린Gayle Greene은 메리언의 거식증을 "대상화를 요구하는 인습적인 여성성 모델에 자신을 맞추기 위해 자아를 억압하는 것에 대한 저항"(Greene, 106)으로 해석한다. 이와 관련해 애트우드의 소설에서 음식을 먹는 행위가 권력의 메타포로, 즉 여성과 남성의 관계를 검토하는 방법으로 사용되고 있다는 에마 파커Emma Parker의 발언을 주목해 볼 필요가 있다. 권력을 가진 자가 음식을 먹을 권리도 갖고 있음을 고려할 때, 메리언이 먹는 능력을 상실하는 것은 결혼이 다가오면서 잠재의식적으로 그녀가 피터에 의해 흡수되어 자율성을 상실하는 것을 암시한다. 그런데 파커의 지적대로 메리언의 거식증은 그녀의 무력함을 신체적으로 표현한 것이면서 동시에 소비의 대상이 되기를 거부하는 것이라는 점에서 자신의 무력한 상황에 대한 저항을 나타내기도 한다(Parker, 2). 즉, 남성 중심의 소비 사회에서 소비의 대상으로 전락하는 상황을 말로 표현할 수 없게 되자 메리언은 몸으로 그 저항을 표현한다.

메리언의 거식증이 자신을 소비하거나 먹을 수 있는 대상으로 취급하는 당대 문화에 대한 거부를 나타낸다는 점에서는 긍정적인 의미를 갖는다고 하더라도, 궁극적으로 그녀의 몸을 파괴하는 결과를 가져올 것임에 틀림없다. 이런 점에서 메리언은 보다 긍정적이고 생산적인 저항을 모색할 필요가 있다. 피터와의 결혼이 가져다줄 미래를 두려워하는 메리언은 피터의 아파트에서 열린 약혼 파티에서 그 두려움의 정확한 실체를 통찰하면서 상실될 위험에 처한 자아를 되찾는다. 피터는 붉은색 드레스를 입고 치장한 메리언의 아름다운 모습에 감탄하지만, 정작 메리언 자신은 피터의 요구에 따라 부자연스러운 머리 장식과 짙은 화장, 무거운 귀걸이로 꾸민 자신의 모습을 거울에 비춰보면서 "뼈가 없고, 마음대로 구부릴 수 있는, 부드러운 핑크빛이 도는 하얀 고무나 플라스틱 인형 같은 거짓"(295)처럼 느낀다. 그리고 그녀는 옷장에 가지런히 걸려 있는 피터의 옷들을 보고 말없이 권위를 주장하는 옷에 대해 분노를 느낀다. 피터의 권위와 지배에 대한 메리언의 무의식적 거부감은 미래에 대한 환상을 통해 피터와 꾸미게 될 '행복한' 결혼 생활의 실체를 통찰할 수 있게 한다.

> 그녀는 오른쪽으로 연결된 문을 열고 안으로 들어갔다. 그곳에는 머리가 벗겨졌지만 아직 그 모습을 알아볼 수 있는 마흔다섯 살의 피터가 손에 긴 포크를 든 채 바비큐 옆에서 밝은 햇빛을 받으며 서 있었다. 그는 흰색 요리사 앞치마를 두르고 있었다. 그녀는 정원에서 자기 모습을 주의 깊게 찾아보았지만 그녀는 그곳에 없었다. 이를 발견하자 그녀는 온몸이 싸늘해졌다. 아니야, 그녀는 생각했다. 방을 잘못 찾은 것일 거야. 마지막 방일 리가 없어. 그러자 그녀는 정원의 다른 쪽 울타리에 또 다른 문이 있는 것을 볼 수 있었다. (314)

다른 문을 통해 들어간 피터의 거실에서 메리언이 본 것은 "붉은 드레스를 입고, 우편 주문 카탈로그에 나오는 종이 여자처럼 몸을 돌리면서 미소 짓고 있는 작은 평면적인 인물"(315)이다. 메리언은 그녀가 바로 자신임을 알고 놀란다. 미래의 결혼 생활에서 자신이 존재하지 않으며 설사 존재한다 하더라도 실체 없는 인물에 불과하다는 것을 깨달은 메리언은 피터가 그녀의 사진을 찍으려고 하는 순간 자신의 상황을 정확하게 통찰한다. 메리언에게 있어서 피터가 사진을 찍는 행위는 '응시'와 같은 의미를 갖는다. 그녀는 사진을 찍힌다는 것을 "그 제스처로, 그 하나의 자세로, 움직이거나 자세를 바꿀 수도 없이 멈추어서 고착되는 것"(252)으로 상상한다. 타자에 의해 대상화된다는 점에서 카메라의 시선은 '응시'와 동일하며, 따라서 메리언에게 있어서 피터의 카메라는 그녀의 자아를 살해하는 총과 같다. 자신을 쫓아올지 모르는 피터를 표적을 조준하는 사수와 동일시함으로써 메리언은 직관적으로 피터와의 결혼이 자신의 자아를 죽음으로 이끌 것이라고 깨닫고 약혼 파티장에서 빠져나와 피터로부터 도망친다.

메리언이 피터와의 관계의 실체를 파악하고 그것에서 벗어나는 과정에서 중요한 역할을 담당하는 인물은 그녀가 맥주 광고에 관한 설문지를 조사하던 중 만난 영문과 대학원생 던컨Duncan이다. 형식에 무관심하고 자본주의 사회가 추구하는 물질에 대한 욕망에서 벗어나 있는 던컨은 피터로 대변되는 소비 자본주의 사회의 이상적인 남성형과 대조적이다. 형체 없이 유연하게 변할 수 있는 '아메바'가 되기를 원하는 것에서 드러나듯이 던컨은 물질과 사회적 성공을 쫓는, 사회가 요구하는 정형화된 삶이 아니라 정의내릴 수 없는 다양하고 변화무쌍한 삶을 원한다. 이러한 던컨이 영문학을 전공하는 두 남자 대학원생들과 함께 살면서 이루는 가족은, 요리를 담당하는 트레보Trevor가 어머니 역할을 하고 피셔Fisher가 아버지 역할을 하는 등 전통적인 성 역할에서 벗어난 대안

가족의 모습을 갖는다. 사회적 관습에 얽매여 있지 않아서 비현실적으로 보이지만, 바로 이와 같은 관습으로부터의 자유가 던컨으로 하여금 작품 속의 어느 누구보다도 소비 자본주의 사회의 실체를 정확하게 인식하게 만든다. 그는 "인간의 정신은 상업화되어서는 안 되지만 요즘에는 그렇게 되고 있지"(180)라고 지적하거나, 메리언이 음식을 먹을 수 없는 고통을 털어놓을 때 그녀가 체제에 저항하고 있다고 설명하며, 피터의 요구대로 화려한 옷과 머리 스타일, 짙은 화장으로 꾸민 메리언의 모습을 보고 마치 가면무도회에 온 것 같다고 말함으로써 메리언이 따르는 여성성의 인위성을 폭로한다.

던컨은 메리언이 피터와의 관계로 인해 혼란스러워할 때 그녀가 찾아가서 이야기할 수 있는 안식처의 역할을 하며, 피터의 카메라를 피해 도망쳐 나온 메리언을 구불거리는 거리와 협곡을 지나 절벽으로 안내한 뒤 혼자 해결책을 생각하도록 이끌어주기도 한다. 이러한 역할에 주목해 리그니는 던컨을 『이상한 나라의 앨리스*Alice in Wonder Land*』에서 앨리스에게 길을 안내하는 토끼에 비교하기도 하고 메리언의 '더블double'로 보기도 한다(Rigney, 29). 그와 메리언의 관계가 남녀 관계의 성격을 띤다기보다는 동료 관계를 시사한다는 점에서, 무엇보다도 사회가 요구하는 여성성에 이끌려가는 메리언에게 현실을 직시하도록 자극한다는 점에서 던컨을 메리언의 또 다른 자아로 보는 리그니의 해석은 적절하다.

피터의 실체를 파악하기 위한 일종의 리트머스 시험지로 메리언이 만든 여자 형상의 케이크는 메리언의 거식증의 의미를 포괄적으로 이해하는 데 중요한 상징이다. 여자 형상의 케이크를 묘사하면서 텍스트는 메리언이 자신을 소비될 수 있는 대상으로 변화시킬 때 보였던 이미지들을 반복한다. 케이크의 일부분을 퍼내어 머리를 만들고 구불거리는 머리카락의 느낌을 주기 위해 당의icing를 이용하는 등 메리언은 자신이

미용실에서 '수술'당한 것처럼 케이크의 형상을 만든다. 그녀는 여자 형상의 케이크를 피터에게 주면서 "당신은 나를 파괴하려고 했어요. 나를 동화시키려고 했어요. 당신이 정말 좋아하게 될 대체물을 만들었어요"(352)라고 말하고 먹기를 권유한다. 이 장면에서 여자 형상의 케이크는 메리언이 거부하는 "사회화된 여성적 이미지의 상징"(Howells, 43)이며, "소비주의 사회에서 소비될 수 있는 품목으로서의 메리언의 정체, 자아의 상징"(Rigney, 32)이기도 하다. 피터가 이 케이크 먹기를 거부하고 자리를 피하자 메리언은 피터와의 관계를 끝내고 곧바로 먹는 능력을 회복한다. 메리언이 케이크를 구워서 장식한 다음 이것을 먹는 행위는 그녀가 이전의 체제 순응적인 자아를 거부하고 있음을 의미한다. 즉, 메리언은 케이크를 먹음으로써 사회화된 여성적 이미지를 파괴하고 병에서 회복된다. 피터와는 달리 던컨은 케이크에서 메리언이 의도한 상징적 의미를 읽어내고 그녀의 상징적인 '식인 행위'에 기꺼이 동참한다. 새 직장을 찾고 있는 메리언이 자신의 정체성을 회복하고 다시 독립적인 존재가 되었다는 것은, 3부에서 서사가 다시 일인칭 시점으로 서술되며 메리언이 에인슬리가 떠나고 난 아파트의 케케묵은 때를 청소하는 행동으로 상징된다.

3. 되찾은 몸의 주체성

『먹을 수 있는 여성』은 거식증이라는 병을 통해 1960년대 소비 자본주의 사회에서 여성의 위치가 소비될 수 있는 상품과 유사하다는 현실을 드러내고 여성을 대상화하려는 문화에 저항할 필요성을 시사한다. 메리언이 피터와의 가부장적 관계로부터 벗어나서 새로운 직장을 찾고 있는 결말은 그녀가 자아를 다시 회복했음을 의미하는 것으로 보인다.

그런데 비평가들은 메리언이 과연 소비 자본주의 체제로부터 자유를 성취했는지에 대해 의견을 달리한다. 예컨대 메리언이 케이크를 먹는 행위를 두고 그녀가 소비 자본주의 체제로부터 자유를 얻었음을 상징한다고 보는 입장도 있고, 반대로 소비 자본주의 체제로 다시 돌아갔음을 상징한다고 보는 입장도 있다. 로버트 레커Robert Lecker는 메리언이 케이크를 먹는 모습을 보고 그녀가 소비자가 되어 다시 현실로 돌아왔다는 던컨의 말에 주목하면서, 메리언의 곤경이 해결되지 않았으며 이 작품의 플롯이 순환적임을 시사한다고 본다(Lecker, 179). 이와 관련해 애트우드 자신도 "내 여주인공에게 가능한 선택들이 소설의 끝에서도 시작할 때와 똑같은 상태로 남아 있다는 것에 주목해야 한다. 어느 곳에도 이르지 못하는 직업 혹은 그런 직장으로부터의 탈출구 역할을 하는 결혼, 그러나 이런 것들은 1960년대 초 캐나다의 젊은 여성, 심지어 교육받은 여성을 위한 선택이었다"고 하면서 소설의 순환 구조를 언급한다(Rigney, 34 재인용). 게일 그린 역시 던컨의 말을 메리언이 그녀의 생명을 위협하는 체제로 다시 돌아갔음을 암시하는 것으로 받아들이면서 메리언의 케이크가 여성을 상품으로 정의 내리고 먹어치우는 체제에 대한 저항의 제스처인 것은 분명하지만 메리언이 앞으로 어떻게 되고 무엇을 할 것인지, 소설의 관점에서 어떻게 변화할 것인지를 알기 어렵다는 부정적인 해석을 한다(Greene, 111).

작품의 결말 부분에서 메리언의 미래가 불확실하게 그려지고 있음에도 불구하고 한 가지 분명한 것은 메리언이 지금까지는 회피하고 달아나고 뒤로 물러서 왔지만 이제는 행동하는 능동적인 행위자가 되었다는 점이다. 리그니는 케이크를 굽는 행위가 거울에 비친 자기 모습을 보듯 자신을 바라보는 방식임에 주목하면서, 메리언이 사회나 사회적 조건을 변화시키지 않았다고 하더라도 분명히 자신의 상황을 객관화해서 현실적으로 이해할 수 있게 되었음을 강조한다(Rigney, 34). 메리언이 케이크를 먹는 행동을 통해 소비 자본주의 체제로 다시 돌아가 소비자가 된다는 것은 분명하다. 다만 사회 질서 밖에서 정체성을 재구축하는 것이 과연 가능한가 하는 점을 고려할 때, 메리언이 다시 소비주의 사회로 돌아가는 것을 문제 삼기보다는 그녀가 어떠한 소비자가 되는가의 문제를 더 중요하게 생각해야 할 것이다. 여성을 소비의 대상으로 간주하려는 사회의 속성을 인식하고 있는 이상 메리언이 더 이상 수동적인 소비자에 머무르지 않을 것이기 때문이다. 1960년대가 자아에 대한 여성의 욕구가 집단적으로 표출되기 시작하던 초기 단계였음을 고려할 때, 메리언이 새롭게 얻은 인식을 통해 자신의 삶을 보다 적극적인 대안적 삶으로 확장시킨다는 것은 어려울 것이다. 바로 이러한 현실 감각이 애트우드로 하여금 메리언의 서사를 통해 가부장적 소비 자본주의 사회의 파괴성과 그 체제에 저항할 필요성을 강조하면서도 그에 대한 뚜렷한 대안을 제시할 수 없게 만들었을 것이다. 따라서 결말의 불확실성을 중심으로 작품의 의미를 논하기보다는 2부에서 메리언이 일인칭의 목소리를 상실하고 거식증이라는 몸의 병을 통해서만 말하는 공간, 다시 말해 메리언이 지배 문화로부터 가장 주변화된 위치에 놓이면서 동시에 지배 문화에 대해 가장 날카로운 비평을 제공하는 공간에 주목하는 편이 이 작품을 더욱 생산적으로 읽는 방법이 될 것이다.

『먹을 수 있는 여성』은 서구 여성들 사이에서 거식증이 대대적으로 유행하기 전인 1960년대에 이미 가부장적 소비 자본주의 체제와 거식증의 상관관계를 다루었다는 점에서, 또한 서구 역사에서 정신보다 열등한 위치에 자리매김해왔던 몸에 주체성을 부여한다는 점에서 여성 문제에 대한 애트우드의 통찰력을 확인시켜주는 의미 있는 작품으로 평가될 수 있다.

3장 혼혈 입양 내러티브로서의 『만 가지 슬픔』*

임진희

1. 혼혈과 입양, 그리고 여성의 몸

한국에서 혼혈아로 태어나 어린 시절 미국으로 입양되어 성장한 작가 엘리자베스 김Elizabeth Kim의 자전적 성장 소설 『만 가지 슬픔: 한국 전쟁고아의 특별한 여정*Ten Thousand Sorrows: The Extraordinary Journey of a Korean War Orphan*』(2000)은, 포스트 식민과 한국 전쟁, 미군 주둔 같은 근현대사의 비극적 운명이 각인된 전쟁고아 출신의 혼혈 입양 여성의 '몸 이야기'이다. 이 작품 속에서 하위 주체로서의 여성의 삶은 철저히 '몸'으로 환원되고 있다. 몸은 "단순히 물질 덩어리가 아니라 자아 정체성의 일관성을 유지하는 기초적인 토대"(이은선, 229)이자 사회 문화적 구성물이다. 엘리자베스의 몸 이야기는 이 세상에 결코 중립적인 몸

* 이 글은 『현대영미소설』 제18권 1호(2011)에 게재된 논문을 수정·보완한 것이다.

은 없으며, "내 의식의 중심에 타자의 존재와 시선이 이미 깊숙이 들어와" 있어 "나의 몸은 타자의 소유에 가깝다"는(김종갑, 27) 몸의 정치학을 보여준다.

엘리자베스의 몸 담론은 첫째로 혼혈의 이야기이다. 서구에 문호를 개방한 개화기와 한국 전쟁을 거치는 동안에도 한국은 여전히 "한 국가, 한 민족, 한 언어"라는 "내셔널리즘"의 순혈주의적 사고 구조를 유지해왔다(Shin, 3). 국가적 단일성이 순혈성과 동일시되는 상황 속에서 혼혈은 한국 근현대사의 집단적 트라우마가 되어왔다. 초인종적·초민족적 접점에서의 미군과 한국 전쟁 신부 사이에서 태어난 혼혈아는 백인 우월주의적 인종 의식과 한국인의 열등적 자의식을 자극하는 치부로서, 남성 중심의 가부장적인 민족주의 사고 구조 속에서 거부된 희생 제물이 되었다.

엘리자베스의 몸 담론은 둘째로 입양의 이야기이다. 한국 전쟁고아의 입양은 부정적인 국가 이미지로 오랫동안 세계인의 집단적 기억을 지배해왔다. 굶주리고 버려진 채 죽어가는 한국 고아를 다룬 전쟁 뉴스나 한국전 참전 군인들을 통해 미국을 비롯한 서구 입양국의 국가적 자비에 호소하는 형태로 입양이 이루어졌다. 실제로 주한 미군은 입양의 촉매 역할을 했다.[1] "고아 수출국 또는 아기 수출국이라는 꼬리표의 수치"는 세계의 미디어에 제공된 한국의 이미지였으며, 해외 입양은 국가

1 특히 한국 전쟁은 한국 여성과 미군 병사와의 사이에서 태어난 혼혈 아동의 존재로 인해 미국의 국가 의식 속에 초국가적 입양 문제를 본격적으로 가동하게 한 계기가 되었다(Benet, 121). 그 자신이 한국계 해외 입양아로서 입양의 역사에 관한 포괄적인 비평서를 저술한 토비아스 휘비네트는 미군을 중심으로 한 입양의 노력은 이 작은 나라를 분단시킨 "양심의 가책"의 표현이었다고 지적한다(Hübinette, 39). 『만 가지 슬픔』은 이를 증언하고 있다. "동양계 자녀를 갖는 것을 싫어하지만 않는다면 아기가 없는 부부들에게 당시 한국은 더할 나위 없이 좋은 곳이었다. 그것은 한순간 즐기려는 미국인 병사와 멋모르고 지옥을 향해 발을 들여놓은 젊은 여인들간의 짧은 만남으로 인해 태어나 버림받은 많은 아이들이 있었기 때문이었다"(김, 35).

간의 거래라는 의미에서 매매, 심지어는 무역의 개념으로까지 비유되었다(Hübinette, 72). "조용한 이주"(Weil, 276) 혹은 "특별한 이산"(Eng, 1)이라고 불리는 입양은 모국 땅에서 형성되어왔던 정체성이 뿌리 뽑힘을 의미한다. 모국에서의 삶이 새로운 사회 문화적 맥락으로 온전히 전환되지 못하게 하는 언어의 혼돈은 입양아의 몸에 존재론적 불안감을 가중했다. 탈지역화된 엘리자베스의 몸은 입양의 트라우마를 각인하고 있다. 타의에 의해 대체로 제3세계로부터 제1세계로 이동되는 입양의 생존 조건, 분리와 연결에 대한 숙고, 언어·국가·문화 경계인으로서의 정체성 탐색의 움직임은 복합적인 몸 내러티브를 구성하고 있다.

엘리자베스의 몸 담론은 셋째로 '여성 혐오misogyny'의 이야기이다. 그녀의 몸은 "여성에 대한 불합리한 공포나 증오, 적대감, 경멸을 의미하는 여성 혐오"(Gelber, 95)가 종교와 문화의 극단적인 양상과 연관된 "모든 근본주의fundamentalism의 결과"(Gilmore, 83)라는 점을 체현하고 있다. 엘리자베스의 몸에는 입양 이전 한국에서의 내셔널리즘과 연결된 유교 근본주의, 입양 이후 미국에서의 제국주의적 기독교 근본주의로 인한 여성 혐오의 폭력이 각인되어 있다. 대부분의 종교가 악의 형체를 여성에게 투영해 이를 희생양으로 삼으려는 여성 혐오적 수사법을 내포하고 있는 상황에서[2] 여성의 몸에 대한 지배 권력의 폭력적 시선이 고발

---

2 『여성과 악*Women and Evil*』에서는 여성이 남성에 비해 열등할 뿐 아니라 남성을 오염시키는 존재이며 육체적·도덕적으로 위험한 존재라는 사고, 또한 여성의 신체를 부패, 독, 불결, 악과 연결시키는 상황이 고대 희랍으로부터 역사적으로 지속되어왔다는 점을 밝히고 있다. 서구 남성들은 여성의 성적인 면에 매료되기도 하고 공포를 느끼기도 했는데, 중세에서도 육체의 타락은 "특별히 여성적인 것으로 성별화되었다"는 지적처럼, 확실히 알 수 없는 것에 대한 두려움이 존재해왔다. 여성은 불완전한 남성이자 도덕적으로 열등한 존재로서, 여성과 원죄와의 동일시는 여성 혐오적 수사법의 근간이 된다. 남성은 우월하고 여성은 불완전하므로 남성이 여성을 지배하는 것은 당연하다는 논리에서, 가령 아리스토텔레스는 여성을 물질과 육체적인 것으로, 남성을 영혼과 정신적인 것으로 연결시킨 바 있다. 여성 혐오자는 보편적이고 불변하는 사악한 본성, 오염의 원천으로서 여성의 성적 공포를 보는 '본질주의자'로, 여성의 몸은 자

되고 있다.

"고통 체험은 그것과 결부된 대상에 얽힌 정서적 흔적을 동반하며 그것은 온전하게 또는 부분적으로 몸에 각인된다. 주체는 고통스러운 기억이나 경험을 의식에서 추방(망각)함으로써 그것을 억압하려고 하지만 통증 흔적은 사라지는 게 아니라 몸의 기억으로 남는다"(김석, 74)는 지적처럼, 엘리자베스의 몸 이야기는 혼혈과 입양, 여성 혐오의 삼각 구도에서 전개되는 몸 기억의 통증에 대응하는 방식이다. 언어로 전환되지 않은 흔적으로서의 '내러티브 이전prenarrative 단계' 상태의 외상 기억을 이야기 재료로 한 재배열과 재기록의 과정을 거쳐 몸 담론 고유의 미학이 형성되어가고 있다.[3] 엘리자베스의 텍스트는 현재 '이야기하는 나'가 '여전히 경험 중에 있는 나'의 의식을 다루는 패턴[4]에 근거한 것으로, 기억을 경험으로 이야기하는 과정에서 복합적 사회 인식이 유발되고 있다. 미학적 측면에서 볼 때, 엘리자베스의 몸 내러티브는 탈지역과 고립, 폭력으로 얼룩진 실제 삶의 체험 진술이라는 '경험의 시학'(Neimeyer, 288)에 문학성의 기반을 두고 있다. 엘리자베스는 인종적·민족적·성적인 타자로서의 몸 기억을 고백함으로써 독자를 연민의 의식으로 불러

궁과 같이 남성의 존재적 출발점이자 욕망의 대상이면서 동시에 자신들을 오염시키는 존재라고 인식한다(Noddings, 60-67 참조).

3 과거의 기억은 여러 차례에 걸쳐 기록되고 다양한 기호로 구성되며, 현재의 상황에 따라 새롭게 구성되기 때문에 기억의 회상에는 환상적인 요소가 개입된다. "프로이트는 '사후작용'이라는 변증법적 과정을 통해 기억의 역동성을 강조하고 심리적 인과성을 새롭게 해명한다. '사후작용'이란 주체의 역사에서 현재가 과거의 원인이 되기도 하며, 현재의 체험이 과거의 기억에 투영되면서 과거의 기억이 새롭게 구성될 수 있다는 말이다. …… '사후작용' 논리에 따르면 인간의 행동과 욕망은 언제나 과거와 현재의 변증법적 작용의 산물이고, 기억은 완결이 아니라 현재 진행형이다"(김석, 80-81).

4 '자서전적 모드'와 같이 "개인의 경험을 분석, 해석하려는 연구 방법은 해방신학, 문화연구, 페미니즘, 인류학 등에서 활발히 시도되고 있는 연구 방법"(박준규, 53)으로, 특히 '나'가 이미 주어진 현실이 아니라, 변화하며 구성되었다는 것을 서술하는 정체성에 관한 연구에 유익한 기법이다(Brah, 9-10).

들이고 있다. 공감의 패러다임을 통해 사회 인식을 추구하는 자전적 고백과 고발의 글쓰기라는 점은 이 문학 장르의 구원적 상상력으로 작용한다.

이 글은 『만 가지 슬픔』이 하위 주체로서의 혼혈 입양 여성의 몸에 대한 트라우마 이야기라는 점에 착안한 것이다. 초인종적·초민족적·초국가적 접점에 놓인 엘리자베스의 '몸 이야기하기'는 타자로서의 상태를 넘어서서 자신의 몸의 주체성을 찾아가는 자아 성장 과정이며, 몸에 대한 부정을 넘어 몸의 확장을 향한 저항의 행위로 읽힌다는 점에 주목한다. 한국계 혼혈 입양인들에 대한 이해와 미국 문학사에서 그들의 문학 작품에 대한 정당한 자리매김이 요구되는 시점에서, 엘리자베스의 몸 담론을 인종, 민족, 성, 계층의 지형도에 대한 사회 문화적 이해를 확장하는 측면에서 읽어보고자 한다.

2. 혼혈의 몸: 유교적 민족주의의 희생물로서의 몸

"한국 민족주의의 극심한 성별화"(Hübinette, 107)는 포스트 식민적 상황과 한국 전쟁의 근현대사 속에서 진행되었다. 극단적인 남성 우월적 민족주의 이데올로기 속에서 지속된 여성 비하 현상은 한국이 약소국으로서 겪은 절망감에 비례해 강화되었다. 남성적 권력은 여성의 신체로 전이되어 약소국가와 약소국 여성의 몸이 동일시되는 가운데, 여성은 '몸의 가치'로 환원되었다. 그리고 여성에 대한 통제력이 국가의 명예를 상징하는 가부장적인 집단주의 영향 아래에서, 여성의 몸은 민족의 순수성을 지키는 통로로 통제되었다.

민족은 상상적으로 구성된 공동체였으나 민족이라는 이름으로 동일성

> 을 상정하고 결속력을 끌어내는 데 성공하였다. 결국 민족이라는 이데올로기가 만들어지게 되었으며 민족이라는 대타자에 대한 환상이 지배 담론으로 자리 잡게 되었다. …… 이것은 순수성과 동일성에 대한 이데올로기였으며, 이질성을 제거해야만 이룰 수 있다는 완전성에 대한 강박을 갖도록 했다. …… 특히 여성과 여성의 성을 통제하는 것은 민족과 종족을 형성하는 과정에서 핵심적인 작업이 된다. (오은경, 130)

여성은 남성 중심의 가부장적 민족주의 세대를 계승하는 국가의 생물학적 재생산자이자 동시에 국가의 성 상품으로 기능함으로써, 민족주의 담론과 성 담론이 교차하게 된다. 민족주의적 이데올로기를 유지하는 데 필요한 여성 희생양이 끊임없이 요구되었으며 위안부, 전쟁 신부, 혼혈 여성과 같이 외세의 침입과 연결된 몸은 국가적 수치를 체현하는 타자로 간주되었다.『만 가지 슬픔』속 엘리자베스의 어머니처럼 미군을 상대한 여성은 한국 남성 주체의 민족주의적 자존심 훼손을 상기시키는 존재였다. 엘리자베스의 어머니의 몸은 '국가의 성' 이데올로기의 희생물로서 그녀는 작품의 제목처럼 '만 가지 슬픔'을 겪게 된다. 엘리자베스의 어머니는 외국인과 관계를 가진 수많은 여성들이 그랬듯이, 한국 민족주의 담론에 의해 박해당했으며 동시에 숨 막히고 답답한 한국 땅으로부터 탈출시켜줄 구원자라고 믿었던 백인 가부장의 제국으로부터도 버림받은 '한국판 마담 버터플라이'의 인종적·성적인 이중 식민의 비극을 체현한다.

> 그 [제단] 위에는 조그만 부처상과 돌에 기대 세워 놓은 사진 한 장이 있었다. 사진 속에는 한 젊은 남자가 군복 차림으로 미소를 짓고 있었는데, 그의 옷차림과 머리카락, 눈동자 색은 내가 지금까지 한 번도 본 적이 없는 것이었다. 엄마는 내게 그 사진에 대해 말해 준 적이 없었다. 하지만 가끔

씩 늦은 밤에 깨어나 보면 엄마는 제단 앞에 무릎을 꿇고 앉아 양 손바닥에 그 사진을 올려 놓은 채 몸을 부드럽게 앞뒤로 흔들고 있었다. (김, 37)[5]

엘리자베스와 같은 혼혈아의 몸은 국가적 순수성의 오염을 체현하는 존재이다. 일본 제국주의, 서양 세력의 침입, 한국 전쟁과 분단을 겪으며 축적된 민족적 피해 의식은 혼혈에 대한 부정적 인식으로 작용해왔다. 실상 "순수한 인종이나 종족은 현실적으로 존재하지 않고 분석상의 개념으로만 존재할 뿐"임에도 불구하고, "순수 혈통이 있다"고 믿는 한국인들은 혼혈인을 한민족의 일원으로 받아들이지 못하고 있다(설동훈, 126, 142). 순수 혈통 신화에 대한 집착, 여성의 순결에 대한 강박 관념, 범주화되지 않는 탈영역적 정체성에 대한 거부가 혼혈의 몸을 국가의 희생 제물로 만들고 있는 것이다. 민족적 수치의 상징이라는 시각에서 혼혈아를 낳은 여성이나 혼혈아에 대한 혐오감이 표출된다.

인간은 누구나 여러 개의 종족에서 비롯된 복합적인 혈통을 갖고 있다는 점을 고려할 때, 순수 혈통은 과학적 근거가 없는 환상에 불과하다. …… 그러나 대부분의 한국인은 오랜 세월 동안 단일 혈통을 유지해온 것으로 믿고 있다. …… 단일 민족의 신화를 믿는 한국인들은 순수 혈통을 숭상하고, 혼혈과 잡종을 배척한다. 피가 섞인 짐승이나 사람을 가리키는 비속어들이 그것을 입증한다. 그 대표적 표현으로는 '종種이 다른 두 동물 사이에서 난 새끼'를 의미하는 '튀기'가 있다. 튀기는 동물에게 적용을 하면 특별한 부정적인 의미가 없을 수도 있는 표현이지만, 사람에게 적용을 하면 매우 경멸적인 의미를 포함하고 있다. (설동훈, 127-128)[6]

5 이후부터 『만 가지 슬픔』(노진선 옮김, 대산출판사, 2001)에서 인용 시 페이지만 표시하기로 한다.

한국 가부장 사회의 근간이 된 유교 근본주의는 "인간에 '사이 간' 자가 있듯이 사람을 둘러싸고 있는 '사이'들에서 '인간관계'의 집합체인 사회가 구성된다고 보는" 공동체주의라는 이름으로 여성의 몸을 소유해왔다(이은선, 149). 민족주의적인 유교 집단주의 속에서 포스트 식민적 좌절감은 여성에게 전가되어왔다. "가족과 국가를 위해 여성의 자아를 희생하는 것을 기대하고 정당화해온"(Moon, 157) 반여성적 문화 속에서 집단주의 경계를 벗어난 여성에 대한 응징이 행해져 왔다. 여성의 자아는 가족이나 국가와 분리되지 못한 채 집단이라는 대의를 위해 희생됨으로써 남성 중심의 가부장 체제를 유지해야 했다. 자신의 몸에 대한 권리가 박탈된 엘리자베스 모녀의 몸은 남성 가부장 소유의 몸이 된다. 엘리자베스의 어머니는 미군과의 관계를 통해 가문을 더럽혔다는 이유로 남성 친족들로부터 "명예 살인honor killing"을 당한다.[7] 더럽혀진 여성성에 대한 보복으로 엘리자베스의 어머니를 목매달아 살해하고, 혼혈 사생아라고 하여 어린 엘리자베스의 은밀한 부분까지 불로 지지는 장면은 국가

6 설동훈은 혼혈에 대한 편향된 인식이 학습의 결과라는 점을 지적한다. "일제 강점기 이후 탈식민 시대에 민족의 자긍심을 고취하기 위한 목적에서, 교과과정에서는 한민족은 단군의 후예로 수천 년간 단일민족사회를 유지해온 것으로 교육해온 것을 지적하지 않을 수 없다. 기존 교과과정이 우리 민족의 우수성을 강조하면서, 순혈주의를 과도하게 강조해왔음을 반성할 필요가 있다. 민족적 순수성을 강조하는 것은 자칫하면 다른 민족에 대한 무시와 혼혈인에 대한 멸시라는 사회문제를 낳은 인종주의와 자민족중심주의ethnocentrism로 이어질 수 있다. 우리 민족의 우수성을 강조하는 것이 지나치면 외국인과 혼혈인에 대한 비하와 혐오로 직결되는 내지 외국인혐오증xenophobia으로 표출된다는 점을 경계하여야 한다"(설동훈, 154-155).

7 엘리자베스가 처절하게 경험한 이러한 살인 방식은 이슬람 문화권에서나 행해질 법한 명예 살인 방식을 연상시킨다는 점에서 한국에서 이러한 형태의 명예 살인이 행해졌는가에 대한 사실성 여부가 비평적 논란이 되어왔다. 한국 남성의 잔인성에 대한 이러한 극단적 표현이 자칫 여성에게 잔인한 야만적 문화권으로서의 이국적 '오리엔트'에 대한 서양인들의 편견에 동조해, 성적 욕망의 대상으로서의 아시아 혼혈 여성의 몸에 대한 이국적인 호기심을 자극하는 것은 아닌지에 대한 논의도 있었다. 그러나 동시에 문화 내부 정보 제공자로서 엘리자베스가 어린 시절의 기억에 의존해 그려낸 한국은 그 정확성의 가치보다는 포괄적인 의미를 전달한다는 면에 중점을 두고 보는 것이 더 타당하다는 입장도 공존하고 있다(Yun, 12-13 참조).

와 민족의 이름으로 여성의 몸에 가해진 남성 중심 사회의 폭력을 증언한다.

> 누이나 어머니나 아내들이 성적 순결을 상실했을 때, 그 여성을 처단하는 자가 오빠나 아버지, 심지어는 아들 등의 가장 가까운 남성 친족이라는 점에 주목해야 한다. 전형적인 남성들에게 모욕을 줄 수 있는 가장 좋은 방법은 그의 누이들을 성적으로 희롱하거나 모독하는 행위이다. 범위를 확대하여 보면, 같은 민족의 여성을 성적으로 희롱하거나 성적 모독을 가했을 때 가장 분노하는 사람은 같은 민족의 남성이라는 점도 흥미로운 부분이다. …… 이러한 사건들은 겉으로 보기에는 여성에 대한 성적 모독이나 희롱으로 보일지는 모르지만 실제로 남성들은 자신의 존재 자체에 대한 도전으로 간주한다. …… 명예 살인은 완전함을 믿는 남성들이 자신의 상처를 치유하기 위한 방법으로 자행되는 것으로 볼 수 있다. …… 이러한 장치를 통하여 남성적 논리로 구성된 가부장적 가족, 민족 이데올로기 안에서 여성은 가족이 되고, 민족이 될 수 있다. …… 완전함이라는 환상을 고수하기 위하여 명예 살인을 하게 되는 것이다. 이러한 메커니즘을 통하여 순결한 여성만이 남성이 되고, 가족이 되고, 민족이 되는 것이다. (오은경, 135-137)

'미군 병사의 아이를 배었다'는 이유로 엄마가 목매달려 살해되는 장면을 대바구니 속에 갇힌 채 목격한 후 나타난 후유증으로 엘리자베스는 평생에 걸쳐 '폐소 공포증claustrophobia'을 겪는다. 자신의 존재로 인해 엄마의 몸이 파괴되는 것을 목격함으로써 얻게 된 정신적 상흔으로 인해 엘리자베스는 스스로 인정하고 있듯이 '생존자 죄책감survivor guilt'에 시달린다. 주디스 허먼Judith Herman은 생존자 죄책감을 느끼는 이는 "가해자가 아니라 피해자"이며, 자신이 재난을 막을 수 없었던 상황임에도 불구하고 "외상이 끝난 뒤에 생존자들이 자신의 행동을 되돌아보고 비판하게 되면서 나타나는 죄책감과 열등감은 실제로 보편적으로 나타나는 외상사건의 후유증"이라고 지적한다(허먼, 101).

> 죄책감은 생존자가 다른 사람의 고통이나 죽음을 목격했을 때 특히 더 심하다. 다른 이들은 모두 불운을 만났다는 앎 속에서 혼자 살아남아 있다면, 심각한 양심의 가책을 느끼게 된다. 재난과 전쟁의 생존자들은 죽어가는 이들의 떠나지 않는 형상으로 괴로움을 당한다. 그들은 죽어가는 이들을 구할 수 없었다. 그들은 다른 사람의 목숨을 구하기 위해 위험을 무릅쓰지 않았다. 그들은 죽어가는 사람의 소망을 이루어 주지 못했다. …… 가족 구성원의 죽음을 목격하는 것은 생존자를 씻을 수 없는 외상 증후군 속에 남겨 두게 되는 사건이다. 외상후 스트레스 장애는 인간 사이의 연결을 침해당한 결과이다. (허먼, 101-102)

엘리자베스의 생존자 죄책감은 자신의 몸을 소멸되어야 할 죄의 근원이라고 보는 '몸의 부정' 형태로 나타난다. 자신은 짐승만도 못한 흉물스럽고 역겨운 존재이며, "살아 있어서는 안 된다. 나 때문에 말 못할 비극이 벌어졌고 나 때문에 엄마가 돌아가셨으며…… 나는 하느님의 실패작"(199)이라는 자학 증세에 시달린다. 엘리자베스는 몸 혐오증으로 인해 몸이 반사되는 거울이나 사진도 피한다. 자신의 몸을 바라보며 "괴기스럽고 볼썽사나운 얼굴", "널찍한 광대뼈에 마치 작은 점을 찍어 놓은 듯 납작한 코, 동전을 넣는 구멍처럼 쭉 찢어진 눈", "키는 작고 땅딸막해 혐오감을 주고 몸은 흉터투성이", "머리카락은 마치 꼬불꼬불한 술이 잔뜩 엉킨 자루걸레", "아무리 들여다봐도 흉하다는 것 이외에 예쁜 구석이라고는 찾을 수가 없었다"(184-185)고 자학하는 엘리자베스에게서는 지배 문화의 폭력적인 시선이 포착된다.

엘리자베스는 이후 영혼의 동반자라고 느끼게 된 남자를 만났을 때도 그 사람을 이해하지 못하며, 오히려 자신은 버림받아 마땅하다고 생각한다. "늘 내 자신이 뼛속까지 흉한 존재라고 생각했기 때문에 내 쇄골이 아름답다고 하는 그의 말은 가히 충격적이었다"고 하면서, 아름답다는 말에 "마치 벼락을 맞은 듯" 놀란다(239). "내게 있어 버림받는다는 두려움은 엄마가 죽던 날 밤부터 시작되었다. 내 안의 많은 두려움은 바로 그날 밤 탄생되었다. 그리고 '내가 사랑하는 사람은 모두 나를 떠날 것이다'라는 생각은 평생 내 머릿속을 맴돌았다"(272)는 고백처럼, 자신은 무가치한 존재라는 지배 문화의 시각이 존재의 근간에 자리 잡게 된다. 엘리자베스는 차라리 가학적인 남자와의 관계를 편하게 느끼며, "아빠가 엄마 곁을 떠났듯 나도 결국에는 날 떠날 남자들을 선택했다. 나 같은 사람에게 진정한 사랑이란 불가능하다고 굳게 믿었다. 그리고는 관계가 끝날 때마다 나는 기다렸다는 듯이 내 자신을 비웃었다"(241)고 말한다.

엘리자베스는 "한 사람에게 엄청난 분노를 느끼고" 있었고, "그 사람은 다름 아닌 바로 나 자신이었다"며(56), 자신의 몸을 학대하는 자학 증세를 겪는다. "내 이상한 얼굴과 더러운 피가 내가 세상에서 사랑하는 단 한 사람, 그리고 나를 사랑해 주는 단 한 사람을 죽인 것"(48)이라는 강박 관념에서 죄의식–자학–징벌–몸의 파편화로 이어지는 패턴이 지속된다. "이상한 얼굴과 더러운 피"(48)로 요약되는 정체성 인식은 타자의 몸에 대한 지배 권력의 부정적 시선이 내면화된 결과이다.

> 나는 두 가지 사실을 알고 있었다. 내가 태어난 것은 끔찍한 실수라는 것, 그리고 나는 고통받아야 한다는 것이다. 엄마가 죽으면서 싹트기 시작한 나 자신에 대한 증오는 고아원에서 지내는 동안 더욱 강해졌고 해가 지날수록 커져 갔다.
>
> 그리하여 나는 침대 위에 등을 잔뜩 웅크린 채 누워 손톱을 살 속에 깊

이 박기 시작했고, 그것은 내 평생의 습관이 되고 말았다. 날카로운 통증이 느껴질 때까지 나는 팔의 안쪽이나 다리, 목의 피부 속으로 손톱을 지그시 눌렀다. 그렇게 하면 내 죄책감과 고통이 조금은 덜어지는 기분이었고 그것만이 내 가슴속에 들끓고 있는 고통을 분출시키는 유일한 방법이었다. (56)

엘리자베스의 트라우마는 "방 한쪽 구석에, 하늘과 땅 사이에 매달려 있는 한 여인"으로 상징된다(101). "꿈속에서 집 안은 텅 비어 있고 조용했다. 나는 욕실로 들어갔다. 거기서 약품함을 열어 보면 어머니가 갈기갈기 찢긴 채 커다란 유리병 속에 들어 있었다"(252)고 표현되는 '파편화된 몸'의 악몽이 지속된다. "저 여자의 머리를 잘라야만 해"라는 외침 속에서 위협당하는 장면이나, "사슬에 묶여 있거나 부상당한 채로 서서히 고통스럽게 죽어"가는(253) 감금당한 동물의 이미지는 자유의 박탈에 대한 공포가 투영된 몸의 언어이다.

엘리자베스는 자신이 태어나지 말았어야 할 존재라는 의식, 누군가의 불행과 죽음의 원인이라는 자책, 살아남은 자의 죄책감이 있었고 죽음을 소망함으로써 "그러한 죄책감을 줄일 수 있었다"(251)고 고백한다. "엄마와 다시 하나가 되고 싶다는 나의 꿈은, 무의식적으로 그 꿈을 위해서라면 나도 엄마만큼 고통받아야 한다는 믿음으로 이어졌다"(254)고 하면서, 몸의 소멸을 통한 어머니와의 합일을 위해 죽음을 복제하는 의식을 재현한다. 스스로 '자살에 대한 환상suicide fantasy'이라고 표현하는 죽음의 예식이다.

나는 어떤 옷을 입고, 어떤 모습으로, 어떤 향내를 풍기며, 어떤 환경에서 죽을지까지 정확히 감지하고 있었다. 나는 하얀 옷을 입고 머리는 곱게 따 푸른색 실크 리본으로 묶을 것이다. 발은 맨발이고 몸은 막 목욕을 마친

듯 깨끗하다. 나는 숲으로 가 나와 정신적으로 통한다고 느껴지는 아름다운 나무를 찾아낼 것이다. 나무에게 허락을 구한 다음 때가 되었다고 느낄 때 그 신성한 가지에 목을 맬 것이다. (248)

3. 입양의 몸: 기독교 근본주의의 희생물로서의 몸

엘리자베스의 혼혈의 몸에 새겨진 상흔은 이어지는 입양의 상황으로 심화된다. 입양은 존재 상황 자체가 '버림받았음'을 근거로 성립된 것이며, 상대방의 자비에 호소해야 하는 입양아의 상처받기 쉬운 생존 조건은 부정적인 몸 기억을 형성한다. 입양은 대체로 제3세계로부터 제1세계로 이동하는 '힘의 논리'가 작용하는 이주로서, 급진적 사회 비평가들은 입양아를 강제 이주된 노예로, 국가 간 입양 행위를 노예 무역으로 비유한다. 한국계 해외 입양아는 수출 상품 혹은 "우편 주문 아기mail order babies"로 표현되기도 했다(Hübinette, 69). 이를 인신매매 문제로까지 부각한 미국 월간지 『프로그레시브*Progressive*』는 '아기 세일Babies for Sale'이라는 보도를 통해 한국을 대규모 아동 판매 사업으로 수입을 올리는 국가로 묘사한 바 있다. 한국 아기가 달러 다발 속에서 목욕하고 있는 모습의 표지 그림은, 한국의 입양 문제가 제기될 때마다 등장하는 시각적 상징이 되기도 했다(Hübinette, 72). 현재에 이르기까지도 "세계 경제 규모 10위권의 국가로서 해외 입양이 세계 4위라는 것은 특이한 현상"(장윤수, 90)으로 비판받고 있는 실정이다.

한국 고아의 해외 입양에 있어서는 '백인의 의무'를 강조함으로써 잠재적 죄의식을 자극하는 기독교적 수사법이 기여했다. "최초로 공식 등록된 한국 아동의 해외 입양은 1953년 미국 제칠일안식일예수재림교Seventh-day Adventists에 의해 이루어졌으며"(Hübinette, 44), 가장 많은 입양을 주선한 한국 홀트아동복지회The Holt Adoption Agency(현재 Holt International Children's Services)의 해리 홀트Harry Holt도 백인 기독교 근본주의자Christian fundamentalist였다. 휘비네트는 "아동 복지 분야에 경험이 없었던 해리 홀트가…… 기독교 근본주의 열정으로 한국 아동들을 구제하고 선교하며 문명화하려 했다"고 지적한다. "기독교, 선교 사업, 종교는 미 제국 건설 및 냉전 안보 정책과 함께 대규모의 한국 해외 입양이 시작되는 데 중요한 역할을 했다"는 것이다(Hübinette, 47). 미국 농민이었던 홀트 부부가 어떻게 여덟 명의 한국 혼혈아를 입양하며 해외 입양에 헌신하게 되었는지에 대한 실화를 담고 있는 『동양으로부터 온 씨앗*The Seed from the East*』(1956)에는, 자신들이 한국 전쟁에 대한 보도나 한국 고아들, 특히 혼혈 전쟁고아들을 위한 미국 내 모금 강연회에서 충격을 받고 한국행을 결정했다는 내용이 들어 있다. 이들의 기본 수사법은 한국 전쟁고아에 비해 자신들이 얼마나 행복한가, 푼돈의 미국 달러로 굶어 죽어가는 한국 고아들을 얼마나 많이 도와줄 수 있는가이며, 자녀들에게도 이를 끊임없이 강조했다고 기록하고 있다(Holt, 21, 32). 실제로 한국 전쟁고아 입양아들이 미국인으로 호명되는 과정은 대체로 기독교와 연계되어왔다.

선교사가 운영하는 고아원에 있던 엘리자베스를 입양한 이들도 작은 근본주의 교회fundamentalist church의 목사 부부였다. 기독교 근본주의 가정의 양부모는 '구원자'로서의 백인 우월주의적 수사법의 전형을 보여준다. 엘리자베스의 양부모는 전장으로부터 유색 인종 혼혈 고아를 탈출시킴으로써 기독교적인 박애 의무를 수행했다는 자긍심, 제1세계 제국의 구성원으로서의 인종적 우월 의식, 동시에 제3세계로부터의 감사에 대한 엄연한 기대를 표현한다. 다른 고아들은 전부 죽었고, "하느님은 특별히 너만 살려 주신 거야", "너는 운이 좋아서 그래도 우리에게 구출되었다"(102)는 양부모의 말에는 기독교인으로서의 임무와 제국주의적 사고 구조가 연결된 수사법이 나타나 있다. 양부모의 기본 논조는 불결하고 낙후하며 열등한 제3세계 이방인 전쟁고아의 구출이라는 인도주의적 행위의 주체가 자신들이라는 것을 끊임없이 상기시키는 것이다. 백인과 비백인, 기독교와 이교라는 이분법적 패러다임이 압도하는 가운데, 백인 가부장과 유색 인종 모녀의 이미지는 기독교적인 채색을 통해 익숙한 신제국주의적 초상으로 떠오른다. 백인, 강대국, 구원자, 승자, 감사의 대상으로서의 양부모와 유색인, 제3세계, 구원의 대상, 패자, 감사해야 할 존재라는 이분법적 대조의 권력 구조는 엘리자베스에게 평생의 짐으로 작용한다.

양부의 기독교는 한마디로 공포의 종교이다. 공포를 통해 복종을 강요하는 양부는 "하느님은 분노의 하느님이시다!"(98)라고 말한다. 엘리자베스에게 제국-백인-남성-기독교의 하느님은 강하고 두려운 기억으로 각인된다. 엘리자베스는 신의 감시나 심판, 지옥이라는 단어가 떠나지 않는 두려움의 대상이었다면서, "우리 교회에서는 지옥에 관한 문제에 더 큰 관심을 기울였다. 지옥에서는 통곡 소리와 이빨 가는 소리가 끊이지 않으며 저주받은 사람들은 이 세상의 그 무엇보다 뜨거운 불바다에 빠져 영원히 고통받아야 한다고 들었다"고 고백한다(113). 자신이 어머니의 죽음의 원인이었다는 한국에서의 죄책감은 이제 미국에서의 기독교적 원죄 의식이 가중된 트라우마로 자리 잡는다.

'종교에 광적으로 빠진 사람들', '가혹하고 엄한 근본주의 가정'의 가학-공포-체벌의 악순환은 입양의 상흔으로 각인된다. 입양으로 인한 거부의 경험과 존재의 무가치성에 부정적 인식이 연결된 악순환은 '자아 부정의 우울'로 엘리자베스의 몸에 기록된다. 양부가 엘리자베스의 행동을 교정한다며 강하게 체벌하고, 체벌하는 소리를 녹음한 후 가족들과 함께 들어보는 장면은 종교적 독선과 인종주의의 연결을 보여준다. "녹음기가 돌아가는 동안 아버지는 자주 나를 때리셨다. 훗날 테이프를 들어 보니 내 울음소리와 함께 찰싹 때리는 소리가 너무도 선명하게 들렸다. 뒤에서는 양어머니가 '자, 이제 네가 얼마나 못되게 굴었는지 좀 뉘우쳤니? 예수님께 용서해 달라고 말할 수 있겠어?'"(115)라는 소리가 들렸으며, 입양아의 몸에 가해진 이러한 인격적 모멸감이야말로 이 가족이 가장 즐기는 여가 활동이었다고 한다. 양부모로 대변되는 종교 권력, 선민의식, 인종 우월주의적 사고는 기독교 근본주의 자체에 대한 회의로 남게 된다.

'모든 근본주의의 반대말은 페미니즘'이라는 선언처럼, 엘리자베스가 한국에서 경험한 유교 근본주의에 이은 기독교 근본주의는 여성의 몸에 대한 철저한 부정이라는 점에서 병적인 유사성을 보인다. 그녀는 가부장적 절대 권력을 행사했던 양부에 이어, 양부 교회의 부목사였던 남편 D에게서 기독교 근본주의로 포장된 제국의 여성 혐오적 폭력성을 경험한다. 열일곱 살 엘리자베스의 D와의 결혼 생활에 대한 묘사는 성 노예 내러티브의 전형이다. "나는 방으로 들어가 침대 위에 누웠다. …… 나는 또 다른 이름의 노예가 될 것이다"(180)라는 예견대로, D는 결혼 첫날부터 성관계를 제대로 가질 수 없게 되자 이를 엘리자베스의 탓이라며, "침대 위에 알몸으로 누워 있는 나를 때렸다. 내가 충격으로 멍하니 그를 바라보고 있는 동안 그의 구타는 점점 규칙적으로 되어갔다"(183). D는 엘리자베스가 "고통스러워하면 성적 흥분을 느꼈고", 눈길 한 번 주지 않거나 때리는 방식으로 성관계를 한다(195). 수잔 브라운밀러Susan Brownmiller는 "공포를 통해 여성의 종속을 강화하는 정치적 통제 기법"인 성폭력은 "남성이 자신의 권력을 유지하기 위한 수단"이라면서, "자신의 성기가 공포를 유발하는 무기가 될 수 있다는 남성의 발견이야말로 최초의 불의 사용이나 돌도끼의 사용과 함께 선사 시대의 가장 중요한 발견"이며 "여성을 공포 속에 가둬놓기 위한 의식적인 위협의 과정"이라고 지적한다(Brownmiller, 14-15). 엘리자베스를 철저히 몸의 기능으로 환원하는 D의 성도착적인 환상, 가학 증세, 자신의 무능함을 약자에게 부과함으로써 느끼는 쾌감은 잔혹한 몸의 정치를 보여준다.

기독교 근본주의로 포장된 부목사 D의 여성상은 역사의 타자이다. 여성은 첫 남자를 속이고 인류를 저주로 몰고 간 성적이고 타락한 존재, 감정적인 자아 조절 능력이 부족하며 무질서와 죄에 물들기 쉬운 속성을 가진 존재로 폄하되어왔으며 여성의 음울한 기운으로 인해 남성을 타락시키는 "위험한 성dangerous sex"으로 간주되어왔다(Hays, 5). 엘리자베스에 대한 D의 성폭력은 인종과 성이 연결된 잔인한 형태를 보여주고 있다. 인도주의적 선행의 당사자라는 미국 우월주의적인 백인 남성의 성욕의 대상으로서 오리엔탈 여성, 이국적이고 헌신적인 마담 버터플라이에 대한 성적 환상이 전쟁고아 출신의 혼혈 입양 여성에 대한 가학 증세로 표출된다. 인종과 성의 타자에 대한 철저한 혐오는 백인 남성의 선민의식, 제국의 그림자로서의 민족적 우월감, 어둡고 침울한 내면의 우울이 결합된 형태로서, 엘리자베스의 몸에 상흔으로 각인된다.

해결되지 않은 자신의 내적 갈등을 여성 혐오적 태도로 분출하는 D에게서는 권력욕과 지배욕, 성욕의 병적인 연계성이 나타난다. 날씨가 추우니 불쌍한 개를 하룻밤만 방에 두자는 엘리자베스의 말에 D는 그렇다면 나가서 '개와 함께 자라'고 내쫓았으며, 엘리자베스는 개집에서 자고 들어와서도 남편을 위해 아침 식사를 준비해야만 하는 성 노예와 같은 상황에 있다. 엘리자베스는 오랜 피억압의 생활에서 자신의 몸에 대한 부당한 대우를 수용하는 자학 증세를 보인다. 어린 시절 한국에서 돌팔매질을 당하며 자신은 태어나지 말았어야 할 존재이며, 결코 삶을 누리거나 사랑받을 자격이 없는 '짐승과 다를 바 없는 존재'라는 자괴감이 끈질긴 몸 기억으로 이어지고 있는 것이다.

엘리자베스와 D의 관계는 전장으로서의 한국과 구원의 상징으로서의 미국, 제3세계를 구한 제1세계의 이분법적 패러다임의 전형을 보여준다. 제3세계 전쟁고아에 대한 제국주의적 우월감과 여성 비하적 시각과의 연장선 위에서 D는 특히 인종적으로 범주화되지 않는 혼혈인의 정체성도 혐오한다. 그는 한국에서 혼혈 사생아라는 이유로 당했던 엘리자베스의 화상 자국을 참을 수 없어 한다. D는 TV에서 흉측하게 생긴 '코끼리 인간'이 자신의 기형적인 얼굴을 가리려고 천을 쓰는 장면을 보고는, 엘리자베스도 그렇게 해야 마땅하다고 말한다. 순혈주의 강박관념에 시달리는 한국 가부장들에게 혼혈이라는 이유로 고통당했던 엘리자베스는 이제 통합과 평등을 국가 이념으로 내세우는 미국에서도 하위 혈통으로 거부된다. 그녀는 기독교 국가로서의 '구원자 미국'의 이면을 직시하며, "인종의 용광로라는 이 사회에서 혼혈아인 내 얼굴을 보고 당황하는 사람들이 있다는 것은 믿기 어려운 현상"이라면서, 혼혈아는 짐승만도 못하다는 한국의 편견과 미국의 편견이 다를 게 없다고 기록한다(93).

엘리자베스는 "내 얼굴은 어디를 가나 조롱거리였다. …… 내가 얼마나 남과 다르게 생겼는지 한시도 잊을 겨를이 없었다"(94)며, 자신은 "누렁이"라고 불리는 "눈엣가시 같은 존재"였다고 말한다(163). "집안 대대로 내려오는 자신의 금발과 푸른 눈동자를 무척 자랑스러워"하는 양할머니는 한국 아이를 입양하는 것에 반대했었다면서, 할머니의 생각에는 "백인 이외의 종족은 모조리 야만인"이었고, "내 눈동자를 보고 진흙처럼 시커먼 눈"이라고 말했다고 회상한다(146). 교회에서는 늘 만면에 미소를 짓고 자애롭게 보이는 양할머니는 "사람들이 '자기 자신의 혈통'을 고수해야 하고, 따라서 혼혈 같은 일은 절대 일어나서는 안 된다"며, "흑인, 아시아인, 유태인, 히피족 모두를 싫어했으며 '말세야'라는 소리를 입에 달고 다녔다"고 한다(147-148). 폴 테일러Paul Taylor는 몸을 분류하는 대표적 개념인 '인종'은 "한 무리의 인간 개체들"의 육체와 혈통을 "하나의 집합으로 식별하는 것"이라면서, 인종 분류 체계는 항상 인위적이고 가공적이며 증오에 찬 경계선을 따라 이루어졌고, 사회적 차별과 학대를 합리화하는 이데올로기로 기능해왔다고 지적한다(테일러, 153). 혼혈과 같은 하위 혈통의 개념은 "위반자들을…… 밀쳐냄을 의미했으며, 최근의 신인종주의에 이르기까지 근간에 놓인 몸의 논리는 외세에 대한 경계심, 다름에 대한 배타성, 인종 서열의식, 주변성의 인종화 등 수많은 가공의 기준으로 누군가를 차별화하고 싶은 인간의 부정적 심리를 분출하는 도구였다"고 지적한다(테일러, 271).

엘리자베스는 왜곡된 선민의식의 결과로서의 '우리'와 '그들'이라는 이분법적 몸 논리의 잔혹성을 깨달아간다. 혼혈, 아시아, 비기독교적 야만 문명으로 시각화되는 그녀는 온갖 허구적인 '혈통 신화'에 대한 비이성적인 집착으로 고통당했음에도 불구하고, "이 미국에서 단지 주위 사람들과 다르게 생겼다는 이유만으로 소외당하고 미움받는 사람은 나 혼자만이 아니라는 사실을 알게 되었다"(147)면서, 자신의 고통을 보편성으로 확장하는 성숙함을 보여준다. 인종적, 민족적, 성적, 계층적 타자로서 자신의 몸이 감내한 고통을 사회적 영역으로 승화하는 '공감'의 능력에서 이 처절한 몸 이야기의 구원적 가능성이 제시되고 있다.

4. '몸 이야기하기'를 통한 몸의 복원과 여성 의식의 확장

'몸의 소멸'에 대한 끈질긴 충동, 자학 증세에 시달리던 엘리자베스의 몸 이야기의 결정적 전환점은 여성의 '몸의 확장'이라고 할 모녀 관계를 통해서 온다. 엘리자베스는 남편 D의 반대에도 불구하고 아이를 갖는다. 계획된 보복과도 같은 임신을 한 이유에 대해 엘리자베스는 "내가 사랑할 몸"이 간절히 필요했다고 말한다. "나와 같은 피가 흐르고, 나와 같은 모습을 한 사람에게 내 사랑을 주고 싶었다"면서, "처음부터 뱃속의 아이가 딸이라는 것을 알았다. 나는 모녀 관계를 원했다"고 고백한다(189-190). 엘리자베스와 그녀의 어머니는 죽음으로서만 합일될 수 있다는 점에서 그들의 모녀 관계는 몸에 대한 부정의 형태를 띠고 있다면, 딸과의 모녀 관계는 현재의 몸의 확장을 통한 합일이라는 점에서 몸에 대한 긍정을 의미한다. "나는 아기에게 젖을 먹이며 아기의 매끄러운 머리카락을 쓰다듬었다. 그리고 엄마가 돌아가신 후 처음으로 아무런 두려움이나 수치심 없이 마음 깊은 곳에서 우러나는 말을 나 아닌 다른 사람에게 할 수 있었다"(192)라는 고백처럼, 자신의 복제된 몸으로서의 딸의 몸을 긍정함으로써, 궁극적으로 자신의 몸의 가치를 인정하고 있는 것이다.

> "아가야, 넌 정말 예쁘구나. 넌 정말 완벽하고 특별한 존재야. 내 사랑하는 딸이자 세상 모든 신들의 가장 놀랄 만한 피조물이지. 이 엄마는 널 영원히 사랑할 거란다. 너를 위해서라면 내 목숨까지도 바칠 수 있어. 엄마 곁에 와 줘서 정말 고맙다. 네 덕택에 엄마의 허전했던 가슴이 이제야 비로소 메워지겠구나. 나는 평생 동안 네가 엄마 품에 안겨 있는 이 순간을 기다려 왔단다." (192)

모녀 관계는 죽음의 충동을 극복하고 긍정적 몸 기억을 형성해가는 '치유적 몸'으로 기능한다. 엘리자베스는 그동안 지배 권력이 주입해온 하위체 몸에 대한 혐오감을 극복하는 통과 의례를 거친다. "죽음에 대한 생각만은 바뀌었다. 이제는 내게도 살아야 할 이유가 있었다"(197)는 고백대로, 딸 리Reigh의 존재는 자신의 몸에 대한 수용을 의미한다. "리와 나의 생활은 장소만 미국으로 바뀌었을 뿐 한국에서 내가 엄마와 보낸 시절과 똑같았다"(211)는 고백대로, 딸과의 모녀 관계는 파편화된 어머니와의 관계를 복원하는 통로가 된다. 어머니가 자신을 데리고 도망치지 못함으로써 겪게 된 평생의 정신적 상흔에 대한 보상으로서 남편 D로부터 "딸을 데리고 도망친 날 밤, 나는 놀랄 만한 환희를 느꼈다. 그리고 우리는 자유를 맛보았다"(212)고 고백하면서, 감금된 '몸의 해방'이라는 대안 담론을 제시하고 있다.

엘리자베스와 딸 리가 씨줄과 날줄 같이 시각을 교차해가는 내러티브는 몸의 공감을 형상화하는 미학적 장치가 된다. 이 작품의 후반부에 실려 있는 '리의 글'은 엄마의 몸의 확장으로서 딸의 역할을 보여준다. 부정되었던 몸, 죽은 세월이 딸 리의 시각을 통해 다시 살아난다. 리는 자신이야말로 "엄마의 영혼이 투영된 모습이자 축소판이며, 엄마가 어린 시절 느꼈던 고통을 지울 수 있는 살아 있는 기회"이고, "평생 동안 자신을 따라다녔던 반쯤 잊혀진 공포와 부당함을 바로잡을 수 있는 기회"라고 적고 있다(244-245). 그리고 끊임없이 재기억되는 정신적 상흔, "피할 수 없는 기억의 홍수"(245)의 공포로부터 엄마를 구하는 치유적 역할이 자신에게 있음을 기록한다. 리는 사랑하는 사람의 처참한 죽음을 목격함으로써 얻게 된 트라우마로 인해 자신의 존재 자체를 소멸시키고 싶어 했던 엄마의 "비극과 고통으로 가득 찬 인생"에 대해 함부로 평가할 수 없으며, 오히려 자신이 그러한 "엄마를 보호해야 한다는 막중한 책임감"을 느꼈다고 적는다(245). 리를 통해 엘리자베스의 몸이 해석되고 이해되며, 정당한 평가를 받는다는 사실은 여성 관계를 통한 몸 복원의 긍정적 가능성을 제시하고 있다. 지배 권력의 시선을 통해서 주입되어왔던 몸에 대한 부정적 이미지를 극복하게 되는 치유의 여정이 여성 관계를 통해 실현되고 있는 것이다.

모녀 관계를 매개로 해서 엘리자베스는 몸 기억을 해독해간다. 자신의 몸이 또렷이 기억하는 일생의 가장 큰 의문은 엄마가 가족들에게 '명예 살인'을 당하던 날, 왜 자신이 그 현장을 목격하도록 방치했을까, 그 모든 상황을 똑똑히 볼 수 있는 대바구니 속에 숨으라고 했을까, 결국 평생 그 후유증으로 인해 고통받으며 살아가게 했을까 하는 것이었다. 엘리자베스는 자신의 몸의 확장이라고 할 딸과의 관계에 근거해서 그 의문을 풀게 된다. “엄마는 내가 그 모든 것을 이겨내기를 바랐으리라. 우리 모녀 둘 다 박해의 대상이라는 사실을 받아들이기를 바랐으리라”(272-273)면서, 결국 자신이 살아남을 수 있는 용기와 굳건한 힘을 가질 수 있도록 하기 위해 그렇게 했다는 점을 수용함으로써 상흔을 치유해간다.[8]

모녀 관계는 보편적인 여성 관계로 확산된다. 엘리자베스는 ‘몸의 공감’을 통해 어머니의 죽음이라는 상처가 자신만의 것이 아니라 역사적으로 반복되어온 여성의 현실이라는 깨달음을 얻는다. 또한 여성의 몸에 대한 잔인한 폭력을 합리화시켜온 근본주의뿐만 아니라 어떤 이데올로기도 맹목적으로 치달을 때는 유사한 성격을 띠게 된다는 사회 인식을 얻는다. 여성 혐오의 희생물로서 파편화되었던 몸의 복원 과정은 보편적인 여성 의식의 확장으로 이어지고 있다.

---

8 엘리자베스는 같은 여성으로서 엄마를 이해하고 엄마에게 공감을 느끼게 되며, 그러한 감정을 다음과 같이 적고 있다. “사랑하는 엄마에게. 요즘 제 인생에 일어난 변화에 대해 엄마께 알려 드리고 싶어요. 저는 제가 엄마처럼 고통받아야 한다고 생각했어요. 엄마와 하나가 되고 싶었기 때문이죠. 그렇게 해서 전 엄마와 저를 동일시하고 싶었어요. 하지만 이제는 그것이 엄마와 함께했던 추억을 더럽히는 일임을 알았어요. / 전 엄마의 소망을 이루어 드리고 싶어요. 당신의 소망은 제가 안전하게 보호받는 것이었죠. 당신은 이곳에서 더 이상 그 일을 할 수 없으므로 이제는 제가 하겠어요. 엄마에게, 세상에서 가장 사랑스러운 사람과 만들었던 아름다운 추억에 경의를 표하는 뜻에서요. 엄마가 떠날 수밖에 없었던 이 세상에서 제가 그 일을 하겠어요. 그리고 그렇게 함으로써 우리는 언제나 하나가 될 거예요. 진정한 하나가요. 또 우리는 같은 목표를 위해 노력하게 되는 거예요. 당신이 사랑했던 아이를 보호하고 행복하게 하는 일이요. / 저도 엄마처럼 되고 싶어요. 엄마와 가까워지고 싶어요. 이제는 이것만이 그 길임을 알았어요. 엄마와 같아지기 위해 저는 당신이 낳고 살리기 위해 목숨까지 바쳤던 그 딸을 소중히 여겨야만 해요. 그리고 사랑하는 엄마, 전 그 아이의 행복과 자유, 완전함을 위해 최선을 다할 거예요. 그것이 엄마가 원하던 것이었으므로 전 그렇게 할 거예요. / 엄마를 정말로 사랑해요. 많이 보고 싶어요. 엄마 없는 세상은 너무나 외로워요. 하지만 제 자신을 사랑함으로써 저는 제 안에 살아 숨 쉬는 엄마의 영혼을 느껴요.”(265-266).

> 널리 알려지지 않았을 뿐 엄마와 같은 죽음은 이제는 사라진 구시대의 유물이 아니다. 그런 비극적인 죽음을 당한 사람 역시 엄마만이 아니다. …… 신문사로 쏟아져 들어오는 외신에도 종종 그런 기사가 등장했다. 그런 일은 한국뿐 아니라 이스라엘, 중국, 이란, 인도 및 많은 나라에서 자행되고 있었다. …… 문화적 규범을 어긴 죄로 얼마나 많은 여성이 살해당했는지는 모르지만 수많은 아이들이 자신들의 어머니가 죽는 것을 목격하고 그로 인해 자책감에 시달렸을 것이다. 그들은 자아 정체감도 없이 영혼을 상실한 채 스스로를 학대하며 자랐을 것이다.
>
> 지구상에는 수많은 여성들이 그렇게 무참히 짧은 생을 마감하고 있다. 모두가 아름답고, 똑똑하고, 순박하고, 야성적이면서도 겁에 질려 있고, 평범하면서도 비범한 여성들로 우리로서는 결코 만나보지 못할 여인들이다. 그리고 이 세상은 그로 인해 점점 삭막해지고 있는 것이다. (273-274)

대중의 알 권리를 옹호하며 진실과 정의를 위해 싸우고 싶다는 욕구에서 기자가 된 엘리자베스는 자동차 사고 현장을 취재하러 갔다가 운전석에 꼼짝없이 갇힌 채 죽어가는 여성을 본다. 엘리자베스는 이미 구조가 불가능한 상황에서 이 여성이 마지막 숨을 쉴 때까지 이야기를 건넨다. 어머니의 몸이 소멸될 때 하지 못했던 교감의 의식을 행하고 있는 것이다. 엘리자베스는 "당신은 정말 소중한 사람"이고 혼자가 아니라고 말해준다. "내가 한 행동들이 죽어가는 사람들에게 어떤 영향을 미쳤는지는 모르지만, 나는 그들의 마지막 여행길을 편안하게 해 주고 싶었다. 엄마에게 결코 하지 못했던 작별의 말을 하고 싶었다. 누군가 외로움과 무관심 속에서 세상을 떠난다는 것은 생각만 해도 가슴이 메어왔다"(233-234)는 고백 속에는 어머니의 죽음에 대한 기억이 구원적 공감으로 확장되는 과정이 나타나 있다. 희생된 어머니의 몸은 여성 의식의 변화라는 긍정적 유산을 남기고 있는 것이다.

여성 의식의 확산에 매개체가 된 것이 문학이다. 문학이 제공하는 공감의 능력은 자학적인 몸 기억을 극복하고 관계성을 회복하는 구원적 도구가 된다. 엘리자베스는 문학이 "외롭고 광활한 사막 위에 자리 잡은 작은 마을의 숨 막힐 듯한 기독교 근본주의 가정에서 벗어나는 탈출구"(138)였고, "나를 내 삶 이상의 심오한 무언가와 연결시켜"주었으며, "소외의 고통이라는 망망대해를 헤쳐 나갈 지도"(135)였다고 고백한다. "세상에서 외로운 사람은 나 혼자만이 아니라는 사실"(138)을 깨닫게 한 보편성에 대한 인식이야말로 "인생을 바꿔놓은" 문학 작품의 역할이었으며, "처음으로 내게, 고통이란 '내 고통'이 아니라 그저 '고통'일 뿐이라는 생각을 심어 주었다. 슬픔과 외로움, 절망은 나만 느끼는 것이 아니라 인간이라면 누구나 느끼는 보편적 감정"(143)이라는 것을 알게 되었다고 말한다. 문학의 공감 능력은 자신의 몸에 대한 자기 연민을 넘어서서, 타인의 몸을 수용하는 확장의 매개체가 된다. "사람들은 내게 못생겼다 하지. / 사람들은 내게 이상하다 하지. / 나는 그들의 말 한 마디, / 그 타는 듯한 고통의 덩어리들을 삼켜 버리네"(140)라며 고통스러워하던 소녀가 이제 자신의 어두운 몸 기억을 사회적 인식 확장의 차원으로 승화하고 있는 것이다.

> 우리는 타인의 고통에 대해 전혀 알지 못한다. / 나는 너를 평가하고 너는 나를 평가할 뿐. / 우리는 삐딱한 눈으로 상대방의 머리카락, 의상, 피부결, 미소, / 혹은 무표정을 바라본다. / 내게 당신의 웃음소리는 너무 크고 / 나는 당신의 음악적 취향이 싫다. / 당신에게 나는 너무 말이 많고 / 당신은 내가 신은 부츠를 싫어한다. / 그러면서도 우리 모두는 마음속으로 울고 울고 또 운다. / 우리는 겁에 질린 채 우리를 알지 못하는 세상을 살짝 엿보며 / 누군가는 우리가 얼마나 사랑스러운 존재인지 / 알아주기를 간절히 바란다. / 우리는 조심스레 무관심이라는 가면을 쓰고 서로를 스쳐 간

다. / 당신의 고통이 내 고통을 건드리니 / 내 마음은 당신의 마음과 같이 아프다. (141-142)

보편성에 근거한 공감의 능력은 부메랑으로 돌아와 자신의 몸 기억을 해독하는 열쇠가 된다. 지배 문화의 거울에 반사된 '다르고 추악한 몸'이라는 부정적 몸 기억을 내면화함으로써 자학 증세에 시달렸던 엘리자베스는 이제 몸에 대한 사회적 시선의 정치성을 깨닫게 되면서 자신의 과거를 객관화할 수 있는 능력을 성취한다. 엘리자베스는 몸에 대한 지배 권력의 폭력적 시선으로부터의 해방 담론을 얻게 된다.

…… 나는 내 어린 시절의 사진들도 보기 시작했다. 지난 몇 년간 계속 감춰 두고 있었던 사진들이었다. 나는 언제나 사진 속의 그 어린아이를 싫어했고 경멸했다. 그러나 나는 진정으로 그 아이를 보기 위해 의식적으로 노력했다.

나는 심각한 얼굴을 하고 있는 사진 속의 소녀를 조금씩 사랑하게 되었다. 세상에서 유일한 안식처였던 엄마를 잃고, 감옥 같은 고아원 생활을 거쳐, 어른이 될 때까지 체계적으로 학대를 받았던 가엾은 소녀. 나는 지난날 그 아이에게 차갑게 굴었던 것과, 다른 모든 사람들과 마찬가지로 그 아이를 마음속으로부터 버렸던 것에 대해 용서를 구했다. (264-265)

자신의 몸을 수용한다는 것은 정체성의 근간을 건드리는 것이다. 고통의 근원이었던 몸이 이제 구원의 차원으로 승화되고 있다. 혼혈 입양 여성으로서 가정폭력과 성폭력의 트라우마가 뚜렷이 각인된 몸, 여성 혐오와 자학의 대상이었던 몸, 그 소멸에 대한 끈질긴 유혹을 넘어서는 치유의 과정이 진행되고 있다. 몸의 가치를 긍정함으로써 자신과의 화해를 성취하는 순간은 이 몸 이야기의 극적인 드라마를 구성한다.

어른이 된 후로 나는 입양 통지서를 볼 때마다 눈길만 줄 뿐 감정적으로는 외면해 버리곤 했다. 읽기는 했지만 단어를 새겨 가며 읽은 적은 없었다. 그러던 어느 날, 마침내 나는 너덜너덜해진 폴더에서 노란색 입양 통지서를 꺼내 한 자 한 자 정성들여 읽어 나갔다.

어머니: 불명. 아버지: 불명. 출생일: 불명.

나는 양팔로 어깨를 감싸고 심장이 터져 나가도록 흐느꼈다. 그리고는 이름도 없고 아무도 원치 않는 고아 소녀의 건강 상태가 사무적으로 적힌 종이를 집어 들고 '성별: 여자'라고 적힌 줄과 '엄마: 불명'이라고 적힌 줄 위에 입 맞추었다. (268)

엘리자베스의 정체성 탐색 내러티브의 절정도 자신의 몸이 인정받았다고 느낀 순간에 온다. 이 작품의 끝부분에 한국 소녀가 자신을 한국인으로, 손윗사람으로 인정해 목례를 한 행위를 통해, 엘리자베스는 자신이 더 이상 경멸스러운 '튀기'의 몸이 아니라 당당한 한국 성인의 몸으로서의 정체성으로 존중받았다는 데서 오는 에피파니epiphany를 경험한다. 한국 소녀의 시선에서 포착한 자신의 몸에 대한 긍정은 존재의 근간이라고 할 모국으로부터의 인정을 상징하며, 모국이 자신을 그 일부로서 인정해준 데 대한 자긍심, '속하고 싶은 욕구'의 충족을 의미하는 것이다. 모국과의 화해는 몸과의 화해와 연결되고 있다.

혼혈과 입양, 여성 혐오로 거부되었던 몸 기억을 해독해가는 '이야기하기' 행위는 그 자체로 몸에 기록된 상흔을 치유해가는 체험이었다. 엘리자베스의 몸은 고백적 이야기하기를 통해 형성되어간 '진행 중의 몸'이었으며, 이 과정을 통해 몸이란 개념 자체가 지배 권력 집단의 필요에 의해서 인종, 국가, 민족, 종교와 같은 이름으로 지지되어온 사회 문화적 콘텍스트의 산물이라는 점이 밝혀지고 있다. 중립적인 자연 상태의 몸은 존재하지 않으며 모든 몸은 역사적 축적물이라는 인식에 도달함으로써, 엘리자베스는 자신의 몸에 묻은 '이데올로기적 오염'을 극복하는 정체성 인식의 변화를 경험하게 된 것이다.

5. '몸 이야기하기' 방식의 저항성

'몸 이야기하기' 방식은 그 자체로 『만 가지 슬픔』의 주제적·미학적 저항 행위를 구성하고 있다. 언어야말로 힘의 위계질서가 엄연한 영역이다. 이산離散으로 인한 정체성의 혼란을 겪고 있으며 경계인으로서의 불안정성을 지닌 엘리자베스는 몸 기억을 표현해낼 언어 면에서도 주변인으로 존재해왔다. "지금까지 내가 알고 있었던 것은 모두 사라지고 내 삶은 완전히 다르게 바뀌어 갔다. '물'은 '워터'가 되고 '변소'는 '배스룸'이 되었다", "내 자신은 '엘리자베스', 아직은 어떤 아이인지 알 수 없는 엘리자베스가 되어 있었다"(76)는 말에는 이산으로 인한 언어 상실, 그 정체성의 혼란이 생생하게 표현되어 있다. 바로 이어 "양부모님이 원하는 딸, 엘리자베스를 만드는 작업은 가차 없이 실행되었다"(76)는 표현을 통해 영어를 배우는 과정이 묘사됨으로써, 동화의 압력이 곧 지배 언어로 환원되고 있음을 보여준다.

존재의 근간이었던 한국어 상실이라는 이산 자아의 언어적 한계는 과거로부터 단절된 정체성의 불안감, 존재의 허구화와 연결된다. 입양이 되고 난 후에도 엘리자베스가 잊지 못하는 한국어 '엄마'는 영어 '마더'와 같은 의미가 아니었다. '엄마'와 달리 '마더'에는 한국적 한이 내재되어 있지 않아서 엄마를 느낄 수 없었으며, '엄마'에 들어 있는 감정의 구조만은 어떤 것으로도 대치되지 않았다. '엄마' 속에 들어 있는 한국 여성사의 한은 처절한 타자의 역사여서, 제1세계 언어로 쉽게 전환되지 못하는 것이었다. 엘리자베스에게 엄마라는 메워질 수 없는 공백은 언어적 상흔으로 남게 된다.

주변화되고 침묵을 강요당한 하위 주체로서의 혼돈은 엄마가 된 엘리자베스가 잠결에 하는 "한국어와 영어가 섞인 이상한 말"(246)로 드러난다. 이산 이전의 한국에서의 삶이 여전히 생생해서 "현실까지 침범"(246)한 것이라는 딸 리의 증언은 한국어에 체현된 정체성을 말해준다. 엘리자베스가 '엄마'라는 단어를 끝까지 고집하는 것도, 양부모의 시민권의 위력으로 '엄마'를 대치할 수 없는 이유도 모국어적 감수성을 모태로 한 동화될 수 없는 정체성이 있기 때문이었다. 번역될 수도 없고 또한 번역되기도 거부하는 이 정체성이야말로 자신이 한국산 입양 상품이 아니라 살아 있는 인간임을 주장하는 저항의 영역이다.

『만 가지 슬픔』은 파편화된 언어의 회복과 파편화된 몸의 복원을 동일 선상에서 진행함으로써 그 미학을 성취하고 있다. 정체성의 근간에 자리 잡은 모국어적 감수성의 회복은 몸 복원의 통로가 된다. 침묵당했던 고통이 큰 만큼 모국어적 감수성의 재기억은 저항적 성격을 띤다. 엘리자베스는 음악 언어의 경우에도, "클래식 음악을 이해할 수 없었다. 육중한 피아노와 아이보리색 건반은 내 마음을 사로잡았지만, 솔직히 서양 음악은 혼란스러웠다. 엄마의 오음계에 익숙해져 있던 내 귀에 이 새로운 음계는 위협적으로 느껴졌다"(84)면서, 몸속에 내면화된 모국어적 감수성의 구조를 보여준다.

자연의 언어라고 할 지형과 종교에서도 저항의 미학이 추구된다. 모성과 동일시되는 불교는 기독교 근본주의를 신봉하는 양부모에게서 받은 상처를 어루만져주는 자비와 위로, 연민의 모태로 기능한다. 작품의 제목에서도 암시되어 있듯이, "인생이란 만 가지 기쁨과 만 가지 슬픔으로 이루어졌다"고 한 엄마의 철학과, 많은 고통에도 불구하고 "현재에 충실하다면 매 순간이 그처럼 기쁨의 대열에 합류할 수 있다는 사실"(264)을 받아들임으로써 모국의 몸을 수용한다. 정체성의 근간에 자리 잡은 미학적 장치들은 베네딕트 앤더슨Benedict Anderson의 용어대로 "상상의 공동체"(Anderson, 6)로서의 한국성에 대한 이끌림의 반영이다. "아리랑, 아리랑, 아라리요. / 아리랑 고개를 넘어가기는 / 너무도 지루하고 힘들지만 / 정상에 올라가면 / 언제나 햇살이 따뜻하게 비춰리 / 아리랑, 아리랑, 아라리요. / 우리가 사는 세상은 힘들고 괴롭지만 / 이 길고 긴 강을 건너고 산을 넘으면 / 평화롭고 잘 사는 세상이 오리라"(36)는 이 작품 속에 실려 있는 노래는 모국어적 감수성에 포착된 몸의 고유성을 표현한 것이다.[9] 몸-모국-모국어와의 화해의 패턴이 엘리자베스의 정체성 탐색 내러티브의 미학으로 완성되고 있다. 몸 기억을 증언의 텍스트로 만들어가는 이러한 저항적 글쓰기 방식은, 지배 권력 문화가 주입한 타자로서의 몸을 극복하고 몸의 주체로 복원되는 치유의 과정을 기록한다.

『만 가지 슬픔』은 "권력이 지어낸 허구"(한국여성연구소, 6)로서의 몸, 역사적 시각의 축적물로서의 몸, 담론을 통해 구성된 몸을 보여줌으로써 인종주의, 민족주의, 국가주의와 같은 온갖 이데올로기로 몸을 범주화해온 허구적 신화의 폭력성을 증언하고 있다. 혼혈, 입양, 여성 혐오로 고통받아온 이 하위 주체 여성의 몸 이야기는 '우리'와 '그들'의 몸으로 양분해온 배타적인 사회 현실을 고발한다. '잊힌 전쟁'이라고 일컬어져온 한국 전쟁 이후 반세기가 지난 뒤 쓰인 이 작품은 혼혈과 입양의 쟁점이 여전히 잊히지 않고 또한 잊혀서도 안 되는 진행형의 과제라는 점을 제시하고 있다. 한국 입양인의 문화는 한국인, 미국인, 한국계 미

9 형제애와 같은 가족애에 대한 그리움은 모국어적 감수성과 연관된다. 엘리자베스는 자신이 가장 좋아했던 이야기는 마음씨 착한 형제 이야기였다면서, "옛날에 서로를 무척 아끼는 한 형제가 있었다. 그들은 서로 상대를 배려하며 무엇이든 함께 나누어 가졌다. 추수가 끝나고 타작한 쌀을 가마니에 담고 난 후 형은 이렇게 생각했다. '동생은 이제 막 결혼해서 살림을 차렸으니…… 동생 역시 형을 생각하는 마음에서 쌀가마니를 형의 집에 두고 온 것이다"라고 기록한다(26-27).

국인 다음으로 “제4의 문화”(E. Kim, 65)를 형성하며, 공식적 국가 담론의 대안적 역사를 써나가고 있다. 엘리자베스의 정체성 탐색 내러티브는 이산의 몸 기억을 통해 ‘또 하나의 문화’를 바라보게 함으로써 초인종적, 초민족적, 초국가적 패러다임 사회에 대한 미래 지향적 인식을 확장할 수 있는 기회를 제공하고 있다.

4장

도리스 레싱의 『어느 좋은 이웃의 일기』

초고령 여성의 몸과 사회적 가치*

민경숙

1. 초고령 여성에게 주목해야 할 필요성

도리스 레싱Doris Lessing은 누구보다도 긴 노년의 삶을 영위하며 집필 활동을 한 영국 출신의 작가이다. 1950년 31세의 나이에 첫 작품 『풀잎은 노래한다*The Grass is Singing*』를 발표한 이래로 2008년 89세에 마지막 작품 『알프레드와 에밀리*Alfred & Emily*』를 발표하기까지 장기간 작품 활동을 했으므로 그녀의 작품 속에는 자연스럽게 노인 여성이 주인공으로 자주 등장한다. 1969년 50세에 발표한 5부작 〈폭력의 아이들*The Children of Violence*〉의 마지막 작품 『사대문의 도시*The Four-Gated City*』에서 이미 레싱은 노년의 마사 퀘스트Martha Quest를 등장시킨다.

---

* 이 글은 '도리스 레싱의 『어느 좋은 이웃의 일기』: 현대 사회의 소수자 그룹, 여성 노인'이라는 제목으로 『영미문학페미니즘』 제22권 2호(2014)에 게재된 논문을 수정·보완한 것이다.

노인이 된 마사는 젊은 시절의 반항적 기질을 극복했고 분열된 정체성의 통합을 성공적으로 이루어냈으며, 남을 돌볼 줄 아는 성숙함과 새로운 인종의 도래를 선도하며 어린아이들을 양육하는 지혜까지 갖춘 여성이었다.

그러나 레싱이 젊어서부터 중년을 넘긴 여성들에게 호의적이었던 것은 아니다. 〈폭력의 아이들〉의 제1권 『마사 퀘스트*Martha Quest*』에서 어린 마사는 속물로 비치는 어머니와 이웃집 아주머니에게 반항적인 태도를 보이는데, 특히 나이 들어 볼품없이 뚱뚱해진 몸과 잦은 출산으로 자주색 정맥이 불거져 나온 반 렌즈버그 부인의 흉측한 다리에 혐오감을 드러낸다(Lessing, 1977, 13-14). 이 작품 전체에서 몸매와 외모, 옷치장에 상당히 민감한 마사를 통해, 33세의 아직 젊은 레싱은 '쇠락의 길로 접어든 외모'를 '속물로 변하는 인격'의 전의로 사용한 듯이 보인다.

그 후 1970년대 레싱의 작품 속에 그려져 있는 45세의 중년 여성, 즉 『어둠이 오기 전 그 여름*The Summer Before the Dark*』의 케이트 브라운Kate Brown과 『어느 생존자의 비망록*The Memoirs of a Survivor*』의 중년의 여성 화자는 〈폭력의 아이들〉의 마사의 모습에서 크게 벗어나 있지 않다. 그러나 이들은 사춘기에서 노년, 그리고 죽음에 이르기까지 생애 경로를 거치면서 젊음이 사라져가는 대신 원숙함과 지혜가 찾아옴을 체현한다. 중년이 된 레싱에게 나이 듦은 원숙함과 지혜를 갖게 됨을 의미한다.

반면 1980년대의 작품 『어느 좋은 이웃의 일기*The Diary of a Good Neighbour*』는 노인 여성에 관한 이런 담론에서 한 걸음 더 나아간다. 나이 듦을 원숙함과 연결 짓던 레싱이 80, 90대의 초고령 여성을 조명하면서 노년의 또 다른 모습인 노쇠, 고독, 무력함을 부각하고 있다. 어느덧 60세가 넘은 레싱이 60, 70대의 노인들과 80, 90대의 노인들을 구분해 작품 속에 그려야 하는 시기를 맞이한 것이다.

사실 60, 70대의 노인과 80, 90대의 노인들을 구분해야 할 필요성이 생긴 것은 고령화가 세계적 추세가 된 최근의 일이다. 과거에는 모두 'the old'에 포함시킬 뿐 이들을 세분화할 필요성을 느끼지 못했으나 요즈음에는 '제3연령기'와 '제4연령기'로 구분해야 한다는 주장이 힘을 얻고 있다. 그러나 노인들 간에 개인별 격차가 크기 때문에 일률적으로 구분하는 것에 대한 반대도 만만치 않다.

소설 속에 재현된 여성 노인을 연구한 조 브레넌Zoe Brennan은 저서 『최근 소설 속의 노인 여성*The Older Woman in Recent Fiction*』에서 노인들을 지칭할 때 'the old'보다는 'the older'를 사용할 것을 권고한다. 이는 'the old'라는 표현이 젊은이와 노인 간에 경계선을 분명히 긋는 반면, 'the older'라는 표현은 젊은이와 노인 간의 관계에 더 주목해 이분법적 사고를 깰 여지가 있고(Brennan, 25), '제3연령기'와 '제4연령기'의 노인까지 확장해 조망할 수 있으며, 종국에는 '연속체continuum'의 개념으로 삶을 파악할 수 있게 만들기 때문이다.

이 글은 『어둠이 오기 전 그 여름』에서 노년의 문턱에 선 중년 여성의 두려움, 그리고 이를 극복하고 성숙해가는 과정을 다루었던 레싱이 『어느 좋은 이웃의 일기』에서는 여기에서 한발 더 나아가 죽음에 임박해 있는 초고령 여성들에게 초점을 맞추고 있음에 주목한다. 따라서 이 글에서는 우선 여성 노인, 특히 초고령 여성들의 몸을 통해 그들의 주변화된 처지와 사회에서의 유용성에 대해 고찰하고자 한다. 모디 파울러Maudie Fowler라는 노동자 계층의 90대 노인 여성과 그녀와 비슷한 나이의 이웃들의 삶을 통해, 이들 소수자가 어떻게 가족으로부터 소외되고 사회에서 홀대받고 있는지, 국가는 이들에게 어떤 복지를 제공하고 있는지에 대해 고찰할 것이다. 또한 이들이 어떻게 자신의 가치를 실현하고 있는지 알아보고 사회와의 융합을 위해 어떻게 노력해야 하는지에 대해서도 살펴볼 것이다. 이 글은 궁극적으로 곧 도래할 초고령 사회에서 초고령 노인들의 위치는 어떠해야 하고 사회가 이들을 어떤 시각으로 바라보아야 하며 어떻게 보살펴야 하는지에 대한 연구가 될 것이다.

2. 노인 여성과 초고령 여성

사람마다 개개인의 차이가 너무 크기 때문에 학자에 따라 여러 다른 이유와 근거를 대면서 인간의 생애 주기를 각양각색으로 구분하는 것이 현실이다. 가장 일반적인 것은 65세 이상의 노인들을 통틀어 고령 인구로 분류하는 것이지만, 여기에서 다루고자 하는 작품 『어느 좋은 이웃의 일기』의 주인공이 초고령 노인인 점에 주목해볼 때 고령 인구와 초고령 인구를 구분해야 할 필요성이 있다. 따라서 미국의 사회학자 윌리엄 새들러William Sadler의 구분을 참고하기로 한다.

새들러는 『서드 에이지, 마흔 이후 30년*The Third Age*』에서 우리의 생애를 학창 시절의 '제1연령기', 일과 가정을 위한 '제2연령기', 자기실현의 추구를 위한 '제3연령기', 마지막으로 노쇠의 징후가 늘기 시작하는 하강기인 '제4연령기'로 분류한다(새들러, 22-23). 이러한 분류는 인간의 수명이 길어짐에 따라 얻게 된 40세 이후의 30년이란 인생 보너스를 새로운 성장 동력으로 이용하자는 취지의 주장으로, 제3연령기를 2차 성장을 할 수 있는 시기라고 강조하고 있다. 프랑스에서도 이와 유사하게 활동적인 노년의 시기를 '제3의 인생'으로, 덜 활동적이고 덜 독립적인 인생 단계를 '제4의 인생'으로 부르고 있다(테인, 104-105). 이런 시각은 또한 제1연령기의 1차 성장을 주제로 한 소설을 '성장 소설*Bildungsroman*'로 부르고, 제3연령기의 2차 성장 혹은 성숙을 주제로 하는 소설을 '성숙 소설*Reifungsroman*'로 부르자는 바버라 프레이 왁스맨Barbara Frey Waxman의 주장으로도 뒷받침된다.

왁스맨은 『난롯가에서 큰길가로*From the Hearth to the Open Road*』에서 '성숙 소설'을 규정하면서, "자기 지식self-knowledge(자신에 대한 지식)과 에너지가 성장해 삶의 방향을 바꾸게 되는 중년 여주인공의 삶과 사고를"(Waxman, 1990, 45) 독자들이 체험토록 해주는 소설이라고 쓰고 있는데, 이런 점에서 볼 때 『어둠이 오기 전 그 여름』과 『어느 좋은 이웃의 일기』는 '성숙 소설'로 불리기에 적절하다. 전자의 소설에서는 평생을 바쳐 충실했던 가정이 빈 둥지empty nest가 되어버렸음을 깨닫게 된 45세의 케이트가 새로운 삶의 목표를 발견해나가고, 후자의 소설에서는 가정생활보다는 직장생활에 충실했던 49세의 중년 여성인 주인공 제인 소머즈Jane Somers가 90세가 넘은 노인 여성 모디와 친구가 되면서 삶의 태도를 바꾸기 때문이다. 따라서 많은 학자들(Sprague, Waxman, 최선령 등)이 이 두 작품을 중년 여성의 성숙과 연결시켜 연구했다.

그러나 앞에서 밝혔듯이 이 글은 2차 성장 혹은 성숙을 달성하는 제인의 개인적 문제보다는 제4연령기의 모디의 무력함과 초고령 여성들이 일반적으로 봉착하게 되는 문제에 초점을 맞춰 이전의 연구와 차별화할 예정이다. 『어느 좋은 이웃의 일기』의 가장 큰 특징은, 『어둠이 오기 전 그 여름』을 포함해 레싱이 1980년대 이전에 발표한 어떤 작품과 비교해보더라도 각별히 제4연령기, 즉 하강기의 여성들의 문제에 초점을 맞추고 있다는 점이다.

이 작품의 화자로 여성잡지사에서 일하는 성공한 커리어우먼 제인이 모디를 처음 만났을 때는 마침 제인이 삶의 방향을 바꾸고자 노인 친구를 구하고 있던 중이었다. 그러나 신문 광고를 통해 소개받은 요크 부인Mrs. York도 이웃인 페니 부인Mrs. Penny도 제인의 흥미를 끌지 못한다. 반면 우연히 약국에서 만난 모디는 마녀 같은 첫인상과 남루한 옷차림을 하고 있었지만 곧 제인의 관심을 끌게 된다. 젊은 약사가 준 약에 대해 끈질기게 의심하면서 확인하려는 모디의 삶의 태도 때문이다. "거친 회색 눈썹 아래 사나운 푸른 눈"(Lessing, 1985, 20)[1]을 가진 모디는 자신이 진정제sedative 혹은 진통제를 원했으나 의사가 "얼이 빠지게 하는 약stupefier"을 처방했을 것이라며 제인에게 약을 확인받는다. 모디는 의사나 약사 같은 사람들이 자신처럼 가난하고 늙은 노인들을 잉여 인간으로, 즉 사회에서 꼭 필요한 사람이 아니라 곧 사라져야 할 쓸모없는 인간으로 치부하고 있음을 잘 알고 있다. 그런 사람들 사이에서 모디는 그들의 기대에 부응하지 않고 자존심pride과 품위dignity를 지키면서 자신의 존재를 확인시키며 살아간다. 왁스맨은 신시아 리치Cynthia Rich의 말을 인용하면서 "노인이 자신이 받은 학대와 충족되지 않은 욕구에 대해 분노를 표출하는 것은 '주변화되어 있는 그들의 처지와 너무나 위험한 그들의 세계'를 고려해볼 때 상당히 용기 있는 행위"(Waxman, 1990, 148)라고 주장한다. 제인도 모디의 바로 그런 용기에 끌린 것이다. 모디에 대한 관심이 커지면서 제인은 자신의 동네에서 그동안 눈에 들어오지 않았던 노인들이 보이기 시작한다. 노인들, 특히 여성 노인들은 사회에서 투명 인간 취급을 받고 있었음을 자각한 것이다.

사실 남성 노인들과 여성 노인들이 연로함으로 인해 겪게 되는 경험의 내용은 상당히 다르다. 시몬 드 보부아르Simone de Beauvoir는 남성 노인들과 비교할 때 여성 노인들이 노년으로 인해 더 큰 타격을 받게 된다고 주장하면서 "노년은 여성 노인들에게 성적 매력의 상실이자, 사랑의 상실"(Moi, 255 재인용)이라고 역설했으며, 수전 손택Susan Sontag 역시 유명한 에세이 「나이 듦의 이중 기준The Double Standard of Ageing」에서 "나이가 모든 인간의 얼굴에 정상적인 변화를 각인시키지만 여자들이 남자들보다 그에 대해 훨씬 더 큰 벌을 받는다"(Pearsall, 23 재인용)

---

1 이후부터 Doris Lessing, *The Diary of a Good Neighbour*에서 인용 시 페이지만 표시하기로 한다. 이 글에서는 *The Diaries of Jane Somers*(Penguin Books, 1985)에 수록된 작품을 참고했다.

고 쓰고 있다. "남자들은 여러 방식으로 벌금을 물지 않고도 나이 들 수 있도록 허용되지만 여자들은 그렇지 않다"(Brennan, 30). 여자들이 노화의 징조를 보일 때 '벌금'을 물게 되는 이유는 남자들보다 일찍 생식력을 잃기 때문이다. 페미니즘 노인학 학자들은 생식력에 가치를 두는 사회에서 동성애자들이 '애브젝트abject'로 취급당한다는 주디스 버틀러Judith Butler의 주장을 전용해서 여성 노인도 '애브젝트'로 분류한다(Chivers, xxiv). '애브젝트'는 줄리아 크리스테바Julia Kristeva의 용어로, '모범적인 정체성을 위협한다는 이유로 버려진 역겹고 더럽고 위험한 것들'을 말한다. 따라서 여성 노인들은 소수 성애자들처럼 현대 사회에서 혐오되고 거부당하고 배제되는 '애브젝트'이자 '소수자 그룹'이다. 생식 기능이 없어져 쓸모없다고 여겨지는 여성 노인들이 좋은 이미지를 가질 수 있는 유일한 기회는 할머니로서 육아를 담당할 때이다. 그러나 육아조차도 도울 수 없게 된 초고령 여성들은 '애브젝트 중 애브젝트'로 취급받게 된다.

성공한 커리어우먼인 제인은 잡지 속 모델처럼 완벽한 옷차림을 한 채 모디의 집으로 들어가면서 냄새와 불결함 때문에 역겨워한다. 그러면서도 "내가 왜 이처럼 더럽다고 계속 불평하지? 우리는 왜 이렇게 사람들을 판단하지? 그녀[모디]가 때가 끼고 먼지가 묻어 있고 심지어 냄새가 난다고 해서 더 형편없는 사람인 건 아니야(26)"라고 생각하며 편견 없이 모디를 보려고 노력한다. 자신이 만든 잡지 『릴리스*Lilith*』 속의 화려한 어린 소녀와 모디의 모습이 극단적인 대조를 보임을 깨달으면서 제인은 동료에게 잡지 속 여성들 사진 중에 여성 노인들의 사진이 빠져 있음을 지적한다. 제인은 이 사실을 처음 깨달았을 때 "놀라움"을 느끼고 "충격"을 받고서 "우리 모두에게는 어머니나 할머니가 있다." 그런데도 "우리가 얼마나 노년을 두려워하고 있는지! 우리가 얼마나 외면하고 있는지!"(28)를 인식하게 된다. 보부아르가 『노년*The Coming of Age*』의

도입부에서 "사회는 노년에 대해, 언급해서는 안 될 일종의 부끄러운 비밀이라고 생각한다"(Beauvoir, 1)고 말한 진리가 여기에서 재확인되고 있다.

제인의 주선으로 모디가 살고 있는 집의 전기 배선 공사를 하러 온 짐Jim은 제인에게 "저런 늙은 사람이 무슨 쓸모가 있는가?"(32)라고 묻는다. 이제 제인은 '인간의 가치를 무엇으로 판단해야 하는가'의 화두에 빠지게 된다. 그러나 제인과 모디는 거듭되는 만남 속에서 변화를 이루고 서로에 대한 유용성을 발견한다.

제인은 모디를 정기적으로 방문하게 되면서 불결한 곳으로만 여겨지던 모디의 집이 어느덧 자신에게 가정의 역할을 하고 있음을 느끼게 된다. 박선화는 논문 「도리스 레씽의 『어느 착한 이웃의 일기』: 노이만의 중심화 이론으로 읽기」에서 모디의 집에 있는 난로에 주목하며 난로가 지친 제인의 영혼을 보듬어주면서 얼어붙었던 감정의 둑을 허무는 역할을 한다고 쓰고 있다(박선화, 16).

제인은 마치 어머니나 할머니와 대화를 나누는 것처럼 모디와의 대화에 흥미를 느끼게 되고, 그 사랑이 깃든 대화 속에서 잡지에 대한 새로운 아이디어도 얻는다. 제인이 만드는 잡지는 1950년대, 60년대, 70년대를 거치면서 급변하는 시장 환경 속에서 새로운 소재 개발, 잡지 이름 수정, 새로운 포맷 구성 등 변신을 거듭하며 생존해왔다. 제인은 모디가 들려주는 과거 회상의 이야기로 잡지에 새로운 활력을 불어넣고, 기발한 특집기사도 쓰게 되며, 결국에는 모자를 만드는 노동자들에 관한 역사 소설 『매릴번의 모자 장인들*The Milliners of Marylebone*』도 출간하게 된다. 그 후에도 모디로 인해 알게 된 사회 복지사들을 모티브로 해서 『자애로운 부인*Gracious Lady*』을 쓰기 시작하고 병원에서 만난 간호사들을 모티브로 해서 새 소설도 구상한다. 다이애나 윌러스Diana Wallace는 레싱이 『황금 노트북*The Golden Notebook*』에서 그랬던 것처럼 이 작품에서도 글쓰기를 통한 정체성 구축을 다시 시도하고 있다고 말한다(Wallace, 5). 이것은 또 다른 한편으로는 모디가 제인을 통해 노인심리학자 조지 베일런트George E. Vaillant가 말하는 '의미의 수호자keeper of the meaning'의 역할을 훌륭하게 수행하고 있다고 해석할 수 있다.[2] 베일런트는 성공적인 노화를 위한 필수 과제로 "자기 아이들의 성장보다는 인류의 집단적 성과물, 즉 인류의 문화와 제도를 보호·보존하는 데 초점을 두는"(베일런트, 93) 의미의 수호자 역할을 완수해야 한다고 주장한다. 모디는 자신의 경험, 스토리를 비롯해 자신이 겪은 문화 및 제도 등을 제인이라는 매개체를 통해 사회 전반에 그리고 후세에 전달하고 있다.

제인은 평생을 바친 잡지사에서 결국 편집장의 직위에 오르지만, 모디와의 우정이 깊어지면서 잡지사의 일을 줄이고 작가로서, 노인들을 돕는 자원봉사자로서의 삶의 비중을 높여나가기로 결정한다. 모디로 인해 인생의 방향을 전환하게 된 것이다.

한편, 모디도 먼 과거를 더듬으며 기억해내는 자신의 이야기를 들어주는 제인 때문에 행복감을 느낀다(96). 직장 일로 피곤했던 제인이 모디의 집에 들러 가사를 돌보아준 후 자신도 모르게 한잠 자고 일어나자, 모디는 제인에게 "지금이 내 인생에서 최고의 시간"(130)이라고 말한다. 출산이나 소풍의 경험같이 짧고 흥분된 행복의 시간이 아니라, 친구 제인이 자신을 방문해줄 것임을 알기 때문에 느끼는 안정된 행복의 시간을 말하는 것이다. 60여 년을 홀로 살아온 모디에게는 이런 행복감이 진

---

2 조지 베일런트는 『행복의 조건*Aging Well*』에서 성인의 발달 과정을 평가하기 위해서는 특정 과업을 어떻게 수행했는지 살펴보아야 한다고 주장하면서, 연속 과제로 청소년기부터 시작해 첫째는 정체성identity의 확립, 둘째는 친밀감intimacy의 발전, 셋째는 직업적 안정career consolidation, 넷째는 생산성generativity의 과업 달성, 다섯째는 의미의 수호자가 되어 과거와 미래 연결시키기, 마지막으로는 완전체integrity의 완성 등을 열거했다. 이런 연속 과제들을 성공리에 완수했을 때 성공적인 노화를 달성했거나 성공적인 삶을 산 것이다.

실한 감정이지만, 제인은 오히려 모디의 말 뒤에 숨어 있는 박탈감과 외로움을 새삼 감지하며 당황해하고, 그런 작은 봉사가 가져다줄 수 있는 큰 행복에 놀란다.

제인에게 일어난 또 하나의 큰 변화는 가장 중요한 일과였던 몸단장에 공을 들이지 않게 되었다는 점이다. "지금 나는 그렇게 하지 않는다, 그렇게 할 수 없다. 그건 나에게 너무 큰 부담이 되었다"(135). 수잔 왓킨스Susan Watkins는 제인이 몸치장에 집착했던 것이 버틀러가 말하는 '여성성의 수행적 구성'을 보여주는 것이며, 여기에서 벗어난 제인은 자신의 정체성에 대해 재고하게 되었음을 보여준다고 해석한다(Ridout & Watkins, 77).

그 후 제인은 85세의 애니 리브스Annie Reeves, 모디와 동갑인 엘리자 베이츠Eliza Bates 같은 다른 가난한 초고령 여성들을 알게 되고 그들의 집에도 정기적으로 방문한다. 애니와 엘리자 역시 과거의 패션, 음식, 문화에 대한 다양한 이야기를 들려주고, 제인은 그들의 삶의 경험을 통해 사고가 풍요로워진다. 제인은 또한 노인 친구들을 통해 '진정한, 느리고 완전한 즐김real slow full enjoyment'을 배운다(174). 더 이상 노인들을 두려워하지 않게 되었고, 그들이 역사로 가득 찬 자신들의 이야기를 털어놓을 때까지 천천히 기다리게 되었다. 그리고 그들과 그들의 이야기를 사랑하게 되었다.

제인이 보기에 여성 노인들은 지혜로 가득 찬 살아 있는 역사요 문화이다. 그들은 각자 주어진 환경에서 나름대로 열심히 살며 가정, 사회, 국가에 헌신했으므로 당연히 가족, 사회, 국가의 보호를 받아야 한다. 그들의 몸은 사회에서 치워야 할 쓰레기가 아니라 국가가 끝까지 책임져야 할 자산이다.

3. 초고령 여성과 가정

손자를 돌보는 할머니로서의 역할조차 할 수 없는 초고령 여성에게 가정은 무엇인가? 모디는 스스로 자신의 몸을 통제할 수 없게 되었을 때조차 집을 떠나 병원으로 가기를 거부하면서 친구인 제인이 돌봐주기를 바란다. 자신에게 익숙한 곳에서 친지의 돌봄을 받으며 임종을 맞고 싶어 하는 것이다. 반면 일반적인 통념은 부양해줄 가족이 없을 때, 혹은 가족이 부담스러워할 때 초고령 노인들을 요양소나 병원에 보내 전문적인 보호를 받도록 하는 것이다. 그렇다면 이들에게는 가족과 요양소, 두 가지의 선택 외에 다른 대안은 없는 것일까?

제인도 모디를 만나기 전까지는 가족과 국가 둘 중 하나가 노인을 책임져야 한다는 생각을 갖고 있었다. 모디를 만난 지 얼마 되지 않은 어느 날 제인이 집에 도착했을 때 70대의 이웃인 페니 부인이 버터가 떨어져 자신의 도움을 바라고 있음을 알게 된다. 제인은 자기 집 버터를 내어주고는 고의로 문을 세게 닫으며 자신의 죄의식을 털어내듯이, "그녀[페니 부인]에게는 아들과 딸이 있어. 그들이 돌보지 않는다면 할 수 없는 거지. 내 책임은 아니야"(30)라고 말한다. 이웃에게는 아무런 책임이 없다고 생각한 것이다.

반면 제인에게는 어머니와 남편이 암으로 죽어갈 때 책임을 다하지 않은 부끄러운 과거가 있다. 가족에게 버림받았다고 페니 부인을 냉대하지만, 정작 본인도 어머니와 남편을 돌보지 않은 죄의식에서 자유롭지 못하다. 제인이 모디를 돌보기로 결심하게 된 것도 이들에 대한 죄책감이 크게 작용했기 때문이다. 제인은 모디를 돌보게 되면서 할머니를 돌보았던 어머니와 어머니를 간호했던 언니 조지Georgie가 얼마나 힘든 일을 했는지 새삼 깨닫게 되고, 그에 대한 자세한 이야기를 듣고 싶어 언니를 찾아간다. 그러나 제인이 알게 된 것은 할머니와 어머니의 병간

호에 무심했던 제인에 대한 언니의 원망이 매우 깊다는 사실뿐이다. 가족을 돌보는 일이 가족 간의 갈등의 원인이 된 것이다. 조지는 그에 대한 보답으로 자신의 두 딸이 제인과 함께 살고 싶어 할 때 제인이 응당 그들을 보살펴야 한다고 생각한다. 언니 조지가 어머니를 진정으로 기쁘게 간호했다면 어머니를 돌보지 않은 제인에 대해 초연했을 것이고 어떤 보상이나 보답을 기대하지 않았을 것이다. 제인은 요통으로 꼼짝할 수 없게 되어 다른 사람의 도움이 절실히 필요할 때에도 언니와 조카들에게 전화하지 않는다. 이처럼 가족을 돌보는 일은 이미 오래전에 일종의 상거래가 되어버렸다.

이런 현상을 확인할 수 있는 에피소드는 이 작품 도처에 나와 있으며, 그중 가장 두드러진 예가 모디의 언니 폴리Polly의 경우이다. 폴리는 젊은 시절 모디의 노동을 착취하고 모디의 상속 재산까지 갈취하면서 재산을 모았다. 최고령의 노년이 된 폴리는 그 부富를 바탕으로 마치 여장부처럼 가족 위에 군림하며 살고 있다. 폴리는 늙어서 가족의 돌봄을 받으려면 그들에게 그에 대해 보상해줄 수 있는 부가 있어야 함을 일찍부터 깨닫고 있었다.

조 브레넌은 소설 속에 재현된 노인 여성들을 분석하면서 '할머니grandmother'와 '독신녀spinster'의 두 부류로 나눈다. 브레넌에 따르면, '가족을 거느리고 있는 할머니/독신으로 늙은 여성'의 이항 대립은 '처녀/매춘부virgin/whore'의 이분법의 연장으로 서양 문화에서 반복되는 이미지였다(Brennan, 2)고 한다. 그 이항 대립 관계를 이 작품에 적용하면, 모디의 언니 폴리처럼 대가족을 거느리며 여장부처럼 사는 것은 가장 성공한 초고령 여성의 이미지이며, 가족도 없이 홀로 스스로를 부양하며 살아가는 모디는 실패한 노인의 전형이다. 이것을 잘 알기 때문에 제인의 가장 절친한 친구 조이스Joyce도 직장보다 가족을 선택한다. 성공한 커리어우먼인 조이스는 남편이 미국으로 이민 가기로 결정하자 뭇 여성이 선망하는 직업을 갖고 있음에도 불구하고 천직을 포기하고 남편을 따라가기로 결정한다. 남편에게는 이미 다른 여자도 있었지만 가족이 없는 외로운 삶을 살아갈 자신이 없어 자신이 이룬 모든 것을 포기한다. 제인과 같은 사무실에서 일하는 유능하고 야심에 찬 필리스Phyllis 역시 같은 길을 택하는데, 그녀는 여성 해방 운동에 동조하는 직장 여성이었지만 제인이 편집장을 그만둔 뒤 새로 부임한 편집장 찰리Charlie와 결혼하기로 결심한다. 제인이 "여성 모임은 어떻게 할 거냐?"고 묻자 필리스는 "그[찰리]는 제가 뭘 하든 신경 안 써요. 실은 매우 재미있어해요."(224)라고 대답한다. 이것은 여성 해방 운동의 허와 실을 드러내는 에피소드로, 레싱은 이전 작품들에서도 그랬듯이 페미니즘 운동과 여성의 실제 생활 사이에 큰 괴리가 있음을 암시한다. 필리스가 찰리를 선택하는 것도 가족에 둘러싸여 있는 할머니의 이미지를 선망하기 때문이다.

반면 누구보다 가족을 사랑한 모디는 할머니의 지위를 박탈당한다. 모디는 부유한 가게 주인의 셋째 딸로 태어났으나 아버지가 술집 여주인과 바람을 피면서 어머니가 사망하고, 자신도 독살당할까 봐 두려움에 떠는 불행한 유년기를 보냈다. 아버지가 사망했을 때에는 언니 폴리와 아버지의 정부情婦의 공모로 유산을 받지 못했다. 게다가 폴리는 자신의 일곱 아이의 출산과 육아를 도와달라고 모디에게 요청했고, 자기 아이들이 모디를 좋아하게 되면 질투를 하며 쫓아내곤 했다. 모디는 아버지의 반대를 무릅쓰고 로리Laurie와 결혼해서 아들 자니Johnnie를 낳지만, 남편은 방랑벽으로 집을 떠나고 얼마 후 아들도 빼앗긴다. 부모, 형제, 남편, 아들 등 가족 모두에게서 착취당하고 버림받은 모디는 가족의 부양이나 보호를 기대할 수 없다. 말년에 이른 모디는 남편과 아들의 생사조차 모르고, 친지라고는 언니와 조카들뿐이다. 그러나 이들에게 모디는 귀찮고 가난한 친척일 뿐이다.

제인은 암에 걸려 죽음에 임박한 모디의 부탁으로 함께 그녀의 언니 폴리의 집을 방문한다. 96세의 폴리는 여장부처럼 대가족을 거느리며 풍족하게 살고 있다. 딸들과 손녀들에게는 식사 준비를 시키고 아들들과 손주들에게는 이것저것 지시할 정도로 가정에서 군림하고 있다. 그러나 제인은 이들 가족이 사랑으로 뭉쳐 있다기보다는 권력과 재산을 얻기 위한 복종 관계에 있음을 간파한다. 모디를 데리고 온 제인이 중산층으로 보이는 데 대해 의아해진 그들은 모디에게 제인이 일종의 자원봉사자인 '굿 네이버Good Neighbour'냐고 묻는다. '굿 네이버'는 "노인들을 방문해 담소를 나누며 주시하도록 적은 돈을 주고 국가가 고용한 나이 든 여성"(24)을 말한다. 제인은 '굿 네이버'가 아니라 '좋은 이웃good neighbour'이자 진짜 친구라고 분명하게 대답하지만, 폴리는 끝까지 제인을 '굿 네이버'라고 부른다. 이들에게는 물질적 이해관계가 없는 진정한 친구 관계란 있을 수 없기 때문이다. 이들은 모디에게 유일한 행복의 원천인 진정한 친구까지 부정하며 빼앗고 있다. 가족을 만나는 동안 제대로 변명조차 하지 못한 모디는 그 후 건강 상태가 급속도로 악화되어 병원에 입원하고 몇 개월 뒤 사망한다. 가족 간의 관계가 물질적 탐욕으로 제 기능을 못 하고 있고, 그런 상황에서 가족을 대신하고 있는 '좋은 이웃'은 물질적 이해관계로 얽힌 형식적인 관계로 오해되고 있다. 그리고 이런 오해는 국가가 부실한 사회 복지 제도를 시행함으로써 생긴 결과이기도 하다.

모디가 위암으로 병원에서 사망하자 사회 복지사 베라 로저스Vera Rogers는 모디의 장례식 비용을 가족에게 청구할 수 있을지 제인에게 묻는다. 제인은 모디의 언니 폴리가 재정적으로 풍족하고 모디를 위해 그 정도는 해주어야 한다고 생각해 가능할 것이라고 대답하지만, 폴리는 모디가 수년간 장례비를 납부했으니 자신은 한 푼도 보탤 수 없다고 말한다. 모디는 장례 보험금funeral benefit을 수년간 납부해 당시로는 충분한 금액인 15파운드를 만들었다. 모디가 끼니를 거르며 부은 납입금이었지만 물가가 올라 이제 그 돈으로는 원하던 묘지에 묻힐 수 없다. 결국 모디는 정부가 가난한 사람들을 위해 마련한 묘지에 묻히게 된다.

장례식 날 모디의 친척들이 묘지에 모였는데 제인은 모두 부티나게 잘 차려입은 그들을 보고 분노한다. 그리고 폴리의 아들이 제인에게 와서 "이제 다른 일거리를 찾겠네요?"(260)라고 묻자 더욱 분노한다. 이 작품은 제인이 모디가 평생 분출했던 분노를 자신도 분출하고 있음을 발견하면서 이 분노가 누구를 향한 것인지 묻는 것으로 끝난다. 모디는 재산도 가족도 남기지 못했으나 제인에게 초고령 여성들의 권익에 대한 문제의식을 전수했다.

레싱은 가족들에게 헌신했으나 철저하게 버림받은 모디와, 어머니와 남편에게 철없는 아이처럼 굴었던 제인의 모습을 병치시키면서, 인간이 인생의 마지막 단계를 가장 사랑하는 가족들 품에서 맞이한다면 고인에게나 가족에게나 이상적인 임종이 될 것이나 그것은 이미 현실이 되기 어렵다고 주장하고 있다. 모디가 임종 때까지 간직하고 있던 혼인증명서와 남편과 아들과 함께 찍은 가족사진 또한 이상과 현실 사이의 괴리를 잘 증명한다. 온전한 가정과 가족을 지키는 일은 뜻대로 되지 않는다. 조이스나 필리스처럼 자신을 희생한다고 해서 가족이 고마워하며 보상을 하거나 가정이 지켜지는 것도 아니다. 『어느 좋은 이웃의 일기』의 후속 작품인 『노인들이 할 수 있다면*If the Old Could*…』에서 조이스는 그런 사실을 뒤늦게 깨닫고 미국으로 간 것을 후회한다. 노인들의 복지는 가정보다는 사회와 국가가 담당해야 할 몫이다.

레싱은 『사대문의 도시』와 같은 이전 작품에서도 혈연으로 맺어진 가족과 가정은 지나치게 감정적으로 서로에게 몰입하게 되므로 오히려 여러 다른 인연으로 모여 이룬 공동체가 가정의 이상적인 대안이 될 수 있음을 주장했다. 모디의 언니 폴리보다도 이웃인 제인이 모디에게 더 좋은 가족의 역할을 하는 것도 같은 논리이다. 『노인들이 할 수 있다면…』에서도 레싱은 제인의 골칫거리가 된 조카 케이트Kate와 제인의 남자친구 리처드Richard의 딸인 캐슬린Kathleen을 잘 보살피고 지도하기 위해 리처드의 딸은 제인이, 제인의 조카는 여성 해방 운동가이자 직장 동료인 해나Hannah가 돌보도록 결론을 맺고 있다. 가족끼리의 지나친 감정싸움이 문제를 해결하기는커녕 오히려 심화시킬 수 있기 때문에 내려진 처방이다.

레싱은 결국 『어느 좋은 이웃의 일기』에서 모디와 제인의 관계를 통해 초고령 노인들의 사회적 가치를 조명하고 있으며, 이들에 대한 보호 의무는 응당 가족이 져야 하겠지만, 현실적으로 이웃과 친구, 즉 사회가 맡는 것이 더 타당함을 주장하고 있다. 이런 면에서 진정한 친구의 보호를 받으며 생의 마지막 일 년을 보낸 모디는 긍정적으로 삶을 마감한 듯 보인다.

4. 여성 노인, 사회, 그리고 사회 복지

팻 테인Pat Thane은 『노년의 역사*The Long History of Old Age*』에서 20세기 중엽 영국에서 '노령 연금 생활자'라는 말은 '노인'과 동의어로 쓰였다고 말한다(테인, 408). '연금 생활자'는 국가나 젊은이에게 의존하는 존재임을 밝히는 용어였기 때문에 긍정적이기보다는 부정적이고 경멸적으로 쓰였다. 따라서 연금 생활자였던 고령의 모디가 1980년대 초반까지 영국 사회에서 어떤 취급을 받고 있었는지 충분히 추측이 가능하다. 모디는 산업화와 도시화를 겪은 영국에서 가난한 여성 노동자가 평생 동안 겪는 수모를 고스란히 보여주는 표상이기도 하다.

모디는 어려서부터 모자 공장에서 일했고 숙련된 장인이었음에도 불구하고 공장주의 부당한 대우와 제1, 2차 세계대전으로 인한 열악한 사회 환경으로 인해 최소 생계비에도 미치지 못하는 임금을 받았다. '사회 복지'란 '국민 복지에 기본이 되는 사회적 욕구를 충족시키기 위해, 그리고 사회 질서의 회복을 위해 제반 급부를 확보하거나 강화하는 법률, 프로그램, 급여 및 서비스 체계'이다. 따라서 국민이 기본적인 사회적 욕구를 충족시킬 수 있도록 노동에 합당한 대가를 받게 해주는 것도 사회 복지의 일환이다. 이런 면에서 볼 때 노동자 계층이었던 모디는 어려서부터 정당한 사회 복지 혜택을 받지 못했다.

모디가 모자 공장에서 일하고 있을 때 모디의 재주를 알아본 공장주는 프랑스에서 그려온 새로운 디자인대로 모자를 만들도록 시켰고 그로 인해 큰 수익을 얻지만 그 이익을 모디에게 나누어주지 않았다. 착취당하고 있음을 알게 된 모디는 결혼하면서 직장을 그만두지만 남편 로리가 집을 나가자 생계를 위해 다시 공장으로 돌아간다. 그녀가 맡았던 직장foreman 자리는 이미 다른 사람에게 넘겨졌고 모디가 결혼과 함께 일을 그만둔 데 대한 앙갚음으로 공장주 부부는 모디에게 가장 힘든 일을 시키곤 했다. 여름같이 일거리가 없을 때에는 일을 쉬어야 했고 경기가 나빠지면 임금은 더 낮아졌다. 모디는 온 힘을 다해 일을 했지만 집세를 내기 위해, 그리고 아들 자니의 양육을 위해 굶주림을 견뎌야 했다. 간신히 남편에게서 주당 2실링의 양육비를 받을 수 있게 되었지만, 로리는 어느 날 자니를 데리고 가버린다. 아들을 되찾기 위해 변호사를 찾아갔으나 돈이 없는 모디는 변호사에게 성추행만 당하고 도망 나온다.

모자 공장을 떠난 후 모디는 세탁 일, 가정집 하녀 등 소위 임시직의 노동으로 생계를 꾸리다가 연금 혜택을 받게 되었고, 그 후 연금으로 집세를 내면서 간신히 연명하며 산다. 모디의 이웃인 애니와 엘리자도 가난한 웨이트리스나 노동 계층 출신으로 모디와 크게 다를 것이 없는 가난한 노후를 보내고 있다. 이들은 모두 가족의 부양을 기대할 수 없어 연금과 사회 복지 제도에 의존해 살고 있다.

그러나 이들이 받고 있는 연금은 간신히 연명해 살아갈 정도이고 사회 복지 혜택은 형식적이다. 평생 가족과 직장으로부터 착취당한 모디는 국가가 제공하는 사회 복지 서비스를 신뢰하지 못한다. 제인과 만난 지 얼마 되지 않았을 때 모디는 자기에게 친절하게 대해주는 제인에게 '굿 네이버'냐고 묻는다. 제인은 이때 처음으로 모디가 말하는 '굿 네이버'의 의미가 '좋은 이웃'이 아님을 알게 된다. 이후에도 제인은 여러 사람에게서 '굿 네이버'냐는 질문을 자주 받는다. 그만큼 사회에서 '좋은 이웃'은 사라졌고 그나마 직업적인 '굿 네이버'만이 노인들을 배려하고 보호하고 있음을 반증하는 것이다.

제인은 모디에게 재가방문 도우미Home Help 제도나 간호 서비스를 이용하도록 권하지만 모디는 거부한다. 재가방문 도우미들은 시간만 때울 뿐이고 어떤 도우미는 시장을 대신 봐주면서 돈을 훔쳐 가기도 한다는 것이다. 모디는 의무적인 사회 복지사들보다는 좋은 이웃인 제인의 방문을 원한다.

반면 레싱은 재가방문 도우미에 대한 노인들의 불평과 함께 이들 사회 복지사의 열악한 생활 환경도 폭로한다. 마거릿 모앤 로Margaret Moan Rowe는 레싱이 사회 복지사들의 인간적인 면모를 보여주고 있다는 점이 이 작품의 강점 중 하나라고 평한다(Rowe, 96). 이들 사회 복지사는 아일랜드인이나 서인도 제도 출신 등의 이민자이거나 가난한 영국인이며 대개는 자격을 갖추지 못한 사람들로, 양육할 아이나 돌볼 가족이 있어 집 주변에서 일을 해야 하는 이들이 대다수이다. 이들은 국가에 의해 고용된 근로자들로 집안일과 사회 복지사 일을 동시에 하면서 초인적인 삶을 살아가고 있다.

이 작품 속에 소개되고 있는 재가방문 도우미 브리짓Bridget의 하루 일과는 세 아이들, 남편, 그리고 네 명의 노인 클라이언트를 돌봐야 하는 빡빡한 일정으로 구성되어 있다. 이런 환경 속에서 재가방문 도우미들에게 대개는 성미가 까다롭고 불평이 심한 노인들을 보다 성의 있게 보살피고 더 배려하도록 요구하는 것은 무리이다. 노인들은 무엇보다도 이야기 상대를 원하지만 시간을 쪼개서 써야 하는 재가방문 도우미가 그런 시간을 내는 것은 불가능하다. 인간적인 대화가 없는 재가방문 도우미와 클라이언트의 직무적 관계는 서로에게 불만을 가지게 만들 뿐이다. 브리짓의 클라이언트 중 한 사람인 애니는 자신도 아일랜드 출신임에도 불구하고 서둘러 나가는 브리짓에게 "아일랜드인. 인간쓰레기"라고 욕을 하고 브리짓도 그에 맞서 "당신이 쓰레기"라고 중얼거린다(196). 서로 돕고 살아야 할 소수자 그룹의 사람들이 제도의 부실함으로 인해 서로를 증오하고 의심하며 핍박한다.

반면 엘리자는 항상 시중을 받으려는 애니와 달리 독립적이어서 사회 복지사들의 사랑을 받는다. 오랫동안 집 안에만 틀어박혀 배타적인 삶을 살던 모디나 애니와 달리 엘리자는 꾸준히 여러 사람들과 어울리며 산다. 사회 복지사들과도 인간적인 관계를 맺고 산다. 제인은 자기가 초고령에 이르면 그녀처럼 살고 싶다고 말할 정도로 엘리자는 레싱이 제시하는 초고령 여성 노인의 모델이다. 노인 복지에 관한 저서들을 보면 한결같이 노인들이 가족 이외의 사람들과도 관계를 형성하도록 권고하고 있다. 그리고 엘리자처럼 스포츠 여가 활동, 노인회 활동, 자원봉사 활동, 친목회 활동을 해서 대인 관계망을 넓히도록 권장하고 있다. 그러나 그런 엘리자도 가장 가까웠던 친구가 배우자를 만나 떠나버리자 급속히 쇠락해 사망한다.

초고령 노인들은 쇠락해질 수밖에 없고 따라서 병원에 가야 할 일이 자주 생긴다. 의사나 간호사들은 이들이 곧 죽게 될 잉여 인간이므로 성의 없이 대하기 일쑤이다. 제4연령기 노인들은 자존심을 지킬 정도의 기본적인 청결을 유지하기도 어렵다. 주위 사람들의 도움을 받지 못하면 이들은 병원같이 사람이 많은 곳에서 여러 사람에게 오물로 더럽혀진 몸을 보이게 되고 그 결과 자존심을 크게 상하게 된다. 따라서 의사와 간호사들은 이해와 배려로 이들을 돌보아야 하지만 이들에게 노인들은 귀찮은 존재일 뿐이다.

레싱은 "존경받는 원로 의사big doctor"(249)일수록 노인 환자들에게 권위적으로 대하고 그들의 실제 상태에 관심이 없어 무지하다고 폭로한 반면, 간호사에 대해서는 사회 복지사에게 그랬던 것처럼 따뜻한 시선을 보낸다. 간호사들도 대개는 스페인이나 포르투갈, 혹은 자메이카나 베트남 출신의 이민자들로, 부양할 가족이 있고 고향으로 송금을 하는 경우도 많다. 고된 노동으로 항상 피곤하고 수면이 부족한 상태인 그들의 모습에서 제인은 모디가 들려준 이야기에서 두려움에 떨고 있던 상상 속의 젊은 모디의 모습을 본다. 간호사들은 병실에서 자주 발생하는 도난 사고로 인해 도둑으로 몰리기도 한다. 무엇보다도 그들은 노인 여성들처럼 "당연시 여겨지는 여자들"(248)로 투명 인간 취급을 받고 있다.

레싱이 초고령 여성들에게 초점을 맞추고 있지만 그들 주변의 여성들, 즉 사회 복지사와 간호사들의 불우한 환경에 대해서도 함께 조명하므로 조 브레넌은 『어느 좋은 이웃의 일기』에 대한 게일 그린Gayle Greene의 분석에 동의하면서, 이 작품의 중요성이 여러 계층의 사람들, 여러 사회적 배경을 가진 사람들, 여러 세대의 사람들, 여러 인종의 사람들이 모디와 제인을 연결 고리로 해서 교차된다는 점에 있다고 말한다(Brennan, 49). 하류 계층의 사회 복지사와 간호사들과의 교류를 통해 제인의 사고는 확장되었고, 앞에서도 언급했듯이 글쓰기로 실현되면서 종국에는 나이, 계층, 세대 간의 벽이 허물어질 수 있는 가능성까지도 보여준다는 것이다.

제인은 위암으로 병원에 입원한 모디를 성의를 다해 돌보지만, 모디는 제인이 마치 원수나 되는 듯이 화를 내고 소리를 지른다. 간호사들은 이에 대해 죽음을 앞둔 사람들이 겪는 자연스러운 단계라고 말한다. 처음에는 불공평하다고 생각하고, 그래서 두 번째 단계에서는 화를 내고, 세 번째 단계에서는 죽음을 받아들이고 타협을 한다는 것이다(226). 제인은 92세에 죽음을 맞으면서도 불공평하다고 느끼는 모디의 삶에 대한 집착에 당황한다.

모디는 암으로 인해 지독한 통증을 느끼지만 정신을 죽인다며 진통제를 잘 복용하지 않는다. 제인은 심한 통증에 시달리는 모디를 위해 그녀가 빨리 사망하기를 바라지만, 모디는 죽고 싶지 않다. 제인은 모디에게 육체적 통증을 뛰어넘는, 해결되지 않은 정신적 부채가 남아 있음을 깨닫는다. 모디의 죽음을 늦추는 것은 암에 걸린 몸이 아니라, 모디의 정신 속에서 "무엇인가에 적응하기 위한—그런데 무엇에 적응하는 거지?"(252-253)—엄청난 과정이 진행 중이기 때문이다. 모디는 자신의 인생을 도난당한 것처럼 느끼면서 죽음을 수용하지 못한다. 부모에게서, 남편과 자식에게서, 그리고 언니와 그 가족에게서 생애를 도둑맞은 모디는 베일런트가 말하는 완전체integrity[3]가 되는 과제를 수행하기가 힘들다. 완전체가 되는 과정이란 살아오며 겪은 수많은 상실을 내면화하면서, 다시 말해 자신의 일생을 의미 있는 스토리로 만들면서 죽음까지 평화롭게 받아들이는 과정을 말한다. 모디의 저항은 초고령 노인들에 대한 사회적·국가적 배려가 아직 상당히 미흡함을 체현한다.

사실상 제인은 모디가 사망하게 된 직접적인 원인이 간호사의 실수일 가능성이 크다고 판단한다. 제인은 모디가 죽기 전날 밤 한 어린 간호사가 부주의로 모디의 약병을 깨뜨리는 것을 목격한다. 제인은 병원의 권위적인 시스템 속에서 징계를 받을까 두려워 그 간호사가 사실을 알리지 않았고 따라서 모디가 그날 밤 진통제를 복용하지 못해 사망했

3 이덕남은 『행복의 조건』에서 integrity를 '통합'으로 번역했으나 필자는 인생을 완전하게 완성시키는 과정, 즉 완전체가 되는 과정을 의미하는 것으로 판단해 '완전체'로 번역할 것을 제의한다. '통합'은 integrity보다 integration에 더 적합한 번역이다.

을 것이라고 추정한다. 제인은 다른 간호사들에게서 모디가 "잠깐 기다려"(255)라며 자신들을 부르는 소리를 들었지만 돌보아야 할 다른 환자들 때문에 그냥 병실을 나왔고, 나중에야 모디가 죽은 것을 발견했다는 말을 듣는다. 아마도 모디는 약을 달라고 간호사들을 불렀을 것이다. 제인은 모디가 타협의 절차를 완성하지 못한 채 임종조차 타인의 부주의에 의해, 그리고 사회와 국가의 소홀함으로 인해 이루어졌다고 결론짓는다.

모디의 장례식은 자신이 열심히 납부해 받은 장례 보험금과 국가가 제공하는 장례 비용을 합쳐서 치러진다. 모디의 일생을 통해 레싱은 개인의 복지가 개인의 노력, 사회적 협력, 그리고 국가의 합리적 제도가 합쳐져야 비로소 해결됨을 상징적으로 보여주고 있다. 또한 레싱은 모디의 말년의 삶에 직접적인 영향을 미친 사회 복지사와 간호사들의 열악한 직업 환경도 폭로함으로써, 진정한 노인 복지는 노인들의 복지 문제뿐 아니라 사회의 그늘진 곳에서 살아가는 각종 '소수자 그룹'들의 복지 문제도 함께 해결되어야 이루어질 수 있음을 암시하고 있다.

5. 『어느 좋은 이웃의 일기』가 갖는 의의

도리스 레싱이 과학 소설 5부작 〈아르고스의 카노푸스 제국*Canopus in Argos*〉의 집필을 마친 뒤 사실주의 소설로 돌아와 쓴 첫 작품이 『어느 좋은 이웃의 일기』이다. 60대 중반의 레싱은 과학 소설 연작에서도 그랬듯이 이 작품에서도 긴 시각으로 사회를 비판한다. 90대의 초고령 여성들을 등장시켜 그들 인생의 단편적인 모습이 아니라 인생 전반에 대해 조명하고, 그들 주변의 다른 소외된 그룹들도 함께 보여줌으로써 현대 영국 사회의 저변을 훑고 있다.

『어느 좋은 이웃의 일기』가 갖는 의의를 몇 가지 꼽는다면 첫째, 이 작품이 그동안 소설에서 다루기를 기피했던 초고령 여성에 초점을 맞추고 있다는 점이다. 그동안 노년을 앞둔 불안한 여성을 다루거나, 노년이 되어 원숙해진 여성이 지혜를 발휘하는 담론은 있었지만 이처럼 무기력한 여성, 특히 오물을 뒤집어쓴 여성을 주요 인물로 그린 적은 없었다. 초고령 여성의 사회적 가치를 부각하고, 그에 따른 이들의 권익을 보호해야 할 필요성을 다루었다는 것이 이 작품의 가장 큰 장점이다.

둘째, 레싱이 주로 노인 복지 문제를 다루고 있지만 사회 복지사와 간호사 등 다른 소수자 그룹들의 권익 문제와 노인 복지 문제를 연계시키고 있다는 점이다. 이들이 가난한 이민자나 하류 계층 출신이고 격무에 시달리고 있음을 조명함으로써 노인 복지 문제가 다른 사회 복지 문제와 함께 해결되어야 함을 제시하고 있다. 이런 점에서 레싱은 주변 국가들로부터 선망의 대상이 되고 있는 복지 국가 영국이 실상은 여전히 인종, 성별, 계급 차별에서 자유롭지 못함을 질타하고 있다.

셋째, 레싱은 초고령 여성의 여러 사례를 보여주면서 각박한 사회 환경 속에서도 초고령 여성들이 인정받고 행복을 누리며 살 수 있는 방법을 제시한다. 모디는 분노와 의심으로, 애니는 우울증으로 이웃 노인들과의 교류를 피했고 사회 복지사들에 대해서도 반감을 가지고 대했다. 반면 엘리자는 최대한 독립적으로 일을 해결하려고 하고, 젊은 친구들과 어울려 극장, 교회, 런치 클럽, 여행 등을 다니면서 바쁘게 살려고 노력했다. 제인은 자신이 그 나이가 되면 엘리자처럼 살고 싶다고 말한다.

넷째, 이 작품의 화자인 제인은 초고령 여성과 우정을 맺으며 변화했고, 바버라 프레이 왁스맨의 용어를 빌리자면 '성숙'에 도달했다. 성숙을 경험한 제인은 글쓰기를 통해, 그리고 조카들의 멘토로서의 역할을 통해 성숙의 결과를 전승하고 공유할 것임을 암시한다. 제인은 이미 소설을 한 편 완성했고 다른 작품들도 구상 중이다. 그리고 조카들과 함께 살게 되면서 이들을 교육시킬 예정이다. 모디는 죽지만 모디로 인한 제인의 변화가 여러 독자들에게, 그리고 후세에게 전달됨으로써 세상에 변화의 씨를 뿌리고 있다. 제인은 모디와 달리 '의미의 수호자'의 임무를 완성한, 성공한 초고령 여성으로 죽음을 맞이할 가능성이 크다.

다섯째, 모디의 죽음을 간호사의 실수와 부주의에 의한 것으로 설정함으로써 당시 영국의 의료 제도와 사회 복지 제도가 부실하고 형식적으로 운영되고 있음을 통렬하게 비판하고 있다. 레싱은 이 작품의 제목을 '어느 좋은 이웃의 일기'라고 붙였고, 이때 '좋은 이웃'이라는 용어가 사회 복지사 '굿 네이버'인지 진짜 '좋은 이웃'인지 구분을 모호하게 함으로써 국가가 만들어놓은 사회 복지, 예를 들어 '굿 네이버 정책'이 오히려 이웃의 관심, 이웃 간의 소통, 공동체 내 협력의 분위기 등을 해치고 있음을 잘 보여주고 있다.

레싱이 『어느 좋은 이웃의 일기』와 후속 작품인 『노인들이 할 수 있다면…』을 제인 소머즈Jane Somers라는 필명으로 출간한 것은 잘 알려진 사실이다. 이 두 작품은 처음부터 연작처럼 두 권으로 계획되었고 그 결과 각각 1983년과 1984년에 출간되었다. 1984년에는 이 두 작품을 합쳐 『제인 소머즈의 일기*The Diaries of Jane Somers*』라는 제목의 책으로 출간되었다. 제인과 조카 케이트, 남자 친구 리처드, 그리고 그 가족과의 관계를 다루고 있는 두 번째 작품 『노인들이 할 수 있다면…』은 첫 번째 작품인 『어느 좋은 이웃의 일기』만큼 인정받지는 못하고 있지만, 레싱이 두 번째 작품의 결론까지 염두에 두고 첫 번째 작품을 썼다고 보이기 때문에 이 두 번째 작품에 대해 참조하는 것은 『어느 좋은 이웃의 일기』를 해석하는 데 필수적이라고 할 수 있다.

초고령 여성인 모디, 애니, 엘리자의 말년의 삶을 지켜보면서 자기 지식을 확장한 제인은 다음 작품, 즉 『노인들이 할 수 있다면…』에서 이 경험을 바탕으로 문제에 봉착한 십 대 청소년들의 지도에 나선다. '노인들이 할 수 있다면'이라는 제목은 프랑스의 속담 "젊은이가 알 수 있다면 그리고 노인들이 할 수 있다면, 세상에 안 될 일이 없다"[4]를 줄인 말로, 노인들과 젊은이들의 상호 소통적, 상호 협력적 관계를 강조하고 있다.

『노인들이 할 수 있다면…』에서 제인은 젊은 세대를 교육시키는 과제에 도전하면서 초고령 여성들의 문제와 십 대 청소년들의 문제가 연속선 위에 있음을 암시한다. 인간은 누구나 탄생에서 유년기, 청년기, 중년기, 노년기를 거쳐 죽음에 이르는 '연속체'의 삶을 살아가지만, 그럼에도 불구하고 우리는 젊은이와 노인을 이분법적으로 구분하고, 이들은 서로를 차별하고 비난한다. 레싱은 중년의 제인을 모디, 애니, 엘리자 등 노년층과 언니의 두 딸 질Jill과 케이트, 그리고 리처드의 딸 캐슬린 등 십 대 간의 연결 고리로 만들어, 이 세 세대 간의 관계를 통해 인간과 인간의 삶을 '연속체'라는 큰 그림 속에서 보도록 제시하고 있다.

4 "If the young knew and if the old could, there is nothing that couldn't be done."

5장 위반의 욕망과 퀴어 뱀파이어*

김순원

1. 흡혈귀, 그는 과연 누구인가

역사상 수많은 흡혈귀들 중에서 가장 유명한 흡혈귀인 드라큘라 백작Count Dracula은 영국으로의 이주 절차 및 저택 구입 등을 의논하기 위해 변호사인 조너선 하커Jonathan Harker를 자신의 성으로 초대한다. 그런데 드라큘라가 출타한 틈을 타 세 명의 여성 흡혈귀들이 조너선을 먹잇감으로 노리게 된다. 때마침 돌아온 드라큘라는 어떻게 감히 조너선에게 치근거리냐고 여성 흡혈귀들을 나무라면서, “이 남자는 내 거야 This man belongs to me!”(Stoker, 43)라고 외친다. 왜 남성인 드라큘라는 남성인 조너선이 자신의 몫임을 강조하는 것일까? 이 문장이 자아내는

* 이 글은 ‘욕망과 퀴어 뱀파이어’라는 제목으로 『18세기영문학』 제12권 2호(2005)에 게재된 논문을 수정·보완한 것이다.

각별한 기이함은 남성인 드라큘라가 남근의 다른 형태인 치아를 사용해 피부를 뚫고 피를 빨고 싶은 대상이 여성이 아니라 남성일 수도 있다는 불편한 인식에서 비롯된다. 요컨대 이 문장은 남성이 남성에 대해 품은 욕망을 은연중에 드러내기에 불길하다. 혹시 드라큘라가 동성애자인가 하고 얼핏 스치는 생각은, 기억을 잃었다가 다음 날 아침 드라큘라에 의해 옷이 벗겨진 것이 분명한 채로 침대에서 의식을 되찾는 조너선의 모습에서 맞는 것으로 확인된다.

흡혈귀가 대표적인 모티브들 중의 하나인 고딕Gothic 문학이 동성애가 한 범주가 되는 위반의 욕망과 맺고 있는 친연성은 이미 많은 비평가들에 의해 언급되어왔다. 이브 세지윅Eve Kosofsky Sedgwick에 따르면, 산업 혁명기에 중간 계층과 귀족 계층이 서로를 재평가하는 관점을 극화하는, 그리고 가부장적 지배와의 관계에서 여성의 지위를 탐구하는 것으로 알려진 영국 고딕 소설은 이 두 가지 쟁점보다는 덜 두드러지지만 퇴폐decadence와도 유관하다. 특히 이 퇴폐의 문제와 결부해서 고딕 소설은 "남성 동성애와 밀접하고 상대적으로 가시적인 연결 고리를 지닌 최초의 소설적 형태"(Sedgwick, 91)로서, 19-20세기 유럽 문화가 남성 동성애의 범주를 구분하고 조종하기 위해 동성애 공포증homophobia을 사용해왔던 몇몇 합의의 조건들이 펼쳐지는 중요한 장소(Sedgwick, 90)가 된다. 이와 유사하게 조지 해거티George E. Haggerty 역시 젠더와 섹슈얼리티가 성문화되기 시작한 시기에 고딕 소설이 유행의 정점을 찍었다는 것은 우연이 아니며, 고딕 소설은 동성애적 욕망을 포함한 공인받지 못한 수많은 젠더들과 성적 욕망을 위한 시험대를 제공했다고 주장한다(Haggerty, 2). 여성 동성애(레즈비언) 문학과 고딕 장르의 유사성에 주목한 폴리나 팔머Paulina Palmer 역시 고딕 장르가 동성애를 코드화해 재현하는 훌륭한 용기容器가 된다고 보는 비평적 관점이 늘고 있다고 말한다(Palmer, 11).

대체로 성도착자인 귀족이나 성직자, 도저히 여성이라고는 볼 수 없을 정도로 음탕한 여성, 이와 반대로 유약하고 여성화된 남성, 그리고 흡혈귀 같은 괴물들이 출몰하는 고딕 소설이 금기에 준하는 공인받지 못한 성적 위반의 욕망만을 실험하고 있는 것은 아니다. 앞서 세지윅의 인용에서도 거론되었듯이 고딕 소설은 계급과 젠더의 담론이 펼쳐지기에 매우 용이한 장을 제공하는 것은 물론, 19세기의 다른 영국 문학 작품들과 마찬가지로 인종 담론에 깊이 침윤되어 있다. 다시 말하면, 고딕 소설은 섹슈얼리티, 젠더, 계급, 인종이라는 다양한 범주에 있어서 영국성Englishness을 구성하는 데 바람직해 보이지 않는 요소들을 괴물monster 그 자체나 괴물 같은monstrous 인물로 형상화해 벽장 안으로 밀어 넣거나 또는 사회로부터 축출하는 과정을 추적한다. 동시에 고딕 소설은 이러한 과정과 방식—한마디로 타자성의 억압—으로 구성되는 영국성과 그에 기초한 지배 담론에 문제를 제기한다. 억압된 타자인 괴물은 작가의 강조점에 따라 다양한 스펙트럼 안에서 여러 모습으로 제시되는데, 예컨대 아내와 어머니의 역할을 거부하며 신성한 가부장적 질서를 어지럽히는 신여성, 견고한 젠더 정체성의 범주를 와해시키는 트랜스젠더, 근면과 성실, 노동과 같은 부르주아의 미덕을 거부하는 귀족 또는 프롤레타리아, 그리고 정체를 알 수 없는 낯선 이방인 등이 이에 포함된다.

인종의 문제는 퇴보의 공포를 강박적으로 느꼈던 세기말의 고딕 소설—주지하다시피 패트릭 브랜틀링거Patrick Brantlinger는 이 시기의 고딕 소설을 '제국주의 고딕imperial Gothic'이라고 부르고 스티븐 아라타Stephen D. Arata는 '역식민지화의 내러티브narrative of reverse colonization'라고 부른다—에 이르러 더욱 뚜렷해진다. 앞서 언급했던 브람 스토커Bram Stoker의 『드라큘라*Dracula*』(1897)를 다시 예로 들어보면 밖으로부터 영국 본토를 공격하는 흡혈귀는 일차적으로 통제 범위를 넘어버린 제국 팽창의 결과물로서, 문명화되고 건강하며 신성한 영국에 역으로 전파되어 퇴보를 야기할 야만, 타락, 질병의 매개자로서의 인종적 타자의 모습이 강조된다.

이 글은 19세기부터 현대에 이르기까지 대표적인 괴물로 존재감을 유지하고 있는 흡혈귀가 계급, 젠더, 섹슈얼리티, 국가, 인종이라는 다양한 층위에서 그 의미가 중층적으로 결정된 타자라는 전제에서 출발한다. 그런데 제목에 타자/타자성이라는 보다 일반적인 용어 대신 굳이 '퀴어queer'라는 용어를 사용한 것에 대한 설명이 필요할 것이다. 이 글에서 다루게 될 존 폴리도리John Polidori의 「뱀파이어The Vampyre: A Tale」(1819)와 조지프 셰리든 레퍼뉴Joseph Sheridan Le Fanu의 『카밀라*Carmilla*』(1872)는 흡혈귀의 대명사가 되어버린 드라큘라에 앞서 흡혈귀를 선보였음에도 불구하고 상대적으로 덜 알려진 흡혈귀 소설로서, 다른 흡혈귀 소설들에서보다 동성애적 욕망이 비교적 선명하게 드러나 있다. 따라서 일반적으로 동성애자를 지칭하는 퀴어라는 용어를 선택했다. 그렇지만 이 글에서는 퀴어라는 용어를 동성애자의 의미로만 단순하게 사용하는 것이 아니라, 용인되지 않는 위반의 욕망의 행위자로서 지배 체제를 교란시키며 전복하는 정치적 행위자의 의미로 확대해 사용할 것이다. 주지하다시피 퀴어 이론queer theory을 필두로 수많은 비평가들이 사용하고 있는 이 용어를 간단히 정의하기란 그렇게 녹록지 않다. 아델 헤펠토마스Ardel Haefele-Thomas는 퀴어라는 단어가 일반적으로는 기이하거나weird 이상하고odd 무언가 불길한ill 것을 뜻하지만 20세기에는 비교적 구체적으로 동성애 자체를 지칭했고, 20세기 말에서 21세기 초 퀴어 이론에 의해 가로지르기/초월성transness, 또는 경계 넘기crossing of boundaries와 같은 보다 복합적이고 정치적인 함의를 갖게 되었다고 설명하면서(Haefele-Thomas, 3-4), 다음과 같이 퀴어라는 용어를 사용한다.

…… 퀴어는 다인종적이며, 규범적 이성애의 경제 밖에서 생활하며, 규범적 이성애의 패러다임에 대안을 제공하는 자신들만의 가족 구성체를 선택한다. 이와 같은 퀴어와 타자들은 빅토리아조의 지배 담론이 젠더, 성, 국가, 인종적 순결성의 버팀목으로 구성한 가부장적 대영제국의 가족 제도 밖에 존재하며, 존재한다는 그 자체로 그에 도전한다. (Haefele-Thomas, 5)

도널드 홀Donald E. Hall 역시 퀴어는 "분류법들을 침식하고 관습적인 범주들에 비스듬히 걸터앉거나 몇몇 범주들을 가로지르는"(Fincher, 12 재인용) 것이라고 정의한다. 맥스 핀처Max Fincher는 '퀴어하기queering' 처럼 동사로 사용할 경우 이는 위치들 사이를, 또는 위치들 너머로 가로지름으로써 주목받지 못하고 간과되었거나 대번에 명백하게 보이지는 않는 연결을 만들어 그 연결들이 도전받고 토론되도록 개방한다고 주장한다(Fincher, 12).

퀴어에 대해 앞서 언급된 정의들이 시사하는 점은 대체로 두 가지로 요약된다. 첫째, 퀴어는 과거에 우리가 아무런 의심 없이 각기 고유한 속성을 지니고 있다고 여겨왔던 범주를—예컨대 남성과 여성, 이성애자와 동성애자, 서양인과 동양인 등—가로지르며 이질적 속성들을 한 몸에 가지고 있거나 상대 범주의 속성을 지니는 소위 '괴물 같은' 존재이다. 둘째, 퀴어는 바로 그와 같은 속성으로 인해 기존의 범주를 생산하고 고착화하는 데 기여한 이데올로기에 의문 부호를 찍으며 도전하고 마침내 당연하게 여겨왔던 구조와 범주를 허물어뜨릴 수 있는 잠재력을 지닌 존재로 부상할 수 있다.

이 글은 바로 이러한 입장에 서서 루스벤 경Lord Ruthven과 카밀라 Carmilla라는 두 퀴어 뱀파이어를 집중적으로 조명해볼 것이다. 다만 여기에서는 기존의 고딕 이론이나 퀴어 이론과 마찬가지로 인종과 국가, 또는 성과 젠더의 범주를 모두 고려하면서도 이성애 중심주의에 도전하는 위반의 욕망으로서의 동성애에 초점을 맞출 것이다. 기존의 사회에 갑자기 출현한 퀴어 뱀파이어가 기존 사회의 구성원에게 어떠한 영향을 미치는지, 그 구성원은 이미 퀴어 뱀파이어의 유혹을 받아들일 준비가 되어 있었던 것인지, 동성애라는 위반의 욕망과 행위에 의해 소위 이성애라는 규범적 성욕에 기초한 기존 사회의 구성과 배치는 어떻게 도전받고 와해되는지, 혹은 어떻게 도전을 성공적으로 물리치고 기존 사회의 질서를 되찾게 되는지 살펴볼 것이다. 흡혈귀를 다루고 있는 여러 소설들 중에서 굳이 이 두 소설을 택한 이유는 우선 이 소설들이 매우 흥미롭게도 동성애자로 의심받았던 남성 작가들에 의해 쓰였다는 공통점이 있기 때문이다. 더욱 흥미로운 사실은 아마도 이 작가들이 평생 해결할 수 없었던 혹 같은 동성애적 욕망을 각각 남성끼리의 관계와 여성끼리의 관계로 나누어 실험해보고 있다는 사실이다. 남성 작가에 의해 실험된 남성 간의 동성애적 욕망과 여성 간의 동성애적 욕망은 당연하게도 그 결과가 다른 양상을 띠게 된다. 이 글의 뒷부분에서는 바로 이 두 소설이 보이는 다른 결말의 의미를 살펴볼 것이다.

2. 폴리도리의 「뱀파이어」

영문학사에서 "흡혈귀성의 여러 다른 요소들을 일관된 문학 장르로 훌륭하게 융합한 최초의 이야기"(Frayling, 108)를 창조해낸 공은 하마터면 조지 고든 바이런George Gordon Byron에게 돌아갈 뻔했다. 『뉴 먼슬리 매거진*The New Monthly Magazine*』의 편집자 헨리 콜번Henry Colburn이 1819년 만우절 날 「뱀파이어The Vampyre: A Tale」라는 짧은 단편 소설에 '바이런 경이 쓴 이야기A Tale by Lord Byron'라는 부제를 달아 잡지에 실었기 때문이다. 바이런의 적극적인 부인과 폴리도리의 적극적인 주장에 힘입어 영문학 사상 최초의 흡혈귀 소설을 집필한 작가라는 명성은 결국 폴리도리에게 돌아갔다. 그러나 폴리도리는 자신이 원저자임을 주장하기 위해 「뱀파이어」가 바이런의 미완성 단편 소설 「짧은 이야기A Fragment」—「아우구스투스 다벨Augustus Darvell」 또는 「매장The Burial: A Fragment」 등으로 지칭되기도 하는—의 핵심 개념을 차용했다는 자백을 해야 했고, 따라서 아이러니하게도 그 자신이 다른 사람의 아이디어를 표절한 흡혈귀라는 불명예에 시달려야 했다.

현대의 독자들에게 존 폴리도리라는 이름, 그리고 그의 단편 소설 「뱀파이어」가 모두 생소한 것이 사실이지만, 이 단편의 탄생은 영문학사에서 왕왕 언급되곤 하는 한 문학 서클의 일화와 밀접한 관련을 지닌다. 1816년 여름 시인 P. B. 셸리P. B. Shelley가 훗날 아내가 되는 메리 고드윈Mary W. Godwin과 그녀의 이복 자매 클레어 클레어몬트Claire Clairmont와 함께 야반도주해 도착한 스위스의 제네바 호숫가에는 바이런이 젊은 주치의 폴리도리와 함께 디오다티 별장Villa Diodati에 머물고 있었다. 좋지 않은 날씨 탓에 종종 바이런의 집에 모두 모여 음침한 날씨에 어울리는 유령 이야기들을 탐독하던 중, 유령 이야기를 하나씩 써보자는 바이런의 제안에 클레어를 제외한 네 명이 글쓰기에 착수했다고 한다. 메리에 따르면, 두 시인은—바이런은 앞서 언급한 미완성 상태의 단편 소설 「짧은 이야기」를 『마제파*Mazeppa*』(1819)에 넣어 결국 출판했지만—애초에 지루한 산문 글쓰기와는 어울리지 않는 성향을 지녔고 따라서 그들은 곧 이 유령 이야기 짓기에 대한 흥미를 잃었다고 한다. 반면 아직 작가의 반열에 오르지 못했던 젊은 여성 메리와 젊은 의사 폴리도리는 각각 작품을 완성시켰고, 그 결과 무심결에 계획된 이 시합으로부터 19세기는 물론 오늘날에 이르기까지 영문학사에서 기념비가 되는 대표적인 두 괴물이 탄생하게 되었다. 두 괴물이란 여러 사체에서 나온 부위들을 모아서 몸을 만든 후 생명을 불어넣어 창조된 『프랑켄슈타인』의 이름 없는 피조물이 그 하나요, 다른 하나는 죽었지만 같은 모습으로 되살아나는 죽지 않는 자the Undead인 흡혈귀, 즉 뱀파이어이다. 메리의 피조물이 소위 포스트 휴머니즘 시대라고 할 수 있는 오늘날 인간과 기계의 경계를 문제시하며 인간/기계의 정체성이 새롭게 정의되어야 할 필요성을 촉발시킨 합성 인간의 원조라는 지위를 누리고 있는 반면, 폴리도리의 루스벤 경Lord Ruthven은 영문학 사상 최초의 흡혈귀였음에도 불구하고 드라큘라 백작에게 대표 흡혈귀의 지위를 빼앗긴 것은 물론 아예 그 존재마저 잊혀왔던 것이 사실이다. 그러나 흡혈귀를 중산층 가족의 범주를 위협하는 귀족의 모습으로, 흡혈귀가 가하는 위협을 에로틱한 성격으로 제시한 폴리도리가 이후 19세기 내내 유지될 흡혈귀 소설의 무대를 설정했다(Scoggin, 170)는 사실은 과소평가될 수 없다.

눈치 빠른 독자라면 흡혈귀가 동성애라는 위반의 욕망을 체화하고 있음을 「뱀파이어」의 서두에서부터 감지할 수 있다. 주지하다시피 대부분의 소설은 주인공의 사랑과 성장을 다루며, 특히 성장에 대한 보답으로 주어지는 결혼이 그 대단원을 이룬다. 그렇다면 소설의 서두는 중심이 되는 한 남성과 한 여성의 성격과 환경 묘사에 할애되는 것이 상식일 것이다. 그러나 「뱀파이어」의 서두는 루스벤 경이라는 귀족nobleman과 오브리 씨Mr. Aubrey라는 신사gentleman, 즉 중심이 되는 두 남성 인물을 세밀하게 묘사하는 데 집중한다. 나아가 이 두 남성은 당대의 관습적인 젠더 정체성의 기준으로 재단할 때 매끄럽게 남성으로 분류되지 않는, 즉 범주와 경계를 가로지르는 퀴어의 특징을 드러낸다.

겨울의 런던 사교계에 갑자기 나타난 루스벤 경은 귀족이라는 지위보다는 독특함으로 이목을 끄는 인물이었는데, 그 독특함은 주로 "꿰뚫고 들어가 단 한 번의 시선으로 마음의 내적 작용을 간파해낼 것 같지는 않은, 그러나 통과할 수 없는 뺨의 피부를 납빛의 시선으로 내리누르는 듯한 회색 눈"(Polidori, 265)[1]에 기인하며, 이로 말미암아 주변인들은 그에게 경외감을 느낀다고 언급된다. 한편 창백한 그의 얼굴은 어떤 경우에도, 즉 수줍음modesty이나 열정passion에 의해 발그레해지는 법이 없었다고 한다(265). 루스벤 경이 대체적으로 남성적 힘으로 여겨지는 응시의 능력과 결부되어 묘사되면서도 관통penetration의 힘은 없어 보이고, 동시에 그의 안색 변화의 동인으로 소위 여성의 덕목인 수줍음이 거론된 것은 다소 의외이다. 요컨대 남성으로 지칭된 루스벤 경이 남성임을 부인할 수 없겠지만 그에게 사내다움virility, 예컨대 톰 존스Tom Jones 하면 연상되는 영국의 건강한 남성다움이 결여되어 있는 것은 분명하다.

루스벤 경에 이어 소개되는 인물은 오브리이다. 이 소설의 제목이 지칭하는 루스벤 경 외에 이 소설에서 독자가 각별히 주목해야 하는 인물이 오브리인 이유는 우선 이 소설의 서술 방식과 밀접한 관계가 있다. 시종일관 수수께끼와 같은 인물로서 관찰의 대상이 될 뿐 자신의 목소리로 자신의 상황과 입장을 설명하지 않는 루스벤 경에 대해 독자가 직접 동일시할 수 있는 통로는 서술 방식에 의해서 원천 봉쇄되어 있다. 다시 말하면 독자는 다른 등장인물의 경험과 해석, 예컨대 오브리의 경험과 해석을 통하지 않고는 끝내 루스벤 경을 직접 경험하지는 못한다. 따라서 어떤 의미에서 독자들 역시 소설 속 인물들이 그렇듯 루스벤 경이 불러일으키는 경외감에 압도당한다고 말할 수 있다. 한편, 전체적으로 서술을 이끌어나가는 삼인칭 전지적 시점의 서술자는 오브리에게 상대적으로 후해 보인다. 서술자는 중요한 장면에서 비밀을 풀어보고자 루스벤 경을 집중해 관찰하는 오브리의 시점과 하나가 되어 오브리가 알고 있는 정보만 독자에게 제공한다. 특히 오브리의 삶이 연달아 일어

---

1 이후부터 이 절에서 John Polidori, "The Vampyre: A Tale"로부터 인용 시 페이지만 표시하기로 한다. 이 글에서는 *Three Gothic Novels*(Dover Publications, Inc., 1966)에 수록된 작품을 참고했다.

난 지인들의 죽음으로 인해 황폐해진 이후에는 거의 자유 간접 화법에 준하는 서술 기법을 사용해 그의 내적 심리 묘사에 공들이기 때문에, 소설을 읽어나가면서 독자는 자연스럽게 오브리에 공감하고 자신을 그와 동일시하게 된다.

그런데 앞서 루스벤 경의 경우와 마찬가지로, 깔끔하게 범주화되지 않는 젠더 정체성이 오브리에게서도 반복된다. 오브리는 어려서 고아가 되었지만 부모로부터 큰 유산을 물려받고 재산을 관리해주는 후견인들의 감독하에 살고 있는 젊은이이다. 오브리의 이와 같은 상황은 고딕 소설의 전형적인 여주인공들이 소설 초반에 처해 있는 상황과 놀랍도록 유사하다. 오브리가 처해 있는 이러한 상황이 우연이 아님은 후견인들의 방치하에 로맨스 소설을 탐독하면서 "판단력보다 상상력을 더 계발했다"(266)는 언급에서 확인된다. 요컨대 폴리도리는 오브리라는 인물을 형상화함에 있어서, 루스벤 경의 경우에서보다 더 두드러지게 여성적 속성을 배합했다고 볼 수 있다. 특히 결혼 적령기에 도달한 오브리가 런던의 사교계에 나와서 이상적인 여성을 찾는 데 실패하고, "여러 세대에 걸쳐 젊은이들이 부도덕한 삶으로 급속히 발걸음을 떼게 만드는 데 꼭 필요한 것으로 여겨진 대여행"(267)길에 루스벤 경과 함께 나서는 것 또한 의미심장하다. 마이어 릭비Mair Rigby는 이 장면에서 오브리가 정상 궤도에서 벗어났으며 정상적인 미래, 예컨대 결혼한 남성으로서의 미래로 향하는 진보가 저지되었다고 평하는데, 이 평은 매우 적절해 보인다. 오브리는 인생의 중요한 전환점에서 맞닥뜨린 루스벤 경을 "자신의 로맨스의 주인공"으로 삼고 "눈앞에 있는 루스벤 경 자체보다 자신의 공상의 산물을 관찰"하기로 결심한다(267). 특히 "오브리가 호기심의 대상 바로 가까이에 있지만 아무 만족도 얻지 못하고 오히려 비밀을 알아내겠다고 헛되이 바라게 만드는 끝없는 자극만 얻게 되었다"(268-269)라는 언급에서 알 수 있듯이, 루스벤 경은 오브리에게 충족이 지연된 욕망의 대상이 된다고 볼 수 있다. 요약하면, 보통의 소설에서라면 플롯 전개상 결말에서 결혼으로 충족되는 순간까지 미뤄져야 할 남자 주인공과 여자 주인공의 욕망이 이 소설에서는 루스벤 경과 오브리에게서 펼쳐지고 있으며, 실제로 루스벤 경과 오브리의 관계는 앞으로 따져보게 될 관계, 즉 이후 오브리가 두 여성과 맺는 매우 상투적인 이성애적 관계보다 감정적으로 더욱 농밀하고 그 영향력에 있어 더욱 치명적이다.

물론 겉보기로는 플롯이 전개되면서 오브리는 여성을 만나고 사랑에 빠지게 된다. 그 첫 번째 여성은 그리스의 시골 처녀 이안테Ianthe이다. 흥미로운 점은 오브리가 루스벤 경과 잠시 헤어져 있는 동안 여성과 사랑에 빠지게 되고, 그 사랑이 어떤 식으로든 결론이 지어져야 하는 정점의 순간에 루스벤 경이 다시 나타나며, 루스벤 경이 그 사랑의 완성을 좌절시킨다는 점이다. 우선 오브리가 이안테를 만나게 되기까지의 과정을 살펴보자. 함께 여행을 떠나 도착한 브뤼셀에서 루스벤 경은 불운한 자가 아니라 오히려 방탕한 자에게 자선금을 아끼지 않고, 도박판에서 노련한 도박꾼에게는 태연하게 돈을 잃다가도 절박한 자에게는 마지막 한 푼까지 빼앗아 파멸시키는 등의 이례적인 태도를 보인다. 이탈리아에서도 루스벤 경은 순진한 여성을 유혹해 타락시키려는 사악한 의도를 숨기지 않는다. 이런 와중에 오브리는 루스벤 경의 놀라운 유혹의 힘을 경고하며 당장 그와 헤어질 것을 권유하는 편지를 후견인들로부터 받게 되고, 결국 오브리는 핑계를 만들어 루스벤 경과 헤어져 홀로 그리스로 향하고 그곳에서 이안테를 만나게 되는 것이다.

그러나 여관집 딸로 보이는 이안테는 계급과 인종의 관점에서 오브리가 욕망하지 말아야 할 대상이다. 오브리 스스로도 "영국의 습성을 지닌 젊은이가 교육받지 못한 그리스 소녀와 결혼한다는 생각"(271)을 비웃는다. 오브리가 방문했던 유럽의 국가들 중에서 영국으로부터 가장 동쪽에 위치해 있는 그리스가 마지막 행선지로 설정된 것으로 보아, 이 단편에서는 통상 서양에 속하는 그리스가 동양적인 곳으로 상정되었다고 추측할 수 있다. 이안테의 아름다운 모습이 마호메트 천국의 행복을 화폭에 담고 싶어 하는 화가에게 딱 어울리는 모델의 모습을 하고 있었던 점, 그녀가 인도의 북서부에 위치한 카슈미르Kashmere 지역의 나비를 찾아다닌 점, 그리고 서술자가 그리스의 유물들이 노예들 앞에서 행한 자유인들의 행적을 기록한 것에 불과하며 이러한 점이 수치스러운 듯 땅이나 이끼 아래로 숨었다고 표현함으로써 노예제가 있었던 그리스를 은근히 민주적인 영국과 구별하고 있는 점(270) 등도 그리스가 서양의 타자인 동양으로 구성되었음을 암시한다고 볼 수 있다.

이안테가 죽은 후 영국으로 돌아가 오브리가 애착 관계를 형성하는 두 번째 대상 역시 그가 욕망하지 말아야 할 누이 오브리 양Miss Aubrey이다. "오브리는 누이의 포옹과 애무에서 과거의 기억을 잊었다"거나 "오브리 양이 어려서는 아이다운 애무로 오빠의 애정을 얻었는데 이제 여성다움이 보이기 시작하니 더욱 애착이 가는 동반자였다"(278)와 같은 언급은 오브리가 누이에 대해 품고 있는 애정이 금기에 가까운 욕망임을 암시한다. 오브리가 누이와 애착 관계를 형성하게 되는 시기도 이안테와 그랬던 것처럼 오브리가 루스벤 경과 헤어져 있던 시기, 즉 오브리가 루스벤 경이 강도들의 총격을 받고 죽은 것으로 믿고 있었던 때이다.

그런데 이안테와 오브리 양이라는 여성 인물의 성격 묘사에서 공통적으로 발견되는 특징이 주목을 끈다. 우선 그녀들은 매우 피상적으로 그려져 있어서 독자들의 각별한 관심을 이끌어내기 어렵다는 공통점을 가지고 있다. 이안테의 경우, 생기발랄한 "그녀의 눈에는 풍부한 정신mind이 지나치게 많이 담겨 있다"(270)는 언급에서처럼 예외적 여성성을 언뜻 내비치기도 하지만, 그럼에도 불구하고 이안테는 관습적인 여성의 미덕에 기초해 창조되었다는 인상을 준다. 그녀는 "아이 같으며 infantile"(272), "사람들이 밀집해 있는 거실과 숨 막히는 무도회의 영향을 받지 않은 순수, 젊음, 아름다움"(271)의 화신으로서, 전신을 오브리의 응시에 속수무책으로 노출시킨 채 자신이 남성의 욕망의 대상으로 관조되고 소비되고 있다는 사실조차 의식하지 못하는 여성일 뿐이다(270). 특히 연필을 들고 그림을 그리고 있는 오브리의 옆에서 춤, 결혼, 그리고 여성들이 주로 탐독하는 것으로 여겨지는 초자연적 이야기를 조잘거리는 이안테의 모습(271)은 당대 전형적인 여성의 상투적 묘사와 그리 다르지 않다. 대조적으로 그려져 있기는 하나 너무 상투적이어서 매력이 없기로는 오브리 양도 마찬가지이다. 오브리 양은 공기의 요정처럼sylph-like 구름 위를 뛰어놀 듯 가벼운 발걸음을 지닌 이안테(270)와 다르게 "침착하고sedate 사색에 잠긴pensive" 발걸음을 지닌, 그리고 "불운한 과거가 있어서가 아니라 더 밝은 영역을 알고 있는 깊은 내면의 정서에서 유래한 구슬픈 매력"이 돋보이는, 결코 경박하지 않은 여성으로 그려져 있다(278). 그러나 이와 같은 오브리 양의 매력은 그녀만의 독특한 매력이라고 할 수 없으며, 단지 남성—오빠—에게 위로와 헌신의 의무를 다하는 또 하나의 '집안의 천사'에 불과해 보인다.

그런데 이안테와 오브리 양이 당대의 상투적인 이상적 여성상에 기초해 창조되었다는 이와 같은 공통점에 더해 그녀들이 오브리가 욕망할 수 없는 금기적 욕망의 대상이었다는 점, 즉 그녀들과는 욕망의 충족이 애초에 제한적일 수밖에 없었다는 점에서도 유사하다는 사실이 더욱 흥미를 끈다. 왜 오브리는 이런 조건을 지닌 여성만을 사랑하게 되는 것일까? 당연하게도 오브리는 이 여성들과 결혼으로 완성되는 사랑을 발전시키지 못한다. 오브리가 오브리 양은 물론이고 이안테와도 사랑을 완성하지 못하는 소설의 플롯에 대해, 그녀들에 대한 오브리의 욕망이 사회에서 용납될 수 없는 성질을 지녔고 따라서 루스벤 경에 의해 위반의 욕망이 저지된 것이라거나, 또는 여성들의 죽음으로 오브리의 욕망이 저지된 것처럼 보이지만 역설적으로 루스벤 경이라는 '더블double'을 통해 오브리가 우회적인 방법으로 욕망을 충족시키고 있다고 말하는 것은 어쩌면 지나치게 쉽고 상식적인 해석일 것이다. 이와 반대로, 우리가 여기서 눈여겨보아야 하는 것은 릭비가 분석했듯이 오브리가 이안테를 사랑한 것은 이안테가 당대 남성이라면 누구나 사랑해야만 하는 여성성을 대표하고 있었기 때문이라는 사실이다. 즉, 이안테(또는 오브리 양)는 일종의 관심의 분산distraction 또는 안전한 대상safe object으로 기능할 뿐이며, 오브리의 사랑은 그녀 자체를 향한 이성애적 욕망에서가 아니라 사실은 루스벤 경에 대한 두려움에서 촉발된 것으로 볼 수 있다. 여기서 릭비가 막연하게 루스벤 경에 대한 두려움이라고 언급한 것은 단도직입적으로 말해 루스벤 경에게 끌리는 동성애적 욕망이 자신에게 내재한다는 두려운 진실일 것이다. 이안테와 오브리 양에 대한 오브리의 사랑은 어쩌면 제약의 조건들에 대한 민첩한 감지, 따라서 어찌 되어도 그녀들과는 사랑이 완성될 수 없으리라는 약삭빠른 안도감 위에 형성된 것이라고도 볼 수 있다. 한마디로 이안테이건 오브리 양이건 진정으로 오브리의 관심의 대상은 아니었다고 말할 수 있다.

「뱀파이어」는 남성과 남성 간의 성적 욕망에 관한, 어쩌면 그러한 위반의 욕망이 소위 세지윅의 삼각형 공식으로 유명해진 기제, 즉 여성의 몸이라는 통로를 통해 우회적인 방식으로나마 성취되었을 때 따라오는 결과에 관한 이야기라고 할 수 있다. 이 단편 소설은 이안테의 죽음 전과 후로 크게 이분되는데, 후반부를 채우는 굵직한 사건들—루스벤 경의 죽음과 사라진 시신, 그의 재등장, 귀국 후 오브리 양과의 재회 및 오브리 양의 결혼과 죽음 등—은 모두 오브리의 몰락 과정에 기여하는 데 존재 이유가 있다. 그렇다면 오브리 인생의 전환점이 되는 날, 즉 이안테가 죽던 날 그에게 무슨 일이 있었던 것일까? 오브리는 답사를 다녀오던 중 폭풍우에 길을 잃고 어떤 오두막에 당도하게 되었는데, "끔직한 여성의 비명이 나지막하지만 의기양양한 조롱의 웃음소리와 뒤섞여 지속되는"(273) 것을 듣고 안으로 들어간다. 칠흑같이 어두운 곳에서 누군가와 부딪히고 격한 몸싸움을 하던 오브리는 초인적인 힘을 지닌 상대에 의해 땅에 내동댕이쳐진다.

> 상대가 그[오브리]를 덮쳐 가슴 위에 무릎을 꿇고 올라타서는 두 손으로 목을 졸랐다. 그때 구멍을 통해 들어온 수많은 횃불들의 밝은 빛이 그를 방해했다. 그는 즉각 몸을 일으켜 먹잇감을 놔두고 돌진해 문밖으로 나갔고, …… 곧 그에 대한 어떤 소리도 들리지 않았다. (273)

이 장면은 이 소설에서 가장 깊은 곳에 묻혀 있는 비밀이다. 이안테를 공격하던 루스벤 경은 오브리의 뜻밖의 방해를 받고 그를 공격하기 시작한다. 오브리라는 남성이 루스벤 경이라는 또 다른 남성에 의해 관통당할 절체절명의 순간이었다. 그러나 다행히도 루스벤의 치아(남근)가 오브리의 몸을 관통하지 않고, 횃불의 빛이 오두막을 대신 관통한다. 그럼에도 불구하고 이미 남성에 의한 남성의 관통이 이루어졌다고 볼 여지는 충분하다. 이 장면에서 실제로 죽음에 이르는 이는 이안테이고, 사람들이 그녀의 목에서 혈관을 꿰뚫은 흡혈귀의 이빨 자국을 발견한 것으로 보아 그녀가 루스벤 경에게 목이 관통당해 죽은 것은 분명해 보인다. 그러나 동시에 흡혈귀라면 사용했을 법하지 않은 단검이 이안테의 피로 얼룩진 채 오브리의 손에 쥐어져 있었던 것으로 드러난다(274). 다시 말하면, 이안테를 죽음에 이르게 한 것이 루스벤 경의 흡혈이었는지, 혹은 오브리가 쥐고 있는 단검이었는지, 혹은 둘 다였는지 애매모호하게 처리되었다고 볼 수 있다. 따라서 액면대로만 보면 루스벤 경이 오브리의 피를 맛보기 전에 달아난 것이 맞지만, 이안테를 치아이건 칼이건 남근과 같은 무기로 함께 관통한 두 남성은 여성의 몸을 통로로 삼아 이미 서로 피의 교류를 나누었다고 볼 수 있다.

이 글의 서두를 열었던 변호사 조너선 하커의 에피소드는 주지하다시피 흡혈귀와의 접촉은 곧 남성의 여성화라는 등식의 좋은 사례를 제공한다. 조너선은 그에게 먼저 다가오는 세 명의 여성 흡혈귀들을 제대로 바라보지도 못하고 수줍은 처녀처럼 속눈썹 아래로 몰래 훔쳐보면서 결국 눈을 감고 나른한 황홀감 속에서 저 빨간 입술로 키스해주기를 기다리기만 한다(Stoker, 42-43). 한마디로 사내다움을 잃은effeminate 남성의 모습을 여실히 드러낸다. 그리고 드라큘라와의 동침이 의심되는 문제의 밤이 있었던 몇 달 후, 약혼녀 미나Mina는 "너무도 마르고 창백하고 쇠약해 보이는"(99) 조너선을 발견하게 된다. 너무 쇠약해 결혼식을 침상에 앉아서 해야 할 만큼 그의 기운을 앗아간 것은 헛소리를 동반한 열병(95)이라고 언급되지만, 독자는 그것이 다가 아님을 쉽게 알아차릴 수 있다. 폴리도리의 단편 소설이 남성이 관통당할 수 있는 가능성, 그에 따라 광기로 이어지는 자율성의 상실을 유희적으로 암시한다는 릭비의 주장처럼, 이안테가 죽은 후 그려진 오브리의 모습은 사내다움을 잃고 광기에 시달리는 조너선의 모습과 정확히 겹쳐진다. 즉, 오브리는 조너선이 그랬던 것처럼 루스벤 경과 신체적으로 접촉한 이후 "극심한 열병"(274)에 걸려 "헛소리를 하면서delirious"(274) "쇠약해지고emaciated"(281), 특히 소설의 후반부에서 오브리는 주로 광기와 관련되어 그려진다.

19세기 초엽 남성과 남성의 성적 욕망을 다룬 소설의 결말이 행복한 결혼일 것이라고 기대할 독자는 없을 것이다. 오브리는 누이가 루스벤 경과 결혼하는 것을 막지도 못하고 — 이안테와 마찬가지로 오브리 양 역시 두 남성을 연결해주는 통로에 불과하다는 사실이 아니라면, 맹세를 지켜야 하는 남성의 명예를 핑계로 죽음이 뻔히 예상되는 누이의 결혼을 막지 않는 오브리의 이상한 행동은 설명되지 않는다 — 그 또한 결국 죽는다. 다른 흡혈귀 이야기에서라면 흡혈귀로부터 직접 공격을 받은 희생자만 죽고 목격자를 포함한 기타 주요 인물들은 흡혈귀의 퇴치를 돕거나 적어도 살아남아 다시 안전해진 사회에서 그럭저럭 삶을 꾸려나갔을 것이다. 이 소설에서 반드시 오브리가 죽어야만 하는 이유는 문제의 그날 밤 이후 이미 오브리는 루스벤 경에 의해 전염되어 또 다른 흡혈귀—명실상부한 동성애자—가 되었기 때문일 것이다. 이안테가 죽은 직후 "오브리는 루스벤 경만큼이나 고독과 침묵을 사랑하게 되었다"(275). 또한 오브리는 "숨결에 파멸을 담은 채, 소중한 사람들 속에서 이 괴물이 돌아다니게 놓아두고 그의 전진을 막지 말아야 한단 말인가?"(280)라고 말하며 신세를 한탄하는데, 이 문장으로 즉각 연상되는 프랑켄슈타인의 한탄과 오브리의 이 한탄을 나란히 놓고 보면 프랑켄슈타인과 그의 피조물이 서로 더블로 해석되어온 것처럼 오브리와 루스벤 경도 결국 동류였다고 말할 수 있을 것이다. 오브리의 흡혈귀화와 죽음으로 소설을 끝맺은 폴리도리의 의도는, 여성 흡혈귀와 여성 희생자의 관계가 다른 흡혈귀 소설에서 어떻게 전개되어 있는지 살펴본 후 그 결말과 비교해보면서 이 장의 끝부분에서 다루고자 한다.

3. 레퍼뉴의 『카밀라』

"빅토리아조 문학에서건 또는 어떤 문학에서건 스스로 동성애를 인정하는 얼마 되지 않는 작품들 중의 하나"(Auerbach, 41) 또는 "레즈비언 이야기의 고전"(Gomez, 948)과 같은 평가를 제외하면, 『카밀라*Camilla*』가 평단의 관심을 끌지 못했던 것이 사실이다. 이는 캐슬린 코스텔로설리번Kathleen Costello-Sullivan이 언급한 바처럼 조지프 셰리든 레퍼뉴라는 작가가 고딕 소설이나 선정 소설과 같은 하위 장르에 속한 이류 소설가로 치부되었기 때문이거나, 또는 "실로 성공한 최초의 흡혈귀 이야기"(Robert Geary, Costello-Sullivan, xvii 재인용)임에도 불구하고 흡혈귀 이야기에서 전형적으로 찾고자 하는 바를 더 잘 예증하고 있는 『드라큘라』에 의해 밀려났기 때문일 것이다. 그러나 정치적 또는 문화적 은유로서 『카밀라』가 지니는 잠재력, 심리적 울림, 젠더와 섹슈얼리티의 재현, 독특한 서사적 특징들은 계속해서 평단의 주목을 끌었으며(Costello-Sullivan, xviii), 윌리엄 비더William Veeder는 이 소설을 레퍼뉴의 소설들 중 최고로 평가하며 여타 빅토리아조 걸작이 지니는 힘과 복합성을 지닌다고 주장한다(Veeder, 197).

『카밀라』는 1871년부터 1872년까지 『짙은 푸른색*The Dark Blue*』이라는 잡지에 나뉘어 실렸다가, 후에 다른 단편들과 묶여 『거울 속 모호하게*In a Glass Darkly*』(1872)라는 단행본에 수록되었다. 앞서 다루었던 「뱀파이어」가 19세기의 식민 지배가 본격화되기 이전인 1819년에 출판되었던 것과 달리, 이 소설의 집필과 출판은 이미 유럽의 식민 지배가 전 세계적으로 확장된 후 세계 각지에서 식민 통치에 대한 저항의 봉기가 속속 일어나고 아일랜드 내에서도 독립 운동이 절정으로 치닫던 시기에 이루어졌다. 게다가 『카밀라』는 개신교를 믿는 아일랜드 내 지배계급Anglo-Irish, Protestant ascendancy에 속한 작가가 오스트리아의 속국인 스티리아Styria를 배경으로 설정하고, 영국인 아버지와 스티리아인 어머니를 둔 로라Laura라는 소위 혼종 여성이 스티리아 귀족 출신인 카밀라라는 여성과 조우하면서 경험한 특별한 사건을 다룬 소설이다. 따라서 이 소설에 등장하는 여성 흡혈귀 카밀라의 경우, 앞서 살펴보았던 영국 귀족 출신의 남성 루스벤 경에 비해 인종적 타자의 모습이 강조되어 있는 것이 사실이다. "흡혈귀가 동성애적 욕망을 체화한다는 언급은 이 작품에 대한 아마 가장 놀랍지 않은 해석일 것"(Haefele-Thomas, 96)이라는 말처럼, 이 소설은 카밀라라는 여성 흡혈귀의 몸에 레즈비언의 욕망은 물론 인종적 타자성 및 이종족의 혼합, 궁극적으로 역식민지화에 대한 두려움 등을 중층적으로 새겨놓고 있다. 따라서 카밀라라는 동

유럽 귀족 출신의 여성 흡혈귀가 영국 중산층 처녀로서 미래에 건강한 영국 후계자를 낳을 의무가 있는 로라에게 위험한 질병을 전염시키려는 계획은, 영국에 이주해서 젊은 여성들을 이용해 궁극적으로 영국의 미래를 오염시키려던 드라큘라의 계획과 같은 맥락에서 읽히는 것이 타당하다. 다만 이 글에서는 이러한 점을 고려하면서도 위반의 욕망, 곧 동성애적 욕망의 행위자로서의 카밀라에 초점을 맞추고 그녀가 가부장적 질서에 어떻게 도전하고 있는지 그 양상을 주목할 것이다.

우선 로라가 어떠한 조건을 갖추고 있기에 여성 흡혈귀가 택하는 상대가 되는지 살펴보자. 오브리가 주변에 맴돌았던 여성들을 무시하고 의도적으로 루스벤 경이라는 남성을 로맨스의 대상으로 택했다면, 로라가 카밀라에게 이끌렸던 것은 어쩌면 그녀가 처한 상황으로 볼 때 당연한 결과일 수 있다. 로라는 스티리아라는 "호젓하고 원시적인 곳this lonely and primitive place"에서, 그것도 가장 가까운 이웃이 20마일이나 떨어져 있는 외딴 성에 살고 있다. 그녀가 살고 있는 성은 나무가 불규칙하게 자라난 숲과 바로 마주하고 있을 뿐 아니라 마치 중세의 요새처럼 해자moat라는 방어선을 치고 있어서, 로라와 그녀의 아버지는 애초에 외부와 단절된 삶을 살고 있었다고 볼 수 있다(Le Fanu, 4-5).[2] 이곳은 남녀가 넘쳐나는 런던의 사교계와는 질적으로 다르며, 결혼 적령기에 들어선 로라가 기대할 수 있는 손님은 이따금씩 왕래하는 그녀 또래의 여성 두세 명이 전부이다(6). 그렇다고 해서 로라가 주변에 적당한 남성이 없다는 단순한 이유에서 여성에게 관심을 돌렸다고 말하려는 것은 아니며, 로라는 처음부터 여성, 또는 여성과의 각별한 유대에 목말라 있었다고 보는 것이 옳다. 이는 로라가 어머니가 없다는 사실과 관련이 깊

2 이후부터 이 절에서 Joseph Sheridan Le Fanu, *Carmilla*(Syracuse University Press, 2013)로부터 인용 시 페이지만 표시하기로 한다.

다. 어려서 어머니를 여읜 로라는 두 명의 가정교사들 중 하나인 페로동 여사Madame Perrodon의 통통하고 인자한 얼굴이 옆에 있었던 적을 기억하지 못하며 "그녀의 보살핌과 좋은 천성이 어머니의 상실을 부분적으로 채워주었다"(6)고 진술한다. 비더는 가정교사라는 이 공식적 대리 어머니들이 이렇게 부분적으로만 어머니의 상실을 채워주었고, 특히 카밀라가 로라를 처음 공격했을 때 그녀를 방치했다는 점에서 그 한계가 극적으로 드러났다고 평하며, 그녀들이 어머니로서 아이를 달래는 기술에 있어 카밀라보다 덜 유능하다고 강조한다(Veeder, 206). 그러나 가정교사들이 오직 부분적으로 어머니의 빈자리를 채워주었다는 로라의 진술에서 강조되어야 할 점은 그녀들의 무능력이라기보다는 완전히 채워지지 않은 어머니의 빈자리이다. 즉, 로라에게는 기억도 하지 못하는 어머니를 되찾고 싶은, 또는 어머니와 하나가 되고 싶은 무의식적인 욕망, 다르게 표현하면 어린 시절 충족된 모녀 관계 또는 자매 관계가 있었더라면 해소되었을 여성끼리의 관계에 대한 무의식적인 욕망이 해소되지 않은 채 남아 있었다고 볼 수 있다. 특히 로라의 아버지를 위시해 아버지가 딸의 교제 상대로 생각하고 있는 모든 남성들 — 장군, 목사, 의사 — 은 애초에 로라가 끼어들 수 없는 남성들만의 유대를 형성하고 있었으며, 게다가 어린 로라의 눈에 그들이 침울한 얼굴과 떨리는 목소리를 지닌 늙은 또는 늙어가는 남성의 모습으로 다소 부정적으로 비친 것으로 보아 로라가 그들을 동경의 대상으로 여겼을 리 만무하다.

그런데 이 상황에서 주목할 점은 로라가 은밀하게 소망하는 다른 여성과의 교제가 순수한 것 같지 않다는 사실이다. 루스벤 경이 오브리의 로맨스의 대상이 되었던 것처럼, 예정되어 있는 여성 친구 버사Bertha의 방문은 여러 주 동안 로라의 백일몽day dream을 채운다. 그런데 방문하기로 예정된 하루 전날, 아버지는 갑작스러운 그녀의 죽음을 알리며 로라가 버사를 만나지 못하게 되어 기쁘다고 말하는데, 이에 로라는 호기심과 굴욕감을 느꼈다고mortified 고백한다(10). 이 상황에서 호기심이 생기는 것은 매우 자연스러운 반응이지만 로라가 굴욕감 또는 수치심을 느꼈다는 것은 다소 의외이다. 비더는 로라가 버사에 대해 펼쳤을 공상의 성격이 아버지에 의해 간파당했다고 생각해 굴욕감을 느낀 것이며, 따라서 로라가 최초로 자신의 공상에서 수치스러운 무엇인가를 발견한 것이라고 평한다. 즉, 낮에 꾸는 꿈day dream의 대상으로서 버사는 카밀라와 같은 적극적인 밤의 여성night woman과 정반대인데, 여성의 정신female psyche이 이렇게 선한 반쪽과 사악한 반쪽으로 이루어졌다는 사실을 본능적으로 안 로라가 사악한 반쪽으로 나아가기 위해 선한 반쪽의 죽음을 바랐고, 결국 버사의 죽음을 은밀하게 바랐던 이와 같은 속내가 아버지에게 들켰을까 봐서 굴욕감을 느낀 것이라고 비더는 분석한다(Veeder, 206) 이와 같은 비더의 분석에 대체로 동의하지만, 백일몽의 의미를 낮에 꾸는 꿈, 따라서 순진한 꿈이라고 축소해 해석하는 대신 일상을 넘어서는 판타지 전반으로 확대해 해석한다면 로라는 백일몽을 통해서 이미 버사에 대해 순진한 여성들 간의 우정의 관계를 초월하는 그 무엇을 공상했고, 아버지가 그러한 자신의 공상의 성격을 눈치챘을까 봐서 두려워한 것이라고 볼 수 있다.

로라가 다른 여성에 대해 에로틱한 공상을 오래전부터 해왔을 것이라는 추정은 절대 잊히지 않는 최초의 기억에서 이미 그 가능성이 확인된다. 여섯 살 무렵 로라는 잠에서 깨어 주위에 아무도 없자 칭얼거렸는데, 그때 갑자기 한 소녀가 나타나 손으로 어루만져주고 침대 위에 나란히 눕더니 웃으며 로라를 자기 쪽으로 끌어당겼다고 한다. 이에 로라는 금세 안정되어 다시 잠이 들었는데, 갑자기 두 개의 바늘이 그녀의 가슴을 깊숙이 꿰뚫는 것을 느끼고 다시 깨어 소리를 질렀다는 것이다(7). 후에 자신도 똑같은 일을 경험했다고 말하는 카밀라에 따르면, 역시 여섯 살이었던 그녀도 꿈에서 깨어보니 자신의 침실이 아닌 낯선 곳에 와 있었고, 그곳에서 로라를 보고 그녀가 예뻐 보여 즐거운 마음으로 나란히 누워 잠들었는데 갑자기 여성의 비명에 의해 (일)깨워졌다는 것이다(24). 이 두 장면에 사용된 어휘들, 즉 손으로 어루만지다, 나란히 눕다, 끌어당기다, 가슴을 꿰뚫다, 일깨워지다aroused 등과 같은 표현은 여섯 살에 불과한 소녀들의 신체적 접촉이 매우 에로틱했음을 시사한다. 그리고 깜찍하게도 식구들 누구도 모르게 그 기억을 간직했던 로라가 버사와의 교제에서 유사한 경험을 기대했던 것은 아닐까 하는 추측이 가능하다.

루스벤 경과 오브리의 남성 간 동성애적 욕망이 직접 펼쳐 보여지기보다는 이야기의 수면 아래에서 은밀하게, 또한 이안테와 오브리 양과 같은 여성을 사이에 세움으로써 우회적으로 실험되었다면, 카밀라와 로라라는 두 여성의 동성애적 욕망은 빤히 들여다보이게, 거의 노골적으로 그려져 있는 것이 사실이다. 두 여성이 여섯 살 때 경험했던 신체적 친밀함은 열아홉 살이 되어 성숙해진 두 여성이 다시 만나게 되자 더욱 깊어진다. 카밀라는 이미 십여 년 전에 로라를 만났었으니 자신은 이미 그녀의 은밀한 친구가 될 권리right to your intimacy를 지닌 것이며, "내가 그런 것처럼 너도 내게 묘하게 끌리는지 궁금해"라고 묻는다. 이에 로라 역시 "솔직히 말하면 나는 이 아름다운 낯선 이방인에게 설명할 수 없는 이끌림을 느꼈다"(25)고 독자에게 고백한다. 얼마간의 시간이 흐르고 드디어 카밀라가 "흉물스러운 고양이를 닮은 검은 동물"(46)의 모습으로 로라를 습격하는데, 이후 눈에 띄게 쇠약해져 가는 로라는 자신이 밤마다 겪는, 그러나 설명할 수 없는 경험을 다음과 같이 묘사한다.

> 때로는 어떤 손이 부드럽게 내 뺨과 목을 따라 미끄러져 가는 듯했다. 때때로 따뜻한 입술이 내게 입 맞추었고 입술이 목에 다다르면 더 오래 그리고 더 사랑스럽게 입을 맞추었다. 애무는 목에 고정되었다. 내 심장은 점

점 빠르게 뛰고, 호흡은 가빠지고 깊어졌다. 흐느낌이 일어나 거의 숨이 막힐 지경이 되었고 마침내 무시무시한 경련이 일어났다. 경련 속에서 감각이 사라지고 나는 의식을 잃었다. (51-52)

성행위와 이후에 따라오는 절정의 쾌감이 쉽게 연상되는 이와 같은 묘사는 로라와 카밀라의 은밀한 행위에 내포된 에로틱한 성격을 가감 없이 보여준다.

그러나 흡혈귀로 등장하는 카밀라가 순진한 영국 처녀를 동성애의 세계로 입문시키는 이 이야기는 카밀라가 체화하고 있는 것이 무엇인지, 퀴어한 이 여성 흡혈귀는 도대체 무엇을 말하기 위해 소환되었는지 제대로 이해해야만 그 심층에 도달할 수 있다. 카밀라는 여성 이외에는 아무도 먹잇감으로 노리지 않는다. 카밀라가 등장한 시기를 즈음해 "이웃 주변에 침범한 신비한 질병"(43)은 버사를 포함해서 오직 몇몇 여성들만을 목표물로 삼는다. 남성에게 전혀 관심이 없는 카밀라는 분명 가부장제의 한 대표적 관행, 즉 아버지와 미래의 남편의 거래를 통해 한 여성의 운명을 결정하는 결혼 제도를 거부하고 있는 것이 명백하다. 즉, 카밀라는 욕망의 대상을 선택하는 일에 있어서 남성의 통제하에 있지 않다. 게다가 욕망의 대상을 동성에서 찾음으로써 출산과 양육이라는 전통적인 여성의 역할을 원천적으로 거부한다.

엘리자베스 시뇨로티Elizabeth Signorotti는 클로드 레비스트로스Claude Levi-Strauss, 게일 루빈Gayle Rubin, 이브 세지윅의 주장에 기초해 로라와 카밀라의 동성애적 관계가 남성의 유대를 강화하기 위해 여성의 교환을 통제하는 전통적인 친족 제도에 도전한다고 주장한다. 이 여성들은 여성의 교환에 대한 남성의 참여를 완전히 박탈해 남성의 권위를 찬탈한다는 것이다(Signorotti, 607). 주지하다시피 레비스트로스에 따르면 결혼이란 여성에 대한 남성의 완전한 통제를 드러내는 것이고, 루빈에 따르면 여성은 오직 남성들 사이에서 거래되는 대상으로서 관계에 참여하는 파트너라기보다는 통로에 불과하며, 자신들의 순환으로 발생되는 이득을 향유하지 못한 채 역사적으로 남성의 욕망에 예속되어왔을 뿐이다. 세지윅 역시 여성은 남성의 동성 사회적 관계homosocial relationship가 동성애의 위협을 비껴가게 하는 기호이자 도구일 뿐임을 강조했다. 그런데 동성애 공포증이 보다 강력하게 작동하는 남성의 동성 사회와 달리 여성의 동성 사회는 비교적 동성애 공포증에서 자유롭기에, 만일 여성의 동성 사회에서 동성애를 비껴가게 해주는 남성을 제거한다면 이러한 남성의 제거는 여성들에게보다 오히려 남성들에게 더 위협적이 되며, 바로 이런 현상이 『카밀라』에서 발생하고 있다는 것이다(Signorotti, 608-609). 남성에 의해 주도되는 결혼의 거래를 거부함으로써 가부장적 가족 제도의 외곽에 남으려는 이와 같은 카밀라의 태도는 이 글 앞부분에서 언급한 바대로, 규범적 이성애의 경제 밖에 서서 자신들만의 대안적 가족 공동체를 선택하려는 퀴어의 특징이기도 하다.

카밀라는 처음부터 로라의 아버지에게 당당하게 맞서고 자신의 주장을 분명하게 표명하는 등 당찬 모습을 보인다. 로라의 아버지는 마을에서 몇몇 여성들이 이상한 꿈을 꾸고 죽어가는 것에 대해, 교육을 받지 못한 하층민들이 미신에 사로잡혀 무섭고 두려운 상상을 반복함으로써 나타난 결과라는 비교적 과학적인 설명을 내놓는다. 이에 카밀라는 상상 역시 곧 현실이 될 수 있다고 하면서 로라 아버지의 편협한 설명에 반기를 든다. 대답이 궁해진 아버지는 모든 것은 신의 손에 달려 있고 그 무엇도 신의 허락 없이 발생하지 않으며, 따라서 창조주이신 신을 사랑하는 자에게는 모든 일이 잘 해결된다며 기독교적 관점으로 도피한다. 이에 카밀라는 발끈하면서 다음과 같이 말한다.

"창조주라고요! 자연이지요! 이 지역을 덮치고 있는 이 질병도 자연스러운 현상이에요. 자연 말입니다. 모든 일은 자연으로부터 오지요. 그렇지 않나요? 천당에서건 이승에서건 지옥에서건 모든 것은 자연이 정한 대로 행동하고 살아요. 저는 그렇게 생각해요." (36)

카밀라는 로라의 아버지가 기대는 남성 중심적·기독교적 관점을 전면 부인하며, 오히려 천당과 이승과 지옥을 망라해 모든 것이 여성적 '자연'의 지배하에 있다고 주장한다. 한편 카밀라는 앞서 말했듯이 남성과의 결혼에 관심을 두지 않음으로써 한 계층으로서 부르주아의 진보에 핵심이 되는 핵가족에 지대한 위협을 미쳤을 뿐 아니라(Stoddart, 28), 선한 어머니에 대한 빅토리아조의 신화를 의도적으로 뒤집는다. 집안의 천사로서 전통적 어머니가 희생과 양육을 본분으로 삼는 것과 정반대로, 어머니가 없는 로라에게 처음 나타났던 카밀라는 마치 어머니처럼 잠시 그녀를 위로하는 듯 행동하다가 곧 날카로운 치아로 그녀의 가슴을 찌른다. 위로와 고통을 동시에 가하는, 즉 카밀라가 보여주는 양가적인 어머니의 모습은 전통적인 어머니상과 전혀 부합하지 않으며, 따라서 어머니에 대한 인습적 관념을 허무는 데 일조한다.

무엇보다도 카밀라는 남성의 가부장적 권위를 조롱하고 무력화시킨다는 점에서 전복적이다. 은퇴했지만 장군이라는 점에서, 그리고 카밀라의 정체를 밝히고 추적해 처단하는 데 구심점이 된다는 점에서 이 소설에서 가장 마초적이며 가부장적 질서를 대표한다고 볼 수 있는 스필즈도프Spielsdorf 장군은 카밀라에 의해 여러 차례에 걸쳐 그 무기력함이 노출된다. 카밀라가 밀라카Millarca라는 이름의 손님으로 장군의 집에 들어온 후 장군이 후견인이 되어 돌봐주는 조카 버사가 알 수 없는 질병에 시달리게 되자, 장군은 몰래 숨어서 조카에게 무슨 일이 일어나는지 살펴보고자 한다.

> 나는 양초 하나가 타고 있는, 가엾은 환자의 방으로 통하는 어두운 화장실에 숨어서 그녀가 잠들 때까지 감시하고 있었습니다. 내 칼을 옆 테이블에 놓은 채, 문 옆에 서서 좁은 틈새로 들여다보고 있었습니다. …… 그러다 보니 형체를 알 수 없는 커다란 검은 물체가 내 생각으로는 침대 발치 위로 기어오르더니 재빠르게 몸을 펼쳐 가엾은 소녀의 목에 이르렀고, 그곳에서 한순간에 거대한 요동치는 물체로 부풀어 오르더군요. (86-87)

이 장면에서 남근을 상징하는 칼을 옆에 두고 좁은 틈새를 통해 잠든 조카를, 혹은 두 여성의 은밀한 행동을 몰래 숨어서 훔쳐보고 있는 장군은 마치 사내다움을 상실한 관음증 환자 같다. 이 장면에 대해 비더가 "오직 구경꾼에 불과한 남성 행위자는 자신의 남성다운 칼과는 분리되어 질의 틈새에 갇힌 채, 남근처럼 부풀어 오르는 흡혈귀 앞에서 성적으로 불구가 된다"(Veeder, 205)고 평한 것처럼, 거대한 검은 물체로 부풀어 오르는 카밀라(밀라카)는 남성의 남근을 압도한다. 장군의 무기가 무용지물이라는 사실은 그의 칼이 카밀라를 비껴가 문에 부딪혀 산산조각이 나고, 따라서 카밀라는 그의 공격에 의해 전혀 상처받지 않은 채 유유히 사라진다(87)는 점에서 재차 확인된다. 이와 같은 상황은 작품의 결말 부분에서 한 번 더 반복되는데, 즉 카밀라의 관이 있는 칸스타인Karnstein 가문의 예배당까지 추적해 카밀라를 처단하려던 장군의 손목은 카밀라의 작은 손에 붙들려 옴짝달싹 못 하게 되고, 결국 장군은 카밀라를 제압하기는커녕 역으로 그녀에게 제압당하고 아무 힘도 못 쓴 채 치켜들었던 도끼를 떨어뜨리고 만다(88).

남성의 감시와 통제를 벗어나는 카밀라의 능력은 그녀를 그린 것으로 밝혀지는 초상화에 틀frame이 없다는 사실에 이미 암시되어 있다. 로라의 집에 소장되어 있던 많은 그림들 중 너무 검게 변해 형체를 알 수 없는 그림을 복원시켜보니 카밀라와 놀랍도록 닮은 여성의 얼굴이 드러났고, 1698년에 그려진 이 그림의 구석에는 "미칼라, 칸스타인 백작 부인Mircalla, Countess Karnstein"이라는 이름이 쓰여 있다(39). 시뇨로티에 따르면, 이 초상화에 틀이 없다는 사실은 초상화의 원본이 되는 여성, 즉 카밀라의 제멋대로 날뛰는 왕성한 성욕과 남성의 형식 안에 구속되지 않겠다는 거부를 의미하고, 틀에 갇힌 이미지와 달리 그 육체성physicality이 강조되는 틀이 없는 이미지는, 즉 스스로 틀을 벗고 초상화로부터 걸어 나오는 행위는 지배 질서에 위협을 가하는 매우 전복적인 움직임이 된다(Signorotti, 614-615). 미칼라, 밀라카, 카밀라로 계속 이름을 바꿔가는 것 역시 남성의 교환 체제 안에 봉쇄되기를 거부하는, 남성에 의해 규정된 여성성 또는 고정된 정체성 안에 남기를 거부하는 카밀라의 의지를 표현한 것이라고 볼 수 있다.

물론 카밀라는 궁극적으로 그녀의 방종함과 전복성을 통제하려는 남성들의 추적을 따돌리지 못하고 여느 흡혈귀들처럼 전형적인 방식으로 처형당한다. 『드라큘라』의 루시가 당했던 것처럼, 카밀라는 다스려지지 않는 여성의 과도한 성욕을 다스리려는 남성들의 거의 윤간을 연상시키는 "제의적 처형ritual execution"(Heller, 89)의 희생물이 된다. 남성들, 특히 두 명의 의사, 로라의 아버지, 스필즈도프 장군, 그리고 흡혈귀 전문가 보덴버그Vordenburg 남작 등이 지켜보는 가운데 카밀라는 예리한 막대기로 심장을 관통당하고 머리가 잘린다. 이와 같은 카밀라의 최후는 그녀의 이름 바꾸기 행위를 통해 이미 예측 가능하다. 카밀라는 남성이 허락한 범위 안에 고정되지 않고자 미칼라 또는 밀라카로 계속 이름을 바꾸지만, 그녀의 이름은 그 순서가 바뀔지언정 c, a, r, m, i, l, l, a라는 여덟 개의 알파벳의 조합에 한정되어 있기 때문이다. 어찌 보면 카밀라의 위반과 전복의 행위는 남성이 허락한 범위 안에서만 가능했던 것이고, 카밀라의 처형으로 마무리되는 소설의 플롯은 언뜻 보면 이를 증명하고 지지하는 것 같기도 하다.

그러나 19세기 말에 동성애 같은 감히 드러내놓고 말할 수 없는 위반의 욕망을 처벌하지 않고 다룰 수는 없었을 것이다. 다시 말하면, 수많은 낭만 소설의 결말이 결혼으로 마무리된다고 해서 해당 작가가 결혼에 각별한 의미를 담았다고 말할 수 없는 것처럼, 악당의 최후로 종결되는 고딕 소설의 결말을 축어적으로만 해석해서는 안 될 것이다. 이 지점에서 로라의 역할이 의미심장하게 떠오른다. 애초에 로라와의 개인적 관계 달성만이 카밀라의 최종 목표가 아니었음은 다음과 같은 언급에 드러나 있다.

> "황홀한 굴욕감에 빠져 나는 우리의 따듯한 삶 속에 살고 있어. 너는 죽게 될 거야. 달콤하게 죽어서 내 안으로 들어올 거야. 나도 어쩔 수 없어. 내가 너에게 끌리듯 너도 네 차례가 되면 다른 사람들에게 끌릴 거야. 그러면 그 황홀한 잔인함을 배우게 되겠지. 그래도 그건 사랑이란다." (29)

다시 말하면, 카밀라는 동성애로 표현된 위반의 욕망을 순진한 로라에게만 전파하고자 했던 것이 아니라, 이후에 로라가 다른 여성들에게 자신에게서 배운 행위를 실천하기를 원했다. 따라서 퀴어 뱀파이어로서 카밀라의 혁명적 행위의 성취 여부는 로라의 향후 행동에 달려 있다고 할 수 있다.

「뱀파이어」에서 루스벤 경보다도 오브리가 관심의 대상이 되듯이, 이 소설에서도 독자의 관심은 궁극적으로 로라를 향한다. 로라는 잠시 스필즈도프 장군에게 자리를 내어주기도 하지만 일인칭 제한적 시점을 시종일관 유지하는 『카밀라』의 주 서술자이다. 단독으로 출판되었던 이 단편이 『거울 속 모호하게』에 수록되는 과정에서 덧붙여진 프롤로그에 따르면, 로라는 일종의 정신병 환자로 추정되며 소위 정보 제공자로서 자신이 겪은 희귀한 사례를 정신과 의사인 헤셀리우스Hesselius에게 편지로 알리는 것이 이 소설의 내용이라고 짐작된다. 하지만 프롤로그에서 이름 없는 편집자가 밝히고 있듯이 그는 로라의 원고를 출판하면서 원고에 첨부되어 있었던 로라의 사례와 관련된 헤셀리우스의 이론을 삭제해버렸고, 그 결과 독자는 로라의 원고만을 오롯이 읽게 된다. 그리고 소설을 읽어나가다 보면 로라는 헤셀리우스라는 남성 의사가 아니라 "도시에 살고 있는 당신you, who live in towns"(22), 즉 "어떤 도시 여성a town lady"(30)의 간청에 따라 그녀에게 자신의 이야기를 전하고 있음을 알게 된다. 즉, 앞서 인용문에서 로라가 후에 다른 여성들에게 다가가기를 카밀라가 소망했던 바대로 로라는 편지 교신이라는 형식을 통해 다른 여성과의 유대를 형성하고자 했었음을 알 수 있다.

사실 로라는 여러 면에서 카밀라의 순진한 희생자가 아니라 적극적인 공모자로 보인다. 우선 로라는 자신이 주장하듯 무지하고 순진한 바보가 아니다. 이미 프롤로그에서 편집자는 로라를 "지적이고intelligent" "명민한clever" 여성이라 평했으며(4), 로라는 소설 속 여러 장면에서 호기심 많고 지적 판단력이 있는 여성으로 그려져 있다. 일례를 들면, 로라는 카밀라를 태우고 온 마차가 전복되었을 때 아버지가 카밀라의 어머니가 보인 태도의 변화를 알아채지 못하는 것을 매우 의아해하면서 아버지와 카밀라의 어머니가 나눈 대화를 알고 싶은 "말할 수 없는 호기심"(17)을 느낀다. 즉, 로라는 관찰력과 판단력, 지적 호기심에 있어서 아버지보다도 한 수 위라고 말할 수 있다. 특히 카밀라와의 본격적인 접촉이 시작되고 알 수 없는 우울감과 나른함에 빠져들면서도 자신의 상황을 고집스러울 정도로 아버지에게 알리지 않은 점도 주목을 끈다. 로라는 후에 "병적인 침묵morbid reserve"(52)이었다고 자신의 고집스러움이 지나쳤음을 인정하지만, 당시에는 두 가지 이유가 있어서 아버지에게 말하지 않았다고 해명한다. 그 첫 번째 이유로는 로라 자신은 자신의 이야기가 농담으로 치부되는 것을 참을 수 없어 하는 성격인데 아버지가 자신의 이야기를 웃어넘길까 봐 말하지 않았다고 주장한다. 두 번째 이유로는 자신은 건강에 별 이상이 없다고 느꼈는데 괜히 아버지에게 이야기해서 한동안 병중에 있었던 아버지를 놀라게 할까 봐 걱정되었기 때문이라고 말한다(48). 독자에게 합리적 해명으로 받아들여지도록 만들어낸 이 핑계에서조차 자신의 이야기가 무시당하는 것을 싫어하는 로라의 자존심이 드러나 있으며, 또한 피보호자가 오히려 보호자를 걱정하는 역전된 부녀 관계가 엿보인다.

로라는 이렇게 카밀라를 만나기 전부터도 이미 고분고분하고 수동적인 여성이라기보다 잠재적 신여성에 더 가까웠다고 할 수 있다. 카밀라를 만난 이후로 로라는 카밀라의 인도하에 아버지를 비롯한 남성들의 통제에서 더 벗어나게 된다. 카밀라처럼 로라는 의사와 그들이 제공하는 약을 신뢰하지 않는다. 또한 로라는 카밀라처럼 방문을 잠그고 자는 버릇이 든다. 무엇보다도 자신에게 문제가 생겼다는 확신에도 불구하고 그것을 아버지에게 이야기하지 않았다는 사실은 남성의 지배로부터 그녀가 독립해가고 있음을 말해줌과 동시에, 아버지의 개입에 의해 매일 밤 은밀하게 지속되는 카밀라와의 특별한 관계가 중단되기를 바라지 않는 그녀의 숨은 욕망을 말해준다. 로라의 정신과 육체를 놓고 카밀라와 남성 연대가 한판 승부를 벌이는 것이 소설의 주 플롯을 형성하는 것이라면, 로라가 확실하게 의견을 표명하고 있지 않다고 하더라도 그녀가 어느 편에 서고 싶어 하는지는 충분히 드러나 있다. 이미 많은 비평가들에 의해 지적되었지만 "거실 문 쪽에서 카밀라의 가벼운 발걸음 소리를 들었다고 공상하는"(96) 로라의 모습을 묘사한 소설의 마지막 장면은, 카밀라가 죽은 후 오랜 세월이 지났고 로라의 회복을 위해 이탈리아로 여행을 다녀오는 등 아버지의 이런저런 방책이 있었지만 로라가 여전히 미혼이며 카밀라를 그리워하고 있다는 사실을 암시한다. 로라는 앞서 카밀라가 밤마다 그녀를 찾아올 때 희미하고 기이한 감각들을 꿈결에 느꼈고, 그중에서 가장 강렬한 것이 "강물의 물살을 거슬러 움직일 때 when we move against the current of a river"(51) 느끼는 "유쾌한, 특유의 차가운 전율that pleasant, peculiar cold thrill"(51)이라고 말한 바 있다. 어쩌면 로라는 여전히 식구들 누구에게도 드러내지 않았지만 이미 또 다른 카밀라, 즉 퀴어 뱀파이어가 되어 인습이라는 세상의 흐름을 거슬러 가고 있으며, 직접 다른 여성의 피를 흡혈하지는 않더라도 그 대신 글쓰기라는 비여성적 행위를 통해 세상의 수많은 잠재적 로라에게 자신이 카밀라에게 배운 것을 실천하고 전염시키고 있었을 것이다.

4. 흡혈귀와 함께 경계를 넘어서

퀴어 뱀파이어인 루스벤 경과 카밀라는 앞서 살펴본 대로 구체적으로는 동성애라는 금지된 욕망을, 좀 더 확대해 말하자면 지배 질서가 그어놓은 경계선을 가로지름으로써 당연시되어온 지배 질서에 의문을 제기하고 궁극적으로 그 와해에 일조하는 정치적 행위를 실천하는 인물들이다. 그리고 자신이 등장하는 소설의 제목이기도 한 이 인물들은 각각 오브리와 로라라는, 어떤 의미에서는 제목이 지칭하는 자신들보다 작품 해석에 더 결정적일 수 있는 역할을 수행하는 또 다른 인물들을 흡혈귀화하는 데 성공한다. 여기에서는 이 두 소설 「뱀파이어」와 『카밀라』의 공통점과 차이점을 요약하고 그것이 시사하는 바를 따져보고자 한다.

우선 이 두 소설은 모두 퀴어 뱀파이어를 등장시킴으로써 빅토리아조 영국 사회의 가치를 떠받치고 있는 결혼 제도에 대해 매우 부정적인 태도를 드러낸다. 앞서 언급했듯이 『카밀라』에서 로라는 사건이 있은 지 10여 년의 세월이 흐르도록 결혼을 하지 않았으며, 결혼을 할 가망성도 없어 보인다. 나아가 덧붙여진 프롤로그에 따르면 독신으로 사망한 것으로 드러나므로 자의건 타의건 결혼과 후계자 생산, 또는 어머니 되기라는 기본적인 여성의 의무를 다하지 않았음이 분명하다. 「뱀파이어」에서 결혼의 문제는 더욱 미묘한 양상을 보이는데, 즉 독자가 예상했던 오브리와 이안테의 결혼은 성사되지 않고 오히려 루스벤 경이 오브리 양과 결혼을 하게 된다. 그런데 결혼으로 인해 오브리 양이 희생되었고, 따라서 폴리도리가 결혼이 여성에게 미치는 영향을 부정적으로 보았다고 평하는 것은 지나치게 단순하고 상식적이다. 여기서 우리가 주목해야 하는 점은 주지하다시피 대개의 로맨스 장르가 여성에게 타락한 영웅을 개과천선시키는 능력을 부여한 것과 달리 천사와 같은 오브리 양은 루스벤 경을 자신의 덕성으로 감화시키기에는 역부족했다는 사실이다. 이에 대해 사이먼 베인브리지Simon Bainbridge는 젠더와 계급의 차원이 모두 중요한 「뱀파이어」에서, 귀족 남성인 루스벤 경은 오브리 양이라는 중산층 여성이 제공하는 가정성domesticity에 굴복하기보다 귀족의 방식을 계속해서 유지한다고 말하며, 이를 통해 폴리도리가 중산층의 가정 이데올로기가 허구에 불과하다는 사실을 강조하고 있다고 주장한다(Bainbridge, 23). 마이어 릭비 역시 루스벤 경이 결혼을 괴물 같은 방식으로 전유專有해 결혼이 고딕 또는 로맨스 내러티브에서 정상적인 완결을 가져올 것이라는 인습적 기대를 전복시키며, 나아가 결혼은 루스벤 경과 같은 괴물을 풀어주어 사회로 되돌려보내는 것으로만 기능할 뿐이라고 평한다.

동성애를 소재로 한 이 두 편의 소설이 드러내는 가장 두드러진 차이점은 텍스트의 행간에 숨어 있는 동성애에 대한 작가의 태도이다. 이 글의 앞부분에서 언급했듯이, 폴리도리와 레퍼뉴는 모두 동성애자로 의심받았던 남성 작가이다. 폴리도리는 자신의 소설에서 비록 여성을 사이에 세우기는 했으나 남성 간의 동성애적 관계를 직접 다루었다고 볼 수 있고, 레퍼뉴는 여성 간의 동성애적 관계를 그림으로써 자신의 동성애적 욕망을 치환된 형태로 거리를 두고 실험했다고 할 수 있다. 다시 말하면, 레퍼뉴는 빅토리아조 말기에 이르러 의심스러운 것으로 여겨지기 전까지 비교적 순수하고 여성적인 속성으로 생각되었던 여성 간의 우정 및 유대를 전면에 내세움으로써 자신이 동성애자라는 의심에서 상대적으로 자유로울 수 있었고, 따라서 로라와 카밀라의 관계를 "공감과 동의 sympathy and consent"(94)의 관계라고 부르며 마지막까지 로라가 카밀라를 그리워하는 것으로 남겨놓을 수 있었을 것이다. 이와 반대로, 폴리도리는 겉으로 보기에 여성 인물을 남성의 욕망의 대상인 것처럼 설정해놓았음에도 불구하고 여전히 바이런과 자신의 관계를 그대로 옮겨놓은 듯한 루스벤 경과 오브리의 관계를 스스로를 벌주는 방식으로만 표현할 수 있었을 것이다. 혹은 섣부른 단순화의 위험에도 불구하고 다음과 같이 말할 수 있다. 남성 동성애를 다룬 소설의 경우 그 결말은, 예컨대 매슈 루이스Matthew Lewis의 『수도사*The Monk*』(1796)의 마지막 장에서 주인공 암브로시오Ambrosio가 처참할 정도로 파괴되는 것처럼 관련된 인물은 물론 마치 전 우주가 파괴되는 듯한 디스토피아적인 경향을 보이고, 반대로 여성 동성애를 다룬 소설의 경우 비록 관련된 인물들이 죽거나 쓸쓸하게 고립된다고 하더라도 여전히 여성들의 유대로 형성될 수 있는 유토피아의 가능성을 열어놓고 있다고 말할 수 있다. 낸시 웰터Nancy Welter는 목적 없는 교환을 전제로 하는 뤼스 이리가레Luce Irigaray의 유토피아적 비전을, 소유하려 하지 않고 카밀라를 욕망하는 로라에게서 발견한다(Welter, 146).

고딕 소설 전반에 대한 평가가 고딕 소설이 지배 체제의 전복을 꾀한다는 주장과 전복적 욕망을 처벌함으로써 오히려 지배 체제의 고착화에 기여한다는 주장으로 팽팽하게 맞서 있는 것처럼, 폴리도리와 레퍼뉴의 작품의 경우 역시 어떤 해석도 가능해 보인다. 그러나 『카밀라』에서 보다 확연하게 드러나는 것처럼 퀴어 뱀파이어를 등장시킨 이 소설들이 정상과 비정상, 안과 밖, 중심과 주변을 구분하기 위해 그어놓은 경계선이 얼마나 임의적인 것인지 또한 얼마나 쉽게 어지럽혀지는 취약한 것인지를 가시화함으로써, 특히 앞에 언급한 쌍들 중 후자에 속한, 즉 괴물로만 여겨졌던 존재들에게 잠시나마 목소리를 부여하거나 또는 사건의 중심 행위자가 되게 함으로써, 그 경계들을 어지럽혀 재의미화하는 과정에 독자를 초대하고 있음은 분명해 보인다.

2부

이미지와 중층적 재현

6장 가면 뒤의 여성

애프라 벤의 『가장한 고급 창부들』 연구*

홍유미

1. 애프라 벤과 가면 쓰기

애프라 벤Aphra Behn(1640-1689)은 생계를 위해 글쓰기를 선택한 최초의 직업 여성 작가로 버지니아 울프로부터 인정받았으며, 페미니스트들의 활발한 재발굴 작업 덕분에 그녀의 작품은 이제 문학 정전으로 확고히 자리 잡게 되었다. 한국에서도 벤의 산문 소설 『오루노코*Oroonoko*』(1688)와 희곡 『떠돌이 혹은 추방된 기사들*The Rover or The Banish'd Cavaliers*』(1677)에 대한 연구가 꾸준히 진행되고 있다. 벤의 다른 희곡 작품들에 대한 연구와 비평적 주목이 필요하다는 판단하에, 이 글은 벤의 작품 중에서 여성적 인식과 강제 결혼을 비롯한 결혼의 경제적 측면

* 이 글은 '가면 뒤의 여성: 아프라 벤의 『가장한 고급 창부들』 연구'라는 제목으로 『고전 르네상스 영문학』 제19권 2호(2010)에 게재된 논문을 수정·보완한 것이다.

과 관련해 중요한 모티브인 여성의 상품화와 매춘부의 문제를 담고 있는 희곡 『가장한 고급 창부들 혹은 하룻밤의 음모*The Feigned Courtesans, or A Night's Intrigue*』[1](1679)를 분석함으로써 벤에 대한 기존의 연구를 확대하고자 한다.

벤에 대한 연구는 1960-1970년대에 페미니스트 비평가들에 의해 시작되어 이후 벤의 작품과 전기가 출판된 1980년대에 본격적으로 진행되었고, 1990년대에 이르러 그 연구가 가속화되었다. 새천년에 들어서도 벤에 대한 연구와 관심은 계속되고 있다. 단행본으로 출판된 2000년 이후의 대표적 연구로 꼽을 수 있는 제인 스펜서Jane Spencer의 『애프라 벤의 사후*Aphra Behn's Afterlife*』(2000), 데릭 휴스Derek Hughes의 『애프라 벤의 극장*The Theatre of Aphra Behn*』(2001), 낸시 코프랜드Nancy Copeland의 『벤과 센트리브르의 젠더의 무대화*Staging Gender in Behn and Centlivre*』(2004)만 보아도 벤에 대한 연구의 다양한 갈래와 접근법을 짐작할 수 있다. 특히 최근의 비평가들은 페미니즘의 주요 관심사들을 뛰어넘고자 하면서 벤의 종교, 정치, 미학에 주목하기 시작했다. 이들은 벤의 작품이 여성성, 남성성의 문제로 국한되는 것은 아니며 당대의 종교적·정치적 논쟁, 철학적 탐구, 형식적 혁신 등의 측면에서도 논의될 필요가 있다고 주장한다. 그리고 이들은 종교적, 정치적, 지적 논쟁들을 포함해 소설의 발생, 영국 제국주의, 섹슈얼리티의 역사, 왕정복고 시대의 무대 기법과 서정 시학 등을 벤의 작품의 중심 주제들과 연관 짓는다(Conway, 87).

이와 같이 벤에 대한 연구는 여러 방향으로 열려 있다. 또한 벤에 대한 비평가들의 태도 역시 다양하다. 일례로, 여성 작가로서의 벤의 입지를 공고히 하려는 페미니스트들 중에서도 벤에 대해 실망을 표하는 경

1 이후 이 작품의 제목은 『가장한 고급 창부들』로 표기한다.

우도 많다. 이들은 벤의 페미니즘에 의문을 제기하기도 하며, 심지어 문학 정전에 포함되게 된 벤이 이전의 본문 설명을 위한 '각주'의 자리로 복귀하는 것이 낫다고 말하기까지 한다. 하지만 벤에 대해 비판하건 예찬하건, 비평가들은 결혼의 정치학에 대한 벤의 관심에 거듭 주목해왔다. 엘린 다이아몬드Elin Diamond의 지적처럼, "결혼 시장에서 여성의 상품화 문제는 벤의 가장 집요한 주제"이며, 벤의 희곡 모두가 어느 정도는 경제적 거래로서의 결혼의 문제를 다룬다(Diamond, 524). 그리고 결혼과 관련한 여성의 상품화 문제는 벤에게 있어서는 강제 결혼과 매춘 행위와 연관되어 논의된다.

이 글의 관심사인 매춘부와 가면의 문제는 벤과 관련해 핵심적인 주제임은 분명하다. 우선 매춘부의 문제와 관련해 살펴보자면, 여성의 공적 활동을 금기시하고 정숙하지 못한 행동으로 간주했던 왕정복고 시대에 여성 작가의 극작 행위는 '자신을 파는' 행위와 동일시되면서 매춘 행위와 연관되었다. 여성 작가를 매춘 여성으로 일컫는 "작가-창부Auth-whore"라는 용어까지 등장한 바 있고, 이 용어는 벤과 관련해 친숙한 표현으로 자리 잡았다. 더구나 벤의 전기들을 통해서도 알려졌다시피, 성에 대한 자유분방한 태도와 양성애자인 존 호일John Hoyle과의 연애 스캔들은 벤을 정숙한 여성의 이미지와는 동떨어지게 만들었다. 더구나 생계를 위해 글을 써야 했던 벤의 상황은 생계를 위해 몸을 팔아야 하는 매춘 여성의 상황과 같은 처지로 파악되었다. 벤은 동시대의 남성 작가들이 동일한 성적 일탈과 성적으로 방탕한 모습을 담은 작품을 쓰고 더 음란한 생활을 하고 있지만 가혹한 비평에서 벗어나 있는 반면, 자신은 여성이기에 비판의 대상이 되고 있다고 불만을 표명한 바 있다. 벤은 글쓰기가 남성적인 것으로 규정된다면 자신 속의 '남성적 부분masculine part'을 인정받기를 요구했는데, 이는 벤이 "작가-창부"라는 매춘 여성으로서의 여성 작가가 아니라 남성 작가와 동일한 작가로서의 공평한 시선과 정당한 대우를 요구한 것이다(홍유미, 124; Owens, 147).

또한 가면의 문제 역시, '아스트레Astrea'라는 암호명과 '에이전트 160'을 사용하며 정체를 숨겨야 하는 첩보원 시절을 보냈던 벤에게 '가면'은 다층적인 의미를 내포한다. 벤을 "극작가, 시인, 소설가, 프로파간디스트, 스파이"로 정리했던 재닛 토드Janet Todd는 가면과 관련해 벤이 "가면을 벗겨야 하는 여성이기보다는 끝없이 가면을 쓰는 여성"(Todd, 1)이라고 표현한 바 있다. 토드에 의하면, 벤은 "추측성이건 사실에 기반한 것이건 어떠한 내러티브에도 잘 들어맞지 않게 하는 모호함과 은밀함과 무대성이 치명적으로 결합된 존재"였다(Todd, 1). 여성 작가의 가면, 여배우가 써야 하는 역할의 가면, 여주인공이 작품 속에서 사용하는 가면은 벤의 작품에서 주제적 차원과 비유적 차원만이 아니라 작품의 액션에서도 중요한 장치가 되고 있다. 가면은 현실/환상의 문제, 역할 연기의 문제, 사회적 가면의 문제, 숨겨진 정체의 문제, 축제 기간 동안의 일시적인 가면 착용의 문제 등 벤의 여러 작품에서 다양하게 등장한다.

매춘부와 가면의 문제는 벤에 관한 비평 서적이나 주요 연구 논문의 제목만 보아도 그녀의 작품 전반에 걸친 핵심 주제임이 드러난다.[2] 벤에 관한 연구 및 비평의 역사에서 차지하는 이 주제의 중요성은 1980년대 이후부터 현재에 이르기까지 벤의 연구에서 결코 피해갈 수 없는 본질적인 주제라는 데서도 엿보인다. 게다가 매춘부와 가면이 벤의 작품에 있어서 본질적인 주제라는 이런 입장을 비판하고자 했던 비평가마저 그

2 그 예로 재클린 피어슨Jacqueline Pearson의 *The Prostituted Muse*(1988), 캐서린 갤러거Catherine Gallagher의 "Who Was That Masked Woman? The Prostitute and the Playwright in the Comedies of Aphra Behn"(1988), 대니엘 봅커Danielle Bobker의 "Auth-whore or Writer? Authorship and Identity in *The Rover*"(1996), 데릭 휴스Derek Hughes의 "The Masked Woman Revealed; or, the Prostitute and the Playwright in Aphra Behn Criticism"(2000) 등을 보더라도 매춘부와 가면의 문제가 1980년대부터 2000년대에 걸쳐 지속적으로 주요 비평의 주제가 되어왔음을 알 수 있다.

중요성을 인정하고 있다. 일례로, 휴스는 벤이 경력을 위해 여성의 저술을 매춘과 동일시하는 여성 혐오주의적 태도를 이용했다는 캐서린 갤러거Catherine Gallagher의 주장은 벤을 주변화시키고 당대의 남성 작가들로부터 고립시키며, 벤이 공유했던 관심사들을 경시한다고 비판한 바 있다(Hughes, 2000, 151-152).[3] 그러나 휴스는 벤의 작가 의식을 '시인-매춘부poetess-punk'의 유추를 통해 읽는 것을 반대하는 입장임에도 불구하고, 벤의 중심 주제적 관심사와 관련해 매춘부라는 문제로 되돌아온다(Conway, 88).

이 글에서는 가부장제 사회에서 여성의 상품화 문제를 극명하게 요약해주는 매춘 여성이라는 존재가 중요하게 다루어지는 작품인 『가장한 고급 창부들』을 통해서 이 문제에 대해 살펴보고자 한다. 그리고 이 문제를 '가면'이라는 장치와 접목시켜 논의하고자 한다. 『가장한 고급 창부들』은 '고급 창부'라는 기표와 그 기표가 담고 있는 기의의 차이를 제기하면서, 고급 창부가 아닌 여성이 창부의 가면을 써야 하는 상황과 또 그 가면을 벗을 수밖에 없는 상황을 보여준다. 또한 『가장한 고급 창부들』의 경우, 가면은 정체를 가리기 위해서 사용하기도 하나 자신 속에 숨겨진 것을 들추어내기 위해서 사용하기도 함을 보여준다는 점에서 주목할 만하다. 세 명의 가짜 고급 창부의 가면은 가면의 해방적 역할을 부각하는 가운데, 여성의 목소리를 자유롭게 낼 수 있게 하기 위해서 사용하는 가면이다. 여성은 원래부터 욕망을 감추고 정숙한 여성으로서 자신의 위치에 부합되는 가면, 즉 사회적 가면을 쓰고 있는지도 모른다.

3 휴스는 『애프라 벤의 극장』에서 그동안 벤과 관련한 주도적인 비평이었던 갤러거의 입장에 반론을 제기했다. 갤러거가 벤이 창부의 이미지를 받아들였다고 주장하는 반면, 휴스는 갤러거가 오독을 했으며 그가 증거로 내세운 자료들을 제대로 몰랐다고 맹렬하게 비판했다. 휴스는 이렇게 잘못된 이론이 어떻게 그토록 오랫동안 문제가 제기되지 않고 수용되었는지 반문한다(Hughes, 2001, 158).

이런 맥락에서 매춘부의 가면을 쓰는 것은 오히려 사회적 가면을 벗기 위해 자신의 진정한 모습을 드러내주는 새로운 가면 쓰기일 수 있다. 그렇다면 가면 쓰기와 벗기의 행위는 맞닿아 있는 것이다. 『가장한 고급 창부들』에서 가면은 여성에게 강요되는 운명에서 벗어날 수 있도록 정체를 보호해주는 보호 장비일 뿐 아니라, 여성의 욕망을 대표해주는 하나의 상징이자 기표가 되고 있다. '감추기'의 가면이 '드러내기'와 '표현하기'의 가면이 되는 것이다. '매춘부'라는 기표가 담고 있는 기의의 내용의 차이가 부각되는 가운데, 하나의 몸에 매춘부와 처녀라는 두 개의 상반된 정체성을 지닌 여주인공들의 변장한 몸 자체는 가면이 갖는 이중적 의미를 고스란히 담아내 시각화해주는 것이다. 벤의 다른 작품의 경우 가부장제에서 여성을 파악하는 방식, 즉 창녀 아니면 처녀라는 이항 대립적 인물들이 그 각각을 표상하는 인물로 등장했다면, 『가장한 고급 창부들』에서는 하나의 몸에 창녀와 처녀라는 두 개의 이항 대립적 정체성을 동시에 담고 있는 여성을 제시한다. 이는 여성을 창녀 아니면 순결한 여성으로 이분화시키는 가부장적 사고방식의 경계를 허물어버린다는 점에서 중요하다.

『가장한 고급 창부들』은 벤의 대표 희곡 『떠돌이 혹은 추방된 기사들』[4]이 성공적으로 공연된 지 2년 후인 1679년 듀크 극장Duke's Theatre에서 처음 상연되었다. 『떠돌이』가 토마스 킬리그루Thomas Killigrew의 작품을 개작한 것이었던 반면, 『가장한 고급 창부들』은 벤의 독창적인 작품으로 판단된다. 여러 측면에서 왕정복고 시대의 '성적 음모 희극sexual intrigue comedies'의 전형적인 틀을 갖춘 이 작품은 메인 플롯과 서브 플롯 모두에서 귀족 계급 여성들이 정체를 숨기기 위해 가면을 착용하고 이로 인한 착오와 오인에서 비롯되는 희극적 상황들이 전개되면

4 이후 이 작품의 제목은 『떠돌이』로 표기한다.

서 복잡하게 진행된다. 메인 플롯은 귀족 계급의 두 자매 마르셀라Marcella와 코넬리아Cornelia를 중심으로 전개되는데, 마르셀라는 후견인인 숙부 모로시니 백작Count Morosini이 정해준 옥타비오Octavio와의 결혼을 피하고자, 코넬리아는 수녀원에서의 독신 생활을 피하고자 로마로 달아난다. 로마에서 마르셀라는 고급 창부 유피미아Euphemia로 변장해 필라모어Fillamour를, 코넬리아는 고급 창부 라 실비아네타La Silvianetta로 가장해 필라모어의 친구인 갈리아드Galliard를 뒤쫓는다. 두 자매가 중심이 되는 플롯과 나란히 진행되는 서브 플롯에서, 부유한 미모의 미혼 여성인 로라Laura는 줄리오Julio와의 정략결혼을 피하고 갈리아드의 사랑을 얻기 위해 역시 고급 창부로 변장하고 '라 실비아네타'라는 이름을 택한다. 벤은 코넬리아와 로라가 가장하는 고급 창부의 이름을 동일하게 '라 실비아네타'로 설정함으로써, 직접 등장하지는 않고 이름만 거론되는 가공의 '라 실비아네타'라는 고급 창부의 기표에 두 명의 여성이 존재하도록 장치해 플롯을 더욱 얽히게 만든다. 특히 마르셀라와 코넬리아, 로라, 이 세 여성 모두 고급 창부의 가면을 자율적으로 선택함으로써 작품에 등장하는 모든 여성이 고급 창부에 해당된다. 또한 결말부에서 이들 모두 고급 창부의 가면을 벗고 원래의 계급으로 복귀함으로써, 작품은 결국 창부인 여성은 아무도 없는 상황으로 마무리된다.

『가장한 고급 창부들』은 자매인 두 여주인공이 각기 강제 결혼과 수녀원 생활을 피하기 위해 도망쳐 나와 본인이 원하는 남성을 배우자로 선택하고 결혼하는 것으로 마무리된다는 점에서 플롯상 『떠돌이』와 상당히 유사하다. 하지만 『떠돌이』의 경우, 안젤리카Angelica라는 유명한 고급 창부가 등장인물로 나와 윌모어Willmore라는 남성을 놓고 여주인공과 삼각관계를 형성하지만 결국 창부가 아닌 여성이 남성을 얻게 된다. 반면 『가장한 고급 창부들』에서는 상류 계층의 처녀가 자신이 처한 상황에서 도피하기 위해 창부로 위장하는 상황이 설정된다. 벤의 작품 전체를 놓고 볼 때 변화한 것은 『떠돌이』를 쓸 당시만 해도 여성 인물이 창부와 창부가 아닌 여성으로 대립각을 세우는 개별적 인물로 등장했던 반면, 특이하게도 『가장한 고급 창부들』에서는 위장이라는 희극적 장치를 이용해 처녀와 창부가 동일 인물로 설정된다. 이로써 벤은 여성을 '처녀 혹은 창녀'라는 이항 대립적으로 분류하는 틀을 허물고 있다. 작품의 여주인공들이 여성에게는 불명예일 수 있는 창부의 가면을 스스로 선택해 자신의 욕망을 이루고자 한다는 점에서 『가장한 고급 창부들』은 특기할 만하다.

또한 『가장한 고급 창부들』에서는 『떠돌이』의 안젤리카 같은 실재 창부가 등장하지는 않지만, 작품의 모든 내러티브가 창부라는 축을 중심으로 움직인다. 고급 창부 실비아네타는 무대에 직접 등장하지 않는다는 측면에서는 부재하지만 무대의 중심이다. 그녀는 모두가 인정하는 창부로 남성들의 공공연한 욕망의 대상으로 존재한다. 작품에 등장하는 주요 여성들이 그녀로 가장해 그녀인 척 위장하고 있기에, 실재 실비아네타는 무대에는 전혀 등장하지 않고 무대 밖에 존재하지만 작품의 현실에서는 그녀로 위장한 가짜 실비아네타들을 통해 막강한 힘을 발휘하며 무대의 중심에 자리 잡고 있다. 그녀는 모든 남성의 욕망의 대상일 뿐 아니라 모든 여성이 가장하는 대상이며, 게다가 그녀의 거처는 무대의 공간적 중심을 이룬다. 실비아네타의 '존재/부재'야말로 이 작품의 희극적 장치와 전개의 핵심이다.

이 글은 벤의 작품 전반에 걸쳐 중요한 주제인 가부장제 아래에서의 결혼과 여성의 상품화 문제, 여성을 '처녀/창녀'로 인식하는 이항 대립적 인식, 그리고 결혼과 매춘과의 유사성을 유념한 가운데, 고급 창부의 가면 쓰기의 문제를 중심으로 『가장한 고급 창부들』을 분석해보고자 한다. 이를 위해 먼저 '고급 창부의 가면 쓰기'라는 제목하에 세 여성 인물들이 가면을 써야 할 필요에 처하는 상황을 알아보고 '가면 쓰기'가 의미하는 바를 살펴본다. 특히 작품에 등장하는 모든 여성들이 고급 창부의 가면을 선택해 '처녀/창녀'의 두 정체성을 한 몸에 동시에 갖는 상황에 주목하고, 이런 설정이 가져오는 효과와 의미를 생각해볼 것이다. 그리고 다음 단계로 '고급 창부의 가면 벗기'라는 제목하에 스스로 고급 창부의 가면을 선택했던 여성들이 좋아하는 남성을 배우자로 얻기 위해서는 그 가면을 벗어야만 하는 상황이 불가피함과 '가면 벗기'가 의미하는 바를 살펴볼 것이다. 이를 통해 벤의 이러한 희극적 결말이 왕정복고 시대의 여성 작가라는 그녀의 위치와 관련해 어떻게 평가될 수 있는지 생각해보고자 한다.

2. 고급 창부의 가면 쓰기

『가장한 고급 창부들』은 작품이 시작될 때 주요 여성 인물들이 모두 결혼 문제와 관련해 강요당하는 상황에 놓여 있다. 마르셀라는 불구인 옥타비오와의 결혼이 정해진 상태이고, 마르셀라의 결혼식에 참석하기 위해 수녀원에서 온 코넬리아는 결혼식 후에 다시 수녀원으로 가야 하는 상황이며, 로라 역시 줄리오 백작과의 결혼이 정해져 있다. 이 세 여성들은 모두 부친이 부재하고 오빠들이 가부장적 권력을 행사하는 가운데 오빠의 의지와 명령에 따라야 하는 상황이다. 이 여성들은 강제 결혼 혹은 강제 독신이 강요되는 상황에서 현실을 피하고 운명에서 달아날 방법을 모색해야 한다. 이들의 선택은 자신의 정체를 고급 창부의 가면 속에 숨기고 오빠들이 정한 운명을 피해 달아나는 것이다.

무엇보다도 이 작품의 여성 인물들이 각기 고급 창부의 정체성을 채택할 때 그것이 자율적인 선택이었다는 점에 주목해야 한다. 이들은 여성의 섹슈얼리티를 규제하는 현 사회적 관습과 제도 속에서 여성의 욕망을 추구하는 자유를 얻기 위해서는 고급 창부의 지위가 가장 합당하다고 생각한다. 마르셀라와 코넬리아에게 창부의 가면은 보호 장비로, "우리를 수색으로부터 안전하게 해줄 수 있는 유일한 변장"(Behn, 2.1.73)[5]이다.

또한 고급 창부의 가면을 쓰는 행위는 "변신", 즉 다른 존재로 변형되는 "메타모포시스metamorphosis"의 의미를 내포함이 부각된다. 흥미롭게도 마르셀라는 로마의 시인 오비드Ovid의 책을 집어 들고 나온다. 오비드의 책에 나오는 '에코Echo'의 이야기를 암시하며 마르셀라가 자신들을 숨겨줄 숲과 나무를 거론하고 있을 때, 코넬리아는 "아니, 난 유명한 오비드 이야기를 더 잘 이용할 수 있어"(2.1.34)라고 대응한다. 그리고 마르셀라가 들고 있던 오비드의 책을 빼앗고는 더 전복적인 방식으로 적용하자며 고급 창부로의 변신을 제안한다. 고급 창부의 가면은 상류층 미혼 여성들의 변신을 가능하게 해주고, 이 가면을 선택하는 행위는 자신에게 주어진 운명을 거부하고 다른 길을 선택한다는 의미를 갖는다. 코넬리아는 마르셀라에게 옥타비오 같은 남자와 평생 같이 사느니 고급 창부로 남는 것이 훨씬 나은 선택이라며, "난 용감하게 고급 창부로 있으면서 더 나은 내 운명을 사겠어"(2.1.66)라고 한다. 게다가 이 말에 놀라는 마르셀라에게 코넬리아는 창부가 "고상한 신분noble title"(2.1.69)이라고 한다. "그래, 고급 창부! 왜, 그건 고상한 신분이야. 게다가 종교보다도 신봉자들이 더 많아. 우리 같은 상품도 없어, 언니, 사랑의 상품 말이야. 그런데 이제 어찌 언니가 써야 하는 가면을 두려워할 수 있겠어?"(2.1.69-72)라는 코넬리아의 대사는 여성은 창부건 정숙한 여성이건 결혼 시장에서는 상품의 처지임을 지적해주는 것이다.

---

5 이후부터 Aphra Behn, *The Feigned Courtesans, or A Night's Intrigue*에서 인용 시 이와 같이 막, 장, 행만 표시하기로 한다. 이 경우는 2막 1장의 73행을 의미한다. 이 글에서는 *The Rover and Other Plays*(Oxford University Press, 2000)에 수록된 작품을 참고했다.

마르셀라 역시 창부의 가면을 쓰고 창부로 가장하는 것이 숙부와 옥타비오가 찾아내지 못하게 해줄 유일한 변장으로 인정한다. 창부로 가장하는 두 자매 가운데 "신중하며 현명한grave and wise"(2.1.40) 처신을 하려는 보수적인 마르셀라는 옥타비오와의 결혼을 피하고자 창부의 가면을 쓰는 자신의 위반 행위는 필라모어에 대한 사랑 때문이며 본인의 의사와는 무관한 결혼을 거부하는 것으로 정당화시킨다(Lowe, 69). 마르셀라는 자신이 가면을 쓰는 것은 진정한 사랑의 추구라는 보다 고귀한 목적을 이루기 위한 수단으로 규정하고 미화시킴으로써 창부의 가면 쓰기를 수용한다.

한편, 창부의 가면이 함유하는 의미는 창부에 대한 작품 내의 정의를 통해 알 수 있다. 고급 창부의 가면을 쓴 마르셀라와 코넬리아를 보고 누구인지 묻는 질문에 옥타비오의 답은 다음과 같다.

> 매춘부들이죠. 십중팔구는 모두 같은 부류랍니다. 이 여자들만이 나머지 사람들과 이 점에서 다르지요. 이들이 죄를 거래하는 본인들의 직업을 너그럽게도 고백한다면, 다른 사람들은 숨어서 하지요. 저들은 고급 창부랍니다.

> Whores, sir, and so 'tis ten to one are all the kind; only these differ from the rest in this, they generously own their trade of sin, which others deal by stealth in: they are courtesans. (2.1.26-28)

옥타비오의 이 대사는 여성 혐오주의자적 성향을 보여주는 중요한 발언이다. 고급 창부는 자신의 욕망과 죄를 숨기지 않고 드러내놓고 그것을 사고팔며 직업으로 삼고 있는 여성이다. 모든 사람들이 행하는 일들을 숨기지 않고 공식화하는 존재인 것이다. 여기서 벤은 여성의 성을 상품화하는 창부는 지참금을 놓고 거래하는 결혼 시장의 처녀들과 결국은 동일한 상품임을 부각한다. 모든 여성이 상품이라는 지위에서 동일한데, 정숙한 여성과 매춘부 간의 차이점은 가부장제가 "상품"을 거래하는 데 채용하는 방식의 차이에서 비롯된다. 상품과 구매자라는 관계는 결혼과 매춘이 동일한 성격을 띠며, 숨기느냐 드러내느냐만 다를 뿐이다. 여성을 상품으로 간주하고 결혼은 상품의 구매 행위로 생각하는 태도는 이후 아내를 "아내라고 불리는 죽은 상품that dead commodity called a wife!"(4.2.316)으로 표현하는 갈리아드의 말에서도 잘 요약된다.[6] 게다가 옥타비오의 이 대사는 자신의 정혼녀인 마르셀라를 앞에 두고 변장한 그녀를 창부라고 생각하고 나온 것이라는 점에서 결혼과 매춘의 대상을 동일 인물로 만들어 결혼과 매춘의 연관성을 지적하는 효과를 배가시키고 있다.

『가장한 고급 창부들』에서 창부의 가면은 가면 뒤 여성의 실제 정체성에 대한 의문이나 고민의 여지없이 즉각적으로 창부라는 아이덴티티와 동일시된다. 가면과 실체가 하나로 인식되는 것이다. 기표는 바로 기의이자, 기의와 일대일 대응 관계에 놓인다. 이는 창부라는 직업이 여성이 자의적으로 선택하고 싶어 할 직업은 아니기 때문일 것이다. 창부이면서 정숙한 여성인 척 위장하는 행태는 있을 수 있겠으나, 사회적 멸시의 대상인 창부가 되고자 스스로 가면을 쓰는 경우는 거의 없기 때문이다. 따라서 창부의 가면은 여주인공들이 방해받지 않고 자신들의 욕망,

---

6 갈리아드는 상품의 보존보다는 유통과 순환을 통해 이윤을 남기려는 자본주의적 가치관을 지닌 인물로, '여성'이라는 상품 역시 그 자리에 두기보다 순환하며 유통되고 배분될 때 더 가치 있다고 여긴다. 따라서 더 이상 순환의 가치가 없는 '아내'는 '죽은 상품'인 것이다. 필라르 쿠더도밍게즈Pilar Cuder-Dominguez는 필라모어를 봉건 귀족적 사고방식과 연관 지으며 토지 소유에 최고의 가치를 두는 입장으로 보고, 갈리아드를 부르주아 자본주의적 사고방식을 지닌 인물로 소유와 보존보다는 사용과 소비를 신봉하는 입장이라고 분류한 바 있다(Cuder-Dominguez, 131-132).

특히 성적 욕망을 표현하고 실현하는 자유를 누릴 수 있게 해준다. 참고로, 특히 왕정복고 시대에는 극장을 매춘부들의 '작업장'으로 표현해도 지나치지 않을 정도로 가면을 쓴 매춘 여성들이 호객 행위를 위해 극장 출입을 자주 했던 시절이었다. 로라 로젠탈Laura Rosenthal에 의하면, 당시 매춘 여성과 상류 계급 여성들이 똑같이 가면을 쓰고 정체를 숨겼으며, 가면은 극장이라는 공적인 영역을 돌아다닐 자유를 주고 익명성을 유지할 수 있게 함으로써 자신의 섹슈얼리티를 표현할 기회를 어느 정도 허용했다고 한다(Rosenthal, 206–207).

창부의 가면을 쓴 상태의 여주인공의 이중성은 하나의 몸에 두 개의 정체성을 담지한 상태를 시각화해준다. 가면 뒤 여성의 실제 정체성에 대한 정보가 관객들에게만 제공된 가운데, 무대에서는 창부의 '기표'를 눈앞에 두고 기의에 대한 상이한 반응을 갈리아드와 필라모어의 인식과 반응을 통해 보여준다. 그 한 예로, 2막 1장에서 각기 창부 유피미아와 실비아네타인 척 가장하고 있는 마르셀라와 코넬리아를 보고, 필라모어는 마르셀라/유피미아를 마르셀라라고 하지만, 갈리아드는 마르셀라가 아니라 유피미아이며 "창부, 갖고 싶은 값비싼 멋진 창부"(2.1.245)라고 단언한다. 계속 마르셀라라고 주장하는 필라모어에게 갈리아드는 "매춘 여성을 정숙한 여성이라고 주장하는 것은 장사를 망치는 일"(2.1.248–249)이라고 충고까지 한다. 그리고 갈리아드는 외적으로 드러나는 마르셀라의 모습만을 보고 추호의 의심 없이 그녀의 정체성을 "유피미아, 그로마 창부"(2.1.253)라고 단언한다. 여기서 필라모어는 마르셀라/유피미아를 놓고 "오! 하늘이 두 사람을 그렇게 닮았으나, 하지만 그토록 다른 영혼으로 만들어야만 했다니Oh! that Heaven shou'd make two persons so resembling, / And yet such different souls"(2.1.267–268)라고 하면서 두 개의 개체로 구분 짓는다. 필라모어는 실상은 동일한 마르셀라이지만 가면을 매개로 전혀 다른 영혼을 지닌 별개의 두 존재로 차별화하는 것이다. 이는 근본적으로 필라모어가 여성에 대해 지닌 이항 대립적 인식에서 기인한 것이다. 필라모어는 2막 1장에서 변장한 마르셀라/유피미아와 코넬리아/실비아네타를 고급 창부라며 쫓아가 보자는 갈리아드에게 "아름답고 정숙한 여자라면 그저 바라보고 한숨지을 수밖에 없고, 아름답고 헤프다면 고려할 가치도 없는 존재이니 따라가 보았자 마음 불편한 상황일 뿐"(2.1.120-122)이라고 한 바 있다.

벤은 필라모어가 드러내고 있듯이 여성이 창부 아니면 정숙한 여성이라는 식의 이항 대립적 사고방식의 문제점을 지적하고자 고급 창부 가면을 쓴 여성들을 바로 그들을 창부로 치부하는 남성들의 정혼녀로 설정한다. 이를 통해 벤은 남성들의 인식의 문제점과 나아가 결혼과 매춘의 유사성을 부각한다. 필라모어가 사랑하는 마르셀라를 창부로 여기고 있듯이 옥타비오는 자신과의 결혼이 정해진 마르셀라를 정혼녀인줄 모르고 직업 매춘 여성으로 오인하고 창부에 대해 지적하는가 하면, 줄리오 역시 정혼한 로라가 창부로 가장하고 있는 상태에서 로라/실비아네타를 매춘 여성으로만 알고 쫓아다닌다. 게다가 결말부에서 로라는 줄리오와 결혼하게 되는 여성이라는 점을 고려해볼 때도 이 점은 흥미롭다. 이 경우 모두에서 동일한 여성이 정숙한 아내감이자 본인의 성적 욕망을 충족시켜줄 대상인 창부인 상태인 것이다.

처녀인 여주인공들이 창부의 가면을 착용한 상태가 지닌 문제 상황은 줄리오에 의해서도 지적된다. 3막 1장에서 줄리오는 자신이 뒤쫓아간 로라/실비아네타를 하인이 실비아네타라는 이름의 창부라고 전해주고 "시종 말로는 그분이 처녀래요"(3.1.5)라고 이야기하자, 창부이면서 또한 '처녀*zitélla*'라는 말에 "뭐, 지텔라, 처녀라고? 불가능해How, a *zitélla*, a virgin? 'Tis impossible"(3.1.6)라고 반응한다. "창부이면서 또 처녀라고? 상당한 모순이로군A courtesan, and a *zitélla* too? A pretty contradiction"(3.1.9-10)이라는 줄리오의 반응처럼 창부이면서 처녀라는 상태는 여성에 대한 현재의 이항 대립적 인식의 틀 내에서는 있을 수 없는 모순된 존재인 것이다.

또한 벤은 『가장한 고급 창부들』에서 가면을 쓰는 세 여성 각자의 가면 쓰기의 의미를 차별화시킨다. 마르셀라와 코넬리아의 가면 쓰기는 주어진 운명을 피하려고 자신의 정체를 가리기 위한 보호 장비의 기능을 하는 가면 쓰기라면, 로라의 가면 쓰기는 자신의 욕망을 드러내기 위한 가면, 즉 욕망을 그대로 표출해주는 가면 쓰기이다. 로라의 경우가 적극적으로 창부의 가면을 채택한 경우인데, 로라의 가면 착용은 1막 1장의 서두에서부터 시작된다. 로라는 1막 1장에서부터 갈리아드에 대한 열정으로 가득 찬 모습으로 등장해서 "내 열정을 그에게 알릴 무슨 방도를 찾아야만 해. 나 같은 사람들에게는 너무 엄청나서 숨길 수가 없어"(1.1.12-13)라며 자신의 감정을 그에게 전하고자 한다. 그리고 자신의 이름과 신분을 숨기고 "라 실비아네타라는 이름의 로마의 고급 창부"(1.1.18)라고 자신에 대해 알려주라고 하인들에게 지시한다.

로라는 2막 1장에서도 적극적인 태도를 취한다. 남장까지 서슴지 않는 로라에게 "이렇게까지 변신하는 이유the cause of all this transformation"(2.1.143)를 묻는 하인 실비오Silvio의 질문에 로라는 사랑 때문이라고 대답한다. 그러나 로라의 사랑은 마르셀라에 대한 일편단심을 지닌 필라모어의 사랑 같은 낭만적인 경우는 아니다. 갈리아드가 창부를 쫓아다니는 남자라는 것을 알면서도 로라의 그 지독한 사랑의 대상은 바람둥이 갈리아드이다. 로라는 거처까지 창부 실비아네타의 집 근처로 옮긴다. 이러한 로라의 위반 행위 앞에서 문제를 제기하는 존재는 오히려 하인들이다. 남편이 될 줄리오에게는 무엇을 남겨놓느냐는 질문에 로라는 "아내지! 아내, 실비오. 관심도 없는 집안의 필수품, 심장은 거의 가져오지 않거나 곧 없애버리는 그런 존재A wife! A wife, my Silvio, / That unconcerned domestic necessary, / Who rarely brings a heart, or takes it soon away"(2.1.170-172)라고 말한다. 여기서 아내를 가정의 필수품이지만 심장은 빠져 있는, 껍데기만 남아 있는 존재로 표현하는 로라는 개인의 욕망과 무관한 결혼 제도, 특히 강제 결혼의 문제점을 비판하는 역할을 한다.

오빠인 옥타비오 백작을 상기시키며 우려하는 하인에게 로라는 "난 아무런 두려움도 몰라. 내가 사랑하는 곳에서는I can know no fear, but where I love"(2.1.176)이라고 단언한다. 아버지의 부재 상황에서 오빠라는 존재는 가부장적 권력의 행사자라는 점을 고려해볼 때 로라의 이 대사는 사회적 구속력마저 뛰어넘겠다는 의미로 읽을 수 있다. 또한 "명예, 그 혐오스러운 우상 같으니, 그걸 숭배하도록 만든 작자들조차 그럴걸? 아니, 난 영혼을 가졌어. 그리고 그건 전부 사랑이야Honour, that hated idol, even by those / That set it up to worship? No, / I have a soul, my boy, and that's all love"(2.1.178-180)라는 로라의 대사에서 명예와 영혼은 별개의 상이한 것으로 구분되고 있다. 여성의 정숙함을 요구하는 사회에서 그런 사회적 요구에 부응하는 여성이 얻게 되는 것이 '명예'이며 사회적인 가면이 '명예'를 안겨다 주는 것이라면, 이에 대비되는 본질적인 구성 요소가 '영혼'이라는 어휘로 표현되고 있다. 그리고 로라의 영혼은 모두 사랑이 점령하고 있다. 결국 로라의 사랑과 명예는 두 개의 대항 요소를 이룬다. 여기서 로라는 명예를 던져버리는 것이다. 귀족 신분의 여성이 자신의 성적 욕망을 드러내놓고 추구하며 여성의 명예를 내동댕이치는 데 주저하지 않는다는 점에서 로라는 '여성 난봉꾼female rake'에 해당하는 인물이다. 따라서 기존의 젠더 이데올로기에 비추어볼 때 위협적인 존재로 평가된다(Craft-Fairchild, 11). 로라와 관련해 아네트 크라이스쉉크Annette Kreis-Schinck는 "성적으로 맹수 같은 귀족 여성을 제시하려 애쓰면서, 벤은 담론과 극과 사회적 공간의 경계를 무너뜨리려한다"(Kreis-Schinck, 165)고 지적한 바 있다. 대니엘 봅커Danielle

Bobker 역시 『떠돌이』에 대한 논의 중에 자신의 성을 판매하는 매춘부의 성은 위협적이지 않다며 헬레나Helena 같은 귀족 신분의 여성과 차별화했는데, 이는 귀족인 로라의 경우에도 적용된다.

아울러 이 작품의 주요 세 여성 인물들은 창부의 가면을 착용하는 것만이 아니라 모두 자신의 젠더를 감추는 남장의 기회를 갖는다. 여성의 남장은 여성에게 그어놓은 사회적 경계선을 넘어서는 것이다. 그리고 다른 젠더로 변신하는 '젠더 가면'을 쓰는 것이다. 남자로 위장한 가운데 이들은 보다 적극적으로 본인의 운명을 자신의 의지와 욕망대로 이루어 나가기 위해 시도한다. 로라는 남성의 복장이 허용해주는 기회들을 최대로 활용해 여성의 역할의 제약에서 벗어난다. 옥타비오와 필라모어가 결투하러 갈 때 남장 상태의 로라도 달려나가 싸움에 관여하기를 주저하지 않는다. 남장한 여성으로서 로라는 자신이 착용한 남성 복장을 통해 남성에게 허용된 기질들을 충분히 발휘할 수 있다. 마르셀라의 경우에는 소년으로 변장해 필라모어의 사랑을 시험한다. 그리고 5막 3장에서는 남장한 모습으로 등장해 오빠의 이름을 빌려 자신을 줄리오로 소개하면서 마르셀라를 배신한 것에 대해 필라모어에게 결투를 신청한다. 마르셀라의 아이덴티티를 그대로 드러내는 여성의 모습으로는 본인의 진솔한 감정을 필라모어에게 구두로 전하지 못했다는 점에서, 마르셀라에게 남장은 여성으로서의 제약을 뛰어넘게 해주는 긍정적인 위반 행위이다. 이런 면에서 마르셀라에게 남장은 진정한 자신을 드러내기 위한 또 하나의 가면 쓰기이다. 그러나 벤은 오빠의 이름을 빌려 줄리오의 행세를 하는 마르셀라의 남장 행각이 진짜 줄리오 앞에서 진행되게 해서 희극적 효과를 거둘 뿐 아니라 동시에 여성의 남장이 초래할 극단적인 위험 상황에 대해서는 선을 긋고 있다. 한편 코넬리아는 필라모어에게 마르셀라의 오빠가 도착했음을 알려주기 위한 메신저의 역할을 맡기 위해, 그리고 갈리아드가 로라의 유혹에 빠지는 것을 적극적으로 막기 위한 수단으로 남장한다.

참고로 벤이 활동할 당시 영국의 무대에 최초로 여배우가 등장해 연극 속 여성의 남장의 의미를 진정으로 무대에서 구현하게 되었다. 셰익스피어 시대만 하더라도 여성 인물 역을 맡은 남성 배우가 작품 속 여성 인물이 남장한 연기를 할 때에는 원래 배우 자신의 젠더로 복귀하게 된다는 점에서 여성이 남장한 경우와 동일한 남장의 효과를 얻기는 어려웠으리라고 판단된다. 또한 엘리자베스 하우Elizabeth Howe에 의하면, 왕정복고 시대의 연극 무대에서 여성의 남장은 남장한 여배우의 미모를 돋보이게 해주며 여배우의 엉덩이와 다리의 윤곽을 드러내는 가운데 관객들을 위한 눈요깃감이기도 했다. 무대에서의 남장은 관객에게도 매우 인기가 있어서 1660년에서 1700년 사이에 나온 375편의 희곡 작품 가운데 거의 4분의 1에 해당하는 89편이 여배우의 남장을 담고 있다고 한다(Howe, 56–57).

이상에서 살펴본 바와 같이 『가장한 고급 창부들』에서는 '위장'과 '가장'과 관련된 용어(disguise, feign, dissemble, visor 등)가 빈번하게 사용되는 가운데, 세 명의 상류 계층 여주인공들은 사회적으로 신분 하락을 의미하는 고급 창부의 가면을 착용하기를 주저하지 않으며, 또한 젠더 가면을 사용해 자신에게 주어진 행동과 제약의 범위를 넘어선다. 가면은 사회적, 젠더적, 성적 차원에서 그들에게 한정된 공간을 뛰어넘을 수 있게 해주었으며 자신의 위반 행위들을 통해 허락되는 최대한의 자유를 부여해주었다.

3. 고급 창부의 가면 벗기

다음으로, 스스로 고급 창부의 가면을 선택했던 여성들이 본인이 좋아하는 남성을 얻기 위해서는 그 가면을 벗어야만 하는 '가면 벗기'의 상황과 그 의미를 살펴보고자 한다. 처녀성과 여성의 '명예'가 가부장적 교환 시스템에서는 유일한 자산이라는 점에서 처녀성을 잃은 미혼 여성의 경우 가부장제 사회의 교환 구조인 결혼 제도에서는 상품성을 잃어버린 것이다(Cuder-Dominguez, 133). 그뿐만 아니라 그런 여성은 비판의 대상이자 사회적으로 소외되어야 하는 존재인 것이다. 여성은 현실적인 사회 속에서 몸담고 살기 위해서는 자신의 상품성을 주장할 수 있어야 한다. 이는 코넬리아가 궁지에 몰리자 자신이 매춘부가 아니라 "고귀한 신분의 여성maid of quality"(4.2.155)이라고 고백함으로써 갈리아드로부터 처녀성을 보호해야만 하는 이유이다. 결국 마르셀라나 코넬리아에게 '창부의 가면'은 벗어야만 하는 가면인 것이다. 두 사람의 경우에는 스스로 창부의 가면 쓰기를 선택했듯이, 가면 벗기 역시 스스로의 선택으로 이루어진다.

코넬리아의 가면 벗기는 갈리아드를 대상으로 4막 2장에서 시도된다. 갈리아드가 코넬리아를 "전능한 창부almighty courtesan!"(4.2.140)라고 부르며 사랑의 신의 신성한 신전인 방으로 가서 그녀의 힘을 "봉헌consecrate"(4.2.143)하라고 몰아세우자, 코넬리아는 자신이 고귀한 태생이며 창부가 아니라고 밝힌다. 코넬리아는 한순간의 사랑을 위해 가문의 명예와 본인의 청춘과 미모를 망가뜨리고 부모님이 베푸신 덕성 교육을 모두 망치겠느냐며 완강히 거부한다(4.2.157-159). 사랑이 유일한 가치였던 로라와는 달리, 코넬리아는 막다른 골목에 처하자 사랑이 아닌 가문의 명예와 부모님의 덕성 교육을 선택한다.

그러나 흥미롭게도 코넬리아의 가면 벗기는 처음에는 받아들여지지 않는다. 고급 창부라는 위장된 정체의 가면을 벗은 코넬리아에게 갈리아드는 그녀의 '가면 벗기/정체성 드러내기'를 욕구를 돋우기 위한 "어여쁜 사기 행각pretty frauds"(4.2.154)으로, 혹은 "창부로서의 몸값을 올리기 위한 술책"(5.1.138)으로 치부할 뿐이다. 그리고 여전히 창부인 여성을 통해 성적 욕망을 채우려고 한다. 코넬리아는 "태생에 합당한 재산도 있는 고귀한 신분의 여성a maid of quality, / Blest with a fortune equal to my birth"(4.2.155-156)임을 거듭 천명하며, 자신은 창부가 될 의사도 없고 "창부인 척 가장했을 뿐 I only feigned to be so!"(4.2.168)이며 모두 연기였다고 주장한다.

여성의 덕목과 정숙함을 중시하는 필라모어가 코넬리아의 고백을 들었다면 반가워할 수도 있겠지만, 결혼의 제약을 받지 않고 자유로운 연애와 성적 욕구 충족을 원하는 갈리아드이기에 코넬리아의 고백에 호의적인 반응을 보일 수가 없다. 마르셀라/유피미아의 상태를 보고 창부라는 사실을 안타깝게 여겼던 필라모어와 달리, 갈리아드의 다음 대사는 통상적인 사례와 정반대되기에 희극적인 효과를 유발한다.

> 창부가 아니라니! 그렇다면 날 속여왔단 말이요?
> 말해보시오, 사악하고 정숙한 속임수를 쓰는 미녀 같으니!
> 왜 그와 같이 아름다운 위장을 한 채 날 끌어들였으며,
> 왜 그와 같이 유혹적인 서두로 청하면서 시작하여,
> 본론은 그렇게도 쓸모도 없고 배울 거라고는 없는지?
> 세상에! 창부가 아니라니!
>
> No courtesan! Hast thou deceived me then?
> Tell me thou wicked-honest cozening beauty!
> Why didst thou draw me in with such a fair pretence,
> Why such a tempting preface to invite,
> And the whole piece so useless and unedifying?
> Heavens! Not a courtesan! (4.2.169-174)

여성의 순결과 정숙함을 중시하는 사회의 가치관에서는 위에 인용된 대사에서 '창부courtesan'라는 단어의 자리에 '처녀virgin'라는 단어가 자리 잡아야 하는 것이 정상이다. 뒤이은 갈리아드의 대사 "오, 여성에게서 정숙함과 신분의 뻔뻔함이란Oh, the impudence of honesty and quality in woman!"(4.2.182) 역시, 갈리아드에게 여성의 정숙함과 덕성은 결코 바람직한 자질이 아님을 보여준다. 오히려 그것은 자신의 욕망을 가로막는 장애일 뿐이다. 게다가 정숙하고 고귀한 신분의 여성이라는 코넬리아 앞에서 갈리아드는 자신의 성적 욕구가 충족될 수 없을 것이기 때문에 화를 내며 나가버린다. 또한 5막 2장에서 갈리아드는 코넬리아가 창부가 아니라는 사실에 그동안 헛되이 사랑 노래를 하고 소네트를 쓰며 시간만 허비한 데 대해 분개하는 모습을 보여준다. 이와 같이 벤은 갈리아드 같은 난봉꾼인 희극적 인물을 통해 자연스럽게 여성의 순결을 중심으로 한 가부장적 이데올로기를 뒤집고 이를 효용성이 떨어지는 가치 없는 것으로 만들어버리고 있다.

창부의 가면을 벗고 본인의 고귀한 신분과 여성의 덕목을 강조하며 갈리아드의 유혹을 뿌리치는 데서 코넬리아가 개방적이고 활달하지만 결국 이 사회가 만든 여성임이 엿보인다. 이 시점에서 관객들은 코넬리아가 여성의 덕목을 쉽게 버리기란 어려울 것이라고 여기지만, 벤은 앞으로 코넬리아가 태도를 바꾸고 순결을 포기할 수도 있는 가능성을 남겨둔다. 화가 난 갈리아드가 나가버리는 다음 순간 코넬리아는 자신의 "골칫거리 미덕troublesome virtue"(4.2.215)이 쓸모없다며 하인에게 갈리아드를 다시 데리고 오라고 지시한다. 이와 같이 벤은 코넬리아가 자신의 정체를 드러내고 나서도 여전히 상류 계급의 여성들이 지켜야 하는 순결 관련 질서를 어지럽힐 위험의 소지를 남겨놓는다.

나아가 벤은 코넬리아와 갈리아드의 플롯에서 코넬리아의 가면 쓰기와 벗기를 이용해 결혼과 관련한 배우자 선택의 주도권에 있어 남녀 관계에서의 역할이 전도됨을 부각하고 있다. 여성들이 오빠와 정혼남 간에 결정된 정략결혼을 강요받는 강제 결혼의 상황에 처하는 것과 역으로, 벤은 갈리아드가 남편감으로 선택당하는 자의 입장에 처하고 코넬리아가 적극적으로 그를 얻어내는 상황을 보여준다. 이런 코넬리아는 『떠돌이』에서 윌모어를 자신의 남자로 만드는 헬레나의 모습과 거의 동일하다. 가면 벗기의 1차 시도 전에 4막 2장에서 코넬리아는 이미 "매 순간마다 그를 더욱 사랑해. 그이가 내 남자로 운명 지어진 걸 알겠어"(4.2.260-261)라고 갈리아드에 대한 자신의 욕망과 그를 손에 넣겠다는 의지를 마르셀라에게 밝힌 바 있다. 또한 숙부 모로시니가 코넬리아를 "이 못된 장난을 일삼는 말썽꾸러기thou wicked contriver of mischief"(5.4.141)라고 칭하며 애인도 없으면서 달아난 이유를 묻자, 코넬리아는 남편을 구하러 나갔노라며 갈리아드를 자신이 찾아낸 남편감으로 내세운다. 이에 갈리아드는 최소한 본인의 의사를 물어봐야 하는 것 아니냐고 하지만 결국은 결혼을 승낙한다. 코넬리아의 선택을 받아들이고 결혼 관계에 매이기를 허용하는 난봉꾼인 갈리아드는 당시 왕정복고 시대 무대에서의 난봉꾼들이 '길들여진 악당tamed rake'으로 전환되는 모습과 유사하다는 평가를 받는다. 코넬리아는 "가장 연인 같은 아내the most mistress-like wife"(5.4.154)가 될 것을 갈리아드에게 약속하고, 이로써 코넬리아와 갈리아드의 플롯은 코넬리아의 가면 벗기 이후 별다른 문제없이 결혼 결정으로 마무리된다.

한편 마르셀라와 필라모어의 플롯에서 마르셀라의 가면 벗기는 사랑하는 남자를 구하고 정략결혼의 운명에서 벗어나기 위해 행해진다. 5막 4장에서 마르셀라는 본인의 정체를 밝히고 정혼남인 옥타비오에게 필라모어에 대한 사랑을 밝힌다. "죽음 아니면 옥타비오Death or Octavio"(5.3.62)라는 양자택일의 상황에 처한 마르셀라는 "제가 당신 소유라는 것은 제 의사에 반하는 것이었습니다. 당신이 저에 대한 권리를 주장하기 전에 제 영혼은 필라모어의 것이었습니다. 비록 제가 그이를 보지도 이야기를 나누지도 못했었지만요. 하지만 너무 떨어져 있어 그이는 제가 달아난 것도 몰랐답니다"(5.4.99-102)라고 본인의 의사를 분명히 표명한다. 결국 마르셀라와 필라모어의 상황은 두 사람의 관계를 알게 된 옥타비오가 결혼을 포기함으로써 정리된다.

그러나 벤이 마르셀라와 필라모어의 관계에서 문제가 될 만한 모든 남성들의 허락을 받은 후에야 두 사람의 사랑이 이루어지도록 장치한 점이 특히 부각된다. "옥타비오와 숙부님의 허락과 더불어, 이제 네 신분을 고귀하게 해주노라with Octavio's, and my uncle's, leave, thus make your title good"(5.4.136-137)라는 줄리오의 말은 뒤이어 나오는 '줄리오가 마르셀라를 필라모어에게 준다'라는 무대 지문과 더불어 줄리오의 동작으로 이어지면서 더욱 공고하게 된다. 이는 오빠의 승낙을 받고 나서야 마르셀라가 필라모어에게 갈 수 있고 두 사람의 사랑 역시 오빠의 허락하에 이루어짐을 분명히 시각화해주는 장치가 된다. 또한 다음 단계로 바로 뒤이은 옥타비오의 대사 후 '옥타비오가 마르셀라를 필라모어에게 준다'라는 무대 지문이 이어진다. 이는 남편으로 정해진 남성의 허락을 받은 후에야 강제 결혼이 파기될 수 있음을 보여주는 것이다. 이와 같이 마르셀라의 경우, 가부장적 질서 체제로 완전히 수용되고 이를 받아들이는 과정을 거친다.

결국 마르셀라의 가면 쓰기와 벗기는 변장과 관련한 마르셀라의 설명, 즉 "이렇게 변장하고 저희는 페트로와 필리파만 데리고 비테르보를 떠났어요. 그리고 로마에서 두 고급 창부의 신분과 옷을 취했지요"(5.4.128-129)라는 두 행에 걸친 짧은 해명이 있은 후 그 해명만으로도 그녀의 위반 행위는 문제없이 수용되고 자신이 원하는 남성과 결혼하는 것으로 마무리된다.

그러나 결말부에서 가면 벗기가 초래하는 결과는 모든 여성에게 동일하지는 않다. 마르셀라와 코넬리아는 남편으로 원했던 남성들을 얻지만, 로라는 가면 놀이의 끝에서 원래 주어졌던 현실, 즉 본인이 피하고자 그토록 노력했던 그 정혼남과의 결혼이라는 원점으로 되돌아가는 상황에 처한다. 더구나 마르셀라와 코넬리아의 가면 벗기가 본인의 선택이었던 반면, 로라의 가면 벗기는 코넬리아 때문에 빚어진다. 5막 2장에서 로라/실비아네타의 정체가 오빠의 정혼녀인 로라임을 알아챈 코넬리아는 갈리아드를 로라에게 빼앗기지 않기 위해 적극적으로 방해 공작에 나선다. 남장한 코넬리아는 갈리아드의 면전에서 로라에게 줄리오의 도착을 알려줌으로써 갈리아드가 로라/실비아네타의 정체를 알게끔 만든다. 로라는 갈리아드를 손에 넣을 수 있는 직전의 상황에서 정체가 밝혀지게 된 것이다. 정혼녀가 다른 남자를 사랑한다는 사실을 알고 두 사람을 죽여버리겠노라고 하던 줄리오는 로라가 바로 자신이 고급 창부로 알고 좋아했던 로라/실비아네타였음을 알게 되자 로라와의 결혼을 원한다. 로라는 원하는 남자와의 하룻밤을 보내고 그가 결혼을 제안하게 만들 것을 계획했었다. 그러나 그 계획은 이 작품 제목의 일부처럼 한바탕의 '하룻밤의 음모a night's intrigue'에 불과하게 된다. 로라는 원하는 남자 갈리아드를 남편으로 얻지 못하고 그와의 동침도 성공하지 못한다. 벤은 로라의 경우에도 '옥타비오가 로라 루크레티아를 줄리오에게 준다'라는 무대 지문을 통해 시각적으로 여성을 넘겨주는 행위로 각인시켜준다.

흥미롭게도, 이런 운명에 처한 로라의 반응은 짧은 반문이다. "결국 난 굴복해야만 하는가And must I yield at last?"(5.4.66)라는 로라의 대사는 5막 4장에서 두 번에 걸쳐 거듭 표명된다. 로라의 이 반문은 고급 창부의 가면을 쓰고 행한 가장 놀이의 끝에서도 그토록 피하고자 했던 정략결혼을 해야 할 운명에 처한 여성의 무력함을 잘 전달해준다. 갈리아드와의 동침을 성공시키기 위해 자신의 사랑 철학을 달변으로 표현하고 대담했던 로라가 이 장면에서는 말을 잃고 짧은 질문만을 내뱉는 처지에 놓인다. 로라의 반문은 크라이스쉉크의 지적처럼, "그녀에게는 긴급한 것이지만 수사학적 질문의 차원으로 격감되었다"(Kreis-Schinck, 165). 비평가들은 이러한 로라의 운명은 결혼 전에 처녀성을 기꺼이 내던지고자 했던 로라에 대한 처벌이라고 해석하기도 한다. 사실, 로라는 방탕한 갈리아드와 유사한 성적 욕구를 보여주고, 그것을 기꺼이 행동으로 옮기고자 하는 자발성과 적극성을 시종일관 보여준다. "이 작품의 여성들 가운데 가장 성적으로 모험심이 강한 인물로 평가되는 로라가 희극적으로 끝나는 결말부에서도 본인이 사랑하는 사람과 맺어지지 못하는 유일한 여성"(Lowe, 69)이라는 점은 매우 아이러니하다.

『가장한 고급 창부들』에서는 창부의 가면을 착용했던 여성들이 가면을 벗은 이후에도 처녀성에 대한 확인 작업을 거친 뒤에야 각각의 결혼 상대와의 결혼 결정이 이루어지도록 장치한 점에 주목할 필요가 있다. "계속 정숙했던 것이 확실한 게냐?are you sure you have been honest?"(5.4.163)라는 숙부 모로시니의 직접적인 질문이 마르셀라와 코넬리아에게 던져지고, 이에 대한 확인 작업은 결혼에 이르기 전의 필수 과정이다. 로라의 처녀성에 대한 갈리아드의 확답 후에야 옥타비오는 줄리오에게 로라를 넘겨주고, 줄리오 역시 처녀성을 잃지 않았다는 확답을 받은 후에야 결혼하겠다는 의사를 밝힌다. 게다가 마르셀라와 코넬리아 역시 이런 수순에 거역하지 않으며 자연스럽게 반응한다. 로라만이 잠깐 반문해보았을 뿐이다. 메리 레아 로우Mary Leah Lowe의 지적처럼, 『가장한 고급 창부들』에서는 여성의 섹슈얼리티가 권력과 쾌락의 원천으로 재현되는 한편 궁극적으로는 그 사회적 힘과 가치를 남성의 욕망을 충족시키는 것을 통해, 즉 창부가 고객에게, 신부가 남편에게, 그리고 배우가 관객에게 주는 즐거움으로 표상되는 남성적 욕망의 형태로 나타난다(Lowe, 99).

작품의 결말부에서 벤은 주요 여성들만이 아니라 가면을 착용했던 모든 인물들의 가면을 벗기고 이를 희극적 틀 내에서 포용되게 마무리한다. 희극적 역할을 담당한 티클텍스트Tickletext와 시그널 경Sir Signal의 사회적 가면도 벗겨지고 그들의 실체가 폭로된다. 그러나 가면 쓰기 행위는 가면 벗기가 이루어진 뒤 모두 용서된다. 필라모어의 대사, "자, 들어갑시다, 그리고 모두 용서합시다. 그저 하룻밤의 음모였어요, 모두가 약간씩은 잘못한 음모지요"(5.4.200)라는 마무리 발언과 함께, 이들의 위반 행위와 약점들이 모두 용서받는 세계를 제시함으로써 작품은 희극적 결말을 추구한다. 게다가 시그널 경 역시 "그러니 이후에는 서로의 약점들을 눈감아줍시다. 사랑과 여자는 쉽게 남자를 배신하니까요. 근엄한 성직자에서부터 바쁜 평신도에 이르기까지 말입니다"(5.2.204-206)라고 말하면서 사회적으로 포용되는 세계임을 재차 강조한다. 이와 같이 벤의 『가장한 고급 창부들』에는 셰익스피어의 『십이야*Twelfth Night*』의 말볼리오Malvolio처럼 희극의 세계에서 배제되는 상황에 놓이는 인물은 아무도 없다. 그리고 창부로 변장한 상류층 처녀들이 결국에는 아무도 창부가 아닌 것으로 결말이 남으로써, 여성의 성과 관련해 이들이 제기했던 위반 행위의 위험성이 제거되는 것으로 작품은 마무리된다.

4. 여성 작가로서 벤의 도전과 불가피한 한계

앞서 살펴보았듯이 『가장한 고급 창부들』은 매춘 여성이 아니라 상류층 미혼 여성의 섹슈얼리티 및 성과 연관된 위반 행위와 그로 인한 위험성을 고급 창부의 가면이라는 장치를 사용하는 가운데 활발하게 제기하고 있다. 그럼에도 불구하고 애프라 벤은 결국은 그러한 위험성을 고급 창부의 가면을 벗는 순간 여성 인물들을 그들 원래의 정체성으로 문제없이 복귀시키고 사회에 포용되게 함으로써 희극적 결말로 마무리 짓는다. 이러한 희극적 결말이 왕정복고 시대의 여성 작가라는 벤의 위치와 관련해 어떻게 평가될 수 있을지 생각해볼 필요가 있다.

벤은 남녀에게 적용되는 이중적 기준을 부인하는 한편, 왕정복고 시대의 작가로서 그 이중적 기준을 받아들여야만 했다. 그리고 『가장한 고급 창부들』에서도 여성 인물들을 안전하지만 제한된 결혼이라는 영역으로 되돌려보내는 선택을 하고 있다(Cuder-Dominguez, 133). 게다가 로라를 통해 그 '위반'의 도가 지나친 여성에게는 원치 않는 남성과의 결혼을 수용해야 하는 현실을 그대로 돌려주고 있다. 이와 같이 『가장한 고급 창부들』은 분명 침묵과 순종이라는, 여성에게 주어진 역할에 의문을 제기하고 자신들의 욕망을 추구하기 위해 여성들이 속임수를 쓰거나 가장을 하는 행위는 예찬하지만, 사회적 규범과 평화적인 관계를 깨지 않는 범위 내에서 마무리한다. 가부장적 텍스트 내에서 여성의 욕망을 실현시키고자 시도하는 이러한 벤의 극작 태도에 대해 제인 스펜서는 그 시도 자체와 또한 그 시도가 가질 수밖에 없는 불가피한 한계 양쪽 모두에 비중을 둘 필요가 있다고 말한 바 있다(Spencer, 100).

벤은 『가장한 고급 창부들』에서 왕정복고 시대 희극의 제약에서 벗어날 수는 없었다. 그러나 그 범위 내에서 여성의 행동에 최대한의 가능한 자유를 부여해주었다. 특히 『떠돌이』에서 안젤리카라고 하는 고급 창부를 결혼이라는 사회 제도에서 배제시키고 여전히 이항 대립적 존재로 남겨놓았던 것과 비교해볼 때, 『가장한 고급 창부들』에서 벤의 극작에서의 변화를 가늠해볼 수 있다. 상류층 미혼 여성들이 스스로 고급 창부의 가면을 선택함으로써 여성에 대한 가부장적 기준의 틀을 허무는 모습을 보여준 것만으로도 이 작품은 의미가 있다.

7장 전복적 혹은 유토피아적 동화?

여성의 자아 탐구로서 「도깨비 시장」 다시 읽기*

정다운

1. 「도깨비 시장」의 장르적 특성

「도깨비 시장Goblin Market」은 1862년 영국에서 출간되자마자 많은 비평적 관심을 불러일으켰으며, 이와 함께 저자인 크리스티나 로세티 Christina Georgina Rossetti는 단숨에 주류 시인의 반열에 오르게 되었다. 그러나 한편으로 당대 독자들은 이 시의 장르에 관해 많은 의문을 제기했다. 이 시 작품을 단순히 아이들을 위해 쓰인 동화로 볼 것인가 아니면 어른들을 위해 잘 짜인 하나의 우화allegory로 볼 것인가? 크리스티나의 사후에 『크리스티나 로세티 시집*The Poetical Works of Christina Georgina Rossetti*』을 출간한 그녀의 오빠 윌리엄 로세티William Michael Rossetti에

* 이 글은 'A Subversive or Utopian Fairy Tale?: Re-reading Goblin Market as a Quest for Female Self'라는 제목으로 『영미문학페미니즘』 제24권 3호(2016)에 게재된 논문을 번역한 것이다.

따르면, 크리스티나는 "이 동화로 뭔가 심오한 것을 의미한 것은 아니다"(W. Rossetti, 459). 그러나 이러한 전언에도 불구하고 이 시의 장르적 애매성에 대한 논의는 쉽게 가라앉지 않았다. 1863년, 당대 비평가 찰스 노턴 부인Mrs. Charles Eliot Norton은 『맥밀런 잡지*Macmillan's Magazine*』의 비평란에서 이 작품에 대해 다시 한 번 비슷한 의문을 제기했다. "이 작품은 우화인가, 단순한 동화인가, 아니면 패륜적 사랑의 쾌락에 대한 비유인가? 이도 저도 아니라면 대체 무엇인가?"(Knoepflmacher, 320 재인용).

『도깨비 시장과 기타 시*Goblin Market and Other Poems*』(1862) 표지 삽화

현대의 비평가들 또한 「도깨비 시장」에 내포되어 있는 복합적인 의미 구조를 인식하고 그것을 종교적, 심리적, 전기적 관점 등 다양한 관점에서 분석하고자 했다. 그러나 무엇보다 대다수 비평가들의 공통적인 인식은, 이 시에 정신적 측면과 물질적 측면이 공존한다는 것이다. 즉, 이 작품은 궁극적으로 완벽한 자매애를 추구하고 있는데 이러한 정신적 여정 가운데 강렬한 육체적 표현과 욕망이 등장한다는 것이다. 이러한 정신성과 물질성의 혼재는 동화적 형식의 풍부한 텍스트로 덮여 있다. '도깨비 과일'이라는 기괴하고도 환상적인 동화적 모티브와 함께 「도깨비 시장」은 자매지간인 리지Lizzie와 로라Laura, 그리고 더 나아가 짐승 같은 모습으로 묘사되는 도깨비들과 순진한 처녀들로 묘사되는 리지, 로라, 지니Jeanie 사이의 매우 비인습적인 성의 정치학을 담고 있다. 이러한 "기괴한 것과 동화적인 것의 결합, 성애적인 것과 도덕적인 것의 결

합"(Jones, 91)은 빅토리아조 독자들에게 독특한 흥미를 불러일으켰다.

무엇보다도 「도깨비 시장」은 여성의 몸과 성을 둘러싼 엄혹한 당대 시장 경제 체제를 보여준다. 탐스러운 외국산 과일은 상품으로서 로라의 금발 및 리지의 폭행당한 몸과 교환되며, 이로써 빅토리아조 젠더 이데올로기의 일방향적인 해석에 도전하고 있다. 이때 리지와 로라 사이에 존재하는 동성적homosocial 혹은 동성애적homosexual 함축은 단순한 자매 관계의 일상적 경계를 넘어서는 것이다.

경제적 원칙의 냉정함과 성의 전복성이 강하게 혼재함에도 불구하고 「도깨비 시장」은 다른 한편으로는 고통과 희생에 기반을 둔 여성의 통과 의례를 보여줌으로써 종국에는 여성의 성장이라는 측면에서 대단히 정신적이고 종교적인 유토피아적 비전 또한 추구하고 있다. 즉, 이 시는 여성의 성장 과정, 즉 매우 상징적인 여성 자아의 발달 과정을 보여주고 있는데 이는 로라를 구하기 위해 그리스도와 같이 고통의 행위를 택하는 리지를 통해 펼쳐진다. 비록 이 작품이 여자아이들을 위한 '전형적인' 도덕적 교훈으로 끝난다는 비판을 받고 있지만 리지와 로라, 두 자매가 엄청난 시련을 함께 극복한 후 모성애를 획득한다는 것은 매우 중요하게 다뤄져야 한다. 특히 로라는 마지막에 자기의 경험을 아이들에게 전달해주는 화자가 되는데 이것은 언니 리지의 영웅적 업적을 다음 세대에 인식시키고 전달하는 효과를 낳는다.

이 글에서는 「도깨비 시장」에 나타난 이러한 상반되는 경향성이 로세티의 독특한 여성주의 시학을 잘 드러내고 있음을 살펴본다. 즉, 로세티의 시학은 빅토리아조 사회와 관습에 대해 전복적인 비판 및 유토피아적 해결책 모두를 담고 있음을 알아본다. 여러 비평가들이 그간 이 작품이 지닌 물질적이고 성적인, 즉 '전복적' 측면이나 정신적이고 종교적인, 즉 '유토피아적' 측면에만 관심을 기울였다면, 이 글에서는 오랜 시간 빅토리아조 분리 영역 이데올로기를 구성해온 환상과 실제, 남성성과 여성성, 야수성과 인간성, 자연과 가정이라는 단순한 이분법적 사고를 넘어 전복성과 유토피아성을 넘나드는 시의 변증법적 전개에 주목하고자 한다. 아울러 「도깨비 시장」에 대한 여성주의 비평의 역사를 추적함으로써 그러한 대립적 가치들이 시의 서사적 전개 속에 어떻게 얽혀있는지, 그리고 시의 경계를 넘어서는 전개가 여성의 자아와 자율성을 옹호하는 로세티의 독특한 여성주의 시학을 어떻게 형성하는지 살펴보고자 한다.

2. 변증법적 서사를 통한 여성 자아의 성장

잭 자이프스Jack Zipes가 편집한 『빅토리아조 동화: 요정들의 반란 *Victorian Fairy Tales: The Revolt of the Fairies and Elves*』(1987)과 니나 아우어바흐Nina Auerbach와 U. C. 크노이플마커U. C. Knoepflmacher가 공동으로 편집한 『금지된 여행: 빅토리아조 여성 작가들이 쓴 동화와 판타지*Forbidden Journeys: Fairy Tales and Fantasies by Victorian Women Writers*』(1992)는 빅토리아조 주요 동화 작품들을 골라 싣고 있는데, 각 선집은 대표적 동화를 고르고 해석하는 데 서로 다른 목표를 갖고 있음을 천명하고 있다. 자이프스는 서문에서 빅토리아조 동화를 "더 나은 세계에 대한 유토피아적 탐색"(Zipes, xi), 즉 영국의 당시 시대상에 대한 사회적 담론으로 보고 있음을 밝힌다. 반면 아우어바흐와 크노이플마커는 여성주의 비평가로서 어떻게 여성 동화 작가들이 비인습적이고 전복적인 동화를 통해 남성 작가들에게 도전장을 던졌는지에 주목하고 있다.

자이프스는 찰스 디킨스Charles Dickens, 루이스 캐럴Lewis Carroll, 조지 맥도널드George McDonald와 같은 주요 남성 작가들이 쓴 동화 작품을 유토피아적 프로젝트로 보고 미래 사회를 위한 사회적이고 상징적인 글쓰기 행위, 즉 산업주의, 물질주의, 전통주의에 대한 도전으로서 가치가 있다고 칭송하고 있다. 반면 아우어바흐와 크노이플마커는 남성 작가들의 유토피아적 프로젝트가 여성의 자율성 및 권위를 억누르는 "봉쇄 및 지배의 환상"(Auerbach & Knoepflmacher, 6)에 젖어 있음을 지적한다. 즉, 여성 작가들이 동화라는 서사 형식을 빌려 펼치는 금지된 영역으로의 여정에 대해 남성 작가들이 도덕주의적 잣대를 들이대는 것은 수정주의적 시도에 불과하다고 비판하고, 궁극적으로는 이들 여성 작가가 행하는 전복적인 동화 쓰기에 나타난 여성 서사의 힘에 주목할 것을 주문한다.

흥미롭게도 위에서 말한 두 동화 선집 중 어느 것도 당대 가장 인기 있었던 동화 시fairy tale poem인 「도깨비 시장」을 포함하고 있지 않은데, 이는 이 시가 쉽게 전복적 혹은 유토피아적 범주로 나뉠 수 없음을 보여준다. 사실, 「도깨비 시장」은 앞서 말했듯이 정신성과 물질성을 모두 아우르고 있기 때문에 유토피아적이자 전복적이라고 볼 수 있다. 이 시에 등장하는 여주인공들의 정신적이고 도덕적인 성장이 육체적이고 물질적인 경험을 통해 성취되기 때문이다.

「도깨비 시장」의 정신적 측면에 대한 초창기 비평적 관심은 이 시를 "포기의 미학aesthetics of renunciation"으로 본 샌드라 길버트Sandra M. Gilbert와 수잔 구바Susan Gubar가 이끌었다. 초창기 여성주의 문학 비평의 대표 주자인 이들은 19세기 영국 여성 시인들의 작품이 "강렬한 자기주장의 포기"를 수반하는 "고통 속의 강인함"을 그리고 있다고 말한다(Gilbert & Gubar, 564). 금지된 과일, 감각적 쾌락, 처녀성의 상실과 같이 성적 함의를 지닌 요소들이 오히려 종교적 비유를 형성하고 있다고 본 것이다. 로라의 타락과 리지의 희생이 종교적 주제를 띤다고 보았을 때, 리지는 도깨비들과의 협상을 통해 "여성스럽고 성스러운 성찬식"에 자신의 몸을 바치는 "여성 구세주"로 떠오르게 된다(Gilbert & Gubar, 566).

길버트와 구바는 로라가 도깨비 과일을 탐닉하는 장면이 존 밀턴John Milton의 『실낙원*Paradise Lost*』에서 이브가 선악과를 따먹는 장면과 유사하다고 말한다. 이브의 최종 목표가 욕구 충족이라기보다는 "지적인 신성성"과 "순수한 자기주장"의 추구이듯이 로라의 절제되지 않은 욕구의 분출도 단지 성적인 자아가 아닌 지적이고 시적인 자아의 추구라는 것이다(Gilbert & Gubar, 568). 로라가 도깨비 과일을 탐닉하는 것은 '말'과 '글'을 맛보는 것을 의미하며, 이는 여성의 성sexuality을 통해 여성의 힘을 획득하는 과정이다. 여기서 과일을 '글'이나 '지적인 힘'으로 해석함으로써 길버트와 구바는 각각 금지된 도깨비 과일과 시를 통해 보다 높은 수준의 지식과 힘을 획득하고자 고군분투했던 여주인공 로라와 여성 시인 로세티 사이의 상응성을 발견한다. 따라서 로라가 보여주는 과일에 대한 과도한 탐닉은 오히려 적극적이고 자신감 넘치는 여성 자아의 강력한 예시로 해석된다.

그러나 길버트와 구바는 시의 결말이 훈계조로 끝난다며 비판한다. 과일을 탐닉함으로써 자기주장을 실천한 로라는 가정의 영역으로 복귀하고 결국은 "진정한 빅토리아조 집안의 천사"(Gilbert & Gubar, 567)로 끝맺음하고 만다는 것이다. 그들은 이렇게 갑작스러운 교훈적 결말은 오로지 시인의 불안과 억압적인 심리 상태로만 설명될 수 있다고 말한다. 다시 말해 로라가 도깨비 과일을 결국 포기하는 것은 로세티가 자신의 시학을 포기하는 것과 유사하다는 것이다. 로라가 자기 중심성을 잃고 도덕성으로 후퇴하는 것을 대단히 비판적인 시각으로 바라봄으로써 길버트와 구바는 이러한 훈계적 결말이 여성 시인의 억압된 도덕적 미학과 연결된다고 생각한다. 즉, 로세티는 빅토리아조의 억압적 이데올로기에 부당하게 희생된 피해자의 심리를 보여주고 있다는 것이다.

이러한 "포기의 미학" 공식은 「도깨비 시장」을 빅토리아조 영국에서 활동했던 여성 시인으로서의 로세티의 정체성과 연결시키는 데 얼마간 성공하고 있지만, 다른 한편으로는 시가 가진 풍성한 텍스트적 함의를 여성 시인의 자학적·억압적 심리로 축소시키는 위험 또한 안고 있다. 따라서 도깨비 과일을 시 창작의 상징으로 놓고, 시라는 결과물을 로세티라는 여성 시인의 체념의 상징으로 보는 것은 작품 전체를 수동적인 체념의 대상으로 전락시킬 위험성을 안고 있다.

이러한 수동적 해석에 대항해 최근 비평가들은 이 시가 가진 물질적 측면에 좀 더 주목하기 시작했다. 리처드 멘크Richard Menke는 이 시 안에 "비세속성과 첨예한 물질성이 함께 혼재되어 있음"(Menke, 105)에 주목한다. 「도깨비 시장」을 어느 한 장르에 속하거나 하나의 속성을 가진 것으로 분류하기 어렵다는 점을 시인하며 멘크는 이 시가 동일 어구의 반복이라는 동요적 형식 속에 경제적 측면에서의 물질주의라는 상반된 주제를 품고 있다고 말한다. 이 시의 물질적 속성에 대해 멘크는 과일이 "물질적 대상이자 상품"을 나타낸다고 보고 "포기의 미학" 대신 "포기의 과학"을 내세운다(Menke, 105). 이러한 시각은 빅토리아조 정치 경제학의 실체적 진실을 드러내준다. 이로써 이 작품은 단순한 리듬으로 채워진 동화가 아닌, 처녀들과 도깨비들이 서로 과일을 사고파는 시장 경제의 장으로 변모하게 된다. 리지와 로라는 도깨비들이 이끄는 시장 경제에 맞서 함께 대항하고 궁극적 승리를 거둠으로써 좀 더 강력한 여성의 주체성을 획득하게 된다.

이러한 대안적 해석에서 도깨비 과일은 예술 작품에 대한 비유라기보다는 어떤 행위에 대한 상징물로 보인다. 돌로레스 로젠블룸Dolores Rosenblum이 지적하듯이, 과일은 "지적인 동시에 육욕적인 것"을 상징한다(Rosenblum, 68). 여기서 중요한 점은 도깨비 과일이 두 자매의 어떤 특정 행동 패턴에 대한 촉진제로 작용한다는 점이다. 즉, "행위, 고통, 회복"(Rosenblum, 68)이 그것이다. 다시 말해 두 여주인공들이 지적·육체적 욕망의 대상인 도깨비 과일을 얻기 위해 어떻게 행동하고 고통받고 회복하는지를 보여준다는 것이다. 이러한 일련의 과정을 통해 리지와 로라가 어떻게 여성 자아로서의 성장을 이루는지 살펴보아야 한다. 이 두 처녀들은 도깨비 시장을 통해 지적·성적 미지의 세계로 들어가게 되고 행위, 고통, 회복으로 이루어진 변증법적 움직임 속에서 일종의 통과 의례를 겪게 된다. 그리고 종국에는 더 강한 여성으로 성장하는 것이다.

특히 로라가 자연과 맺는 관계에 있어서 어떻게 순진한 자아에서 경험적 자아로 변화해가는지, 이런 변화가 어떻게 행위, 고통, 회복의 단계를 수반하는지 살펴보는 것이 중요하다. 물론 로라와 도깨비 과일은 성경에 등장하는 이브와 선악과를 암시한다. 이브가 금단의 과일을 먹은 뒤 순수성을 잃는 타락의 경험을 통해 선악의 지식을 알게 되었듯이, 로라 또한 물질과 욕망을 나타내는 자연과 맞닥뜨림으로써 새로운 세계에 발을 들여놓고 성숙한 여성으로 성장하게 된다. 로라는 이러한 자연의 세계와 도깨비 과일을 접한 뒤 참을 수 없는 고통을 겪게 되는데 이는 그녀의 한층 강해진 욕망이 더 이상 충족될 수 없기 때문이다. 금단의 과일을 한 번 맛본 로라는 아이러니하게도 이제 더 이상 과일을 파는 도깨비들을 볼 수도, 그들에 관해 들을 수도 없게 된다.

그러나 로라의 고통은 후에 리지와의 공동체적 유대의 기반이 되며 로라를 심리적·사회적으로 성장하게 이끄는 계기가 된다. 이 공동체적 유대는 너무나 강력해서 두 자매는 로라가 리지의 당부를 어긴 후에도 행복한 잠의 결합 상태로 빠져든다.

금발 머리 옆에 금발 머리를 맞대고
한 둥지 안의 두 마리 비둘기처럼
서로를 서로의 날개에 품은 채

Golden head by golden head
Like two pigeons in one nest
Folded in each other's wings (C. Rossetti, 184-186)[1] (……)

서로의 뺨과 뺨을, 가슴과 가슴을 맞대고
한 둥지에 틀어 앉아 있었다.

Cheek to cheek and breast to breast
Locked together in one nest. (197-198)

이 유명한 장면은 한편으로는 파격적이고 전복적인 동성애적 함축성을 띠고 있지만, 다른 한편으로 이러한 육체적 친밀성은 리지와 로라가 공통된 고통과 투쟁의 경험을 거쳐 이르게 될 정신적 교감을 예견한다. 그러므로 우리는 이 시를 단순한 교훈적 이야기가 아닌 리지와 로라의 복합적인 도덕적·성적 성장 서사로 읽어야 한다. 즉, 「도깨비 시장」은 다음 여성 세대에게 여성 공동체의 중요성을 강조하는 일종의 교훈적 경험담 혹은 조언적 동화인 것이다.

그렇다면 「도깨비 시장」에서 단순히 도덕적 교훈주의를 강화하는 몫을 하고 있는 것처럼 보이는 여성의 호기심, 여성의 희생이라는 교훈적 코드들을 어떻게 해석할 수 있을까? 『도깨비 시장: 두 자매의 이야기 *Goblin Market: A Tale of Two Sisters*』라는 책의 후기를 쓴 조이스 오츠 Joyce Carol Oates가 시인하듯이, 「도깨비 시장」은 "판도라의 상자나 유럽의 『푸른 수염』 동화 같은 오래된 신화와 분명한 주제적 관련성을 맺

1 이후부터 Christina Rossetti, "Goblin Market"에서 인용 시 이와 같이 행 번호만 표시하기로 한다. 이 글에서는 *Goblin Market: A Tale of Two Sisters*(Chronicle Books, 1997)에 수록된 작품을 참고했다.

고" 있다(64). 호기심을 충족시키기 위해 상자를 열었던 판도라처럼 로라는 금지되었던 도깨비와 도깨비 과일을 쳐다본다.

> 봐, 리지, 봐, 리지,
> 저기 계곡 밑으로 작은 사나이들이 지나가.
> 한 명은 바구니를 끌고,
> 한 명은 접시를 들고,
> 한 명은 무거워 보이는
> 금빛 접시를 나르고 있어.
> 저렇게 달콤한 포도를 키워낸
> 넝쿨은 얼마나 아름답게 자랐을까.
> 저 과일 덤불 사이로
> 얼마나 따뜻한 바람이 불었을까.

> Look, Lizzie, look, Lizzie,
> Down the glen tramp little men.
> One hauls a basket,
> One bears a plate,
> One lugs a golden dish
> Of many pounds weight.
> How fair the vine must grow
> Whose grapes are so luscious;
> How warm the wind must blow
> Through those fruit bushes. (54-63)

이 인용문에서 로라의 시선은 여성의 호기심과 긴밀히 연결되어 있다. 리지는 도깨비를 외면하기 위해 자신의 시야를 가리고 귀를 막았으나 로라는 내면의 호기심을 이기지 못하고 "그녀의 반짝이는 머리her glossy head"(52)를 들어 "도깨비들을 엿본다peeps at goblin men"(49). 그러나 로라는 자신의 시각적 주체성을 행사함으로써, 즉 여성적 시선을 짐승 같은 모습을 한 도깨비들에게 향하게 함으로써 미지의 영역에 대한 자신의 욕망과 호기심을 해소하고자 적극적으로 노력한다. 로레인 쿠이스트라Lorraine Janzen Kooistra가 지적하듯이, 로세티가 애초에 이 시의 제목을 '도깨비 엿보기A Peep at the Goblins'라고 명명했다는 사실은 "염탐적/관음증적인 주제"(Kooistra, 140)가 본래 이 작품의 초점이었음을 시사한다.

로세티는 다음과 같은 문장을 통해 로라를 수동적인 방관자가 아닌 능동적인 구경꾼과 관찰자로 묘사함으로써 이러한 여성적 시선이 어떻게 여성의 성적 욕망과 긴밀히 연관되어 있는지를 보여준다. "호기심 많은 로라는 남아서 서성거렸다Curious Laura chose to linger / 각각의 과일 장수에 대해 궁금해하면서Wondering at each merchant man"(69-70). 인간 세상에 모든 악을 퍼뜨리고 말았던 판도라와는 달리, 로라의 호기심은 그녀 자신과 자기 언니에게만 해를 끼친다. 도깨비 과일을 맛본 후 로라는 더 이상 도깨비들과 그들의 과일을 볼 수 없게 되어 수척해지고 언니 리지는 로라를 구하기 위해 도깨비들과 협상을 벌이게 된다. 능동적 관음주의를 보여준 로라는 그녀가 보고자 했던 대상을 더 이상 볼 수 없게 됨으로써 무기력한 희생양이 된다.

반면 리지가 도깨비들의 탐욕스러운 시선과 공격에 절대 굴하지 않는다는 점은 주목할 만하다. 쿠이스트라는 리지의 시각적 주체성을 로세티의 여성주의적 환상과 연결시킨다. 로세티는 로라를 능동적인 구경꾼으로 묘사함으로써 여성이 타인의 시선의 대상이 아니라 주체가 되어 자발적인 이야기꾼이 될 수 있는 그런 유토피아적 세상을 꿈꾸었다는 것이다. 즉, "더 나은 세계에 대한 유토피아적 욕망을 표현함으로써 현세태 및 기득권에 대한 사회적 항거를 연출했다"는 것이다(Kooistra, 141). 로라의 주체적 시선과 남성의 시선에 굴하지 않는 리지의 태도는 시 안에서 능동적인 여성적 자아를 구축하고 있다.

앞서 언급했듯이 이 시는 유럽의 『푸른 수염』 동화와 밀접한 관계를 갖고 있는데, 두 작품 모두 단순한 호기심의 범위를 넘어선 여성의 호기심에 대한 처벌로서 여성의 몸에 가해지는 남성의 폭력을 다루고 있다. 그러나 「도깨비 시장」에서 드러나는 처벌은 여타의 동화와 다른 형태를 취한다. 애초에 호기심을 충동적으로 발동한 것은 로라이지만 그로 인해 도깨비에게 신체적 학대와 정신적 시험을 당하는 것은 리지이기 때문이다. 혹독한 신체적·정신적 시련을 겪음으로써 리지는 예수 그리스도의 여성형인 '여성 구세주'의 상징이 된다. 리지는 모든 남성적이고 야수적인 공격에 대항해 정신적 온전함을 유지한다.

> 그녀의 깃발을 끌어내리기 위해
> 둘러싼 함대에 맞서
> 금빛 돔과 첨탑으로 장식된
> 위풍당당한 신도시처럼.
>
> Like a royal virgin town
> Topped with gilded dome and spire
> Close beleaguered by a fleet
> Mad to tug her standard down. (418-421)

야수와 같은 도깨비들의 공격에도 불구하고 리지는 자신의 처녀성과 숭고한 정신적 자아를 잃지 않기 위해 강력하게 저항한다. "리지는 한

마디도 하지 않고Lizzie uttered not a word; / 입술을 꿈쩍도 하지 않은 채Would not open lip from lip / 도깨비들이 밀어 넣는 과일을 거부했다 Lest they should cram a mouthful in"(430-432).

이와 같이 로세티의 「도깨비 시장」은 리지의 고통과 도덕적 승리를 통해 여성적 희생이라는 주제를 독특한 방식으로 드러내고 있다. 결국 도깨비들의 공격을 당하고 돌아온 리지는 로라에게 자신의 몸을 내어주게 된다.

> 긴 후텁지근한 가뭄 뒤에
> 비통한 두려움과 고통에 몸을 떨며,
> 그녀[로라]는 그녀[리지]에게 게걸스럽게 키스하고 또 키스했다.
>
> After long sultry drouth;
> Shaking with anguish fear, and pain,
> She kissed and kissed her with a hungry mouth. (490-492)

이때 리지의 몸은 육감적이면서 동시에 성스러운 몸이 된다. 로라가 리지의 몸에 게걸스럽게 키스하는 이 장면이 한편으로 동성애적 이미지를 연상시키지만, 이 만찬은 사실상 쾌락이 아닌 두려움과 고통 속에서 이루어진다. 리지의 몸에 흘러내린 도깨비 과일즙은 로라에게 더 이상 쾌락이 아니므로 그녀의 입은 마르고 만찬은 중단된다. "그녀의 입술은 타들어가기 시작했다Her lips began to scorch, / 그 과즙은 그녀의 혀에 쓰디쓴 쑥처럼 느껴졌으므로That juice was wormwood to her tongue, /그녀는 더 이상 그 만찬을 즐길 수 없었다She loathes the feast"(493-495). 금단의 과일을 먹는 즐거움은 로라에게 "형언할 수 없는 고통bitterness without a name"(510)이 되고 로라는 결국 쓰러지고 만다.

그녀는 마침내 쓰러졌다
쾌락도 지나가고 고통도 지나갔다
이것은 죽음인가 삶인가?
죽음을 넘어선 삶.

She fell at last;
Pleasure past and anguish past,
Is it death or is it life?
Life out of death. (521-524)

화자의 서사에서 드러나듯이 로라는 쾌락과 고통, 삶과 죽음을 함께 경험한다. 그러나 또한 로라는 그러한 고통의 경험을 통해 다시 태어나게 된다. 즉, "죽음을 넘어선 삶"인 것이다. 로라는 오직 리지의 고통스러운 몸을 맛봄으로써 그녀의 "예전 순수했던 모습innocent old way" (538)을 회복할 수 있다.

이것은 이 시에 나타난 여성의 자아 추구가 물질적이고 육욕적인 성장뿐 아니라 정신적이고 종교적인 성장을 수반하고 있음을 증명한다. 리지의 고통과 로라의 회복은 대단히 상징적이고 종교적인 유토피아적 여성 세계를 구축하는 요소가 되는데, 두 자매간에 일어난 파격적인 성적 경험은 역설적으로 '건전한' 모성애로 나아가는 기반이 된다. 이렇게 로라가 처녀 적 순수성을 회복한 후에 두 자매는 아내이자 엄마가 된다.

후에 둘 다 아내가 되고
엄마가 되었을 때
모성애로 가득한 마음이 조바심에 싸여
어린 것들을 키우는 나날들 속에

로라는 아이들을 불러다가
그녀의 젊은 시절을 이야기하곤 했다.
다시는 돌아오지 않을
이미 가고 없는 좋았던 시절의 이야기를.

Afterwards, when both were wives
With children of their own;
Their mother-hearts beset with fears,
Their lives bound up in tender lives;
Laura would call the little ones
And tell them of her early prime,
Those pleasant days long gone
Of not-returning time. (544-551)

엄마가 된 로라는 아이들 앞에서 자신의 젊은 시절을 떠올리며 회상한다. 이때 로라는 단순히 자신의 육체적 쾌락이나 처녀 적 이야기를 강조하는 것이 아니라 언니 리지가 이룬 업적에 대해서 말한다.

[로라는] 아이들에게 이야기하곤 했다
어떻게 리지가 죽음을 무릅쓰고
자신을 위해 강력한 해독제를 얻어왔는지를.
그리곤 아이들의 손을 맞잡게 하고
서로 의지하라고 가르쳤다.
"고요 속에서나 폭풍우 속에서나
자매 같은 친구는 없기에,
지루한 일상에서 서로 북돋아주고,

길을 잃으면 바로잡아주고,
비틀거리면 일으켜주는,
늘 지켜보며 힘이 되어주는 그런 친구이기에."

Would tell them how her sister stood
In deadly peril to do her good,
And win the fiery antidote:
Then joining hands to little hands
Would bid them cling together,
"For there is no friend like a sister
In calm or storm weather;
To cheer one on the tedious way,
To fetch one if one goes astray,
To lift one if one totters down,
To strengthen whilst one stands." (557-567)

리지가 도깨비 계곡에서 어렵게 구해온 해독제 덕분에 자신이 살아난 이야기를 전달함으로써, 로라는 다음 세대를 살아갈 여자아이들에게 일종의 도덕적 조언을 하고 있다. 즉, 세상 어디에도 자매만 한 친구는 없다는 것이다.

이 마지막 구절이 지나치게 단순화된 도덕적 교훈처럼 들린다고 비판받아왔지만, 이것은 자신들의 경험담을 새로운 여성 신화로 바꿈으로써 여성 공동체의 힘을 강조하는 의미로 읽혀야 한다. 즉, 자매애의 중요성을 강조하고 후대 여자아이들에게 "실용적이고도 활용 가능한 지혜 practical and adaptive wisdom"를 남김으로써 새로운 버전의 여성 신화를 쓰고 있는 것이다(Rosenblum, 83). 성경 속 이브는 한 번의 실수로 온 세계를 파괴한 인물이 되었지만, 로세티는 잘못을 저지른 로라가 새로운 화자가 되어 자신의 잘못을 고백하고 자신이 어렵게 얻은 지혜를 다음 세대에 전달함으로써 치명적인 원죄 의식에서 벗어날 수 있도록 한다. 로라의 육체적 경험은 그녀의 아이들에게 실용적 지식이 되며, 자매간의 강한 유대는 여성 공동체가 가진 힘의 표본이 된다.

따라서 시의 끝에 삽입된 도덕적 메시지를 단순히 교훈적 결말로 치부할 것이 아니라 대안적이고 전복적인 여성적 주체성과 연결시켜 생각해보아야 할 것이다. 다이앤 다미코Diane D'Amico에 따르면, 로세티는 「도깨비 시장」을 통해 전복적인 메시지를 전하고 있다. 로라에 대한 리지의 자기희생적 사랑은 그리스도와 같이 고귀한 여성적 영성의 비전을 구현한다는 것이다. "여성은 집안의 천사를 넘어서는 더 높은 영적인 존재가 될 수 있으며 영적인 행동을 구현할 수 있다"(D'Amico, 83). 리지의 희생을 수동적인 빅토리아조 여성성의 일부가 아니라 그리스도가 행한 것과 같은 고통의 행위로 해석함으로써 다미코는 리지의 여성적 정체성을 빅토리아조의 관습적인 '집안의 천사'가 아닌 더 높은 수준의 정신적 모델로 본다. 그렇게 해서 리지의 치유 능력은 수동적인 여성의 희생의 형태가 아닌 그리스도의 희생과 같은 보편적인 인간애의 형태를 띠게 된다(D'Amico, 92). 리지의 희생을 능동적인 인간애의 형태로 읽는 것은 여성 자아의 의미를 한층 더 부각하는 효과를 가져온다.

실제로, 시의 마지막 부분에서 로라가 보여준 서사적 힘은 교훈주의로의 쇠퇴가 아닌 여성 성장의 증거로 제시될 수 있다. 로라의 말하기 행위는 「도깨비 시장」에 나타난 여성 자아의 성장과 자립을 촉진하는 역할을 한다. 그런 점에서 이 시는 동화의 형태를 띤 여성 성장 서사 *Bildungsroman*로 읽힐 수 있다. 크노이플마커는 로라가 일종의 경고나 충고로서 리지의 이야기를 아이들에게 들려줌으로써 성숙한 여성 자아를 이룩했다는 점에서 「도깨비 시장」을 말 그대로 '성장시progresspoem'로 보았다. 리지가 지니의 이야기를 로라에게 전달했듯이, 로라는 자신의 경험 및 리지의 위대한 승리를 아이들에게 전달하고 있는 것이다. 과일을 파는 도깨비의 거친 목소리를 자신의 목소리로 대체함으로써 로라는 종국에 가서 어머니로서의 힘과 화자로서의 힘을 모두 획득하게 된다. 즉 도깨비의 외침으로 시작된 이야기가 로라의 목소리로 끝을 맺게 되는 것이다. 캐서린 메이베리Katherine J. Mayberry는 시에 나타난 두 명의 서술자에 주목한다. 로라가 서술자로서 자신의 목소리를 들려줌으로써 로세티의 또 다른 시적 자아로 등장하게 된다는 것이다(Mayberry, 87). 그러므로 시의 결말에 대해, 도덕적 메시지보다는 로라의 말하기 행위가 더 중요한 요소로 인식되어야 한다.

빅토리아조의 대표적 여성 시인인 로세티는 「도깨비 시장」에서 자매애와 모성애를 바탕으로 강한 여성 공동체를 일궈낼 수 있는 대안적 유토피아를 그려냈다. 그러나 이러한 유토피아적 비전은 지금까지 보아왔듯이 직선적이고 일차원적인 서사 방식을 취하지 않았다. 대신, 「도깨비 시장」은 순수와 경험, 가정과 자연, 종교와 물질 사이의 변증법적인 교차를 보여줌으로써 여성 자아의 성장적 서사를 뒷받침하는 독특한 여성적 신화를 형성해냈다. 로라의 회생과 그녀의 서사적 힘을 통해 이 시는 무기력한 이브를 당당한 여성 자아로 변환시키는 새로운 여성 신화를 쓰고 있다. 그러나 이러한 여성 자아의 성장은 정신적·종교적 경험뿐 아니라 물질적·성적 경험도 수반하고 있음을 잊지 말아야 할 것이다. 빅토리아조의 여성성이 자연, 성, 상업주의라는 야수적 남성성을 처음 마주치는 곳은 결국 '도깨비 시장'이기 때문이다.

8장 수잔 최의 『외국인 학생』에 나타난 아시아 남성과 백인 여성의 사랑*

김영미

1. 『외국인 학생』에 대한 몇 가지 해석

수잔 최Susan Choi는 우리나라 최초의 영문학자라고 할 수 있는 최재서의 손녀라는 가족사로 먼저 독자들의 관심을 끄는 작가이다. 그녀의 첫 소설 『외국인 학생*The Foreign Student*』(1998)은 대부분의 첫 소설이 그러하듯 작가의 전기적 배경을 많이 반영하고 있다. 『외국인 학생』의 주인공 안창Ahn Chang은 작가의 아버지 최창을 모델로 한 인물이고, 소설 속에서 안창의 아버지는 최창의 아버지, 곧 최재서를 반영하듯 "1920년대에 일본의 제국대학[1]을 다녔"고, "한국인으로서는 드물게 교수로

---

* 이 글은 『영미문학연구』 제17권(2009)에 게재된 논문을 수정·보완한 것이다.

1 작품 속에서는 'Japanese Imperial University'(Choi, 69)라고 나와 있는데, 이는 경성제국대학을 일컫는 것으로 보인다.

훈련"받아, "대학교수로 임명된 유일한 한국인"(Choi, 69)[2]이었다. 영문학 교수였던 최재서처럼 안창의 아버지 역시 영문학 교수여서, 안창은 일찍이 아버지로부터 영어를 배워 아버지의 영어 사전 편찬을 돕는 등 영어 실력이 뛰어났다. 그리고 작가의 아버지 최창이 1950년대에 미국으로 건너가 수학 교수가 되었듯이, 작품 속의 안창 역시 1950년대에 미국 남부 도시로 유학을 가서 수학에 남다른 재능과 열의를 보였다.

물론 이 작품이 흥미로운 것은 단지 이러한 전기적 사실에 대한 호기심 때문만은 아니다. 사실 이 작품이 작가의 전기적 배경을 많이 반영한다고 하지만 작품 전체의 구도에서 볼 때 그것은 일부에 불과하다. 필자가 『외국인 학생』에서 특히 주목하고자 하는 것은 이 작품에 형상화된 아시아 남성과 백인 여성의 사랑이다. 이 작품은 한국계 미국 작가가 쓴 소설로는 흔치 않게 인종, 민족, 국가가 다른 두 남녀의 사랑을 소설의 중심 구도에 놓고 세밀하고 깊이 있게 묘사하고 있어 눈길을 끈다. 물론 창래 리Chang-rae Lee의 『영원한 이방인*Native Speaker*』(1995)이나 수키 김Suki Kim의 『통역사*The Interpreter*』(2003) 같은 소설에도 한국계 미국인인 주인공들이 백인 배우자/연인과 사랑하고 결혼하고 헤어지는 이야기가 나온다. 그러나 이 두 소설의 무게 중심은 인종이 다른 남녀 관계에 있다기보다 주인공이 미국 사회에서 어떤 위치 속에서 살아야 하는가 하는 정체성 탐색의 문제에 있다. 그래서 이 두 소설은 남녀 관계를 깊이 있게 천착하기보다 주인공이 한국 가족, 한인 이민 공동체, 미국 사회와 어떻게 교섭하고 관계를 정립하는가에 더 초점을 맞추고 있다. 이에 반해 『외국인 학생』은 남녀 간의 사랑을 중심 구도에 놓고 현재 그들의 물리적·심리적 상황의 배경을 이루는 한국 사회와 미국 사회를 충

2 이후부터 Susan Choi, *The Foreign Student*(Harper Perennial University Press, 1999)에서 인용 시 페이지만 표시하기로 한다.

실하게 재현하면서, 가까워지고 멀어지는 남녀 간의 마음의 움직임을 손에 잡힐 듯이 생생하게 묘사하고 있다.

『외국인 학생』은 미국에서 아시아계 미국인 문학상을 수상하고 『LA 타임스』가 1998년 최고 소설 베스트 10으로 선정한 목록에 속하는 등 그 작품성을 인정받았으나, 미국에서나 한국에서 본격적으로 조명을 받지는 못했다. 미국에서는 이 소설에 대한 몇몇 서평들만 있을 뿐이고, 한국에서는 한국계 미국 작가들과 인터뷰한 내용을 모아놓은 유선모의 『미국 소수민족 문학의 이해』(2001)와 "탈식민 시대의 민족(문학)을 성찰하는 한 방편으로서 한국계 미국 작가들을 읽어"보려고 시도한 유희석의 「한국계 미국작가들의 현주소」(2002)에서 다른 작가들과 함께 소개된 이래 오늘날까지 이 소설에 대한 본격적인 비평은 거의 없는 실정이다.

그러다가 최근에 나온 두 가지 논의가 필자의 주목을 끌었는데, 그 이유는 이 논의들이 필자가 다루고자 하는 주제인 사랑과 관련해 서로 상반된 평가를 하고 있기 때문이었다. 이 중 하나는 외국 문학 전공자가 아닌 국문학 전공자가 '디아스포라 문학'의 일부로 전개한 글[3]인 정은경의 「식민지 지식인 후예의 사랑」(2007)이다. 이 글에서 저자는 『외국인 학생』을 기본적으로 "친일파 후손의 기록"(정은경, 122)이자 "탁월한 연애 소설"(정은경, 131)로 읽어낸다. "친일파 후손"이라는 데 강조점을 두는 것에서 알 수 있듯이, 저자는 이 소설에 역사의식이 부재함을 매우 비판적인 시각으로 바라본다. 저자에 의하면, 이 소설에서 다루는 '전쟁과 사랑'은 "할리우드의 보증수표처럼 팔리는 무수한 영화들의 주제와 크게 다르지 않다"(정은경, 130)고 한다. 그 이유는 두 주인공의 사

3 저자는 서문에서 자신이 외국 문학 전공자나 디아스포라에 관한 전문가가 아니므로, 이 글이 학문적 저술이나 비평적 글이라기보다는 독서 감상문이나 에세이에 가깝다고 말하고 있다. 그런 의미에서 이 글은 『외국인 학생』에 대한 본격적인 비평으로 보기 힘들지만, 두 번째 논의와 관련해서 시기적으로나 주제적으로 비교의 대상이 되므로 여기서 논한다.

랑이 "그들의 사회 현실과 관계들을 떼어놓고도 가능"(정은경, 130)하게 그려져 있고, 따라서 전쟁은 그저 하나의 배경으로 나오기 때문이라는 것이다.

두 번째 논의는 고부응과 나은지의 「수잔 최의 『외국인 학생』과 초민족적 공간」(2008)으로서, 제목에서도 드러나듯이 "초민족적 민족 담론의 가능성"(고부응·나은지, 31)을 제시하는 것으로 이 소설을 읽고 있다. 이 논의에 의하면 『외국인 학생』이 "외형적으로는" "사랑 이야기"를 다루고 있지만(고부응·나은지, 30), 사실상 두 주인공이 "민족적, 문화적 타자의 입장"에서 겪는 "소외"와 "극복"을 다루는 데 치중하고 있으며, 이 두 주인공이 위치한 제3의 공간은 "지배 담론에 대한 균열", "민족국가에 대한 저항"(고부응·나은지, 31)을 보여주는 "초민족적 공간"이라는 것이다.

필자가 보기에 이 두 논의는 다음과 같은 문제를 안고 있다. 우선 첫 번째 논의는 『외국인 학생』을 사랑 이야기로 잘 읽어내고 있으면서도 이 사랑 이야기가 두 남녀의 사회적 현실과 무관하게 전개되고 있다고 하는데, 이런 지적은 이 소설의 많은 장점을 간과한 것이다. 왜냐하면 이 소설은 두 주인공의 현재의 의식과 정서를 구성하는 과거의 삶을 매우 현실감 있고 풍부하게 재현하고 있기 때문이다. 특히 전란에 휩싸인 비극적 시대인 1950년대의 한국 사회와, 제2차 세계대전 이후 세계의 주도권을 쥐고 물질적 번영을 누리던 1950년대의 미국 남부 소도시의 삶을 묘사하는 작가의 시선에는 사회 현실에 대한 구체적인 인식이 잘 나타난다. 다만 이 두 사람의 사랑이 이들이 만나는 남부의 공간에서 현실적으로 얼마나 인종적·민족적 차이를 잘 재현해 보여주고 있는지는 의문의 여지가 있다.

한편 두 번째 논의는 이 소설이 담고 있는 1950년대 미국 주류 사회에 대한 비판 의식을 잘 지적하고 있으면서도, 이 소설을 사랑 이야기가 아닌 초국가적 공간의 가능성에 대한 이야기로만 읽어내고 있다는 점에서 문제가 있다. 이런 식의 논의는 사랑 이야기라는 사적 이야기와 초민족적 공간의 가능성에 대한 공적 이야기가 서로 별개의 영역인 양 논한다는 점에서 공/사 영역 분리 이데올로기를 상기시키며, 또한 두 사람의 관계의 성격을 충분히 설명하지 않은 채 곧바로 사회 비판적인 측면만 부각하는 단점이 있다.

본고는 『외국인 학생』을 기본적으로 두 남녀의 사랑 이야기로 읽어내되 이들의 사랑이 인종적, 민족적, 계급적으로 다른 남녀의 사랑이라는 데 초점을 두려고 한다. 즉, 작가가 인종적, 민족적, 계급적으로 다른 두 남녀의 사랑을 묘사할 때 그들로 하여금 그런 차이를 어떻게 직면 혹은 초월하게 하는지, 그리고 그들의 사랑은 그들이 놓인 사회적 현실에서 어떤 의미를 가지는지 살펴볼 것이다.

구체적인 작품 분석에 들어가기에 앞서 아시아 남성과 백인 여성의 사랑과 결혼 문제가 미국 역사 속에서 어떻게 인식되어왔으며, 소설과 영화 같은 문화 생산품에서 어떻게 재현되었는지 간단히 살펴보기로 한다.

2. 아시아인과 백인의 사랑과 결혼 및 그 문화적 재현

아시아계 미국인과 백인 사이의 사랑과 결혼에 대해 연구한 수잔 코쉬Susan Koshy에 의하면, 아시아로부터의 이민이 본격적으로 시작된 1880년대부터 1920년대 중반까지 아시아인과 미국인의 결혼은 법적으로 금지되었다. 애초에 흑인과 백인 사이의 육체적 접촉과 결혼을 금지하기 위해 생겨난 혼종결혼반대법anti-miscegenation law이 아시아인의 이민이 급증하면서 아시아인에게도 확대 적용되어 아시아 이민자 사회의 인구 재생산을 봉쇄했다고 한다(Koshy, 2). 그리고 백인 남성과 타 인종 여성 커플의 경우보다 백인 여성과 타 인종 남성 커플의 성적 관계를 더욱 엄격하게 규제했다고 한다(Koshy, 5). 1907년부터는 백인 여성이 시민권이 없는 아시아 남성과 결혼하는 경우 시민권을 박탈당했으며, 심지어 아시아계 미국 여성도 외국 태생의 아시아인과 결혼하면 시민권을 박탈당했다고 한다. 그러다가 미국 군인이 외국인 신부를 미국에 데려올 수 있게 한 1945년의 전쟁신부법The War Brides Act과, 미국 군인뿐 아니라 미국 시민도 아시아인 배우자를 데려올 수 있게 한 1946년의 이민법의 시행으로 인해, 미국인과 아시아인의 결혼은 합법적인 공간으로 들어오게 되었다.

그리고 아시아인과 백인의 로맨스에 대한 문화적인 재현의 경우, 백인 작가들과 아시아계 작가들의 경향이 달랐다고 코쉬는 지적한다. 코쉬에 의하면, 20세기 초에 백인들이 타 인종 간의 로맨스를 재현해서 보여줄 때 그것은 아시아인들의 동화 불가능성을 강조하기 위한 것이었다. 특히 아시아 남성과 백인 여성의 로맨스 재현은 아시아인들을 미국에 통합하는 일이 문화적으로 불가능하고 성적으로 위험하다는 것을 보여주도록 플롯이 구성되었다(Koshy, 22). 이에 반해 아시아계 미국인들이 타 인종 간의 로맨스를 다룰 때는 자신들이 미국의 일원임을 보여주려고 하는 경향이 강하다. 아시아계 미국인의 이러한 경향에 대해서는 셩메이 마Sheng-mei Ma가 자세히 고찰했는데, 그녀에 따르면 아시아 남성과 백인 여성의 사랑을 다룰 때 아시아계 미국 남성 작가와 여성 작가 사이에 차이가 있다는 것이다. 가령 남성 작가들의 작품을 보면 대개 백인 여성을 대상화하고 타자화함으로써 남성의 주체성을 세우려고 하는 경향이 있다고 한다. 그래서 남성 작가들의 작품에서 백인 여성은 성모 마리아 같은 인물이 아니면 유혹적인 이브의 정형화된 모습으로 나타나며 백인 여성의 가치는 남성 인물과의 관계 속에서만 그려진다고 한다(Ma, 66). 미국 사회의 주변부에 위치하는 아시아계 남성[4]에게 있어서 백인 여성은 "안전과 권력의 필요를 충족시켜주는 서구의 마담 버터플라이 같은 존재"라고 한다(Ma, 67). 특히 백인 여성의 육체는 아름다운 피부 등 신체적 특징들이 매혹적인 이국적인 육체이자, 권력에 대한 약속을 뜻하는 정치적인 상징의 의미를 지닌다고 마는 지적한다. 이에 반해 아시아계 미국 여성 작가들은 아시아 남성과 백인 여성의 사랑에 대해 묘사할 때 백인 여성을 특별히 환상적으로 묘사하거나 대상화시켜 묘사하지 않는데, 이는 여성 작가 특유의 여성 의식을 보여주는 것이라고 마는 보고 있다.[5]

이 글은 아시아 남성과 백인 여성의 사랑과 결혼에 대한 이러한 역사적·문화적 맥락을 염두에 두면서 수잔 최의 『외국인 학생』을 분석해보고자 한다. 작가는 한국의 서울에서 온 안창이라는 남성과 미국 남부 소도시 출신의 백인 여성 캐서린 먼로Katherine Monroe의 사랑을 묘사할 때 남성 인물의 시각에서만 이야기를 전개시키지 않고 여성 인물의 시각도 공평하게 분배하고 있지만, 이 글에서는 안창을 중심으로 소설을 분석할 것이다. 왜냐하면 '외국인 학생'이라는 이 소설 제목의 주인공이 안창이기도 하고 또 소설의 처음을 열고 끝을 마무리하는 사람도 안창이기 때문에, 그의 삶의 축을 따라 캐서린과 맺는 사랑의 관계의 성격, 그것이 그들이 놓인 현실에서 의미하는 바를 해석해보고자 한다. 안창의 삶을 중심으로 보면 이 소설은 그가 '외국인 학생'으로 미국에 오기 이전의 삶과, 미국에 와서 백인 여성 캐서린과 사랑을 하고 미국 사회 속에서 자기 위치를 정하는 삶으로 나누어볼 수 있다. 따라서 미국에 오

4 백인 여성을 대상화한다는 점에서는 초기 아시아계 이민자 남성이나 1960년대 시민운동의 영향으로 문화적·정치적으로 새롭게 구성된 아시아계 남성들의 입장이 다르지 않다.

5 여성 작가들이 다른 인종 간의 로맨스를 묘사할 때 페미니즘으로부터 구체적으로 어떤 영향을 받는지는 말하기 어려우나 여성 작가들이 "여성의 시학"으로 나아가고 있는 것만은 확실하다고 셩메이 마는 지적한다(Ma, 77). 여기서 마가 지적하는 여성 작가는 칼린 페이스Karlene Faith, 기쉬 젠Gish Jen, 조이 코가와Joy Kogawa, 에이미 탄Amy Tan 등이다.

기 전 한국에서의 삶의 경험과 미국에 온 후의 삶의 경험을 순차적으로 분석하고자 한다.

3. 악몽의 역사와 개인의 상처

제임스 조이스James Joyce의 자전적 소설 『젊은 예술가의 초상*A Portrait of th Artist as a Young Man*』에서 주인공 디덜러스Dedalus가 더블린Dublin을 '제 새끼를 잡아먹는 암퇘지'에 비유하면서 더블린으로부터 빠져나가기로 결심하듯이, 안창은 해방 공간, 대한민국 단독 정부 수립, 6.25전쟁으로 이어지는 급박한 역사의 흐름 속에서 서울을 벗어나기로 결심하고 미국 남부 테네시주의 소도시, 스와니Sewanee로 간다. 서울에서의 과거 이야기와 스와니에서의 현재 이야기가 교차되면서 전개되는 안창의 서사에는 그로 하여금 고국을 떠나게 만든 경험이 담겨 있는데, 그 경험의 핵심은 '상처'이다. 그는 광복이 이루어진 1945년부터 전쟁이 끝나는 1950년대 중반까지 한국의 복잡한 정국, 즉 한국과 북한과 미국이 각자의 이해관계에 따라 서로 결집, 분열, 갈등, 대립하는 상황 속에서 배반과 환멸을 경험하고, 자신의 삶을 새롭게 시작할 공간으로 미국을 선택하는 것이다. 이런 의미에서 『외국인 학생』은 안창의 정신적 망명에 대한 이야기이자 새로운 땅에 정착하는 이야기이다.

그의 과거 서사는 두 가지 점에서 흥미로운데, 첫째는 "몇몇 선구적인 연구를 제외하곤 개간되지 않은 '황무지'처럼 황량하게 남아 있는"(손호철, 41) 1950년대의 한국을 소환하고 있다는 점이고, 둘째는 해방 정국과 1950년대에 한국에 매우 적극적으로 개입한 미국과, 미국에 과도하게 의존적인 남한 정부에 대해 매우 비판적인 시각을 견지하고 있다는 점이다. 사실 손호철이 한국의 1950년대에 대한 연구가 부족하다는 점을 지적할 때 그것은 문학의 상황을 가리킨다기보다[6] 정치사 분야를 염두에 둔 말인데, 수잔 최의 소설은 급박한 1950년대 한국의 정세를 상세하게 다루고 있어 인상적이다.[7] 특히 미군정기로부터 시작되는 미국의 막강한 영향력, 단순히 정치적인 면뿐만 아니라 문화적·지식적인 면에서도 지배와 종속의 불평등한 한미 관계가 이 소설에 잘 재현되고 있다. '1950년대 주한 미공보원의 역할'에 대해 연구한 허은에 의하면, "미소 분할점령 이후 사회, 문화적 측면의 영향력을 확대해왔던 미국은 6.25 전쟁을 계기로 남한 국가의 존립과 재건 자체를 사실상 좌우하면서 문화적 영역에서 영향력을 한층 높일 수 있었"(허은, 229)는데, 이 문화적 영향력을 주관한 기관이 바로 주한 미공보원United States Information Service이었다. 이 소설의 주인공 안창은 주한 미공보원에서 통역과 번역뿐 아니라 외신으로부터 받은 정보를 한국 언론 기관에 전달하는 일도 담당하고 있다. 그는 이 일을 맡기 전에는 미군정기의 최고 사령관인 하지Hodge 장군의 통역을 맡았다. 그러므로 그는 한국 정세에 대한 미국의 시각, 미국에 대한 한국의 태도, 미국이 전파하고자 하는 미국적 가치와 문화를 잘 알 수 있는 경계인의 입장에 놓여 있다.

안창이 미군정이나 미공보원에서 일을 하게 된 직접적인 동기는 남한 정부에서는 찾을 수 없는 그의 자리를 확보하기 위해서이다. 그의 아버지가 친일 전력으로 인해 남한 정부에서 구속되는, 일종의 사회적 죽

6 인명의 살상과 물질적 황폐화, 인간성의 파괴 등 전쟁의 상흔에 대해 다룬 전후 문학 작품들을 많이 찾아볼 수 있다.

7 수잔 최의 이 소설은 1990년대 이후 미국에서 전개된 한국 전쟁에 관한 연구 결과에 많은 빚을 지고 있는 것으로 보인다. 김남균에 의하면, 1990년대에 소련과 중국의 비밀문서가 공개되면서 한국 전쟁에 관한 연구가 새로운 전기를 맞이하게 되었다고 한다. 1980년대는 브루스 커밍스Bruce Cumings의 영향으로 한국전을 내전으로 보는 경향이 많았으나 1990년대에 새로 공개된 자료들을 통해 소련과 중국이 적극적으로 개입했음이 증명되었다. 그리고 1990년대 이후 한국 전쟁 연구는 전쟁의 기원보다 전쟁의 전개와 결과, 그 영향에 대한 연구로 폭을 넓혀가는 추세라고 한다.

음을 겪었기 때문에 그는 남한에서 실질적인 자리를 얻기 힘들다는 것을 일찍이 간파한 상태였다. 당시는 미군정과 한국을 연결해주는 매개로서 영어가 부각되기 시작한 시대였기 때문에 영어에 능통한 그로서는 다행히도 쉽게 미군정과 미공보원에서 자리를 확보할 수 있었다. 그는 불안정한 시대에 미군정과 미공보원이 자신에게 사회적 위치뿐 아니라 '피난처'를 제공할 수 있으리라 믿는다. 그러나 그의 기대와 달리 미공보원의 통역관 자리는 그에게 보호막이 되어주지 못한다. 이는 6.25전쟁이 터진 후 미처 남쪽으로 피난가지 못하고 서울에 남은 안창이 인민군 치하에서 겪은 고생을 통해 잘 드러나지만, 그 일이 있기 전에도 미군정의 최고 사령관인 하지 장군과 미공보원의 최고 책임자인 피터필드 Peterfield가 한국 사회를 바라보고 대처하는 태도를 통해 이미 예견된 바라 할 수 있다. 그들은 철저하게 미국 중심적이고 미국 우월적인 태도로 한국에 개입하고 있을 뿐, 한국에 대한 객관적 이해나 존중의 태도는 전혀 가지고 있지 않다.

하지 장군은 한국에 발을 들여놓는 순간부터 마음은 오로지 본국인 미국을 향해 있다. 그는 일을 신속히 처리하고 미국에 돌아가고 싶은 마음밖에 없는 사람이다. 한국의 과거와 현재에 대한 충분한 이해가 결여되어 있기 때문에 그가 한국에서 결정하는 정책들은 한국의 상황을 더 악화시킬 뿐이다. 일본의 식민 통치 아래에서 한국인이 겪었던 고통에 대한 이해가 없는 그는 일본군이 모집한 국가 경찰을 그대로 활용해서 한국인들의 반감을 산다. 또한 질서 유지를 위해 남한의 군대를 창설하는 것도 시간이 많이 걸리는 일임에도 불구하고 그는 차분하게 정도를 밟아 일하지 않고 그저 빨리 마무리되기만 바랄 뿐이다. 남한 군대 창설과 관련해 통역을 하는 안창에게 "섬세한 뉘앙스는 신경 쓰지 말고 명령만 받아"(67)달라는 주문을 하는 데서 알 수 있듯이, 그는 지배자의 위치에서 일방적으로 명령만 하려고 하고 한국인들은 그저 자신의 명령을 받아 시키는 대로 하기만을 바란다.

미공보원의 최고 책임자인 피터필드 역시 미국 중심적이고 미국 우월적인 태도를 가진 사람이다. 미공보원은 미국의 뉴스와 문화의 전파를 담당하고 관리하는 곳으로 정확성과 섬세한 언어의 뉘앙스를 중요하게 따질 것 같지만, 피터필드의 사고방식은 하지 장군의 사고방식과 그다지 다르지 않다. 간단한 번역 테스트와 인터뷰를 거친 뒤 안창을 채용할 때 그는 그곳의 일이 단어의 섬세한 의미 차이 같은 것은 별로 중요하지 않다는 말을 하는데, 뉴스와 문화의 전달을 담당하는 사람이 이렇듯 의미의 차이에 무감한 것을 볼 때 그가 타국의 문화에 대해서는 말할 것도 없고 자국의 문화에 대해서도 폭넓고 적확한 이해가 부족한 사람임을 알 수 있다. 실제로 그는 "모호함이라고는 전혀 없는 강렬한 전달 양식을 선호"(86)하는 인물이고, 다른 사람의 이름을 부르기 불편하다는 이유로 쉽게 자신에게 익숙한 방식으로 바꾸어 부르는 사람이다. 이런 피터필드 밑에서 안창은 한국 언론을 담당하는 일을 하는데, 구체적으로 그가 하는 일은 외국 신문에서 무엇을 취해 한국 언론에 내보낼지 결정하는 것이다. 이 일을 하는 그는 정보에 대한 소유권과 통제권이 자기 손에 있는 것처럼 여긴다.

> 그는 자기가 사용할 수 있는 것보다 항상 더 많은 정보를 가지고 있었기 때문에, 그리고 그는 중재자요 검열자였기 때문에 세상의 원재료를 자기 마음대로 할 수 있는 것처럼 느꼈다.(86)

하지만 그도 인정하다시피 그가 다루는 정보는 정확성과 거리가 멀다. 그 정보에는 "너무나 많은 부분이 빠져 있거나 왜곡"(86)되어 있기 일쑤이다. "끊임없이 통역을 하는 소리"는 미국과 한국 양쪽이 "서로를 잘 이해하고 있다는 인상"을 주나, 사실 어느 쪽도 서로를 이해하지 않았다(84)고 묘사되고 있다. 결국 미공보원은 양국의 쌍방적인 문화 교류가 아니라, 군사적·경제적으로 지배력을 가진 미국이 자국의 뉴스와 문화를 일방적으로 전파하는 곳이었던 것이다.

미공보원의 이러한 미국 중심적인 태도는 전쟁이라는 극한적 상황에서 더욱 명료하게 나타난다. 안창은 자기가 미공보원의 일원이기 때문에 전쟁에서도 보호를 받을 수 있으리라고 생각한다. 그래서 자신이 서울에 남아 전쟁의 상황을 다룰 수 있지 않을까 하는 기대감과 피터필드의 힘과 보호를 믿는 마음이 섞인 채, 피난을 가지 않고 서울에 남게 된다. 그러나 그의 기대와 달리 피터필드는 보호처를 찾아 안전하게 대피한 반면, 그는 자기 집의 구멍처럼 좁은 은신처에서 지옥 같은 3개월을 견뎌내야 했던 것이다. 서울이 다시 수복된 후 사무실에서 재회한 두 사람의 대조적인 모습은 미국과 그의 거리감을 충격적으로 각인시킨다. 3개월간 제대로 먹지 못한 것은 물론이고 편히 발을 뻗을 수도 없는 좁은 공간에서 짐승처럼 웅크리고 숨어 지내다가 살아남은 그는 근육이 줄고 생기라고는 없는 모습, 뺨이 쑥 들어가고 등이 휘어진 모습인 데 반해 피터필드는 아무 일 없었다는 듯이 멀쩡한 모습으로 나타나 사무실을 다시 연 것이다. 안창은 "아무 피해도 없고, 뉘우침도 없는undamaged and unrepentant"(105) 피터필드에 대해 심장발작 같은 충격을 느꼈다고 묘사한다. 이 경험은 안창에게 미국에 대한 환상과 의존심을 없애는 계기가 된다.

> 그때 피터필드는 서울에서 그를 버렸다. 그는 결심에도 불구하고 자신의 충성심이 무차별적이고 강박적인 촉수처럼 피터필드에게 붙어서 충성과 사랑에 대한 보답을 기대하고 있었다는 것을 알았다. 그는 전열을 가다듬고 스스로 작은 공국을 선포하고 분열 없는 충성을 다시 맹세했다. 그 자신의 보존·복지 위원회가 첫 회의를 소집해 선동가들을 자신의 마음에서

> 몰아내는 결의문을 통과시켰는데, 이 선동가들에 피터필드가 포함되어 있었다. 그 결의는 상처 입은 그의 감정의 소산에 불과했을지도 모르나 일단 행해지자 뒤이은 각각의 결단을 지시할 힘이 있다는 것을 알게 되었다. 마치 마침내 철학을 가지게 된 것처럼. (165)

이 대목은 피터필드로 대변되는 미국은 자신이 아무리 충성을 한다 하더라도 그 충성에 보답하지 않는다는 것, 그러므로 미국에 대한 환상과 의존을 없애고 자신의 생존과 안녕을 스스로 책임지고 이를 지키는 데 집중하겠다는 안창의 결단을 보여준다.

안창이 비판적으로 바라보는 미국과 남한 정부의 대척 지점에 있는 것이 북한의 공산주의이다. 그가 공산주의 이념과 접하게 된 것은 친구 김재성을 통해서이다. 김재성은 엘리트 출신인 안창과 대조적으로 하층 계급 출신으로 미국 선교사들의 장학 사업 덕분에 학교 교육을 받을 수 있었던 인물이다. 안창의 표현을 빌리자면, "새롭게 빈곤해진" 자신과 달리 그는 "새롭게 높여진 존재"였다(70). 한국 전쟁이라는 극단적인 이념 대립을 겪고 이후 이어진 분단 체제의 상황 속에서 공산주의 이념과 공산주의자는 한국 사회에서 오랫동안 금기의 영역에 놓여 있었는데, 이 소설에서 공산주의자인 김재성이 긍정적인 모습으로 그려지고 있고, 안창 역시 공산주의로 마음이 이끌리는 것이 흥미롭다. 그러나 작품 속에서 김재성은 공산주의 신념이 매우 강한 인물로 형상화되고 있기는 하나 그의 이념과 성격이 구체적으로 묘사되어 있지 않아서 "해방 직후의 구체적인 정국과는 겉도는"(유희석, 283) 느낌이 있다. 그리고 안창이 김재성과 나눈 공감과 우정의 토대는 공산주의 이념 자체라기보다 무능한 남한 정부에 대한 비판, 권위를 상실한 아버지에 대한 저항 의식이기 때문에 안창의 이념적 지표를 공산주의와 연결시키기는 힘들다. 작품 속에서 안창은 기질적으로 학자나 철학가 유형이지 변혁을 위해 직접 행동에 뛰어드는 활동가 유형이 아니라고 거듭 언급되고 있다. 이 작품은 남과 북의 이념적 대립의 실체와 모순을 치밀하게 보여주기보다는 이념적으로 모호한 한 개인이 극단적인 이념 대립의 현실 속에서 겪는 고난에 더 무게를 싣고 있다.

안창이 겪는 고난은 남한의 국군 장교에 의해 북한의 스파이로 의심받아 고문을 당하는 경험에서 절정을 이룬다. 안창이 스파이로 오해받게 되는 것은 부산으로 가는 줄 알고 탄 배가 제주도에 가 닿게 되는 우연한 사고로 인해 촉발되지만, 그가 제주도에서 게릴라들이 주로 은거하는 동굴에 있게 된 것은 친구 김재성과의 관계로 인해 가능했음을 고려해보면 스파이로 오해받은 일이 터무니없는 조작은 아니다. 그러나 문제는 그가 실제 스파이가 아님에도 불구하고, 그리고 자신의 결백을 주장함에도 불구하고 그의 주장이 국군 장교를 전혀 설득시키지 못할 뿐 아니라 결국 혹독한 고문까지 당한다는 점이다. 그의 정신과 육체가 완전히 해체될 지경에까지 이르게 하고 자신에게 선의의 도움을 준 사람의 이름까지 밀고하게 만든 고문은 이후 그의 삶에 영원히 지속될 상처를 각인시킨다. 전쟁으로 인한 안창의 육체적·정신적 훼손이 얼마나 처참했는지는 그의 어머니조차 그를 '거지'로 오인하는 정황을 통해 극대화된다. 그러므로 안창이 조국을 버리고 미국을 선택하는 것은 "피할 수 없이 집중적으로 순식간에 쏟아져 내리는 눈사태"(99)처럼 그를 덮친 조국의 역사로부터의 망명이다.

4. 새로운 자아의 탄생과 백인 여성과의 사랑

안창은 미국에 가기 전 이미 한국 속에 들어와 있는 미국, 즉 정치적, 경제적, 문화적으로 한국에 막강한 영향력을 끼치던 미국을 경험한 바 있고, 그 경험은 긍정적이라기보다 오히려 미국에 대한 환상과 기대를 저버리게 만드는 부정적인 경험이었다. 그럼에도 불구하고 조국의 악몽 같은 역사로부터 빠져나와 미국 땅으로 왔을 때, 그에게는 미국을 '새로운 자아'의 탄생 장소로 보고자 하는 마음이 있었다. 말하자면 조국에서의 전쟁이 자신을 규정하던 것과 다른 자아, 나약하고 비겁하고 수치스러운 자아와 다른 독립적이고 고귀한 자아를 만들어보고자 하는 기대가 있었다. 그런 의미에서 볼 때 안창의 미국에서의 서사는 미국의 꿈을 이루는 이민 서사의 측면이 있다.

그런데 안창이 놓인 사회적 현실과 그가 고국에서 겪었던 경험의 심리적 영향은 그의 새로운 탄생과 새 출발을 저해하는 강력한 장애 요인이 된다. 작가는 그가 놓인 스와니 마을을 묘사할 때, 안창의 인종적 이질성과 그곳 사람들의 보수적이고 인종주의적인 사고방식을 거의 언제나 빠짐없이 제시한다. 안창이 스와니에서 자리하고 있는 '외국인'이라는 위치, '학생'이라는 위치는 이질성, 임시성, 경계 밖의 존재를 드러내는 기호이다. 그중에서도 특히 안창의 정체성을 규정하는 범주는 '외국인'이라는 인종의 범주이다.

당시 미국 남부 사회가 흑백 간의 인종적 차이를 엄격하게 고수하던 사회라는 것은 흑인과 백인이 일상생활에서 언어적·신체적 접촉 없이 분리된 채 살고 있는 것에서 잘 드러난다. 요리와 심부름 등의 허드렛일을 담당하고 있는 흑인들과 말을 섞거나 악수와 같은 가벼운 신체적 접촉을 하는 것도 사회적 예절decorum에 어긋나는 일이었다. 흑인에 대한 차별이 강하게 남아 있는 사회에서 아시아인에 대해 아무 편견이 없기를 바라기는 어렵다. 그곳 사람들에게는 안창이 그들이 만난 최초의 아시아인이었다. 캐서린이 처음으로 안창과 함께 차를 타고 장거리를 가게 되었을 때 미리 한국에 관한 자료를 찾아보려고 도서관에 가는 대목이 나오는데, 캐서린이 찾아볼 수 있던 유일한 정보는 30년도 더 전에 쓰인 일본 제국주의에 관한 책이 전부였으며, 전반적으로 불결한 위생 상태라든가 '혼혈'에 가까운 밝은 피부색 등만 강조되어 있어 캐서린도 어이없어하면서 책을 덮을 정도였다. 그러므로 안창이 주유소나 레스토랑 같은 공공장소에 가면 그는 어김없이 관찰의 대상이 된다. 드러내놓고 그에 대한 호기심을 표현하느냐, 아니면 "정중함을 가장하고 끈질기게 따라붙는 미묘한 관찰의 시선"(54)으로 보느냐가 다를 뿐, 기본적으로 '다른' 그에게 호기심과 관찰의 시선을 보낸다는 점에서 사람들의 반응이 모두 같다고 할 수 있다.

> 커피, 초콜릿 맛 카라멜, 그리고 정중함을 가장하고 끈질기게 따라붙는 미묘한 관찰의 시선을 한껏 받고 그들이 떠날 때는 거의 다섯 시가 다 되어 있었다. 그러한 시선은 미국 어디를 가나 그를 따라다녔다. 색조와 강렬함이 다를 뿐, 그 시선은 똑같은 미세한 감전력을 가지고 있었다. 마치 가느다란 빛 속에 그가 포착되지는 않지만, 어쨌건 그 빛에 의해 밝아지듯이. (54-55)

남부의 백인들이 낯설고 다른 그를 통해 확인하는 것은 자신들의 우월감이다. 안창에게 친절과 호의를 베푸는 사람들은 어디까지나 우월하고 특권적인 자신들의 위치에서 그에게 시혜를 베풀듯 도움을 줄 뿐이지 그를 동등한 위치에서 이해하려고 하는 사람은 캐서린을 제외하고는 아무도 없다. 학교 기숙사에 같이 머무는 크레인Crane이 안창에게 관심을 보이며 추수감사절에 집으로 초대하는 호의를 베풀지만, 그나 그의 부모가 안창에게 보이는 친절은 자신들의 특권적 지위와 우월성의 표현일 뿐이다.

> 그들은 그를 낭만적인 조난자로 생각했다. 그가 그들 사이에 있음으로

인해 그들 자신에 대한 최상의 것들을 모두 확인시켜주는 그런 존재. 이런 점에서 그들은, 이방인에 대한 자신의 호의를 번영을 누리는 사람의 특권으로 바라보았던 크레인의 아버지와 유사했다. (145)

서양을 우월하게 놓고, 안창의 출신지인 동양을 열등하게 바라보는 것은 사람들의 일상적인 사고방식에서 쉽게 찾아볼 수 있다. 예를 들어 스와니 인근의 소도시에 있는 교회의 요청으로 안창이 교회를 찾아다니며 한국에 대해 강연하는 시간을 가지는데, 교회 사람들은 "깔끔한 유럽식 건물인 서울역"(52)을 보면 오히려 실망하는 기색을 보이고, "꾀죄죄한 농부"(52) 같이 열악한 모습이 나오면 만족하는 태도를 보인다. 그리고 스와니에서 오랫동안 독신으로 살아서 그곳의 일이라면 거의 모르는 것이 없는 레스턴 부인Mrs. Reston이 안창에게 하는 말 중에서 젊은 여성들이 실연을 하는 경우 수녀가 되어 동양에 가서 봉사할 생각을 한다는 내용이 나오는데, 이 사고의 저변에 있는 생각도 '동양=비참한 나라'인 것이다.[8]

이러한 인종적 이질성 말고도 그에게 고통을 주는 것은 악몽의 역사로 인한 마음의 상처이다. 안창은 스와니 마을 사람들이 보기에 조용히 학문을 추구하는 학생으로 보이지만, 사실 그의 내면은 외면처럼 그리 평안하지 않다. 고국에서 전쟁의 와중에 겪은 배반, 그리고 두려움 및

8 아시아인에 대한 이런 편견이 스와니 마을만의 문제가 아니라 미국 전역에서 발견되는 현상이라는 것을 뉴올리언스에서의 안창의 경험을 통해 알 수 있다. 아시아인으로서의 그의 취약한 위치를 가장 잘 보여주는 에피소드는 그가 캐서린의 고향인 뉴올리언스에 갔을 때의 에피소드이다. 면도도 제대로 하지 않은 추레한 모습으로 역 대합실에 내린 그는 시카고에서 버스를 갈아타고 오느라 긴장했던 마음이 풀어지면서 자기도 모르게 잠이 들고 마는데, 이때 그는 중국에서 몰래 건너온 공산주의자로 오인을 받아 경찰에 체포되기까지 했던 것이다. 이 에피소드는 냉전 체제 속에 있던 1950년대 미국의 현실을 보여주는 동시에, 당시 미국 사회에서 아시아인의 취약한 위치를 드러낸다.

공포의 감정은 멀리 떨어진 이국땅에서도 그를 떠나지 않고 괴롭힌다. 처절한 고문의 경험은 안창의 의식에 분열을 낳았으며, 그는 괴로운 역사로부터 벗어나고자 미국에까지 온 것이었으나 억압된 기억은 악몽의 형태로 그를 따라다니며 괴롭힌다. 악몽을 꾸는 한 그는 과거로부터 벗어날 수 없다.

이처럼 악몽과 같은 기억, 인종적 타자로서의 존재 위치, 학생이라는 중간적 위치를 지닌 안창에게 미국에서 새로운 자아로 다시 태어날 가능성을 열어주는 이가 캐서린이다. 이 플롯은 앞에서 셩메이 마가 지적한 전형적인 플롯, 즉 주변부에 위치한 아시아계 남성이 중심부에 있는 백인 여성을 통해 미국 사회로 안전하게 동화되어가는 플롯을 반복하는 것 같지만, 사실은 그런 플롯을 전복시키고 있다. 여기서 백인 여성인 캐서린은 미국 남부의 중산 계급 출신으로 중심부에 속한 여성인 것은 사실이나, 그녀는 자기 계급의 삶을 거부하고 독자적인 삶을 사는 여성이므로 안창을 미국 중심부의 삶으로 인도하는 것은 아니기 때문이다. 오히려 그녀의 삶은 풍요롭고 안정된 미국 중산층 삶의 타성과 속물성을 문제적으로 드러내는 역할을 한다. 그뿐만 아니라 캐서린이 일방적으로 안창의 미국 생활을 돕는 역할을 하는 것이 아니라, 안창 역시 캐서린이 자신의 삶의 구속으로부터 벗어나게 돕는 역할을 하는 것이다.

학문적으로 그다지 뛰어나지는 않지만 세속적인 성공을 거두고 그 삶에 자족하는 교수인 아버지, 남편의 부를 즐기며 여자에게는 결혼의 길이 전부라고 믿으며 딸에게 적절한 계층의 신랑감을 권하기에 여념이 없는 어머니, 교수의 아들로 모범적이고 착실한 생활을 하지만 마음의 열정이나 육체적 활기라고는 없는 코틀린Courtlin, 그리고 큰 재능을 타고 났으나 그 재능을 치열하게 갈고 닦지 않아 인생을 낭비했다는 실패의식에 시달리는 찰스Charles 등 캐서린의 주변 인물들은 자신들의 한정된 세계에 갇혀 산다. 이들은 자신에게 주어진 세계에 안주하며 타성적인 삶을 살아가고 있는 인물들인 것이다.

이에 반해 캐서린은 "다른 사람의 영향을 전혀 받지 않은 참된 형태의 욕망real, utterly uninfluenced shape of her desire"(210)을 추구하는 데 자기의 모든 것을 건다. 자신의 가족, 친구, 안정이 보장된 미래를 모두 던져버리고 내면의 열정을 따른다. 그것이 비록 비관습적인 열망이라고 할지라도 그녀는 자신의 욕망에 헌신한다. 열네 살 소녀 때부터 시작된 찰스와의 사랑은, 열네 살 소녀와 마흔두 살의 이혼한 교수(그것도 아버지의 오랜 지기로서 가족들끼리도 친한 남자)의 사랑이라는 점, 그리고 그로부터 14년이 흐른 현재에도 결혼이라는 관습적인 제도 속으로 들어가지 않은 채 연인 관계를 유지하고 있다는 점에서 매우 비관습적인 관계이다.

캐서린의 이러한 독자적이고 비관습적인 삶은 그녀의 평판에 해를 끼치지만 그녀는 외부의 시선에 개의치 않는다. 마을의 터줏대감인 레스턴 부인이 그녀의 삶을 "망쳐진" 것이라고 보든, 혹은 크레인 같은 남자 대학생이 그녀를 '창녀whore'라고 부르든 그녀는 그런 평가에 동요를 느끼는 사람이 아니다. 캐서린은 자기 연민이나 피해 의식에 사로잡히지 않고 자기가 선택한 삶의 결과를 담담하고 묵묵히 받아들인다. 또 혼자 고독하게 살면서 비관습적인 애정 관계를 유지하지만, 그렇다고 마을 사람들과 관계를 단절하며 살지 않는다. 그녀는 오히려 자신의 마음의 상처와 고독으로 인해 타인의 상처와 고독을 알아보고 공감하는 마음을 지니고 있다. 그래서 마을의 주변부에서 고독한 삶을 사는 이들과 마음의 비밀을 나누며, 그들이 필요로 하는 실질적인 도움을 기꺼이 제공하면서 사람들과 연대하며 살아가는 것이다. 이런 점에서 마을의 주변부라는 그녀의 위치는 다른 주변부 타인에 대한 공감을 가능하게 하는 위치라고 할 수 있다.

그뿐만 아니라 캐서린은 마을의 관습적인 삶에서 벗어나 살기 때문에 마을 사람들의 삶을 거리를 두고 바라볼 수 있는 눈을 가지고 있다. 그녀가 보기에 스와니는 "어떤 새로운 일도 일어나지 않는" "섬" 같은 곳이고 사람들은 그곳에서 "사물들을 바라보는 것을 멈추었다"(35). 여기서 사람들이 "사물들을 바라보는 것을 멈추었다"는 것은 사물에 대해, 그리고 주변 현실에 대해 아무런 의문을 제기하지 않고 있는 그대로의 현실에 순응하고 안주하며 살고 있다는 뜻이다. 이렇게 순응적이고 타협적인 삶을 사는 사람들과 다르게 캐서린은 그 삶의 밖에 위치하고 있기 때문에 그러한 삶이 내포하는 한계, 변화에 대한 필요성을 감지하고 있는 것이다.

이렇게 보았을 때 캐서린이 1955년 어느 날 밤, 어두운 별빛에 의지해 먼 길을 혼자 걸어와 "마치 외계에서 뚝 떨어진"(6) 사람 같은 모습으로 스와니에 도착한 안창을 어떤 시각으로 대할지 짐작이 간다. 캐서린은 그 마을에서 유일하게 아시아에 대해, 그리고 아시아 출신의 이방인에 대해 아무 편견이 없는 사람이다. 안창에게 도움을 주는 그녀의 태도 어디에서도 백인 우월적인 태도를 찾아볼 수 없다. 그녀가 다른 인종의 사람들에게 얼마나 마음이 열려 있는지는 안창을 처음 보았을 때 그의 이름을 정확하게 확인하는 태도에서 잘 드러난다. 피터필드가 부르기 편하다는 이유로 일방적으로 창의 이름을 척Chuck으로 바꾼 것과 대조적으로 그녀는 그의 이름을 척에서 다시 창으로 되돌려준다.

> "그게 정말 당신 이름이에요, 척이라는 이름이?" 그녀가 말했다.
> "아뇨," …… 그가 덧붙이며 말했다. "창이 내 이름이에요." (9)

창이 백인들이 발음하기에 낯선 이름임에도 불구하고 낯선 그대로 불러주겠다는 것은, 타자성을 주관적인 시각으로 굴절하지 않고 있는 그대로 받아들이겠다는 뜻이다. 캐서린은 이처럼 있는 그대로의 모습으로 타자인 안창을 받아들이는 데서 그치지 않고 한발 더 나아가 이방인의 존재, 이방인의 시각이 가지는 장점을 인식하는 사고를 가지고 있다. 어떤 새로운 일도 일어나지 않고 정체된 곳인 스와니에서 최초의 낯선 이방인인 안창의 시각이 소중하다고 캐서린은 말한다.

> 낯선 이의 시각은 너무나 소중하니까요. (17)

그래서 그녀는 안창이 미국을 처음으로 탐사할 때 그의 동반자 내지 길 안내자가 되고 싶은 마음을 가지고 있는 것이다.

그렇다면 안창은 캐서린에게 어떤 새로운 시각을 갖게 해주는 것일까? 안창은 그녀의 삶에 어떤 변화를 가져다주는 것일까? 안창이 그녀의 삶을 변화시키는 계기를 주는 것은 사실이나, 이 변화는 새로운 시각의 힘이라기보다 낭만적 사랑, 열정적 사랑의 형태로 주어지게 된다. 캐서린은 인종적으로 다른 그에게서 '아름다움'을 느끼고, 고독한 단독자로서 세상과 동떨어져 있으며 세상에 경계의 태도를 취하는 그, 언제라도 가방을 들고 사라져버릴 것 같은 그에게서 동질감과 공감을 느끼고 급기야는 그를 열정적으로 사랑하게 되는 것이다. 그러므로 캐서린의 경우 안창과의 관계에서 장애가 되는 것은 인종적·민족적 차이가 아니라, 14년을 끌어온 찰스와의 관계이다.

그러나 찰스와의 관계가 캐서린의 내면에 불행을 안겨주었으며 그와 결혼한다고 해도 그 상황은 달라지지 않을 것임을 고려할 때, 결국 찰스와의 관계는 그녀에게는 청산되어야 할 어떤 것이다. 그런 의미에서 찰스와 캐서린의 관계의 실패는 안창의 존재로 인한 삼각관계의 갈등에서 기인한 것이 아니라 근본적으로 두 사람 사이의 사고방식의 차이, 삶의 태도의 차이에서 기인한 것이다. 캐서린에게 있어 사랑은 추상적이거나 정신적인 어떤 것이 아니라 감각적이고 육체적인 열정을 동반하는 어떤 것이고, 안정된 미래를 위해 계산하고 통제하는 어떤 것이 아니라 자신의 모든 것을 내어주는 어떤 것이다. 그런 의미에서 그녀의 사랑은 계층과 인종적 구분에 따라 사랑의 한계를 설정해놓고 같은 계층과 인종에 속한 사람들끼리만 사랑을 하는 당시 중산층의 규범과 충돌한다. 또 사랑에 모든 것을 거는 캐서린의 그런 태도는 남녀 간의 사랑을 공적인 영역의 일에 비해 사소한 것으로 치부하는 남성적인 태도와도 충돌한다. 이에 반해 찰스는 사랑을 그렇게 진지하게 생각하지 않는다. 그는 사랑의 무게, 사랑의 책임보다 사랑의 가벼움, 사랑의 유희를 지향하는 사람이다. 그는 서로의 존재가 독립적으로 영위되기를 바라며 서로가 서로에게 결정적인 의미를 지닌 존재가 되기를 원하지 않는다.

> 그는, 그 자신이 그녀에게 그러했듯이, 그녀가 자기에게 중요하거나 결정적인 존재가 되리라고 생각하지 않았다. (136)

> 그는 그녀가 자기 인생에서 편안한 방문객이며, 그의 사랑이 그녀에게 별 의미가 없다고 언제나 믿고 싶어 했다. …… 그는 그녀를 행복하게 해줄 책임을 지고 싶지 않았다. (205)

사랑에 대한 찰스의 이런 태도는 삶에 대한 그의 태도를 반영한다. 전형적인 자유주의자인 찰스는 기득권층으로서 자유롭고 독립적인 삶을 누리지만, 타인의 고통에 대해서는 이해와 성찰이 부족하다. 인종 차별적 사회에서 그는 타 인종에 대해 드러내놓고 차별적 시선을 던지지 않지만, 그에게는 타 인종의 사회적 위치라든가 자신을 비롯한 기득권층의 백인 우월주의적 사고방식에 대해 문제를 제기하는 의식이 없다. 흑인에게 말을 걸거나 외국인 학생인 안창을 배려하는 태도를 보이지만 그것은 어디까지나 우월한 위치에 있는 자로서 관대한 마음을 보여주는 제스처에 불과하다. 게다가 자신이 몸담고 있는 학문 세계에서도 진지한 열정과 노력을 바치지 못했기 때문에 변방에 머무르고 있다는 자의식, 자신의 학문적 무능함에 대한 자의식은 그의 내면을 황폐하게 만들어 현실에 더욱더 개입하지 못하게 한다.

이렇게 보았을 때 캐서린과 찰스의 관계는 캐서린의 삶을 풍부하게 해주기는커녕 그녀의 삶을 구속하는 것이라고 할 수 있다. 캐서린이 관습적 삶의 밖에 살면서 안정되고 편안한 삶이 가지는 한계를 볼 수 있게 된 것은 사실이나, 그녀가 자신이 가진 재능이나 꿈을 펼쳐보지 못한 채 찰스의 사랑에만 집착한다는 점에서 그녀의 삶은 낭비되고 있는 것이다. 캐서린이 찰스와의 결혼을 앞둔 시점에서 자신의 내면을 돌아보는 장면에는 찰스와의 관계가 그녀에게 준 부정적인 결과가 잘 나타나 있다. 그동안 찰스의 사랑을 붙잡으려 하는 데 급급해 한 번도 자신의 내면을 돌아보지 못했던 그녀가 자신의 내면의 방을 들여다보았을 때 그곳에서 발견한 것은 마음의 상처와 고독, 그리고 사라져버린 열정이었다. 그리고 그녀가 발견한 또 하나의 뼈아픈 사실은, 자신이 독립적인 여성인 것처럼 살아왔지만 사실은 찰스의 결정에 모든 것을 건 매우 의존적인 삶을 살았다는 인식이다.

캐서린의 이런 인식, 캐서린의 삶의 변화를 가능하게 한 것은 바로 안창의 존재이다. 그리고 안창으로 하여금 그런 구원자적인 역할을 할 수 있게 한 것은 다름이 아니라 안창이라는 인종적 타자를 자기가 속한 사회의 이데올로기를 초월해 편견 없이 바라볼 수 있었던 캐서린의 예외적인 능력이다. 그런데 캐서린 못지않게 안창 역시 사회의 지배 이데올로기를 넘어선 예외적인 인물로 형상화되어 있다. 안창은 당시 미국 사회에서 일반적으로 통용되던 아시아 남성의 이미지에서 벗어나 있다. 안창은 수동적이고 여성화된 아시아 남성의 모습이 아니라, 조용하지만 단호하게 자신의 생각과 감정을 표현하는 사람, 캐서린의 젊은 육체와 독립적인 마음에 민감하게 반응하는 사랑의 에너지를 지닌 사람, 성적인 이끌림을 있는 그대로 인정하고 열정적으로 사랑을 할 수 있는 사람으로 형상화되어 있다. 그리고 안창의 예외성이 더 두드러지는 점은 그가 성적인 편견 없이 캐서린을 대하고 있다는 것이다. 캐서린이 찰스의 연인인 것을 빗대어 '창녀'라고까지 말하는 남부의 지배 계층 젊은이 크레인과 비교해볼 때, 그리고 찰스와의 관계로 인한 가족과의 불화를 이야기하면서 문득 자신을 "난잡하게promiscuous"(151) 느끼는 캐서린에 비추어볼 때도, 캐서린의 과거를 아무 문제 삼지 않는 안창의 태도는 놀라울 정도로 당대의 성 이데올로기로부터 초연한 자세를 보여준다. 그리고 안창에게서는 셩메이 마가 아시아계 미국 남성 작가들의 작품에서 발견한 태도, 즉 백인 여성의 육체가 가진 '백인적인 특성'을 이상화해서 바라보는 태도가 전혀 없다. 이렇게 볼 때 인종이라는 범주는 안창과 캐서린 두 사람의 관계에서만은 문제로 작용하지 않는다고 할 수 있다.

캐서린은 두 가지 측면에서 안창의 '새로운 탄생', '새로운 출발'을 돕는 역할을 한다. 그로 하여금 억압된 악몽의 역사와 대면하게 돕는다는 점에서 그러하고, 또 하나는 그에게 새로운 삶의 가능성을 열어준다는 점에서 그러하다. 우선 첫 번째 경우부터 살펴보면, 캐서린은 안창에게 불면을 일으키게 하거나 그를 악몽에 시달리게 하는 전쟁의 기억을 말로 표현하게 한다. 전쟁에서 겪은 고통이 너무나 컸기 때문에 안창은 의도적으로 그 기억을 망각 속에 억압해두었다. 하지만 억압된 기억은 꿈의 형태로 끊임없이 복귀를 시도하며, 그것도 실제 있었던 일보다 더 악화된 형태로 모습을 드러낸다. 이런 억압된 기억으로부터 벗어나기 위해서는 그 기억에 대해 드러내고 말을 해야 하는데, 캐서린이 안창으로 하여금 이렇게 할 수 있도록 돕는 역할을 하는 것이다. 캐서린의 입장에서 보면 고국에서의 경험에 대한 그의 이야기는 제3세계의 정치에 개입한 미국의 이야기이기도 하므로 자신이 미국 영토 내에서 경험한 미국에 관해 다른 이야기를 접하는 것일 수도 있다. 하지만 이런 가능성은 소설에서 명확하게 제시되지는 않는데, 그것은 안창이 전쟁 경험을 이야기하기 시작하는 시점에서 소설이 마무리되기 때문이다.

안창이 악몽에서 벗어나 새롭게 출발하는 데 있어서 캐서린이 중요한 역할을 한다는 것은 다음과 같은 대목에서 알 수 있다.

> 시카고에서 그녀를 생각에서 몰아내려고 하는 시도는 모든 것에 그녀가 나타나게 만드는 결과를 낳았다. 마치 그의 삶이 한 편의 미국 영화이고 그녀는 그의 관객인 것처럼, 그녀가 사람을 변화시키는 한결같은 시선으로 저 멀리서 바라보고 있는 느낌이 들게 만들었다. 그는 자신이 고귀해지고 새로 태어나는 것과 같이 느껴졌다. (285)

안창이 자신의 삶을 "한 편의 미국 영화"처럼 느꼈다는 것, 그리고 그 미국 영화 속에서 고귀해지고 새롭게 태어나는 듯한 자신을 느꼈다는 것은 미국 땅에서 그가 기대하는 바가 무엇인지 알 수 있게 해준다. 그는 악몽의 역사에서 놓여나 새로운 출발을 원하는 것이다. 또 이 대목은 안창이 그런 꿈을 이루는 데 그를 지켜보는 캐서린의 시선이 필요하다는 것, 캐서린의 한결같은 시선이 그런 변화를 이끌 수 있는 것임을 함축한다.

그렇지만 캐서린과 안창이 사랑으로 연결되어 있다고 하더라도 그들의 사랑이 곧바로 실현될 수 없는 것임을 작가는 분명하게 보여준다. 왜냐하면 그들의 사랑은 인종적 구분을 넘어선 사랑이므로 찰스와 캐서린의 사랑보다 더 시대의 규범을 거스르는 사랑이기 때문이다. 그런 의미에서 두 사람의 사랑에 있어 진정한 장애물은 인종 차별적이고 보수적인 사회, 더 나아가 미국 사회 그 자체이다. 안창과 캐서린 역시 이

점을 잘 인식하고 있는 것으로 나온다. 예를 들어 다음과 같은 대목은 그들의 사랑이 그들이 놓인 현실 속에서는 실현 불가능하다는 것을 잘 보여준다.

> "이건 가능하지 않아요." 그가 말했다. 그게 가능하지 않다는 것을 그녀도 알았다. 그런 특별한 일은 가능하지 않을 것이다. …… 그들은 그것이 가능한 척했다. 그 장소를 상상하지 않고서는 사랑할 길이 없었다. 그들이 둘 다 똑같이 동등해지는 먼 미래에 너무나 가까이 위치하고 있고, 무수히 많은 불가능한 변화들이 기적같이 일어나는 시대의 저 끄트머리에 위치한 그 장소 말이다. (291)

이 대목은 캐서린이 멕시코만에 위치한 자기 가족의 별장을 언급하면서 그곳에서 같이 살 수 있다고 안창에게 말한 뒤 이어지는 부분인데, 여기에 나오는 "그 장소that place"는 멕시코만에 위치한 실제의 별장을 가리킨다기보다 그들이 "둘 다 똑같이 동등해지는both exactly the same" 미래에 존재하는 유토피아적 공간을 의미한다. 이런 유토피아적 공간을 상상하지 않고서는 두 사람이 "사랑할 길이 없었다"고 하는 것은, 두 사람의 사랑의 실현이 인종적 차별이 존재하지 않는 세계에서 가능함을 의미한다. 그런데 이런 세상은 "무수히 많은 불가능한 변화들이 기적같이 일어나는 시대"에 존재한다. 이는 이들의 사랑이 수많은 변화 후에야 실현 가능한, 때를 기다려야 하는 어떤 것임을 함축한다.

이러한 점에서 볼 때 소설의 말미에서 안창이 흑인들과 일하면서 "확신certainty"과 "평정self-possession"(325)을 느끼는 대목은 눈여겨볼 만하다. 이 부분은 안창이 '외국인 학생'이라는 임시적인 위치를 버리고 미국 사회에서 정착하려고 할 때 그가 놓인 사회적 위치는 다름 아닌 미국 사회의 주변부라는 것을 분명히 보여준다.

5. 아직은 미완의 사랑 이야기

아시아계 미국인 남성 주체의 특징으로 '히스테리' 상태를 든 데이비드 엥David Eng은 히스테리가 적절한 사회적 위치를 차지하지 못한 주체의 특징이며, 이 히스테리는 곧 사회적으로 호명되기를 원하는 주체에게 적절하게 호명해주지 못하는 사회의 실패를 나타낸다고 말한 바 있다(Eng, 176). 『외국인 학생』에서 안창은 비록 미국 사회의 주변부에 위치하지만, 엥이 지적하는 것처럼 히스테리 상태의 무력한 육체를 드러내지는 않는다. 캐서린과의 관계에서 보이는 그의 모습은 무력한 남성 주체의 모습이 아니다. 안창을 무력화시키고 그의 마음에 고통을 주는 것이 있다면, 이는 무엇보다 그가 탈출해 나온 한국의 역사, 즉 한국전쟁을 전후로 한 고통스러운 한국의 역사에서 기인한 것이다. 그러므로 그의 이야기에서 큰 비중을 차지하는 것은 한국에서의 경험, 그리고 정신적·물리적 망명에 대한 내용이다. 하지만 그의 망명에 대한 이야기는 백인 여성 캐서린과 만나 사랑에 빠지고 미국에서 새로운 자아로 다시 태어나는 탄생의 이야기와 이어진다. 이러한 점에서 수잔 최의 『외국인 학생』은 미국에 이민 온 1세대 이민 주체의 이민 서사라고 할 수도 있다.

그가 미국에 정착하는 이야기는 백인 여성 캐서린과의 사랑을 중심 내용으로 하기 때문에 기존의 아시아계 미국 작가들의 문학 작품 텍스트에서 전형적으로 발견되는 플롯, 즉 주변부에 위치한 아시아계 남성이 백인 여성의 사랑을 통해 미국에 동화되는 이야기와 겹쳐 보이기도 한다. 하지만 안창의 이야기는 두 가지 점에서 새로운데 첫째, 그와 캐서린의 관계는 어느 한쪽이 다른 한쪽을 일방적으로 돕는 관계가 아니라 서로가 서로의 삶을 변화로 이끈다는 점이고, 둘째, 그들의 사랑이 기존의 사회 질서 속으로 들어가는 의미를 띤 것이 아니라 기존의 사회 질서에 저항하는 측면이 매우 강하다는 점이다.

그러나 한편 그들의 관계 묘사에서 아쉬운 점은 있는데, 그것은 작가가 두 남녀로 하여금 인종적, 민족적, 성적 차이를 너무나 쉽게 초월하게 만든다는 것이다. 안창과 캐서린의 관계는 인종적, 민족적, 성적 차이로 인해 매우 복잡할 수 있는 관계이다. 인종적으로는 백인인 캐서린이 아시아인인 안창보다 우월한 위치이고, 성적으로는 반대로 남성인 안창이 여성인 캐서린보다 우월한 위치에 있다. 또 국가적으로 이 두 사람의 만남은 제1세계 미국과 제3세계 한국의 만남이라는 의미도 가지고 있다. 그러므로 두 사람 사이에는 인종적, 민족적, 성적으로 복잡하게 교차하는 데서 비롯된 갈등이 있을 수 있다. 그런데 소설에서는 그런 갈등이 거의 제시되지 않고 오히려 자기가 속한 사회에서 상처를 입고 세계에 대해 경계를 품고 있는 그들의 주변적인 위치와 그러한 위치에서 나오는 공감을 더 강조하고 있다.

주변인으로서의 공감, 주변인의 위치로 자신을 정립하고자 하는 결단은 지배 질서에 대한 비판을 함축하는 것이지만, 그 공감과 유대가 더 강고해지기 위해서는 안창과 캐서린 사이의 차이의 정치학에 대해 두 사람이 좀 더 예리하게 자각하게 만들 필요가 있다. 하지만 이 소설은 안창과 캐서린이 과거의 속박으로부터 막 벗어나 이제 서로 본격적으로 사랑하게 되는 데서 끝맺고 있으므로, 그들의 사랑 이야기는 미완의 이야기이고 현재 진행형인 이야기라고 할 수 있다. 좀 더 본격적으로 진행될 그들의 이야기는 앞으로 더 씌어야 할 것이다.

9장 세 편의 「제인 에어」 영화를 통해 본 여성상의 시대적 변화*

이소영

1. 시대의 거울로서의 「제인 에어」 영화

샬럿 브론테Charlotte Brontë가 1847년에 발표한 소설 『제인 에어*Jane Eyre*』는 영화의 역사를 통해 수차례 영화화되어, 1910년의 무성 영화에서부터 시작해 2011년까지 20여 편이 만들어졌다. 이중 대중적으로 잘 알려진 세 편, 즉 1944년 작(로버트 스티븐슨Robert Stevenson 감독), 1996년 작(프랑코 제피렐리Franco Zeffirelli 감독), 그리고 2011년 작(캐리 후쿠나가Cary Fukunaga 감독)을 비교해 각 영화가 제작된 시기의 사회상에 따라 『제인 에어』 소설이 어떻게 해석되었는지 살펴보고자 한다. 문학을 영상으로 옮길 때 감독이나 제작자는 두어 시간 정도의 상영 시간에 관객

* 이 글은 '*Jane Eyre* in Our Times: Fukunaga's *Jane Eyre* in Dialogue with Two Film Adaptations'라는 제목으로 *Trans-Humanities* Vol. 9 No. 3(2016)에 게재된 논문을 번역한 것이다.

에게 시대적으로 가장 호응을 얻을 수 있는 주제를 고려해 정해야 하므로 이에 따라 각기 다르게 각색된 영화는 그 시대의 사회 상황과 정신을 반영한다. 또한 영화는 어느 한 사람의 작품이라기보다는 감독, 제작자, 배우, 각본가, 배급사 등의 공동 작품이다. 이러한 의미에서 영화는 가장 융합적인 예술 작품이며 당대의 여러 요인에 의해 작품 방향이 결정되면서 시대상을 반영하게 된다.

이 글에서는 각기 다른 시기에 각색된 세 편의 「제인 에어」[1] 영화를 고찰함으로써 브론테의 『제인 에어』에서 중요하게 다루고 있는 계급/성 평등, 개인의 자유 의지, 여성 공동체 등의 문제가 시대에 따라 어떻게 달리 해석되었는지 알아본다. 특히 시대와 장르, 여성 공동체와 버사 Bertha의 역할, 브론테의 서사를 영화로 옮기기 등의 소주제를 통해 각 영화가 제작된 시대의 여성상과 성 이데올로기에 대해 자세히 살펴볼 것이다. 아울러 영화 제작사들이 『제인 에어』의 주제를 해석하는 데 당대의 이데올로기가 어떻게 영향을 주었는지, 문학 텍스트를 영화 매체로 옮기는 과정에서 주요 이슈와 모티브가 어떻게 진전되고 왜곡되며 재창조되었는지 고찰한다. 이 글은 특히 2011년 영화를 중심으로 전개되며 같은 고딕 장르인 1944년 영화와, 시대적으로 가장 가까우면서 주안점은 상당히 다른 1996년 영화와의 비교 연구를 통해 현시대의 여성상과 성 이데올로기를 분석하고자 한다.

2. 시대와 장르

많은 인터뷰를 통해 캐리 후쿠나가 감독은 자신이 2011년에 만든 영

1 소설을 나타낼 때는 겹낫표를, 영화를 나타낼 때는 홑낫표를 사용했다.

화 「제인 에어」는 고딕Gothic 장르라고 밝혔다. 또한 영화가 상영되었을 때 로저 에버트Rodger Ebert와 같은 몇몇 비평가는 이 영화를 다른 전작들과 비교하기보다는 당시 인기를 끌고 있던 〈트와일라잇*Twilight*〉 시리즈와 비교했다. 왜 드라큘라나 좀비와 같은 괴기스러운 존재가 여기저기에서 불쑥 나타나는 고딕 장르가 최첨단 과학 시대에 성행하는지 이해하기 위해서는 먼저 고딕 장르의 정의를 살펴볼 필요가 있다. 프레드 보팅Fred Botting은 고딕 장르를 근대 사회 진보의 어두운 면을 부각시키는 사회 가치의 저변을 그리는 대응적 서사이며, 문화적 경계에 대한 불안감과 이러한 경계에 대한 도전을 표현하는 것이라고 정의한다(Botting, 2). 고딕 장르에 흔히 등장하는 괴기스러운 더블double, 악랄한 귀족, 실신하는 여주인공과 같은 장치들은 문화적 불안감과 위협을 나타내며, 성이나 숲과 같이 장엄하고 음침한 고딕적 풍경은 황량하며 위협적으로 다가온다. 이러한 요소와 서사를 통해서 고딕 장르는 사회의 불안감과 문제들을 관습에 대한 도전과 초자연으로써 대응하고자 한다. "고딕 서사는 시대의 문제나 다양한 변화, 예를 들면 정치적 혁명, 산업화, 도시화, 성과 가정의 질서 변화, 과학적 발견 등에 따른 불안감에서 벗어난 적이 없다"(Botting, 3). 이와 같은 고딕 장르를 통해 2011년 「제인 에어」 영화는 당대의 위기감에 대응하고 있다.

브론테 시대의 불안감은 기존의 귀족 계층과 새롭게 형성된 중산 계층 간의 긴장에서 기인하는 것으로 볼 수 있다. 다이앤 호이블러Diane Hoeveler에 의하면, 당대에 성행했던 '여성 고딕' 장르의 의제는 성적으로 타락한 귀족 사회로부터 소설 장르와 남자 주인공을 구해내 새롭게 등장한 부르주아 계급으로 편입시키는" 것이었다(Hoeveler, 214). 고딕 페미니스트들의 사명은 "강한 여성과 안전하게 길들여진 남성에 의한 양성적인 중산 계층의 가정을 세우는 것이었으며, 젊은 여성이 가부장을 흡수하고 그의 힘을 차지해 전능한 여신인 아테나와 같이 남성 가장을 무너뜨리고 자신을 새로운 여성 가장으로 세우도록 하는 것이었다"(Hoeveler, 214-215). 높은 도덕성과 순수성을 대변하는 젊은 여성이 가부장적 인물에 맞서 승리하는 여성 고딕의 주제는, 제인 에어가 브로클허스트Brocklehurst나 세인트 존St. John과 같은 전형적인 가부장적 인물에 대항하는 것에서뿐만 아니라 그녀가 사랑하는 로체스터Rochester와 자신이 내세운 조건에 의한 결혼에 이르는 플롯에서도 엿볼 수 있다. 『제인 에어』의 서사는 과거 귀족 사회의 잔재가 새롭게 등장하는 계급 및 그들의 가치와 하나가 되는 결말을 도출하고 있다.

2011년의 「제인 에어」 영화에서 후쿠나가 감독은 매우 젊은 여배우에게 제인의 배역을 주었는데, 이는 감독에게 무엇보다 중요한 사항이었다. 당시 미아 와시코브스카Mia Wasikowska는 스물한 살이었고 제인 역을 맡기 전까지는 십 대의 역할만 해왔으며 가장 잘 알려진 이미지는 팀 버튼Tim Burton 감독의 「이상한 나라의 앨리스*Alice in Wonderland*」에서의 앨리스Alice 역이다. 이와 같은 소녀의 이미지는 제인 에어를 표현하는 데에도 이어진다. 로체스터 역의 마이클 패스벤더Michael Fassbender는 당시 서른네 살이었지만 로체스터를 보다 남성적이고 경험이 많고 노련한 인물로 연기했다. 계급뿐만 아니라 둘 사이의 나이 차이가 제인의 젊음과 순진함을 더 부각시켜 제인을 고딕 장르의 순수하고 연약한 여주인공으로 만든다.

2011년도 영화는 브론테 시대의 사회와 같은 불안의 사회를 다루었다. 클레어 멍크Claire Monk는 이를 "내핍과 불확실성으로 대변되는 시대정신"으로 정의할 수 있는 사회라고 칭했다. 이 영화에 흐르는 불안의 기운은 2008년도의 경제 위기에서 기인한다고 볼 수 있다. 이 위기의 배후에는 뉴욕의 월가와 미국 정부, 학계의 관계자들이 있었는데, 그들은 함께 투자가와 일반 대중으로부터 실상을 은폐하고자 공모했다. 집권층의 부도덕성은 「제인 에어」에서의 귀족, 즉 리드Reed 부인, 브로클허스트, 잉그램Ingram 가문과 로체스터 가문의 태도에 대한 묘사에서 알 수 있다. 권위 있는 자리에 있는 이들로부터 부당하게 취급을 받거나 고통을 당하는 사람은 헬렌Helen이나 리버스Rivers 자매인 다이애나 Diana와 메리Mary, 그리고 제인과 같은 젊은 세대이다. 이는 2008년의 경제 위기 이후 젊은 세대의 처지와 일맥상통한다고 볼 수 있다. 즉, 그들에게는 기회가 제한되어 있으며 미래를 위한 희망도 없는 것이다. 가정교사인 다이애나와 메리는 제인과 마찬가지로 중산층의 젊은 여성으로 미래를 위한 기회가 제한되어 있다. 빅토리아 시대를 낭만적이고 풍요하게 표현했던 대부분의 문학 작품을 기반으로 한 1990년대 영화들과는 대조적으로 2011년 「제인 에어」에서는 시대의 불안감이 진지하고 냉철한 분위기로 표현된다.

제2차 세계대전 기간 중이었던 1944년에 제작된 「제인 에어」는 고딕적 분위기를 필름 누아르 스타일로 표현했다. 감독인 로버트 스티븐슨은 누아르 장르에 따라 인물 및 사물의 크기 대조, 그림자, 음악 등을 이용해 제인이 처한 어둡고 궁핍한 처지를 강조했다. 예를 들면 영화 초반에 어린 제인은 하이 앵글 숏을 통해 왜소하게 그려지고 리드 부인과 브로클허스트는 로우 앵글 숏으로 다소 기괴하고 거대하게 그려진다. 또한 손필드Thornfield 저택이 처음 등장할 때 익스트림 롱 숏으로 성처럼 거대해 보이는 저택과 상대적으로 왜소해 보이는

거대한 손필드 저택과 왜소한 제인

제인의 체구가 한 프레임 안에서 대조된다. 그리고 로우드Lowood 학교에서 모두의 시선이 의자에 올라서 벌을 받고 있는 제인에게 향했을 때, 철창처럼 생긴 거대한 그림자가 제인 위로 길게 드리워진다. 버사Bertha의 경우 얼굴은 잘 보이지 않고 언제나 그림자에 가려진 괴물과도 같은 인물로 그려진다. 로체스터는 제인과 처음 대면한 날 망토를 펄럭이며 웅장한 음악과 함께 마치 황제와 같이 등장하며 제인을 압도한다. 이 외에도 감독은 제인의 처량한 처지를 강조하기 위해 제인이 로체스터와 헤어져 손필드를 떠난 후, 무어 하우스Moor House에서 지내는 부분은 아예 삭제하고 게이츠헤드Gateshead 저택으로 돌아가게 하고 이러한 그녀의 처량한 처지는 회오리치는 바람으로 표현된다. 이와 같이 1944년도 「제인 에어」 영화는 필름 누아르 스타일로 표현된 고딕 장르를 통해 어떠한 출구나 지지 기반이 없는, 본질적으로 제한된 여성의 상황을 보여준다. 제인이 손필드에 되돌아왔을 때 화마로 인한 로체스터의 상처는 외형적으로 드러나지 않고, 후에 제인의 간호를 통해 시력을 회복함으로써 강인한 남성성을 결말까지 유지한다. 이 시대 영화의 메시지는 여성의 처지는 남성의 보호 없이는 궁핍하며 여성의 역할은 전쟁터에서 돌아오는 남성들을 치유해 다시 가장의 위치로 복귀시키는 것이다.

프랑코 제피렐리 감독의 1996년도 「제인 에어」 영화는 한 주체로서 제인의 발전을 강조하지만 그녀와 로체스터와의 로맨스가 주를 이룬다. 1990년대 미국은 경제적 번영의 시기였으며 그러한 긍정적 에너지는 영화를 통해 볼 수 있다. 영화의 서사는, 처음에는 가족도 돈도 없지만 강인한 기상과 의지로 행복한 가정을 꾸리게 되는 제인의 내적 의식의 세계를 통해 진행된다. 영화의 도입부에서 제인이 감금당하는 '붉은 방'은 제인의 열정적인 자아를 표현하는 붉은 계열의 색채로 표현되고 그녀에게 긍정적인 영향을 준 템플Temple 선생과 지내게 되는 로우드 학교는 밝은 푸른색으로 그려진다. 손필드는 제인이 이곳에서 환영받고 사랑받았다는 것을 표현하기 위해 햇살 가득하고 밝게 그려진다. 제인은 헬렌, 템플 선생, 페어팩스Fairfax 부인, 그리고 로체스터로부터 희망을 얻고 지지를 받는다. 그녀는 손필드를 떠나고 난 후 소설과 달리 어떠한 고난도 당하지 않으며 큰 어려움 없이 세인트 존의 집 앞에 당도하게 되고, 그의 누이 메리는 그녀를 돌봐준다. 이 영화에서 세인트 존은 제인에게 청혼을 하지도 않고, 인도에 선교하러 같이 가자고 설득하지도 않는 등 제인과는 긴밀한 관계를 맺지 못하고 오직 그녀가 막대한 재산을 유산으로 받게 되었다고 전해주는 도구적 역할만 한다. 영화는 제인이 로체스터와 함께 그들 앞에 펼쳐진 자연을 바라보는 장면으로 끝을 맺는다. 1990년대는 미래에 대한 밝은 전망이 남성뿐만 아니라 여성에게도 허락되었던 시절로, 이러한 사회의 분위기가 반영되어 1996년 「제인 에어」 영화에서는 여성이 공동체로부터 지지를 받고 자신을 주장할 만큼 힘을 얻었다고 낙관적으로 그리고 있다.

2011년도 「제인 에어」 영화의 고딕 분위기는 1944년도 영화와는 달리 조용하고 부드럽게 표현되어 있다. 영화의 색채는 1944년 영화의 어두운 느낌에서 벗어나서 색이 살짝 바랜 듯 은은하다. 마크 커모드Mark Kermode에 따르면, "영화의 가장 큰 특징은 어떤 것도 두드러지지 않는다는 것이다. 그렇게 많은 일들이 벌어지고 있지만 겉으로는 감정의 고조 없이 조용히 흐른다는 것이다." 이 영화는 과거를 낭만적이거나 화려하게 미화하며 회상하기보다는 현실적으로 그려내 현시대와 더 가깝게 느껴진다. 장면들은 자연스럽고 현재 진행되는 것처럼 촬영되었다. 한 인터뷰에서 후쿠나가 감독은 "이는 현실이 아닌, 뭔가 가공된 듯한 다른 세계가 아니라 현재 경험하는 세계와 같다. 나는 모든 것이 더 직접적이기를 원했다"라고 강조했다. 그는 특히 햇빛과 촛불을 주로 사용하는 등 자연스러운 조명에 주의를 기울여 일상의 모습 뒤에 어떤 비밀이 발견되었을 때 오는 쇼크가 대조되어 더 크게 느껴지기를 원했다.

2011년 「제인 에어」 영화의 고딕 장르에 대한 해석은 현시대의 불안감을 잘 반영했다. 영화를 통해서 전해지는 공포는 어떤 힘이 대등하게 나누어지지 않았다는 불안감에서 온다. 제인은 어리고 의지할 곳이 어디에도 없는 데 반해 로체스터의 매력은 가진 것이 많음에도 불구하고 제인의 진가를 높이 사며 그녀에게 자신의 이야기를 털어놓는 등 그녀와 대등하고자 하는 데에서 기인한다. 그는 세계 곳곳을 다녀본 귀족 계급일 뿐만 아니라 따분해지면 자신을 재미있게 해달라고 명할 수 있는 그녀의 고용주이기도 하다. 영화는 여러 장면을 통해, 예를 들면 제인이 요구할 때까지 임금을 지급하지 않는 등 제인과 로체스터 간 계급과 권력에 있어서 불평등한 조건을 강조한다. 손필드에서 가정교사로서 제인의 위치는 상위 계급과 같은 교육을 받았음에도 그들에게 종속되어 있기 때문에 불안하며 애매하다. 페어팩스 부인은 제인의 지적 능력과 가정교사라는 고상한 직업 때문에 자신과 대등하게 여기지만 한편으로 그녀를 자신보다 훨씬 순진하다고 생각한다. 비중이 크지 않은 역할이지만, 제인과 로체스터를 볼 때 페어팩스 부인 역을 맡은 주디 덴치Judi Dench의 섬세한 표정은 그들이 사회의 눈으로는 얼마나 어울리지 않는 상대인지 잘 보여준다.

고딕 장르로 제작된 이 영화에서는 제인이 겪어야 하는 현실이 얼마나 냉혹하며 미래의 전망이 얼마나 제한되어 있는지 잘 보여주고 있다. 반면에 현실과 타협하지 않으려 하는 제인의 의지는 그녀를 진정한 승리로 이끈다. 영화의 각본가인 모이라 부피니Moira Buffini는 주어진 운명과 타협하지 않는 제인의 불굴의 의지와 내면적 강인함이야말로 제한되고 불안한 삶을 사는 우리에게 그 오랜 세월이 흐른 뒤에도 이 작품이 아직 호소력이 있는 이유라고 밝힌다.

3. 여성 공동체와 버사

브론테의 『제인 에어』에서 주요한 의제는 속박된 운명을 같이하면서 제인을 지지해주고 그녀에게 치유의 힘을 부여해주는 여성 공동체이다. 에이드리엔 리치Adrienne Rich는 『제인 에어』에서 "우리는 여성의 정형화된 경쟁 구도에 대한 대안을 찾을 수 있다. 여성이 서로 지지하는 관계를 볼 수 있다"는 것을 지적한다(Rich, 475). 헬렌과 템플 선생은 제인이 로우드 학교에서 생존하고 성장할 수 있게 도와주는 어머니와 같은 인물들이다. 페어팩스 부인과 아델Adèle은 로체스터에게 의존하고 산다는 점에서 제인과 처지가 비슷하며 리버스 자매, 즉 다이애나와 메리는 제인을 지지해주는, 말 그대로 자매와 같은 존재이다. 샌드라 길버트Sandra M. Gilbert와 수잔 구바Susan Gubar에 따르면, 버사Bertha는 제인의 어두운 또 다른 자아, 제인이 억누르고자 했던 분노에 가득한 격렬한 자아로서 제인과 유사하게 행동하고 제인을 위해 행동하는 존재이다. 버사의 방화는 제인의 불타는 내면의 분노를 표출한 것이라고 볼 수 있다. "로체스터의 지배와 자신의 종속에 대한 상징인 손필드를 파괴하고 싶은 제인의 깊은 욕망은 버사가 이를 태우고 자기 자신도 멸함으로써 실현된다"(Gilbert & Gubar, 360).

고딕 장르의 1944년도 「제인 에어」 영화에서 소설 속 제인이 받은 다른 여성들로부터의 지지는 거세된다. 케이트 엘리스Kate Ellis와 앤 캐플런Ann Kaplan은 여성들을 다시 가정의 원래 자리로 되돌릴 이데올로기적 목적에 의해서 제인이 온순하고 고분고분한 종속적인 인물로 그려졌다고 설명한다. 제2차 세계대전 동안 남성을 대신해 여성이 고국에서 노동력을 제공했으나 전쟁이 끝나면서 전쟁터에서 돌아온 남성에게 그 자리를 내주어야 했다. 1944년의 영화는 마치 왕자와 같은 로체스터가 궁핍한 처지의 제인을 구해주는 것을 강조해 기존 성 역할에 대한 지배적인 담론을 강화하고 영속시킨다. 즉, 제인이 게이츠헤드와 로우드에서 소외되고 감금당하는 상황을 고딕 장르로 그릴 뿐만 아니라 그녀가 다른 여성들을 동일시하거나 그들로부터 지지를 받을 만한 어떠한 경로도 주어지지 않는다. 천사와 같은 헬렌은 제인에게 유일하게 위로가 되는 존재이지만 이 영화에서 그녀는 제인에게 어떤 영향을 주기도 전에 너무 일찍 죽는다. 템플 선생은 이 영화에서는 아예 등장하지도 않아 로우드에서 브로클허스트의 학대를 상쇄할 아무런 여성적 힘이 주어지지 않는다. 또한 무어 하우스 부분의 이야기는 1944년 영화에서 완전히 지워지기 때문에 제인은 다이애나나 메리를 만나지 못하고, 이 영화에서 새롭게 창조된 인물로 좋은 아버지상으로 그려지는 리버스Rivers 의사가 원작의 리버스 자매와 같은 긍정적인 여성 인물들을 대치하는 역할을 한다. 이 영화에서 여성은 자신을 궁핍한 형편에서 구해주거나 보호해주는 남성에게 전적으로 의존하는 존재로 그려진다.

1944년도 영화에서 여성의 힘이 제거되었다는 가장 명백한 증거는 버사를 그림자와 같은, 어떤 어두운 존재로 처리한 것에서 볼 수 있다. 버사의 얼굴은 한 번도 제대로 보이지 않으며 그녀는 소리를 질러대는 괴기스러운 그림자로서 존재한다. 결혼식이 저지된 후 로체스터는 한 프레임 안에서 왼쪽에는 어둠 속에 있는 버사를, 오른쪽에는 흰 신부 옷을 입은 제인의 모습을 대조시킨다. 이 영화에서 버사와 제인은 서로 연

제인과 어둠 속의 버사

결되어 있다기보다는 남성의 입장에서 볼 때 존재하는 두 종류의 여성, 즉 남성의 권력을 위협하는 여성과 천사와 같은 가정적인 여성으로 분류된다. 버사가 부정적이고 통제할 수 없는 존재, 공포를 야기하는 존재로 그려지기 때문에 그녀가 지닌 상징적인 가능성은 이 영화에서 배제된다. 1944년도 영화에서 제인은 자신에게 힘을 실어줄 여성 공동체를 박탈당할 뿐만 아니라 제인과 버사와의 영적인 유대 관계 또한 지워진다.

그러나 보다 긍정적이고 밝은 분위기를 통해 제인의 주체로서의 성장을 추적하는 1996년 「제인 에어」 영화에서는 여성 공동체를 심도 있게 그리고 있는데, 이들과 제인, 특히 버사와 제인과의 관계가 제피렐리 감독의 세심한 미장센으로 표현된다. 영화는 제인이 '붉은 방' 안에 있는 거울을 향해 내던져지는 장면으로 시작한다. 카메라가 선회하면서 아버지의 유령이 배회한다고 생각하는 이 방에 감금된 것에 대한 제인의 공포가 그려진다. 제인이 비명을 지르는 장면은 여러 붉은 색채가 겹쳐지고 합쳐지는 장면으로 변하면서 열정적인 색채로 이루어진 오프닝 크레디트의 배경 화면이 된다. 영화의 초반에 주제 음악이 나오면서 '붉은 방'이 보이는데 이는 주요 은유로서 그 주제적인 중요성을 강조한다. 여성은 가부장제에 의해 물리적으로 감금을 당할 뿐만 아니라 그들의 열정 또한 제한된다. '붉은 방'의 붉은 색채로 표현된 공포와 분노는 버사의 감금된 상태와 광기, 방화의 경향과 연결될 수 있다.

1944년 영화에서 여성 공동체의 힘이 거의 존재하지 않았다면 1996년 영화에서는 여성 공동체를 긍정적인 지지의 힘을 주는 존재로 제시한다. 로우드 학교에서의 생활은 보다 상세하게 표현되며 전반적으로 제인의 소외된 모습보다는 어머니와 같은 템플 선생의 보살핌 속에서 다른 소녀들과 함께 로우드에서의 추위, 배고픔, 학대를 이겨나가는 동료애가 강조된다. 제인이 헬렌에게 보닛을 벗으라고 하고는 햇빛에 비친 긴 머리의 그녀의 모습을 그리는 장면에서와 같이 둘 사이의 관계는 더 비중을 두고 표현된다. 이때 브로클허스트가 갑자기 들어와서는 헬렌의 머리를 자르려고 하자, 제인은 헬렌 옆에 서서 자신의 머리도 자르라고 한다. 헬렌과 제인을 동일시하는 것은 둘이 함께 나란히 서서 브로클허스트의 가위를 기다리는 장면을 통해 시각적으로 표현된다. 가부장적 힘에 맞서는 저항은 이렇게 헬렌과 제인 사이에 존재하는 자매로서의 동맹에서 볼 수 있다.

템플 선생은 로우드에서의 가혹함을 완화해주고 자신의 학생들을 끝까지 지켜주는 치유의 인물로 그려진다. 암울한 현실과 동떨어진, 자신들만의 평화로운 푸른 달빛의 세계에서 템플 선생은 머리카락이 잘려나간 제인과 헬렌을 위로해준다. 이 장면은 밖에 눈이 오는 장면으로 이어지고, 다음으로 헬렌이 제인의 팔에 안겨서 죽는 장면, 제인이 헬렌의 무덤 앞에 앉아 있는 장면, 그리고 바로 그 무덤 앞에서 이제는 어른이 된 제인이 템플 선생이 부르자 일어나는 장면 등의 시퀀스로 연결된다. 이러한 장면들을 통해 관객은 제인이 헬렌의 곁을 지켰듯이 템플 선생이 그 세월 동안 제인의 곁에 있었다는 것을 알 수 있다. 브론테의 원작소설에서는 템플 선생이 할 수 있는 일에 한계가 있어서 그녀는 결국 결혼하고 로우드를 떠난다. 그러나 1996년도 영화에서는 템플 선생으로부터 받았던 모성적인 여성으로부터의 지지는 시각적으로 그녀와 같은 풍의 하얀 칼라가 달린 회색 원피스를 입은 페어팩스 부인과 메리로 연결되면서 제인을 지탱해준 힘이었음을 알 수 있다.

가정에서의 삶의 테두리 안에 갇혀 있지만 이를 넘어서고자 하는 제인을 비롯한 여성 인물들의 갈망은 창살 너머의 세상을 그리는 시각적 모티브로 표현된다. 제인과 아델, 페어팩스 부인은 종종 창살이 쳐진 창문 앞에 서서 창 너머의 세상을 바라본다. 이 영화에 자주 등장하는 또 다른 시각적 모티브는 제인과 버사를 연결하는 거울이다. 제인과 버사와의 첫 연결은 로체스터가 자신의 문란한 과거를 제인에게 고백한 후

버사의 투사로서의 제인

얼마 되지 않은 어느 날 밤 제인이 창문이 덜컹거리는 소리에 잠에서 깼을 때이다. 버사의 웃음소리와 함께 긴 거울에 제인의 모습이 비치고 난 후 제인은 로체스터의 방이 불길에 휩싸여 있는 것을 발견하게 된다. 이와 유사한 모티브가 제인이 로체스터가 블랜치 잉그램Blanche Ingram과 가깝게 지내는 것을 본 그날 밤에 반복되는데, 제인은 버사의 고함소리에 깨어 거울에 반사된 자신의 모습을 본다. 그녀는 그 후 로체스터로부터 버사가 공격한 리처드 메이슨Richard Mason을 간호해달라는 부탁을 받는다. 결과적으로 버사의 공격은 제인을 로체스터와 더 친밀하게 만든다. 제인의 결혼식이 실패로 돌아간 후 버사는 제인의 웨딩드레스에 불을 붙이며 결국은 손필드에서의 감금의 세월에 종지부를 찍게 된다. 이는 제인이 손필드를 떠나는 것과 동시에 일어난다.

2011년에 제작된 「제인 에어」 영화에서도 가정의 굴레와 사회의 제약 속에 감금되어 있으나 보다 넓은 세상을 갈망하는 여성들의 운명이 창살이 쳐진 창문이라는 유사한 모티브로 표현되었다. 손필드에서 제인과 로체스터의 딸 아델의 교류는 여러 형태의 창살이 있는 창문들을 배경으로 일어난다. 이런 모티브의 전형적인 예로 역시 창살이 쳐진 창문을 배경으로 제인과 페어팩스 부인이 화면에 잡히면서 대화를 나누는 장면을 들 수 있다. 페어팩스 부인이 "이 소외된 집에서의 삶은 아주 조용하지요. 젊은 여성에게는 소리 없는 죽음이지요"라고 하자 제인은 "저는 여성이 남성처럼 삶에 있어 보다 많은 활동을 했으면 해요. 언제나 저 지평선이 우리에게는 한계라는 것이 저를 고통스럽게 해요. 이를 넘어설 수 있는 비전의 힘이 있었으면 해요"라고 말한다. 이러한 제인의 말과 창살 너머에 있는 시각적인 이미지는 여성의 감금된 상태에 대한 표현이다. 브론테의 소설에서는 이러한 제인의 대사를 버사가 동의의 웃음으로 화답한다. 2011년 영화의 경우 감독은 제인의 이 대사 바로 앞에 감금된 버사의 처지를 보여주는 장면을 배치함으로써 제인과 버사가 감금의 운명을 함께하고 있음을 표현한다. 아델이 제인에게 손필드에 출몰하는 괴기스러운 여성이 있다고 이야기할 때 카메라는 이들 뒤에 있는 인형집 안에 감금된 인형의 형상을 보여준다.

그러나 2011년 영화 전반의 고딕 분위기는 제인이 다른 여성과 자신을 동일시할 수 있는 경로를 주지 않는다. 로우드에서의 제인의 삶은 기억을 통해 그려지는데, 제인이 기억하는 것은 스캐처드Scatcherd 선생의 학대이고 이에 대응해줄 템플 선생과 같은 여성은 없다. 헬렌은 제인의 자아를 강건하게 해주는 소중한 친구이지만 일찍 죽고 제인에게 영향을 주기에는 너무 나약하게 그려진다. 로우드를 떠나면서 스캐처드 선생과 아무런 말도 나누지 않는 것을 보면 제인은 사람들과 별다른 교류 없이 로우드에서의 세월을 보낸 듯하다. 제인은 손필드에서 같은 주인을 섬기며 계급에 있어서 애매한 위치에 있다는 공통점을 아델과 페어팩스 부인과 나누지만, 자신을 그들로부터 구별시킨다. 말투 등 아델에게서 보이는 프랑스적인 특징과 어머니로부터의 미심쩍은 교육은 비판적인 시각으로 그려지며, 페어팩스 부인에게서는 제인에게 무엇인가 숨기고 있다는 분위기가 풍긴다. 마찬가지로 다이애나와 메리와의 우정은 제인에게 큰 영향을 주지만, 그들은 제인을 무어 하우스에 남겨둔 채 가정교사로서의 그들 자리로 돌아간다.

1996년 영화와 비교해볼 때 2011년 영화에서 제인을 격려하고 지지

제인과 문 너머의 버사

해주는 여성 및 여성 공동체가 배제되어 있다는 사실은 버사와 제인과의 관계에서도 드러난다. 로체스터와 처음으로 긴밀하게 이야기를 나눈 지 얼마 지나지 않은 어느 날 밤 여자의 웃음소리에 깨어난 제인은 로체스터의 방이 불타고 있는 것을 발견한다. 영화는 버사와 제인 간에 어떤 연결 고리를 제시하기보다는 버사를 제인에게 공포를 일으키는 요소로 그리고 있다. 리처드를 돌봐달라는 로체스터의 부탁을 받은 뒤 버사가 리처드에게 입힌 상처는 아주 자세히 묘사되며, 제인이 그 방의 비밀의 문 뒤에서 나는 소리에 귀를 기울일 때 카메라는 익스트림 클로즈업으로 공포가 깃든 제인의 눈에 초점을 맞춘다. 1944년 영화에서와 마찬가지로 이 장면에서 영화 프레임은 둘로 분할되는데, 왼편에는 공포에 떨고 있는 제인의 모습을, 오른편에는 어둠 속 버사의 모습을 보여준다. 이와 비슷한 구도는 또다시 등장하는데, 결혼식이 취소된 후 하얀 면사포를 쓴 제인과 검은 머리를 길게 드리운 버사가 한 프레임 안에서 좌우로 대조된다. 버사는 제인에게 벌레를 뱉고 로체스터를 공격한다. 이와 같이 제인 안의 분노를 대신 표출하고 제인 대신 행동하는 상징적인 자아로 버사를 묘사하기보다는, 2011년 영화는 고딕 요소를 강조하면서 두 여인 사이의 관계를 적대적으로 그린다.

사실 후쿠나와 감독은 제인이 결혼식 전날 밤 잠에서 깨어 하얀 옷을 입은 형체가 서서히 일어나는 것을 목격하는 3분가량의 장면을 찍었었다. 그 형체, 즉 버사가 돌아서는데 처음에는 면사포를 거꾸로 써서 얼굴을 알아볼 수 없다. 그녀는 면사포를 찢고는 얼굴을 내밀며 숨을 들이마신다. 이는 마치 자신을 가두었던 결혼의 상징인 면사포를 찢으면서 자유를 찾는 듯한 몸짓으로 보인다. 버사는 면사포를 다시 얼굴에 뒤집어쓰고 제인에게 다가서서 자신의 얼굴을 제인의 얼굴에 비빈다. 기절을 한 제인은 아침에 깨어나 찢어진 면사포를 보고 꿈을 꾼 것이 아니었음을 알게 된다. 상징적으로 볼 때 이 사건은 면사포를 쓴 현재 로체스터의 부인인 버사가 미래 로체스터의 부인이 될 제인에게 그와의 결혼 생활이 감금과 질식의 삶이 될 수 있음을 경고하는 것이다. 이러한 반은 실재, 반은 판타지와 같은 장면은 현실적인 영화의 분위기를 유지하기 위해 삭제되었을 수도 있지만, 이는 버사가 가질 수 있는 제인의 더블로서의 상징적인 가능성을 배제시킨다. 이와 같이 버사가 단지 제인과 로체스터의 결혼을 방해하는 괴기스러운 존재로 축소되면서 제인의 분노와 열정은 완전하게 표현되지 못한다. 그러나 다른 여성 인물에 의존하기보다는 제인으로 하여금 자신 앞에 놓여 있는 시련을 혼자 맞서게 하려는 영화의 의도는, 가혹한 현실의 시련과 제인의 결단 및 자유 의지를 극명하게 대조하는 영화의 정신에 충실한 것이라고 볼 수 있다.

4. 브론테의 서사를 영화로 옮기기

2011년 「제인 에어」 영화의 가장 뚜렷한 특징은 시간순으로 구성된 원작 소설의 플롯이 해체되고 이와는 다른 새로운 구조로 만들어졌다는 것이다. 영화에서 관중이 보게 되는 첫 장면은 어린 제인이 게이츠헤드에서 생활하는 모습이 아닌 성인이 된 제인이 손필드 저택에서 도망치듯 나오는 모습이다. 관객은 제인의 등을 먼저 보게 되고 그녀가 고개를 돌려 자신이 벗어나게 될 어둠을 마지막으로 보려고 할 때 잠시 얼굴을

손필드 저택을 나서는 제인

보게 된다. 그녀 앞에 놓인 것은 불확실과 위험을 암시하는 가시덤불의 길이다. 곧이어 비에 젖어 추위에 떨며 황야를 헤매다가 자연의 품속에서 죽음을 기다리며 누워 있는 장면이 나온다. 이후 공중 숏aerial shot으로 네 갈래로 나뉜 갈림길 앞에서 어느 쪽으로 가야 할지 몰라 서 있는, 아주 작은 형체의 제인을 잡는다.

그녀는 세인트 존 리버스의 집 앞에 다다라서 쓰러지는데 관객은 그녀가 무엇 때문에 이런 위험을 무릅쓰고 도피를 감행해야만 했는지 궁금해진다. 리버스 가족이 제인을 집으로 들이고 나서 그녀에게 누구인지 물어보자 제인이 대답을 하는데, 이때 플래시백으로 제인의 기억을 통해 그녀의 이야기를 추적하게 된다.

제작자 앨리슨 오언Alison Owen은 제작 노트에서 이 영화 각본의 탁월성은 소설의 삼분의 일에 해당하는 마지막 섹션을 지우거나 축소한 다른 각색과는 달리 이 부분을 전면에 내세우고 다른 앞선 부분들은 플래시백으로 보여준다는 데 있다고 한다. 그리고 이는 전체적으로 소설을 온전하게 유지할 뿐만 아니라 관객이 영화의 실제 시간을 함께한다는 느낌을 받을 수 있는 효과를 준다고 말한다. 이렇듯 플롯을 재구성함으로써 이야기를 창의적으로 재해석하면서도 브론테의 의도에 충실하며 『제인 에어』 서사의 핵심을 잘 포착한다. 『제인 에어』 소설의 특징은 결혼한 제인 로체스터가 자신의 관점에서 일인칭 시점으로 자신의 이야기를 들려준다는 데 있다. 소설은 시간의 자연스러운 흐름을 따르기보다 제인의 시점에서 주관적으로 사건을 재해석하는 이야기이며 손필드로부터의 도피는 중요한 부분을 차지한다. 그러므로 2011년의 영화에서 플래시백으로 제인이 자신이 겪었던 일들을 회고하는 구성은 제인의 서사의 의도와 구조에 충실하다고 볼 수 있다. 또한 제인의 삶 전체를 시간의 흐름에 따라 보여주는 것이 아니라, 손필드를 떠나는 그 순간을 현재의 시점으로 정해 이를 중심으로 이야기가 전개된다는 것은 매우 중요한 점이다. 이러한 구조를 다른 영화와 비교하면서 영화에서 서술의 재구성이 왜 효과적인지 살펴보고자 한다.

1944년의 영화에서는 영화가 소설에 대한 충실한 각색임을 시사하기 위해서 소설책 『제인 에어』가 저절로 펼쳐지고 제인이 몇 구절을 읽는 인위적인 장치로 시작한다. 게이츠헤드에서 리드 부인과 브로클허스트와 맞서거나 로우드에서 겪은 시련을 이야기할 때는 제인의 목소리로 전달되고 카메라는 제인의 시점을 충실히 따른다. 그러나 로체스터가 등장하면서 제인의 목소리는 사라진다. 제인이 회고할 때 나왔던 처량하고 조용한 음악은 로체스터가 등장하자마자 웅장하고 남성적인 음악으로 바뀐다. 관객이 현재까지 동일시했던 시점은 제인의 것이었는데, 이는 로체스터의 것으로 대체되고 제인은 이후 그의 응시의 대상이 된다. 무엇보다 표면적으로는 영화가 소설을 충실히 따른다고 하지만, 당시 시대의 젠더 이데올로기에 따라 플롯이 많이 변형된다. 이 소설의 마지막 3분의 1에 해당하는 1년간의 이야기는 지워지고 대신 제인의 처량한 상황으로 대치된다. 손필드 저택으로부터 도망치듯 나온 후 제인은 갈 곳이 없어 다시 게이츠헤드로 돌아간다. 그 후 소설과는 다른 전개로 리버스 일가와의 상봉도 없고 유산도 물려받지 못해서 할 수 없이 브로클허스트에게 교사 자리를 부탁하는 서신을 쓴다. 이때 환청처럼 들리는 제인을 부르는 로체스터의 목소리는 다른 대안이 없는 제인에게는 구원의 소리이다. 1944년도 영화 속 제인의 이야기는 의지와 선택, 결단의 이야기라기보다는 고아였던 가정교사가 자신을 고용한 남자의 사랑에 의지하는 것 말고는 다른 대안이 없는 신데렐라의 이야기이다.

한편 1996년 「제인 에어」 영화의 가장 큰 강점은 일인칭 화자의 주관적인 시점에서 그려진다는 것이다. 많은 오버 더 숄더 숏과 달리 숏dolly shot을 통해 관객은 제인의 시점과 자신의 시점을 동일시하게 된다. 영화는 게이츠헤드 저택을 그린 흑백 사실화로 시작해 제인이 '붉은 방'에 감금되는 장면으로 넘어가고 '행복이 완성된' 로체스터와 제인이 호수를 함께 바라보는 장면으로 끝을 맺는다. 이 영화에서는 헬렌과 템플 선생과 같은 치유와 지지의 인물들과 제인의 따뜻한 관계를 조명하고 제인이 어떻게 구속에 대항하면서 성장해왔는지 연대기순으로 그녀의 삶을 추적한다. 손필드에 도착한 후 새로운 보금자리를 향한 제인의 따뜻한 시선이나 구석에서 조용히 로체스터를 응시하면서 키워가는 그에 대한 욕망은 영화에서 충실히 실현된다. 로체스터와의 친밀한 시간은 익스트림 클로즈업으로 포착되어 관객은 제인 안에서 자라는 욕망을 생생히 느낄 수 있다.

그러나 1996년 「제인 에어」 영화의 초점은 명백히 제인과 로체스터의 이성 관계에 있다. 제인이 손필드를 떠났다가 다시 돌아오기까지의 내용은 압축되고 세인트 존과의 이성으로서의 관계는 생략되어 이 부분은 전체 영화 시간 108분 중 6분만 차지한다. 영화에서는 보다 빠른 진행을 위해, 제인이 손필드에서 벗어나자마자 우연하게도 지나가고 있는 마차에 몸을 싣게 한다. 이와 동시에 버사는 제인의 웨딩드레스에 불을 지르고, 그 불은 버사와 로체스터를 에워싸게 된다. 관객은 죽은 버사가 이제 제인에게 어떠한 방해도 되지 않음을 알기에 그 후의 이야기는 극적 긴장감을 주지 못한다. 제인의 마차가 우연히 세인트 존의 집 앞에서 멈추자, 그의 누이인 메리는 초췌한 제인을 집 안으로 데리고 들어간다. 다음 장면에서는 제인이 침상에서 일어나면서 한 달이나 신세를 졌다는 말을 한 직후 세인트 존으로부터 자신이 큰 유산을 받게 되었다는 놀라운 소식을 듣게 된다.

이렇게 빠르게 진행되는 여러 상황 속에서, 제인이 세인트 존으로부터 청혼을 받거나 교사로서 일하는 모습은 생략된다. 무어 하우스에서 그녀는 세인트 존이라는 목사의 선한 뜻에 의지할 수밖에 없으며 그곳에서의 제인의 삶은 로체스터로부터 잠시 떨어져 그녀가 로체스터에 대한 자신의 감정을 재확인하기 위한 장치로서만 의미가 있다. 제인이 세인트 존으로부터 자신의 독립성을 지켜가기 위해 투쟁하는 과정은 전혀 그려지지 않고 로체스터를 향한 마음으로 창밖을 내다보는 장면은 상대적으로 의미 있게 그려지는데, 이때 제인은 자신을 부르는 로체스터의 목소리를 환청으로 듣게 된다. 그 후 제인은 로체스터에 대한 사랑의 감정으로 다시 손필드를 찾는다. 영화는 제인과 로체스터가 함께 호수를 바라보는 장면이 나오면서 제인의 보이스 오버로 끝을 맺는다. “우리는 서로에게 헌신적이다. 우리의 심장은 하나로 뛰며 행복은 완전하다.” 제인이 자신의 목소리로 자기 이야기를 서술하기까지의 과정이 1996년 영화에서는 충실히 묘사되었지만 세인트 존에 대항해 자신의 주체성을 찾아가는 과정이 지워졌기 때문에, 제인의 성장은 로체스터와 결혼함으로써 자신의 욕망을 실현하는 데 그치고 만다.

2011년 「제인 에어」에서 서술자의 목소리나 의식은 자신의 이야기를 플래시백으로 되짚는 제인 에어의 것이다. 자신의 기억에 의한 재구성이라는 이러한 장치는 각색가가 브론테의 방대한 분량의 소설로부터 가장 중요한 사건들을 선택하고 두 시간 안에 압축시킬 수 있게 해준다. 단순히 시간의 순서를 따르지 않고 사건을 재편성한 것은 리버스 가족을 리드 가족과, 세인트 존을 존 리드와, 헬렌을 다이애나와 메리와, 그리고 로체스터를 세인트 존과 효과적으로 대비하는 역할을 한다. 재편성된 이야기의 핵심은 제인이 다른 사람들에게 의지할 수밖에 없는 소외의 삶을 살았으나 결국 제인 엘리엇이라는 새로운 이름으로 무어 하우스에서 평등과 독립의 삶을 찾게 된다는 것이다.

누구이며 어디서 왔는지 묻는 리버스 자매의 질문에 제인은 자신이 숨어 있어야 한다고 말하는데 이 장면은 자신을 괴롭히던 사촌 존 리드로부터 숨는 플래시백으로 전환된다. 남성으로부터 달아나고 숨어야 하는 고딕적인 모티브는 이 영화에서 반복적으로 강조된다. 존은 어린 제인의 머리를 책으로 때려 머리에서 피가 나게 한다. 그러나 벌을 받는 것은 제인이고 제인은 '붉은 방'에 감금된다. 리드의 집에서 제인이 소외를 느꼈다면 리버스의 집에서는 식탁에서 함께 식사를 하는 식구가 된다. 어떤 교육을 받았는지 질문을 받자 제인이 처음으로 기억하는 것은 로우드 학교에서 목덜미에 회초리를 맞았던 일이다. 제인은 벌로 의자 위에 서 있게 되는데, 점점 길어지는 그림자의 변화를 통해 영화는 제인이 얼마나 오랫동안 거기 서 있었는지 보여준다. 제인에게 영향을 준 헬렌의 우정과 신앙심은 리버스 가족과 함께 살며 성서를 같이 읽는 모습과 연결된다. 헬렌의 죽음은 다이애나와 메리가 가정교사로 복직하기 위해 떠나는 것과 연결되어 제인의 고립을 강조한다. 제인이 자신이 살 오두막을 꾸미고 학교를 세우면서 세인트 존과 보낸 시간은 자신을 부르는 로체스터의 목소리를 상상하는 것과 대비된다. 이제야 처음으로 누구에게 종속되거나 의지하지 않아도 되는 첫 집과 일을 갖게 되어 행복하다는 제인의 말은 제인이 로우드에서 그녀의 제자들과 이별을 고하는 장면과 대비된다. 영화에서 제인이 손필드에 가정교사로 오면서 플래시백은 없어지고 장면이 보다 자연스러운 속도로 흐르는데, 이는 손필드에서의 시간이 제인의 마음에 생생하게 남아 있을 뿐만 아니라 현재 자신을 형성하는 데 중요하게 작용했음을 의미한다.

무엇보다 손필드를 떠나는 것을 영화의 실제 시간이 시작되는 시점으로 삼았다는 것은 손필드를 떠나고 다시 돌아오는 것이 제인의 자아 형성 과정에서 얼마나 중요한지 보여준다. 자립과 사랑이라는 주제가 두 시간 동안의 대치를 통해 전방에 드러난다. 제인은 다음과 같은 몇 가지 이유로 로체스터와의 관계에서 위협을 느낀다. 그는 제인보다 나이도 많고 경륜이 있으므로 대화나 그녀의 행동을 장악할 수 있다. 그리고 제인은 버사의 존재를 알게 되면서 버사가 겪은 구속의 생활이 자신의 운명이 될 수도 있다는 것을 깨닫게 된다. 또한 제인은 로체스터에게 자신의 물리적인 생계를 의존할 뿐만 아니라 그에게 너무나 몰입한 나머지 자신의 정체성을 그로부터 분리할 수 없게 되었음을 깨닫는다. 그녀의 사랑은 자유를 선사하기보다 오히려 구속이 될 수 있다. "내 미래의 남편은 내 세계의 전부, 아니 그 이상이 되어가고 있었다. 그는 내게 천국을 향한 소망과도 같았다. …… 나는 하나님의 피조물을 내 우상으로 삼았기 때문에 하나님을 바라볼 수 없었다"(Brontë, 272). 이러한 깨달음을 통해 제인은 미래의 전망이 아무리 불확실하다고 해도 자신의 환상을 버리기로 결심한다.

> 어제의 제인은 어디로 갔을까? 그녀의 인생과 미래는 어디에 있는 것일까? 열정적이었고 기대에 찼던, 한때는 신부가 될 뻔했던 제인 에어는 이제 다시 차갑고 외로운 소녀가 되었다. 그녀의 인생은 생기를 잃었고 미래도 황량했다. …… 나는 내 사랑을 들여다보았다. 나의 주인에게 향한 감정, 그가 만든 그 감정은 이제 차가운 요람에 누워 있는 아픈 아이처럼 내 가슴에서 덜덜 떨었다. …… 순전한 진실이라는 속성은 이제 그에게서 찾을 수 없었고 나는 그의 곁에서 사라져야만 한다. 나도 그것을 잘 알고 있었다. (Brontë, 292-293)

후쿠나가 감독은 제인이 사랑을 단념한 후 느끼는 이러한 죽음, 차가움, 불확실 등의 감정을, 그녀가 사랑에 빠져 있던 시절 밝고 생기 있게 느꼈던 자연과는 대조를 이루는 위협적인 자연의 기운을 통해 표현한다.

로체스터를 떠나야 하는지에 대한 제인의 절절한 고민은 소설에서 세세하게 그려진다. 이러한 결정은 다음의 표현에서 알 수 있듯이 제인에게 마치 심장을 도려내는 것과 같은 고통이다. "너는 네 스스로 누구의 도움도 없이 그로부터 너를 떼어내야 한다. 너의 오른눈을 뽑아버리고, 오른손을 잘라내야 한다. 너의 심장이 제물이 되어야 하고 그 제사장은 바로 너여야만 한다"(Brontë, 294). 손필드는 제인에게 생계를 유지하게 해주고 안정감을 주었을 뿐만 아니라 흠모할 대상을 주었기 때문에 그곳을 떠나는 결정은 제인에게는 목숨 이상의 것을 건 결정이다. 이 결단에 대해 그녀가 겪어야 했던 시련은 끊임없이 넓게 펼쳐진 거대하고 냉혹한 대지에 작은 점과 같은 제인을 익스트림 롱 샷으로 보여주는 연속된 장면으로 강조된다. 카리나 롱워스Karina Longworth는 이 영화에서 연애의 현장을 떠나기로 한 제인의 결단과 행위를 강조해 표현하고 있다는 점을 높이 평가한다.

> 「제인 에어」는 그 연애에서 제인이 벗어나면서부터 고딕 장르로서의 정점에 도달한다. 혼자서 황무지의 폭풍우를 맞서며 열었던 마음이 산산조각이 나는 고통과 숨어 있던 진실이 드러남에 따른 실의를 경험한다. 제인은 밑바닥을 경험하지만, 이 '행동'이 그녀를 자기 자신이 추구한 것에 이르게 한다. 브론테의 소설을 자유 의지와 종속에 대한 질문의 기초로 삼으면서 감독은 자신의 길을 간다는 것이 진정 무엇을 의미하는지 파고든다.

현대 사회에서 아직도 많은 여성에게 걸림돌이 되는, 사회가 이상화한 완전한 사랑이라는 개념에 항복하지 않고 제인은 자신의 가치관과 위엄, 자아 존중감과 타협하고자 하는 유혹과 씨름한다. 자신의 안위보다는 로체스터가 겪게 될 절망과 고통이 제인을 먼저 괴롭히지만 로체스터를 향한 사랑의 마음을 극복하고 평등의 기상을 갖게 된다. "그를 위안하고 구원하고 사랑하라. 그에게 사랑한다고, 그의 것이 되겠다고 말하여라. 이 세상에서 너를 사랑해줄 사람이 또 있겠는가? 그리고 너의 행동으로 다칠 사람은 아무도 없지 않은가? …… 그렇지만 내가 나를 사랑한다. 외롭거나 의지할 곳이 없을수록 나는 나를 더욱 존중할 것이다"(Brontë, 312). 2011년 영화에서는 마치 도망치듯 손필드를 떠나는 제인의 모습을 첫 장면으로 내세우고 왜 이렇게 절박하게 떠나야 했는지를 여러 장면을 통해 밝힘으로써 제인의 독립심과 자존감이 강조된다. 손필드에서 받았던 보호와 사랑으로부터 자신을 육체적으로 잘라내면서 제인은 굶주림과 추위, 죽음으로 도주한다. 영화 초반에 손필드로부터의 탈출이 관객에게 미스터리와 서스펜스를 불러일으켰다면, 제인이 방황의 길에서 광활한 자연을 작은 점으로서 맞서는 똑같은 장면으로 되돌아온 것은 이제 무어 하우스에서 지내면서 자신의 조건과 방식으로 소외와 불확실의 삶에 맞설 수 있을 만큼 제인의 주체성이 성장했음을 표현한다. 이를 통해 관객은 영화 초반에 손필드를 나서면서 뒤를 돌아보는 제인의 모습이 얼마나 많은 의미를 지녔는지 깨닫게 된다. 『제인 에어』를 각색한 이전의 영화들이 독립과 자유에 대해 제인에게 말로 표현하게 했다면 2011년 영화는 이러한 기상을 시각적으로 형상화한다.

영화 전반부에서부터 무어 하우스에서의 삶을 느리고 세세히 묘사함으로써 제인이 자아와 독립성을 저버릴 수 있는 유혹과의 치열한 싸움에 맞설 수 있을 만큼 성장했음을 잘 보여준다. 무어 하우스에 대한 지속적인 묘사는 이 시기를 실제 시간의 일부로 만듦으로써 손필드에서 로체스터와 보낸 시기와 대등한 비중을 둔다. 무어 하우스에 머무르면서 제인은 육체적·정서적으로 치유를 받고, 가족과 같은 사람들과 직업을 갖게 된다. 또한 로체스터에 대한 자신의 감정이 그가 더 이상 그녀의 우상이 아닐 때에도 얼마나 유효한지 파악할 수 있는 시간을 갖게 된다. 원작에는 없는 새로운 장면에서 관객은 오두막집 문을 두드리는 소리를 듣게 되고 제인이 문을 열자 로체스터가 안으로 들어와 그녀를 포옹하는 것을 목격하는데, 이는 제인의 환상이었고 실제로 문 뒤에 있는 사람은 로체스터가 아닌 세인트 존이었음을 깨닫게 된다. 이 장면을 통해 로체스터에 대한 그녀의 갈망이 아직도 그녀를 "사로잡아 잔인하게 괴롭혀서"(Brontë, 345) 슬픔에서 헤어나지 못하게 하고 있음을 알 수 있다.

세인트 존과의 관계에서 제인은 그가 지닌 결혼관을 끔찍하게 생각한다. 그가 그녀에게서 찾는 동질성은 자기 조절과 자제력, 근면이다. 그가 주장한 그들 사이에 존재하는 동질성에 대한 언급, "우리는 같은 특성을 지니고 있는 것 같습니다. 당신도 야망이 있어요"는 "나는 당신에 관해서는 이상한 감정이 있어요. 마치 내 왼쪽 갈비뼈 밑에 어떤 줄이 당신의 것과 연결된 듯한…… 당신은 나와 동등하며 나와 닮아 있소"라는 로체스터의 말과 극명한 대조를 이룬다. 아직 관객의 머릿속에 생생한 로체스터의 존재를 영화의 실제 시간에 일어나는 제인과 세인트 존 간의 관계와 병행시켜놓음으로써 관객은 제인이 사랑과 결혼에 대한 관습적인 생각을 재고하고 있음을 알게 된다. 결국, 사회의 눈으로 볼 때 제인에게 세인트 존은 나이나 계급 등 표면적으로는 로체스터보다 어울리는 짝이다. 제인은 "나는 당신의 재능이 어디에 있는지 알겠습니다. 하나님은 당신을 선교사의 아내로 삼으셨습니다. 당신을 내 것으로 차지하겠어요"라고 말하며 하나님의 권위를 이용해 청혼을 하는 하나님의 종 세인트 존에게 자신을 쉽게 내줄 수 있는 것이었다.

세인트 존으로부터 청혼을 받은 후 제인은 1996년 영화에서와 같이 창가에서 상념에 잠겨 있다. 그러나 1996년 영화의 제인이 로체스터를 향한 갈망의 마음으로 창가에 서 있다면, 2011년 영화의 제인은 의무, 결혼, 사랑 등의 개념에 대해 깊이 고뇌하며 서 있다. 그녀는 결국 선교 활동을 하러 인도에 가는 세인트 존과 동행한다면 결혼을 하지 않고 따라가겠으며 단지 사촌오빠로서 사랑하고 "남편으로서는 마음에 아무런 요동이 없다"고 하자, 그는 "[그러한 그녀] 대신 이야기하겠다"고 한다. 세인트 존의 사랑에 대한 생각은 자아 존중감을 지키는 것을 중시하는 제인의 사랑관과 크게 마찰을 빚는다. "용서하세요. 그렇지만 사랑이라는 말이 우리 사이에는 분쟁의 씨입니다. 당신과 결혼한다는 것은 저를 죽이는 것과 같습니다." 이러한 제인의 말에 세인트 존은 하나님의 권위를 빌려 그녀와 그녀의 열정을 심판한다. "죽이는 것이라고? 그런 단어는 여성스럽지 못하고 진실되지 못합니다. 난 당신의 마음이 어디로 향해 있고 또 무엇을 놓지 못하고 있는지 알고 있어요. 그의 이름을 말해봐요, 말해요, 말해. 왜 법에 위반되는 이런 열정을 아직 억누르지 못한 거요? 그것은 나를 불쾌하게 할 뿐만 아니라 하나님을 거슬리는 일입니다." 그의 이름을 이야기하라는 세인트 존의 말과 병치되어 제인은 자신을 부르는 로체스터의 목소리를 듣게 된다. 제인이 그 목소리가 들리는 방향으로 걸어가자 세인트 존은 그녀를 붙잡고자 제인을 부르지만 제인은 그 소리를 듣지 못한다.

사랑과 여성의 의무에 대한 사회의 관습적·종교적인 개념을 수용하기보다 제인은 사랑과 독립에 대한 자신의 이해에 도달한다. 「단독자로서의 제인 에어」라는 논문에서 오정화는 제인이 겪은 두 가지 유혹에 대해 분석한다. 첫째는 우상이 될 정도로 로체스터를 욕망한 것이다. 자신의 단독자로서의 자아가 그로부터 흡수를 당해 자신이 하나님 앞에 단독으로 서고 다른 사람을 돕는 역할을 하기 힘들다는 것이다. 그녀 또한 로체스터가 의지할 우상이나 천사, 구세주가 되어서는 안 되며 그가 하나님 앞에 바로 설 수 있게 해야 하는 것이다. 이 첫 번째 유혹의 경우, 어떻게 행동해야 자신의 주체성을 유지할 수 있는지 분명하기 때문에 제인은 아무리 어렵다고 하더라도 행동으로 옮긴다. 로체스터의 정부가 되어 그와의 삶을 유지하기보다 제인은 어떤 준비나 계획이 없음에도 손필드를 바로 떠나기로 결정한다. 두 번째 유혹은 세인트 존의 청혼을 뿌리치고 다시 로체스터에게 돌아간 것이다(오정화, 80-85). 제인은 세인트 존에게 자신의 생명, 직업, 유산 등을 빚지고 있다고 생각할 뿐만 아니라 그가 목회 활동에 열성적이고 인품도 흠잡을 데가 없기 때문에 그를 대적하는 것은 제인에게 어려운 일이다. 세인트 존이 그녀를 자신의 목적을 이루는 도구로 생각한다는 것과 그를 따른다는 것은 자신의 일부를 저버리는 일임을 알지만, 제인은 그를 만족시키고 그에게 인정을 받고자 한다(오정화, 395). 특히 제인은 세인트 존이 요한계시록을 봉독한 후 그의 목적의 진정성에 경외심을 갖게 되어 자신을 희생하고 그의 뜻에 따라 순종하려고 한다.

> 나는 세인트 존에게 경외감을 느꼈다. 그러한 감정이 너무도 강렬해 내가 그토록 오랫동안 피했던 점으로 나를 밀어붙일 정도였다. 나는 이제 그와의 투쟁을 멈추고 그의 의지의 급류를 따라 그의 존재의 심연 속으로 흘러들어 내 의지를 저버릴 것 같은 유혹을 느꼈다. 나는 이전에 [로체스터에게] 그랬던 것처럼 이제 그에 의해 무너져버릴 것 같았다. 나는 성직자의 손길 아래 미동도 없이 서 있었다. 그를 거절했던 마음, 두려움, 그에게 맞설 힘도 사라지고 불가능으로 여겼던 일, 즉 세인트 존과의 결혼이 바로 가능한 일로 변하고 있었다. 모든 것이 빠르게 변하고 있었다. 신앙이 부르고 천사들이 손짓을 하며 하나님이 명령을 내렸다. 이생이 두루마리처럼 말리고 죽음의 문이 열리면서 그 너머 영원의 세계를 보여주었다. 마치 그곳에서의 안녕과 행복을 위해서라면 이 세상의 모든 것은 한순간에 희생을 해도 될 것처럼 느껴졌다. (Brontë, 408)

세인트 존의 종교적 열성에 설득되어 제인은 하나님의 옹호자인 그의 뜻을 따르고자 한다. 그러나 보편적이거나 윤리적인 가치에 따르기보다 하나님과의 직접적인 관계 안에 들어가야 한다는 것을 안다. 그녀는 "단독자로서 절대자와 절대적인 관계에 서야 하는 것이다"(오정화, 64). 허공에서 들리는 자신을 부르는 로체스터의 목소리는 제인에게는 은밀한 기도에 대한 응답이며 그녀는 이를 절대적인 진리로 받아들인다. 이러한 "믿음의 도약leap of faith"은 하나님의 동역자로서 로체스터를 도와야 한다는 내적 믿음을 가지고 그에게 돌아갈 수 있는 의지를 준다(오정화, 69). 2011년 영화에서 제인이 세인트 존과 갈등하는 부분은 두 장면으로 압축되어 있지만, 영화 내내 지속되는 무어 하우스에서의 제인의 삶에 대한 묘사가 자신을 부르는 로체스터의 목소리를 듣고 반응할 수 있는 제인의 내적 성장을 이해하게 해준다. 로체스터를 첫 시험의 단계에서 내려놓음으로써 제인은 보편적이고 윤리적인 선택을 할 수 있었다. 그러나 세인트 존과의 투쟁을 통해 제인은 가부장적인 인물이 그녀에게 부여하는 관습적인 운명을 뛰어넘을 수 있었으며 단독자로서 자신을 확인하고 로체스터에게 다시 돌아갈 수 있게 된다.

1944년 영화의 결말에서 오선 웰스Orson Welles 분의 로체스터는 에너지와 남성성이 손상되지 않은 채 여전히 제인을 압도하며, 1996년 영화에서 윌리엄 허트William Hurt 분의 로체스터는 손필드에 아직 남아 있어 그림 같은 결혼 생활을 제인에게 선사한다. 반면에 2011년 영화에서 마이클 패스벤더Michael Fassbender 분의 로체스터는 보다 한적하고 외진 펀딘Ferndean 영지에서 제인의 젊음과 생기가 필요한, 변화하고 회개한 사람의 모습으로 묘사된다. 제인이 로체스터로부터 떨어져 있는 동안 발전하고 자신에 대한 확신을 얻은 반면, 마르고 수염이 덥수룩한 로체스터는 이제 현실로 돌아가기 위해 제인이 필요하다. 다른 두 영화와는 달리 미래에 이루게 될 행복에 대한 서술은 없으나 로체스터를 떠났던 제인이 다시 그에게 돌아옴으로써 자연스러운 결말에 이른다. 제인의 시선에서 진행된 1996년 영화에 비해 2011년 영화에서는 서술자로서의 제인의 목소리가 들리지 않지만, 제인이 자신의 여정에서 중요한 사건들에 대해 회고하면서 내면 의식의 흐름을 계속 유지하게 하며, 플롯의 재구성을 통해 자유로운 단독자로 서기까지 제인의 내면적 갈등과 성장을 충분히 그리고 있다.

5. 불확실한 시대에 맞서는 주체적인 여성으로서의 제인 에어

이 글에서는 2011년에 제작된 「제인 에어」 영화를 1944년과 1996년에 제작된 「제인 에어」 영화와 비교·분석해보았다. 영화는 보통 두세 시간 이내로 상영되어야 하므로 각색 영화는 여러 층위를 갖는 방대한 소설의 몇몇 부분에만 집중할 수 있다. 무엇을 강조하고 무엇을 삭제해야 하는지는 그 시대 관객에게 무엇이 호소력이 있는지에 달려 있다. 그러므로 각색 영화에는 영화가 제작된 시대의 정신과 이데올로기가 반영되어 있다. 또한 영화의 다양한 요소들을 통해 문학 텍스트의 여러 질감이 새롭게 표현되고 강조된다. 1944년 「제인 에어」 영화는 제인의 처량한 처지와 로체스터를 과거의 위치로 회복시킬 수 있는 여성의 가정적인 이미지를 강조하기 위해 고딕 장르로 촬영되었다. 이는 제2차 세계대전이 발발한 이후 여성들이 사회에서 행사하던 역할을 전쟁터에서 돌아온 남성들에게 되돌려주어야 했던 미국적 상황에 기인한 것이다. 그러므로 로체스터는 등장과 함께 영화의 주도권을 가져가고 제인은 그와 카메라의 시선의 대상이 된다. 이 영화에서 제인은 다른 여성들로부터 어떤 지지도 받지 못하며, 세인트 존과의 만남을 비롯해 무어 하우스에 머무는 동안 있었던 일들이 영화에서 삭제되면서 그녀에게는 자신의 궁핍한 상황에서 벗어날 수 있는 기회조차 주어지지 않는다. 이와 대조적으로 1990년대는 미국이 경제적 번영을 구가하던 시기로 이러한 상황이 영화에 반영되어 제인이 자신의 주체성을 확립하기까지의 과정이 1996년 「제인 에어」 영화에서는 낙관적으로 그려진다. 그녀는 다른 여성 인물들로부터 지지를 얻고, 특히 거울을 모티브로 버사와도 연결된다. 또한 카메라는 제인의 시선과 동일시되어 주체로서의 제인의 성장 과정과 로체스터를 향한 욕망을 표현한다. 그러나 제인이 손필드를 떠난 후의 과정은 과도하게 압축되어 그 이후 내적 투쟁과 독립적인 자아 성장 과정은 더 이상 진척이 없고 로체스터와의 낭만적인 결혼으로 결말을 맺는다.

2011년 「제인 에어」 영화는 특히 젊은이들이 겪고 있는 불확실한 시대를 반영한다. 후쿠나가 감독은 고딕 장르를 통해 제인이 겪는 공포와 소외감을 강조한다. 이러한 현실에 맞서 영화는 남성에 의해서 규정되거나 남성에게 의지하거나 또한 결혼을 행복의 완성으로 보는 여성상을 그리기보다는, 주체적인 개인으로서의 성장을 위해 안정적인 삶, 낭만적인 사랑, 그리고 관습과 도덕을 넘어설 수 있는 강한 여성상을 그린다. 이 영화에서는 제인이 서술자가 아니지만 플롯의 재구성을 통해 손필드를 떠나기 전 삶의 중요한 사건들을 제인이 회고하고 있기 때문에 관객은 그녀의 내면적인 의식의 흐름을 따라갈 수 있다. 영화는 제인이 손필드를 떠나는 순간을 시초로 잡고 제인의 회상을 통해 원점으로 다시 돌아가 세인트 존과 대치하기까지의 여정을 추적한다. 즉, 이러한 순환 구조를 통해 두 남성에게 맞서는 제인의 모습을 강조하고 무어 하우스에 있는 동안 그녀의 내적 투쟁과 성장을 그리고 있다. 불확실성과 소외의 시대에 이 영화가 전하고자 하는 메시지는 자신이나 남이 부여한 환상으로부터 깨어나서 과거 자신의 잘못을 잘라내고 자신의 힘으로 자신의 세계를 구축하라는 것이다. 특히 여성은 자신의 가치에 대해 확신하고 자존감을 성취해야만 욕망의 열매 또한 획득할 수 있다는 것이다. 로체스터와의 조화로운 결말에 도달하지만, 영화의 초점은 그들의 사랑에만 있는 것이 아니다. 영화는 젊은 세대를 대변하는 제인과 기성세대를 대변하는 로체스터 모두의 내면적 성장을 중요하게 다루고 있다. 로체스터가 회복되기 위해서 제인이 필요하듯이, 기성세대는 젊은 세대의 순수성/진정성을 공급받아야 한다.

사회에 대한 근엄한 인식에 기반을 둔 2011년 「제인 에어」 영화에서는 다른 통로는 허락하지 않고 자신을 둘러싼 혹독한 시련을 이겨낼 힘을 오직 자신의 내면에서 찾게 한다. 제인과 버사와의 상징적인 연결을 암시하는 장면은 마지막 편집 작업에서 제외되어 이 영화에는 빠져 있다. 여성을 향한 억압과 이에 대한 저항을 대변하는 영역에 대한 표현은 영화를 더욱 풍부하게 했을 수도 있지만, 영화의 "평등과 주체성, 개인적·윤리적인 진정성과 신뢰에 대한 페미니즘적 주제는 불평등하고 어려운 이 시절에 깊은 울림을 준다고 말할 수 있다"(Monk). 기존 세대의 구조나 규범을 답습하기보다 영화는 제인과 같은 보다 젊고 강한 세대의 진정성과 자존감, 근면이 기성세대에게 희망과 변화를 가져다줄 것이라고 강조한다. 제인이 로체스터에게 돌아가는 것은 그녀가 현실과 타협한 것이라고 비판을 받아왔다. 그러나 2011년 「제인 에어」 영화에서 제인이 보여준 자기 위엄과 진실에 도달하기 위한 투쟁의 격렬함은, 로체스터와의 재결합이 '절박한 상황의 신적 해결책deus ex machina'이며 서로의 성장을 북돋아주기보다는 한계에 복종하는 것이라는 지적과는 달리 자신 내면의 투쟁의 결과임을 보여준다. 후쿠나가 감독의 「제인 에어」는 결국 브론테의 소설을 재해석하고 재창조해서 불확실한 시대에 맞서는 새로운 인간상을 제시했다고 할 수 있다.

10장 전후 할리우드의 여성 산보자

영화 「티파니에서 아침을」 연구*

이형숙

1. 「티파니에서 아침을」 다시 보기

2011년에 창작 50주년을 맞이한 블레이크 에드워즈Blake Edwards 감독의 영화 「티파니에서 아침을Breakfast at Tiffany's」(1961)은 반세기 넘게 전 세계인들의 사랑을 받아온 미국 대중문화의 대표적 아이콘 중 하나이다. 오드리 헵번Audrey Hepburn을 일약 전 세계의 연인으로 등극시키며 티파니 보석상을 세계 여인들의 꿈의 공간으로 기억되게 했던, 더불어 잊을 수 없는 주제가 '문 리버Moon River'로 지금도 관객들의 마음을 적시고 있는 영화 「티파니에서 아침을」은 특히 뉴욕이라는 도시의 세련미를 인상 깊게 묘사한 영화로 기억된다. 뉴욕 맨해튼의 '스크리닝 룸Screening Room'이라는 영화관에서 1996년부터 2003년까지 매주 일요

---

* 이 글은 『영미문학페미니즘』 제20권 2호(2012)에 게재된 논문을 수정·보완한 것이다.

일마다 상영될 정도로 이 영화는 수많은 관객의 사랑을 받아왔다(Lehman & Luhr, 23). 그러나 비슷한 시기에 만화 원작이 창작된 지 50주년을 맞이한 영화 〈스파이더맨*Spider-Man*〉 시리즈가 화려한 리메이크작을 내놓았던 것과는 달리 「티파니에서 아침을」은 반세기가 넘도록 리메이크되지 않고 있는데, 이는 이 영화의 가치가 그 이야기만큼이나 영화의 시대적, 사회 문화적, 그리고 인적 요소가 함께 어우러져 창출해내는 분위기에 놓여 있기 때문일 것이다. 흥미로운 줄거리와 인물의 관계가 초점인 영화들과는 달리, 사회적 배경과 배우의 고유성이 높은 비중을 차지하는 영화는 이후 다른 시대 및 문화에서 다시 만들어져서는 관객이 소중히 여기는 그 최초의 느낌에 근접하기 어렵다. 이는 이러한 영화가 가지고 있는 일종의 복제될 수 없는 '아우라aura'라고 칭할 수 있을 것이다.[1] 모든 영화가 그렇겠지만 특히 이러한 영화들은 영화로서의 미학적 가치와는 별도로 당대 사회의 현실과 지배적 사상을 조망할 수 있게 한다는 점에서 그 문화적 중요성을 평가받을 필요가 있다. 이처럼 재창작으로는 되살리기 힘든 특유의 분위기를 지닌 영화로서 특히 당대 미국 사회 및 문화 현실을 잘 반영한다는 점에서 「티파니에서 아침을」의 가치를 고려해볼 때, 이 영화는 지금껏 상대적으로 그 문화적 의미의 해석이 미흡했던 점을 지적하지 않을 수 없다.

---

1 물론 영화를 이야기하는 데 있어서 '아우라'의 개념을 적용하기 위해서는 발터 벤야민Walter Benjamin이 정의했던 이 용어의 의미를 어느 정도 수정해 생각해볼 필요가 있다. 벤야민이 이야기하는 '아우라'의 개념이 기계복제 시대 이전의 예술품 원본이 지니는 복제될 수 없는 진품의 권위를 지칭한다고 할 때 영화는 이미 최초 탄생 시점부터 수많은 복제본이 만들어지기에 과연 '원본'의 개념을 적용시킬 수 있는 매체인가 하는 의문이 생기기 때문이다. 더불어 「티파니에서의 아침을」이 동명의 단편 소설을 원작으로 한다는 점에서 이 '원본'에 대한 질문은 다시금 복잡한 양상을 띠게 된다. 그러나 이 같은 영화의 '아우라' 개념에 대한 깊이 있는 논의는 현재 이 글의 범위를 넘어서므로 여기에서는 간단하게 리메이크로는 되살릴 수 없는 '모방하기 어려운 가치' 정도로 단순화해서 이 단어를 사용하기로 한다. '아우라'에 대한 논의는 Benjamin, 1968, 217-252 참조.

이 영화가 제작된 시점을 전후로 해서 1950년대 할리우드는 텔레비전의 파급을 견제하기 위해 가족주의적 메시지를 중심으로 다양한 시도를 했다. 이러한 점에서 1960년대 중반 이후는 '새로운 할리우드 영화New Hollywood Cinema'의 시기라고 불리며 전에 없던 혁신과 미학적 실험이 시도된 때로 영화 연구에서 중요한 자리를 차지하고 있다. 이에 비해 이 두 시기 사이의 과도기라고 할 수 있는 1960년대 초반의 작품들에 대한 연구는 상대적으로 소홀했던 것이 사실이며, 1961년에 제작된 「티파니에서 아침을」 역시 예외가 아니었다. 이에는 물론 1958년 출판된 영화의 원작인 트루먼 커포티Truman Capote의 동명의 단편 소설 자체가 문학사적으로 깊이 있는 연구의 대상이라기보다는 "가벼움을 추구"(Scott, 129)하는 작품이라고 평가되어온 전력이 영향을 끼쳤을 수 있다. 영화 역시 고급 매춘부와 고전하는 작가라는, 뉴욕의 "가난하지만 매력적인 백인"들의 이야기를 그려내면서 "인종적 측면이 수반되는 실직과 가난의 문제"는 간과하고 있다(Lehman & Luhr, 27)는 등의 주제적 한계가 종종 지적되어왔다.

이와 같은 비평이 보여주듯이, 「티파니에서 아침을」은 여주인공인 헵번의 아름다움과 그녀가 펼쳐 보이는 프랑스의 디자이너 지방시Hubert de Givenchy의 패션, 그리고 감상적인 주제곡에 대한 향수 등 영화의 피상적 아름다움으로 인해 그저 보기 좋은 한 편의 감상용 영화로 치부될 뿐, 중요한 예술 텍스트로서 분석의 대상이 된 적이 상대적으로 적다. 아마도 이 영화가 학술적인 맥락에서 가장 빈번히 언급되는 경우는 주인공의 일본인 이웃인 유니오시Mr. Yunioshi를 영화에서 미국 배우 미키 루니Mickey Rooney가 우스꽝스러운 분장과 연기로 열등하게 묘사함으로써 할리우드의 오리엔탈리즘을 드러내는 대표적인 예 중 하나로 거론될 때일 것이다. 그 외 지금까지 영화 「티파니에서 아침을」에 대한 단독 학술 연구는 주인공 홀리 골라이틀리Holly Golightly가 반영하는 팜 파탈

femme fatale과 순결한 여인이라는 이중적 여성 이미지에 대한 논의(D'Arcy), 1960년대 미국 대도시 아파트를 중심으로 새롭게 등장한 독신 여성 인물에 대한 논의(Wojcik), 이 영화가 보여주는 1960년대 뉴욕의 이미지에 관한 연구(Lehman & Luhr)가 주요하며, 이 외에는 영화의 제작 배경 등을 설명한 비학술서 또는 리뷰, 커포티의 소설을 설명하면서 영화를 간단히 언급하는 글 등이 대부분이다.

이 글에서는 영화의 의미를 텍스트의 완성도에만 두는 입장에서 벗어나 이 영화가 1960년대 초반 미국 사회의 영화 제작 현실에 작동하는 다양한 제도적·사상적 요인을 그대로 체화하고 있다는 데에서 그 시대적·문화적 의미를 찾고자 한다. 이를 위해 본 연구는 먼저 「티파니에서 아침을」에 대한 기존 연구의 연장선 위에 위치하면서도, 앞서 언급된 이전의 어떠한 연구도 이 영화가 1950년대 보수적인 분위기에서 1960년대 혁신의 시대로 발돋움하는 할리우드 과도기의 징후를 보이고 있다는 점을 간파하지 못하고 있음을 지적하는 바이다. 이 글의 주요 관점은 따라서 「티파니에서 아침을」 영화를 통해 당시 과도기를 겪고 있던 할리우드 산업 내의 양가적 도덕의식을 읽어내는 데 있으며, 특히 이 영화에서 원작 소설과 달라지는 남녀 인물들의 변화와 그 성 역할의 묘사에 이와 같은 전환기의 특징이 잘 드러나고 있음을 제시하고자 한다. 이를 위해 우선 벤야민이 개진한 '산보자flâneur'의 개념을 여주인공 홀리에 적용시켜, 1960년대 뉴욕을 배경으로 한 영화에 등장하는 여성 산보자의 의미를 되짚어본다. 더불어 당시 할리우드의 검열 시스템 및 성 정치학이 어떻게 커포티가 창작했던 소설 속 홀리와 그녀 주변 인물들의 성격을 변화시키면서 신구 가치의 경계에 서 있는 이 영화만의 독특한 분위기를 창출하게 되는지를 살펴봄으로써, 이 영화에 대한 새로운 해석에 기여하고자 한다.

2. 1960년대 초, 뉴욕의 여성 산보자

「티파니에서 아침을」의 첫 장면은 새벽녘에 뉴욕 맨해튼 5번가에 자리한 티파니 보석상 앞에 한 대의 택시가 서면서 시작된다. 차에서 내린 이는 다름 아닌 주인공 홀리. 고혹적인 지방시의 검은 드레스를 입고 이른 새벽 시간에 어울리지 않게 검은 선글라스를 쓴 그녀는 여유로운 모습으로 아직 문을 열지 않은 티파니 보석상의 진열대 앞에서 보석을 구경하며 베이글과 커피로 아침 식사를 한다. 이후 카메라는 그녀가 길게 뻗은 5번가 거리를 홀연히 걸어 내려가며 멀어지는 모습을 롱 숏long shot으로 보여준다. 소설에는 나오지 않는 이 첫 장면은 배우 오드리 헵번과 등장인물 홀리라는 중첩된 인물이 걷고 있는 대도시 뉴욕의 거리를 관객에게 시각적으로 깊이 각인시킨다. 동시에 서구 근대화에 관심이 있는 관객에게라면 이 장면은 매우 익숙한 어떠한 '전형'을 보여주는 순간으로 다가오는데, 이는 이 장면에서의 홀리가 다름 아닌 샤를 보들레르Charles Pierre Baudelaire와 발터 벤야민이 언급한 '산보자'의 모습을 연상시키기 때문일 것이다. 19세기 초 보들레르가 목격한 산보자는 도시화가 이루어지고 있던 당대 파리 거리에서 상업 지구인 아케이드arcade를 유유히 거닐며 소비문화를 향유하는 새로운 유형의 인물들이었다. 후에 벤야민이 보들레르의 시대에 대해 논하면서 "아스팔트 위에

티파니 보석상 안을 들여다보는 홀리

뉴욕의 여성 산보자

채집을 하러 가는"(Benjamin, 1997, 37) 듯하다고 표현한 이 산보자는 이후 19세기 근대 도시 및 자본주의의 발달을 상징하는 중요한 기호로 활발하게 논의되어왔다.

> 거리는 산보자에게 거주지가 된다. 그는 시민이 자신의 집의 네 벽 사이에서 그렇듯 건물의 외관 사이에서 안락함을 느낀다. 적어도 그에게 있어 반짝이는 법랑 칠이 된 상호는 부르주아가 자신의 객실에 건 유화와 같은 벽면의 장식물이다. 벽은 그가 공책을 받칠 수 있는 책상이며, 신문 가판대는 그의 도서관, 그리고 카페의 테라스는 그가 일이 끝난 후 자기 집을 내려다볼 수 있는 발코니와도 같다. (Benjamin, 1997, 37)

파리의 상업 지구인 아케이드 주변에서 주로 시간을 보내는 것으로 인식되어 있는 이러한 산보자는 딱히 물건을 사기 위해 상점가를 거니는 것이 아니라는 점에서 소비자와는 구분되는 개념으로, 그는 "산업 사회의 사회적 통제에 굴복하기를 거부"하며 "생산 과정에 저항하고" "어딘가에 가려고 하기보다는 서성거리는" 이들이다(Buck-Morss, 136). 또한 그는 거리에서 "관찰은 하지만 결코 상호 작용은 하지 않으며…… 경치를 시각적으로 소비하는" 사람으로서(Pollock, 67) "일하지 않기라는 일을 연습"하는 이들이다(Buck-Morss, 102). 단지 시공간적 배경이 19세기 파리에서 20세기 중반 뉴욕의 중심가로 옮겨지고 보들레르 및 벤야민의 논의에서 주로 남성으로 등장하는 산보자가 여성으로 바뀌었다는 데 차이가 있을 뿐, 이러한 산보자의 이미지는 영화 속 홀리와 매우 닮아 있다. 실제로 커포티의 원작은 홀리의 동생과 같은 이름인 프레드Fred로 불릴 뿐 실명이 밝혀지지 않는 화자가[2] 옛 이웃인 조Joe와 유니

2 이 점에서 소설과 영화의 차이가 있는데, 영화에서도 홀리는 그를 여전히 프레드로 부르나 그는 자신의 본명을 폴Paul로 소개한다. 이 글에서는 소설을 언급할 때는 이 남성 인물을 프레드

오시를 통해 최근 아프리카 어느 지역에서의 홀리에 대한 목격담을 전해 듣게 되면서 시작된다. 소설 속의 홀리는 뉴욕 거리의 배회를 끝내고는 자신의 애인을 찾아 브라질로 떠나며, 이후 독자 및 소설 속 그녀의 친구들에게도 알려지지 않은 경로를 통해 아프리카에까지 흔적을 남긴 미지의 방랑자와도 같은 이미지를 가지고 있다. 그러나 영화 속의 홀리는 뉴욕을 벗어나지 않은 채 그 거리 안에 머문다는 점에서 19세기 유럽인들에게 익숙했던 산보자의 이미지를 더욱 강하게 갖게 된다.

사실 보들레르 및 벤야민의 글에 나타나는 산보자는 늘 남성으로 상정되는데 이는 19세기 유럽 사회에서 여성의 위치는 가정이나 실내 공간에 속하고 공공 영역은 남성의 공간이라고 여겨졌던 데 기인하는 바가 크다. 수잔 벅모스Susan Buck-Morss는 이 시대에 남성들만큼이나 거리에서 많은 시간을 보내는 여성들은 매춘부 등 계급적·도덕적 편견을 짊어져야 하는 계층이 대다수였음을 주지시킨다.

> 매춘은 실로 산보의 여성형이었다. 그러나 성적 차이는 공공 영역에서 특권화된 남성의 위치를 가시화한다. 다시 말하자면, 산보자란 단순히 어슬렁거리는 남성에 대한 명칭이었으며, 여성에게 적용되는 '거리의 여인' 또는 '무숙자'라는 말이 명시하듯 어슬렁거리는 모든 여성은 창녀로 보이는 것을 감수해야 했다. (Buck-Morss, 119)

이처럼 점잖은 중산층 여인은 혼자서 거리를 배회하는 것이 자연스럽지 않았던 시대에 산보자로 목격되는 이의 대부분은 당연히 남성이었으며, 여성은 "상가 진열장 안의 상품처럼 산보자의 응시의 대상"일 뿐이었다(Auslander, 91).

로, 영화를 언급할 때는 폴로 칭한다.

물론 이후의 여러 페미니스트 학자들은 19세기에조차 여성 산보자의 개념이 정립될 수 있다고 보는데, 헬렌 리처즈Helen Richards는 앤 프리드버그Anne Friedberg, 마이카 나바Mica Nava, 엘리자베스 윌슨Elizabeth Wilson의 의견에 기초해 특히 쇼핑과 백화점을 통해 여성들이 도시의 공공 영역에 접근하기 용이해졌음을 주장한다(Richards, 151). 거리에 늘어선 상가의 진열대 사이를 거니는 것이 '점잖지 못한 여성'이라는 오명을 안길 수 있는 행위라면, 여성들을 유혹하는 상점들이 실내에 집약되어 있는 형태인 백화점의 등장은 딱히 '거리의 여인'이 아니더라도 중산층 여성들이 편견에서 벗어나 안심하고 집 밖에서 시간을 보낼 수 있는 공간을 제공해주었던 것이다. 사실 백화점이 아케이드 이후 발달된 쇼핑 공간이라는 점에서, 중산층 여성 산보자의 등장은 아케이드의 남성 또는 창녀로 여겨지는 여성 산보자보다 이후의 시기에 활성화되었다고 보는 것이 옳다. 물론 벤야민에게 있어 무엇인가 구매를 염두에 두고 찾게 되는 백화점은 진정한 산보자를 목격할 수 있는 곳에서 제외된다. 백화점에서 응시의 대상과 산보자의 관계는 "거리를 둔 관찰자라기보다는 '[서로] 깊이 연관되어 있는' 소비자"이기 때문이다"(Richards, 151). 그러나 이 글은 벅모스나 리처즈 등이 여성주의 시각에서 개진하듯, 19세기 시대의 변화와 자본주의의 발달과 더불어 산보자의 양상과 개념에도 차이가 생길 수 있다는 입장에 기초하고 있다.

이러한 19세기 유럽의 아케이드 사이를 걷고 있는 산보자, 특히 이에서 파생된 여성 산보자에 대한 논의가 1960년대 초반 미국 대도시를 걷고 있는 여성 홀리를 이해하는 데 유용한 이유는, 19세기 파리와 1960년대 초반 뉴욕이라는 대도시 사이에 묘하게 감도는 공통된 사회적 기운 때문이다. 19세기 유럽에서 남성 산보자의 존재와는 달리 여성 산보자의 존재가 도덕적 비판을 받고 사회적 안정에 해가 되는 불순한 요인으로 여겨졌다면, 전후 미국 사회에서 공공 영역에 진출한 여성들의 존재 역시 환영받기만 한 것은 아니었다. 윌리엄 체이프William Chafe에 따르면 제2차 세계대전이 발발하자 참전 중인 남성들을 대신해 수많은 미국 여성들이 전통적으로 남성의 영역으로 여겨지던 곳에서 임무를 수행했으나, 전후 평화 시대 경제를 재건하는 과정에서 그들은 귀환한 남성들에게 자리를 내어주고 가족과 가정에 헌신하는 본연의 역할로 되돌아가도록 "격려"되거나 심지어 "강요"되기까지 했다(D'Arcy, 380 재인용). 따라서 1960년대 초반 여전히 상징적으로 남성의 공공 영역이라고 할 수 있는 대도시 거리를 집보다 편안히 여기는 홀리와 같은 여성들은 남성들에게는 불편하고 위협적인 존재일 수밖에 없고, 이러한 홀리라는 인물을 그리는 데 있어서 당대 사회 분위기가 반영되지 않을 수 없었던 것이다. 20세기 중반 미국 대도시의 홀리가 19세기 유럽에서 불편한 시선의 대상이었던 여성 산보자의 모습을 그대로 닮은 데에서 역사적 인과 관계를 읽을 수 있는 이유는 이 때문이다. 이처럼 홀리를 19세기 산보자의 은유를 차용해 해석한다고 했을 때, 그녀는 아케이드 시대에 등장한 남성 및 여성 산보자, 그리고 이후 백화점에 등장한 중산층 여성 산보자의 모습이 모두 투영되는 보다 복합적인 유형으로 볼 수 있다.

그러나 홀리가 이미 벤야민이 정의한 산보자에서 많이 변화한 모습이듯이, 이 글 또한 벤야민의 개념을 논의하기 위해 홀리를 개입시키는 것은 아니다. 역으로 이 글은 19세기 산보자가 사회의 전환기에 등장해 이내 다른 모습으로 사라졌지만 당대 도시 문화의 상징처럼 여겨지듯이, 홀리 역시 할리우드의 전환기에 등장한 여성 인물로서 영화 속에서 다른 모습으로 변화를 겪으며 그 시대를 설명하는 하나의 문화적 기호가 된다는 인물의 내력에서 둘의 공통점을 찾는다. 즉, 이 개념을 차용하는 목적은 벤야민의 산보자의 시대적 의미를 논하는 데 있다기보다는, 홀리와 그녀가 등장하게 되는 1960년대 초 할리우드라는 시대적 배경 사이의 관계를 설명하기 위한 가장 적절한 수사학적 유추analogy 관계를 구성하는 데 있음을 밝힌다.

홀리는 영화의 첫 장면에서 보여주듯이 대도시의 화려한 상가 사이를 거닐면서 시각적으로 그녀 주변의 정경을 섭렵하는 여인일 뿐만 아니라, 동시에 낯선 남성과 데이트를 해주면서 파우더 룸에 갈 때마다 룸 도우미에게 주어야 하는 팁 명목으로 50불씩 남성들에게 받아 그 돈으로 생계를 유지하는 고급 매춘부이다. 그녀는 거리에서 고객을 만나며 또 다른 고객을 찾아 거리를 헤매야 한다. 그렇기에 그녀가 일 년여를 살아온 아파트도 오래된 거주자가 있다는 것이 믿기지 않을 정도로 텅 비어 있고 정돈되지 않은 짐들이 아무렇게나 나뒹굴고 있다. 전화를 빌려 쓰기 위해 홀리의 방에 처음 들어왔던 폴이 그녀에게 "최근에 이사 왔느냐?"고 물을 정도이다. 홀리는 하루의 대부분의 시간을 거리에서 남성을 찾고 이렇게 만난 이들과 데이트하는 데 보내며, 동시에 언제든 현재 그녀의 삶보다 더 나은 조건을 제시하는 남성을 따라 떠날 준비가 되어 있다. 그러한 그녀가 유일하게 정착을 꿈꾸는 시점은 남동생 프레드가 군에서 제대하면 함께 멕시코로 이주해 동생이 좋아하는 말을 키우며 사는 미래이다. 그녀는 우울할 때에는 가족이나 친구로부터 위로를 받기보다는 맨해튼 5번가에 위치한 티파니 보석상을 구경하며 마음을 달랜다. 그곳에서는 "어떤 나쁜 일도 벌어질 수 없을 것 같기 때문"이다.

영화에서는 특히 홀리가 뉴욕 거리를 거닐며 즐기는 모습이 소설보다 확대되어 나타나는데 이는 홀리가 폴에게 "지금껏 한 번도 해보지 않은 일을 하자"고 제안하며 거리를 활보하는 장면에 집약적으로 표현된다. 소설에서 이 부분은 비교적 단순하게 묘사되어, 맨해튼 거리에서 식사를 하고 거리를 거닐며 하루를 보낸 두 남녀가 "뭔가를 훔쳐보자"는 홀리의 제안에 따라 즉흥적으로 울워스Woolworth's 잡화상에 들어가 두 개의 핼러윈 가면을 훔쳐 쓰고 도망 나오는 것이 전부이다. 그러나 영화에서 이 장면은 좀 더 극적인 요소를 가미한 채 확장되어 19세기 거리 및 백화점에서 종종 목격되었을 법한 여성 산보자의 모습을 홀리에게서 찾을 수 있게 한다. 홀리를 만난 이후 받은 영감으로 오랜만에 집필한 단편 소설이 팔려 기뻐하는 폴에게 홀리는 원작에서처럼 즉흥적인 모험을 제의하고, 이내 그들은 티파니 보석상을 찾는다. 많은 보석들이 전시되어 있는 진열대 사이를 유유히 거니는 이 두 남녀는 티파니의 고급 보석이 자신들의 경제적 형편과는 맞지 않음을 알고 있다. 따라서 그들은 딱히 보석을 사고자 이곳에 있는 것이 아니라 그저 이 보석들을 시각적으로만 향유하고 있을 뿐이다. 물론 돈이 없다고 해서 티파니 보석상을 구경만 하고 나온 것은 아니다. 이 고급 상점에서 자신이 가진 10달러 미만의 돈으로는 홀리에게 마음에 드는 선물을 해줄 수 없음을 아는 폴은, 이 가난한 연인에게 연민을 느끼는 티파니 매니저의 마음을 움직여 과자 상자 속에 들어 있던 장난감 반지에 무언가 문구를 새길 수 있는 행운을 얻는 것이다. 물론 돈을 들여 거래를 했다고는 하나 이는 티파니 보석상에서 이 연인에게 매우 예외적인 관용을 베푼 것으로, 평상시 같으면 거의 일어날 수 없는 극적 상상일 뿐 전형적인 소비 행위로 보기는 어렵다. 티파니에서 나와 울워스 잡화상에서 고양이와 개의 가면을 훔치는 장면 역시 상품을 구매할 목적으로 이곳을 찾은 것이 아니라는 점에서 이 두 사람을 소비자로 보기보다는 상품들 사이를 유유히 거닐며 산보를 하는 이들로 볼 수 있게 하는 장면이다. 그들은 장난스러운 모험을 위해 이곳에 들렀고, 그 모험을 완성시켜줄 가장 용이한 상품을 임의로 취했을 뿐이다.

홀리가 이처럼 뉴욕의 상가를 배회하며 즐기는 태도는 일견 그녀가 자기 주변의 남성들을 대하는 자세와 비슷하다. 영화의 도입부에서 홀리가 티파니 보석상 구경을 마치고 자신의 아파트로 돌아왔을 때, 집 앞에는 어젯밤 만났던 남성이 그녀를 기다리고 있다. 그는 자신이 홀리와 그녀의 일행에게 저녁 식사까지 대접했으니 그녀가 자신에게 좀 더 시간을 할애해야 한다고 생각하지만, 이 남자에게 별 관심이 없는 홀리는 그의 이름이 무엇인지도 모른 채 엉뚱한 이름들로 그를 부른다. 이후 폴에게 홀리는 "나는 쥐새끼 같은 놈들밖에 모른다"며 자신이 만나는 남자들은 단지 돈벌이의 수단일 뿐 어느 누구에게도 크게 관심이 없음을 밝힌다. 그녀에게 결혼의 우선 조건은 사랑이 아니며, 결혼 상대는 자신에게 좀 더 안정된 생활을 보장해줄 수 있으면 어느 누구여도 상관없다. 그녀의 파티에 친구인 맥Mag이 "50세 미만의 미국인 중 아홉 번째로 부유한" 러스티Rusty를 데려왔을 때 홀리는 그에게 깊은 관심을 보이며 그와의 결혼을 계획한다. 그러나 며칠 후 신문에 러스티와 다른 여인의 결혼 기사가 나자 이내 별 흥미 없다는 듯 그 다음 대상인 브라질의 부호이자 고위 관료인 호세Jose에게 접근한다. 그녀는 마치 19세기 파리의 산보자가 진열장 안의 상품들에 잠시 관심만을 보인 후 스쳐 지나가듯 자신 주변의 남성들을 그렇게 스쳐 지나가고 있는 것이다.

이처럼 홀리가 한 세기 전 파리의 아케이드를 거닐던 산보자의 이미지를 닮아 있기에, 19세기 그녀의 전신이 시대의 흐름 속에 사라지는 존재라는 데에서 그녀의 서사에도 변화가 예고된다. 보들레르 및 벤야민이 관찰했던 산보자는 19세기에 발달된 도시와 자본주의 문화를 상징하는 하나의 중요한 문화적 형상이지만 그들이 거리에서 목격되는 시기는 상대적으로 짧았다. 산업의 발달과 더불어 이러한 아케이드를 거니는 산보자는 군중 속을 바쁘게 가로지르는 보행자와 구분되게 되며 "그의 느긋한 모습의 개성은 사람들을 전문인으로 만들어내는 노동 분화에 대한 저항"(Benjamin, 1997, 54)과도 같은 의미를 지니게 되었다. 벅모스는 산보자가 사라진 데 대해 "대량 생산의 속도전 원칙이 '산보와의 전쟁'을 선언하며 거리로 흘러넘쳤다"(Buck-Morss, 102)고 지적함으로써 산업사회의 비약적 발달과 그에 따른 도시인의 바쁜 생활 양식 및 교통의 혼잡 등이 거리를 유유히 거니는 산보자로부터 점차 설 자리를 잇아갔다고 주장한다. 그녀의 말대로 "산보는 아케이드의 유행 초기에 맞춰 짧은 기간 동안 번성"(Buck-Morss, 103)했다가 사라진 문화적 현상으로 산보자는 근대 자본주의 물결에 휩싸인 도시에서 탄생한 도시 문화의 중요한 상징이자, 동시에 자본주의의 속도와 발전 논리에 위배되기에 이내 사라지는 운명을 맞는 희생자이기도 하다. 이후 남성 산보자의 상당수는 19세기 중반에 활동했던 작가 폴 에르네스트 드 라티에Paul-Ernest de Rattier가 이야기하듯이, "농부, 포도주상, 린넨 제조업자, 설탕 정제업자, 또는 철강 거물"(Benjamin, 54 재인용)이 되는 등 자본주의의 일원으로 흡수되거나, 다른 일부는 자신이 거리에서 관찰한 것을 쓰는 작가 또는 언론인으로(Buck-Morss, 111; Richards, 150) 진화하는 여정을 겪는다. 이와 비슷하게 여성 산보자의 대부분은 역시 가정의 영역으로 회귀하거나, 이 중 중산층 일부는 앞에서 언급되었듯이 이후 발달하게 되는 안전한 쇼핑을 즐길 수 있는 백화점으로, 그리고 또 다른 일부는 도시의 뒷골목으로 분산되었음을 가늠할 수 있다.

이와 같이 시대의 전환기에 나타나 사회적 변화를 체화하는 상징이면서 동시에 그 변화 자체로 인해 위치가 위협받는 불안정한 계층으로 이내 사라질 운명이었던 19세기 산보자는 홀리를 설명하는 데 의미 있는 유추의 대상이 된다. 이는 1960년대 할리우드의 전환기 영화 속에서 미국 대도시를 떠도는 인물인 홀리 역시 변화하는 환경에서 어떤 식으로든 사회의 다른 영역으로 이전되는 경험을 하기 때문이다. 다음으로는 그녀를 재위치화하는 과정에서 드러나는, 1960년대 초반 할리우드 영화 산업이 반영하는 미국 사회의 성 역할에 관한 이데올로기를 고찰하고자 한다.

3. 산보자에서 연인으로

홀리를 설명하기 위해 19세기 유럽의 자본주의 발달과 더불어 등장했던 산보자의 개념을 빌려온 것은 이 여성 인물을 넘어서서 「티파니에서 아침을」 영화 자체에 대한 새로운 해석의 시각을 열어준다. 우선 홀리라는 인물이 보들레르와 벤야민이 설명한 산보자의 모습은 물론 이후 개진된 이 형상에 대한 주요 담론까지도 복합적으로 체화하는 인물로 해석될 수 있을 뿐만 아니라, 폴에게도 19세기 남성 산보자가 사라지면서 등장하는 그의 후신인 작가의 모습이 투영되기 때문이다. 공교롭게도 폴은 자신의 일로 생계를 유지하는 전문 작가라기보다는 자신의 주변 일상에 의해 영감을 얻고 간간이 '산보하듯' 글을 쓰는 그다지 성공하지 못한 작가이며, 동시에 부유한 유부녀에게 사랑을 파는 남성이기도 하다. 그의 직업은 앞에서 언급된바, 몇몇 학자들이 산보자의 진화형 중 하나로 논의하고 있는 신변잡기류의 글을 쓰는 언론인 또는 작가와 흡사하며, 동시에 그의 사생활은 고급 매춘부인 홀리와 크게 다를 것이 없다. 소설과는 전혀 다르게 설정되어 있는 이러한 폴의 현실은, 그렇기 때문에 이 영화의 인물을 해석하는 데 있어 산보자의 은유를 적용하는 접근에 적합성 및 타당성을 부여한다. 19세기 말 자본주의 및 산업의 발달과 더불어 어떤 식으로든 사회에서 또 다른 위치를 찾아야 했던 산보자처럼, 20세기 중반의 홀리와 폴 역시 전후 미국 사회에서 불안정하게 거리를 배회하는 계급으로 새롭게 자신의 위치를 찾아야 하는 시점에서 영화의 이야기는 전개된다. 이 영화의 제작자들은 그들이 보기에 당대 사회가 가장 용인하기 쉬운 방식으로 이들에게 새로운 위치를 찾아주기 위해 노력하며, 그 과정에서 커포티의 원작에 많은 변형을 가한다.

우선 이 영화에서 무엇보다도 눈에 띄는 것은 주인공인 홀리라는 인물 자체에 대한 수정이다. 일단 1960년대 초반 영화의 소재로 당대 패나 논란이 많던 단편 소설을 선택한 것 자체가 상당히 파격적이었던 것은 확실하다. 샘 왓슨Sam Wasson에 의하면, 커포티의 소설은 "홀리 골라이틀리같이 막 나가는 캐릭터가 나오는 이런 소설을 출판하기에는 위험 부담이 너무 크다"는 이유로 1958년 잡지 『하퍼스 바자*Harper's Bazaar*』에 게재를 거부당한 전적이 있다(왓슨, 111). 게다가 영화화된 결과물에 매춘부를 그리면서 그녀에 대한 어떠한 도덕적 단죄 없이 아름답고 사랑스럽게만 묘사한 것도 당시의 윤리관에 비추어보았을 때에는 상당히 과감한 시도가 아닐 수 없다. 그럼에도 불구하고 영화화되면서 수정된 홀리라는 인물은 동시에 상당히 보수적인 당시 할리우드의 도덕률 또한 그대로 반영하고 있다.

애초에 원작자인 커포티는 이 역을 맡길 배우로 메릴린 먼로Marilyn Monroe를 선호했던 것으로 알려졌다(왓슨, 124). 커포티의 단편 소설에서의 홀리는 1940년대 텍사스주에서 뉴욕으로 혈혈단신 건너와 남자와 남자 사이를 유랑하는 여인으로, 우연히 길에서 주운 자신의 분신과도 같은 이름 없는 고양이를 키우며 누군가에게 구속되기를 거부한 채 자유분방하게 살고자 한다. 플래시백flashback 구조로 이루어져 있는 소설의 현재 시점인 글의 초반에서부터 최근 아프리카를 떠나 또 다른 낯선 지역을 향하고 있음이 암시될 정도로 그녀는 이야기 전체에서 어느 곳에도 정착하지 않은 채 끝없이 어딘가 새로운 곳을 떠돌고 있다. 한때 홀리가 배우 지망생이었을 때 그녀의 매니저였던 O. J. 버먼O. J. Berman은 프레드에게 그녀를 "진짜 가짜*real* phony"(Capote, 30)[3]라고 말하는데, 이는 그녀가 무언가 내면에 숨긴 채 가짜인 체하는 것조차 아닌 그야말로 "내면의 의미를 제거해버린, 또는 그것을 표면으로 끌어올린 결과 보

3 이후부터 Truman Capote, *Breakfast at Tiffany's*에서 인용 시 페이지만 표시하기로 한다. 이 글에서는 Truman Capote, *Breakfast at Tiffany's and Three Stories*(Vintage Books, 1986)에 수록된 작품을 참고했다.

이는 것이 전부인" 인물임을 의미한다(Scott, 140). 이처럼 내면적 분위기보다는 공허하고 부유하는 듯한 외양이 강조되는 인물로 작가는 당시 복잡한 사생활과 영화 속 다양한 역할로 이와 부합하는 이미지를 갖고 있던 먼로가 제격이라고 생각했던 것이다. 그러나 영화의 제작자들은 고급 매춘부의 이야기, 동성애, 거친 언어 등으로 이미 할리우드 심의에서 아슬아슬한 선을 밟고 있던 커포티의 원작을 순화할 필요를 느꼈고, 결국 매춘부의 역으로는 그 누구도 상상하지 못했던 「로마의 휴일 *Roman Holiday*」(윌리엄 와일러William Wyler 감독, 1953)의 공주인 헵번을 선택했다. "어린아이 같은 얼굴과 빈약한 체격"에서 풍기는 인상이 "연약하고 부서질 듯하며 남자의 지도가 필요한 여성의 이미지"(D'Arcy, 375)를 자아내는 헵번의 기용에서 예고되듯이, 영화에서의 홀리는 소설 속의 그녀와는 사뭇 다른 모습으로 등장한다.

소설 속의 홀리는 소년처럼 짧은 머리에 마지막 부분에서 홀로 아무 연고도 없는 브라질로 모험하듯 떠날 정도로 자신의 인생을 주도적으로 이끌어나가는 자립적인 면모를 보인다. 그녀는 비록 매춘부일망정 "절대 자존심을 세워서는 안 되는 것이 필수적"이라는 이유로 배우는 되지 않겠다는 생각을 가지고 있다. 마피아 두목인 샐리Sally를 일주일에 한 번씩 감옥으로 방문하는 것도 "모든 것을 걸 정도로 자신의 감정에 충실"(Hassan, 111)하기 때문이다. 이처럼 자아가 강한 홀리의 모습이 영화 속에서는 샐리와의 관계를 제외하고는 대부분 삭제되어 있다. 그럼에도 그녀의 자유분방한 생활만큼은 잘 드러나는 장면이 영화에서 유일하게 홀리 주변의 복잡한 인간관계를 목격할 수 있는 파티 장면이다. 홀리의 집에서 그녀 주변 인물들을 초청해 개최한 칵테일파티는 두 명의 돈 많은 남자를 과시하듯 양팔에 끼고 온 모델 친구 맥, 파티장에서 처음 만난 여인과 화장실에 숨어 열렬히 키스하는 버먼, 혼자 거울을 보며 하염없이 웃다가 또 우는 이름 모를 여인을 비롯해 다양한 인물들이 아파트를 가득 채운 채 뒤섞여 있다. 트래킹 숏tracking shot으로 현장감 있게 촬영된 이들 군중 사이를 유유히 가로질러 다니는 홀리는 “매력적이기는 하지만 불안정한 가면을 쓴, 색종이 가루를 흩날리는 듯한 삶”(Clark, 239)을 살고 있다.

파티 장면 이후 영화는 의도된 듯 홀리의 이처럼 복잡한 사생활보다는 그녀와 폴이 함께 있는 장면에 중점을 두어 전개되며, 소설에서 그녀가 승마에 서툰 프레드를 위험에서 구해준 것과 같은 주체적이고도 강인한 모습이 드러나는 장면은 모두 삭제해버린 채 귀엽고 사랑스러운 여성의 모습만을 부각한다. 무엇보다도 영화는 리처드 다이어Richard Dyer가 지적하듯 호리호리한 몸매에 “섬세하고, 이상적인”(D’Arcy, 376 재인용) 미의 소유자 헵번의 매력을 강조하는데, 이는 특히 그녀가 영화에서 처음으로 샐리를 만나러 가는 목요일 아침 차림새를 보여주는 장면에서의 미디엄 클로즈업 숏medium close-up shot에서 두드러진다. 몸에 달라붙는 매력적인 검은 드레스와 화려한 리본 장식이 있는 커다란 모자를 쓴 그녀의 모습은 감옥에 면회 가는 옷차림으로는 어울리지 않게 우아하며, 동시에 그녀의 얼굴과 가녀린 몸매는 관객들을 일순간에 매혹할 만큼 아름답다. 매춘부의 역할이라고는 상상이 되지 않을 정도로 육감적이기보다는 기품 있고 오히려 청순한 헵번에 대해 샹탈 다르시 Chantal Cornut-Gentille D’Arcy는 그녀의 소녀 같은 몸매는 당대에 열띠게 토론되던 여성 해방이나 성적 자유과 같은 개혁 담론에 대한 남성의 무의식적 불안을 진정시키고 “남성의 보호 본능에 영감을 주어 남성의 자아ego를 유지시키게끔 한다”(D’Arcy, 377)고 주장한다. 영화는 이처럼 헵번/홀리를 등장시켜 당대 남성들의 가부장적 남성성을 견고히 하는 서사 전개를 용이하게 한다.

이 영화에서 특히 이와 같은 보수적 성 역할을 강화하는 데에는 당시 영화계를 통제하고 있던 검열 시스템 또한 중요한 영향을 끼치게 된다. 당대 할리우드 영화 산업 내의 자체 검열 시스템인 '프로덕션 코드Production Code'는 1930년에 제정되어 1968년 검열 시스템이 등급 시스템으로 바뀔 때까지 할리우드 영화를 검열하는 기준이 되었다. 이 제작 규정은 "보는 이의 도덕적 수준을 강등시키는 영화는 제작되어서는 안 된다"는 것이 대전제 중의 하나일 정도로 주로 기독교 원리에 입각한 도덕성을 영화 판단의 가장 중요한 요인으로 삼았다. 이러한 대전제하에 수십여 가지의 보다 구체적인 상세 항목이 있는데 그중의 하나가 '성도착sexual perversion'에 대한 금기로 이는 당시 동성애를 포함하는 것이었다.[4] 영화 「티파니에서 아침을」 역시 이와 같은 검열 시스템의 영향을 받지 않을 수 없게 되는데, 우선 소설에서 홀리가 습관처럼 이야기하던 룸메이트로 여자 동성애자를 맞이하는 문제와 마리화나를 피우는 문제에 대한 이야기가 영화에서는 모두 배제되었다. 홀리가 아버지뻘인 전남편과 미성년자일 때 결혼했다는 사실도 소설에서는 단지 홀리가 그 결혼은 유효할 수 없는 일이었다고 부정하는 것에 그치지만, 영화에서는 명확히 "법적으로 무효화"되었다고 나오는 것도 검열을 염두에 둔 처사로 생각된다.

그러나 무엇보다도 이 검열 시스템에 의해 변화한 내용 중 가장 주목할 것은 폴의 성 정체성이다. 커포티의 소설에 공공연히 거론되지는 않으나 다양한 장면에서 작가는 프레드가 동성애자임을 암시한다. 그중 타이슨 퓨Tison Pugh는 특히 세 가지 장면을 꼽는데, 첫째는 홀리가 남자가 야구와 말 중 어느 하나라도 좋아하지 않는다면 그는 동성애자라고 이야기하나 프레드는 이 둘에 대한 관심이 없다는 점이다. 둘째는 홀리가 그를 남자 동성애자를 의미하는 속어인 "모드maude"라고 부르는 점을 들 수 있다. 셋째는 프레드가 자신이 한때 "낸시 랜딩Nancy's

4 '프로덕션 코드'에 대한 설명은 Lev, 87-94 참조.

Landing"에 다녀온 적이 있다고 하는데, 이는 현존하지 않는 지명으로 당시 '낸시'는 남성 동성애자를 지칭하는 속어로도 쓰였기에 이는 동성애자들이 모이는 지역을 지칭할 수 있다는 점이다(Pugh, 52). 이처럼 소설 속에서 동성애자임이 은연중 암시되는 프레드가 영화에서는 이성애자로 등장할뿐더러 심지어 귀부인 2-E에게 돈을 받고 관계를 유지하는 일종의 매매춘까지 하는 것으로 나온다. 이러한 폴과 2-E의 관계는 소설에는 전혀 등장하지 않는, 영화에서 새롭게 더해진 이야기로 동성애나 마약에 대한 언급 자체가 엄격하게 규제되던 영화 검열 시스템이 지배한 1960년대 초반 제재를 피하기 위한 설정이라고 볼 수 있다. 그러나 이 또한 기존의 보수적 남녀 관계에서 벗어남으로써 미국 영화의 남성 인물 설정으로는 상당히 급진적이자 예외적이라고 할 수 있다. 이와 같이 인물을 설정하고 구성하는 데 있어 과감한 시도를 하고 있음에도 불구하고 이것이 당시 지배적 사회 윤리에 반기를 드는 시도로 읽히지 못하는 이유는, 이러한 폴의 설정이 오히려 당시 할리우드가 지향하는 가부장제 논리의 실현을 위해서 중요한 역할을 하기 때문이다. 길 위의 여자이자 스스로를 "야생 동물wild thing"(74)에 비유하는 홀리를 잘 길들여 가부장의 품으로 돌려보내기 위해 그녀를 받아줄 남성이 필요한데, 폴이 유부녀와 부적절한 관계를 맺고 있다는 것은 "그가 피 끓는 이성애자"(Krämer, 63)임을 확인시켜주기 때문이다. 그뿐만 아니라 이는 홀리와 폴이 비슷한 처지로 서로에게 쉽게 이끌려 결국은 도덕적 비난을 피할 수 없었던 두 인물이 "사랑으로 구원"(Krämer, 62)될 수 있는 계기 또한 제공해준다.

홀리를 든든한 남성, 그리고 종국에는 그 남성이 약속하는 가정의 품으로 돌려보내기 위해 감독은 폴이 홀리에게 훈계를 하는 장면 또한 포함시킨다. 소설의 끝부분에서는 샐리의 마약 사건에 연루되어 구금되었던 홀리가 보석으로 풀려나 친구인 프레드와 조 등의 도움으로 그 즉시 브라질로 떠나는 데 성공하는 것으로 나온다. 홀리의 브라질 애인이었던 호세가 범죄에 홀리가 얽혀 있다는 것을 알아챈 순간 그녀를 버렸음에도 그녀는 이에 아랑곳하지 않고 단지 비행기 티켓을 버리지 않기 위해, 그리고 브라질에 한 번도 가본 적이 없다는 이유로 여행하듯 브라질로 향한다. 가는 길에 그녀는 자신의 분신과도 같던 고양이를 길에 버리고, 이 고양이는 한참이 지난 후 어느 새로운 가정에 입양되어 지내고 있음이 확인되는 것으로 이야기는 끝난다. 그러나 영화는 그녀를 이처럼 끝없이 방랑하도록 놔두지 않는다. 풀려난 즉시 폴이 준비한 택시에 올라 공항으로 향하려고 하는 홀리에게 폴은 사랑을 고백하며 "당신은 내게 속한다"고 마음을 드러낸다. 그러나 홀리는 자신의 고양이와 마찬가지로 자신은 어디에도 속하지 않는다고 그의 사랑을 거부하며 비 오는 거리로 고양이를 내쫓은 채 길을 계속 가고자 한다. 결국 폴은 그녀가 "인생은 현실"이라는 사실을 받아들이지 못한 채 어딘가에 속하기를 두려워하고 있음을 신랄하게 지적하고 티파니 보석상에서 문구를 새겼던 장난감 기념 반지를 던져주고 택시에서 내린다. 그 순간 눈물을 머금은 채 반지를 물끄러미 바라보던 홀리는 마음의 동요가 인 듯 택시에서 내려 폴과 함께 고양이를 찾고, 빗속에서 한참을 헤맨 끝에 마침내 골목 구석에서 고양이를 찾아내 품에 안고 폴과 짙은 키스를 나누며 영화가 종결된다. 지금껏 홀리와 다를 바 없이 부유한 이성의 돈에 젊음을 팔며 살고 있던 폴이 한순간 홀리를 책망하고 끝내 교화시키는 도덕군자처럼 돌변하는 이 장면은 서사상으로는 너무나 갑작스러운 인물의 변화로 어색함을 떨칠 수 없으나 홀리를 '길들여진 여성'으로 만들기 위해서는 가장 필연적인 이야기의 전개일 수밖에 없다.

사실 홀리가 폴이 제공하는 가부장제의 '든든한 보호막'으로 귀환할 것이라는 암시는 영화의 전반부터 배치되어 있다. 소설에서 그녀가 프레드에게 크리스마스 선물로 사주며 "결코 살아 있는 생물을 이 안에 넣지 말아 달라"(59)고 당부했던 새장은 속박을 싫어하는 그녀 자신과 대비되는 중요한 상징으로 등장한다. 그러나 영화에서 이 새장은 아무런 설명 없이 앞서 언급했던 파티 장면의 초반에 잠시 스쳐 지나가는 카메라에 잡힐 뿐 다시 나오지 않는다. 어떤 의미에서 영화는 홀리의 '구속'을 권장하는 내용이므로 소설에서 강하게 부각되었던 이 새장이 갖는 부정적 의미를 강조할 필요가 없기 때문일 수 있다. 그러나 이보다 더욱 인상적인 설정은 두 남녀의 거주 공간의 대비에서 찾을 수 있다. 홀리가 사는 아파트는 일 년여를 살았다는 것이 믿기지 않을 정도로 텅 비어 있고, 막 풀어놓은 듯한, 또는 어디론가 떠나려고 채비를 하는 듯한 짐 가방들이 아무렇게나 널려 있다. 그녀에게 있어서 아파트는 "거주 공간이라기보다는 잠시 들르는 장소"(Wojcik, 143)일 뿐이다. 그곳은 "통과하거나 들어가기 쉬운" 곳으로 "대개 기회와 우연에 의해 만남이 일어나는 곳"(Wojcik, 147)이다. 이에 비해 같은 아파트의 위층이지만 폴의 방은 살림살이가 잘 갖춰져 있고 깔끔하게 정돈되어 안정된 '주거지'의 느낌을 준다. 물론 옷장에 즐비하게 걸려 있는 고급 양복이나 그 외 이 아파트의 모든 세간이 2-E가 장만해준 것임을 알 수 있지만, 비슷한 방식으로 남성들과 사귄 대가로 생계를 유지하는 홀리의 방과는 비교할 수 없을 정도로 포근해 보인다. 실제로 홀리는 그녀를 찾아오는 귀찮은 남자 손님들을 피해 아파트 소방 계단을 타고 폴의 방에 피신해서야 쉼을 얻

텅 비어 있는 홀리의 방

잘 꾸며져 있는 폴의 방

고, 또한 폴의 방이 올려다보이는 자신의 아파트 창틀에 걸터앉아 '문 리버'를 부를 때 가장 가식 없는 자연인의 모습으로 다가온다. 결정적으로 영화에 새롭게 삽입된 또 하나의 장면에서 홀리와 폴이 울워스 잡화상에서 훔쳐 온 개와 고양이 가면이 모두 폴의 방에 걸려 있다는 것 또한 홀리의 공간이 아닌 폴의 공간이 그 둘이 연인으로서 함께 지내야 하는 곳임을 암시하는 듯하다. 다르시는 특히 폴이 썼던 개 가면이 홀리가 썼던 고양이 가면을 감싸 안고 있는 듯한 이 장면이 "확립된 질서를 지키고 보호하는 것이 남성의 의무로 그의 이타적인 사랑과 신의라는 잠재력이 궁극적으로 자주적이면서도 사랑스러운 야생의 고양이를 길들일 것"(D'Arcy, 378)을 예시하고 있다고 설명한다.

이처럼 거리를 배회하는 산보자인 홀리를 흔들림 없이 잡아줄 남자 인물을 구성해내기 위해 영화에서는 남녀 인물들의 이름 역시 소설과 차이를 둔다. 소설과 마찬가지로 영화에서도 마지막 순간까지 홀리는 자신의 과거와 현재의 이름을 부정하며 "나는 룰라 매Lula Mae도 아니고 홀리 골라이틀리도 아니에요. 나는 내가 누군지 모르겠어요!"라고 울부짖지만, 소설의 화자와 달리 영화에서 폴은 홀리에게 "나는 프레드가 아니라 폴"이라며 자신의 본명을 단호하게 말하는 장면이 삽입되어 있다. 홀리를 지켜주기 위한 남성은 자신의 정체성과 위치에 대해 혼란을 겪지 않는 자존심과 자아를 가진, 또는 이를 회복한 사람이 어울리기 때문일 것이다. 흥미로운 점은 영화에서 또 다른 비중 있는 여성 인물인 2-E 역시 홀리와 달리 귀부인임에도 폴과의 관계에서 본명이 아닌 암호와도 같은 애칭으로 불리고 있다는 것이다. 홀리와 2-E가 처음 택시를 사이에 두고 마주쳤을 때 폴은 그녀를 '페일런슨 부인Mrs. Failenson'이라고 소개하지만 이 역시 그녀 남편의 성일뿐 그녀 자신의 이름은 알려지지 않는다. 파티에 등장한 홀리의 모델 친구인 맥 역시 홀리와 비슷한 생활을 하는 것이 암시되기에, 그녀의 이름은 예명일 가능성이 농후하다. 영화에서 모든 남성 인물들이 자신들의 이름으로 불리거나 그렇게 불리고 있다고 여겨지는 반면, 대부분의 여성 인물들은 복수의 이름으로 불리고 있다는 사실 역시 경제적·사회적 계급을 떠나 남성이 여성보다 안정된 사회적 자아를 형성하고 있음을 은연중 강조하는 할리우드의 성적 보수주의를 엿볼 수 있게 한다.

이렇듯 영화 「티파니에서 아침을」은 커포티의 단편 소설의 내용과 인물에 다양한 수정을 가함으로써 원작에서의 자존심 강하며 당대 도덕주의를 비웃듯 자유롭고 독립적인 삶을 구가하는 홀리라는 인물을, 천사처럼 아름답고 연약하며 결국 자신을 사랑하는 남성 폴의 뜻에 따라 순종하는 이상적인 연인의 모습으로 탈바꿈시킨다. 이러한 서사의 변화의 배후에는 전후 미국 사회에서 높아져 가는 여성의 사회적 영역에서의 활동, 경제적 자립, 성적 자유에 대한 우려가 자리하고 있으며, 이들을 남성의 통제하에 있는 가정으로 복귀해야 할 존재로 그림으로써 전후 귀환한 미국 남성들의 사회적 지위와 정체성의 재확립을 꾀하고자 하는 의도가 엿보인다. 이처럼 「티파니에서 아침을」이 듬직한 가부장으로서의 미래를 예고하는 폴에게 홀리가 사랑이라는 이름으로 순응하는 로맨스로 끝맺게 된 이면에는, 1960년대 초 미국 사회가 당면하고 있던 변화하는 사회상 및 남녀 관계에 대한 당대 할리우드의 보수적 해법이 자리하고 있는 것이다.

4. 1960년대 초 할리우드 전환기의 영화

영화 「티파니에서 아침을」은 전후 미국 사회가 남녀의 사회적 역할 및 자아의 재확인과 정비에 대한 필요성이 높아지던 1950년대를 지나 개혁과 민권 운동이 활발하게 전개된 1960년대 중반으로 진행하는 과도기에 제작되었다. 1950년대 미국 사회가 교외suburbs를 중심으로 경제적·사회적 안정과 공통된 도덕적 가치를 추구하는 중산층 삶의 확산에 주력하면서 영화계 또한 이러한 세태를 반영해 가족주의를 강조하는 멜로드라마를 중심으로 발전했다. 1950년대를 거쳐 기성의 가치를 전복하는 반문화의 시대인 1960년대에는 특히 그 중반 이후로 다양한 실험적 기법 및 메시지를 시도하는 영화 제작의 움직임이 할리우드에 새로운 역사를 펼친다. 그러나 이 두 시기 사이의 전환기라고 할 수 있는 1960년대 초의 미국 영화는 영화사에서도 그 성격이 명확히 규정되지 않은 채 1950년대의 연장선, 또는 1960년대의 시작이라는 애매한 입지에 휩쓸려 논의에서 간과되곤 했다.

영화 「티파니에서 아침을」은 단편 소설을 원작으로 하고 있으나 소설을 영화화하는 과정에서 당대 영화감독들 및 할리우드 영화 산업이 제도적으로 보호하고 지향하려 했던 가치를 잘 드러냄으로써 1960년대 할리우드 영화계의 인식과 경향을 파악하는 데 중요한 텍스트로 활용할 수 있다. 앞서 살펴본 바와 같이 소설이 영화화되면서 거리에서 남성들 사이를 누비며 또한 화려한 상점을 들여다보며 자유분방한 삶을 꿈꾸던, 19세기 보들레르가 묘사했던 파리의 산보자와도 같은 여인 홀리는 결국 모든 방황을 접고 한 남자의 여인으로 정착하는 결말을 맞는다. 이 영화가 당대 미국 사회를 지배하던 보수적 가부장제를 지지하고 있음을 읽을 수 있는 것이다. 더불어 당시 영화계를 지배하던 검열 시스템의 영향으로 영화는 소설보다 내용적으로나 언어적으로나 훨씬 순화되어 전개된다. 그럼에도 불구하고 이 영화가 조심스럽지만 명확하게 이러한 할리우드 도덕주의에 도전하는 시도 역시 하고 있다는 점은 간과되어서는 안 될 것이다. 사실 피터 레흐만Peter Lehman과 윌리엄 루어William Luhr가 주장하듯이, 이 시기에 "도덕적으로 의심스러운" 삶을 살고 있는 홀리와 폴을 주인공으로 그리고 있다는 것 자체가 기존 할리우드 산업의 주요한 변화를 예고하는 신호가 될 수 있다(Lehman & Luhr, 26). 수많은 남성들 사이를 오가는 사회적 통념상 부도덕한 여인인 홀리를 기존의 멜로드라마에서처럼 '처벌'하지 않고, 그렇다고 그녀를 나이 많은 전남편에게 돌려보내는 것도 아닌 그보다 훨씬 젊고 멋진 남성 파트너와 로맨스를 이루게 한다는 설정은, 이 영화가 인물에 대해 흑백 논리로 도덕적 평가를 내리고 있지 않다는 것을 보여주며 이러한 점만으로도 상당히 파격적이라고 할 수 있다. 그뿐만 아니라 소설에서는 단순히 작가로 나오는 남성 화자를 영화에서는 홀리와 마찬가지로 돈을 위해 젊음을 파는 것을 마다하지 않는 지적인 매춘남으로 그리고 있는데, 검열 시스템이 영화의 도덕성을 냉혹하게 판단하던 시대에 이러한 파격적인 설정이 허용되었다는 것 자체가 의외일 정도이다. 이처럼 전에 보기 힘들었던 급진적인 설정과 내용은 이 영화가 단순히 가부장제를 옹호하며 그 가치를 전파하는 과거의 영화들과는 차별됨을 보여주고 있다.

「티파니에서 아침을」은 보수적 가치를 중시하던 1950년대에서 새로운 변혁을 추구하게 된 1960년대 중반으로 넘어가는 과도기에 제작되어 변화하는 할리우드의 시대 분위기를 그대로 반영하고 있다. 이전에 볼 수 없었던 도덕적 판단이 보류된 새로운 인물형을 그려내는 과감함과 이 인물들을 여전히 안락한 가부장제의 체제 내로 복귀시키고자 하는 보수성을 동시에 드러내고 있는 이 영화는, 지금까지 상대적으로 연구가 미비했던 1960년대 초반 할리우드 영화 및 영화 산업의 분위기를 이해하는 데 중요한 텍스트로 재정의되어야 할 것이다.

3부

전복의 장으로서의 글쓰기

11장 자서전 쓰기를 통해 공사 영역 경계 넘기

로체스터 부인의 『제인 에어』*

오정화

1. 『제인 에어: 자서전』

『제인 에어*Jane Eyre*』에 '자서전*An Autobiography*'이라는 부제가 붙어 있고, 『제인 에어』를 쓰고 있는 사람이 이미 결혼한 제인 로체스터Jane Rochester임은 주지의 사실이다. 그러나 이 소설의 제목은 제인 로체스터의 결혼 전 이름인 '제인 에어'이다.

브론테Brontë 자매가 이름에 예민했던 것은 그들이 모두 필명으로 책을 낸 데서도 알 수 있다. 그들은 특히 결혼으로 인해 이름이 바뀔 수밖에 없는 상황이 여성들의 정체성에 위협이 되고 있음을 예민하게 느끼고 있었으며 이는 에밀리 브론테Emily Brontë의 『폭풍의 언덕*Wuthering*

* 이 글은 '로체스터 부인의 자서전: 『제인 에어』'라는 제목으로 『근대영미소설』 제7집 2호(2000)에 게재된 논문을 수정·보완한 것이다.

Heights』에도 나타나 있다. 록우드Lockwood는 워더링 하이츠에서 머무르던 날 밤 캐서린Catherine의 방 창턱에 가득 쓰여 있는 이름들 — 캐서린 언쇼Earnshaw, 캐서린 히스클리프Heathcliff, 캐서린 린턴Linton — 을 본다. 그 이름들은 어린 캐서린이 누구와 결혼할지 고민했던 것을 보여줄 뿐 아니라, 누구와 결혼하느냐(혹은 결혼하지 않느냐)에 따라 자신의 정체성이 바뀌는 여성의 고뇌를 드러내고 있다.

브론테 자매가 이처럼 여성의 삶에 있어서 이름이 갖는 의미의 중요성을 인식하고 있었음을 고려할 때, 현재 로체스터 부인Mrs. Rochester이 된 제인의 자서전을 '제인 에어'라고 명명한 것은 많은 점을 시사한다. 사실 여주인공의 이름을 소설의 제목으로 쓸 때 작가들이 여성의 이름에 관련된 어려운 문제를 대부분 회피했음은, 소설의 제목으로 대개 여주인공의 성은 적지 않고 세례명만 적은 데에서 잘 나타나 있다. 소설의 역사를 보면 남자 주인공의 이름을 소설의 제목으로 할 때에는 대부분 세례명과 성을 합친 전체 이름을 적었다. 『로빈슨 크루소*Robinson Crusoe*』, 『트리스트럼 섄디*Tristram Shandy*』, 『데이비드 코퍼필드*David Copperfield*』, 『애덤 비드*Adam Bede*』 등 수많은 예가 보여주듯이 남자 주인공의 이름은 세례명과 성을 모두 표기하고 있다. 그러나 여자 주인공들은 그들에게 고유한 정체성이 없음을 상징하듯이 대부분 성이 없이 쓰였다. 『패멀라*Pamela*』, 『이블리나*Evelina*』, 『엠마*Emma*』, 『루스*Ruth*』 등 성이 빠진 여주인공의 이름을 제목으로 한 소설을 많이 볼 수 있다. 한편 여주인공의 성이 주어질 때에는 『댈러웨이 부인*Mrs. Dalloway*』이나 『보바리 부인*Madame Bovary*』처럼 남편의 성을 따고 있는 것을 볼 수 있다.

제인 에어가 제인 로체스터가 되기를 꺼리는 부분은 결혼을 앞두고 불안감을 느끼는 다음의 묘사에서 드러난다.

…… 내일 이 시간이면 내 트렁크들은 멀리 런던으로 가고 있겠지. 그리

고 나도 그렇겠지. 아니, 오히려 내가 아니고, 제인 로체스터가 가고 있겠지, 내가 아직 알지 못하는 그 사람이. …… 로체스터 부인이라니! 그 여자는 존재하지 않았다. 내일 아침 8시 좀 지날 때까지는 태어나지 않을 것이다. …… 내 화장대 반대편에 있는 저기 벽장 속에 그 여자의 것이라는 옷들이 이미 로우드 시절의 내 검은 드레스와 밀짚모자를 대체했다는 것으로 충분했다. 저 결혼 예복은 나에게 속하지 않았기 때문이다……. (Brontë, 303)[1]

이 대목은 제인이 로체스터와의 결혼을 초조하게 기다리는 부분인데 결혼을 통해 잃게 될 자아에 대한 불안감이 자신의 이름을 잃는 것과 연관되어 강력히 시사되고 있다.

본고는 이 소설이 제인 로체스터가 일인칭 서술자로서 자신이 살아온 삶을 기술하고 있음에도 불구하고 '제인 로체스터'를 제목으로 하지 않았을 뿐 아니라 당시의 문학 관습대로 '제인'이라고도 하지 않고 '제인 에어: 자서전*Jane Eyre: An Autobiography*'이라는 제목을 갖고 있는 것이 매우 중요한 의의가 있다고 본다. 자서전을 쓰는 서술자는 자신의 삶을 회고할 뿐 아니라 그것을 재구성해서 텍스트화하며 이 재구성의 과정에서 자신의 관점과 해석을 개입시킨다는 사실에 주목하기 때문이다. 이와 아울러 자서전은 모든 사건이 일어난 다음에 현시점에서 과거 자신이 경험했던 일을 쓰는 것이므로 당시에 자신이 몰랐던 것과 그 후 알게 된 것을 동시에 기록할 수 있고, 또한 그것을 어떻게 읽을지 나아가 어떻게 쓸지를 의식하고 강조하게 되기 때문이다. 그러므로 『제인 에어』가 로체스터 부인의 자서전이라는 점은 이 소설이 단순히 일인칭 서술자에 의해 쓰였다는 것보다 더 강한 의미를 갖는다. 일인칭 서술자에 의

1 이후부터 Charlotte Brontë, *Jane Eyre*(Penguin Books, 1966)에서 인용 시 페이지만 표시하기로 한다.

해 쓰였다고 할 때 이 소설은 서술자의 관점을 엿볼 수 있는 글이 되지만, 주인공의 자서전이라고 할 때 이 글은 자서전을 쓰는 저자가 어떤 의도와 방식으로 자신의 삶을 텍스트화시키고 있는지에 대해 분석해야 할 필요가 제기되기 때문이다.

2. 자서전 양식의 의의

여성의 자서전 쓰기에 대해 연구한 시도니 스미스Sidonie Smith는 지난 500여 년간 자서전이 서구의 개인적이고 문학적인 삶에 있어서 중요한 위치를 점해온 것은, 자서전이 부계제와 젠더 이데올로기를 재생산하는 포괄적 계약의 하나로 역할을 해왔기 때문임을 지적했다. 스미스에 따르면, 여성들은 젠더 이데올로기에 도전하거나 여성에게 적합한 글쓰기와 말하기에 대해 정해놓은 한계에 도전하지 않는 한 자서전을 쓸 수 없었고, 자서전의 자아 분석이 주는 힘을 열망하며 사적·공적 발언의 경계를 뛰어넘은 몇몇 여성들의 경우는 담론의 주변에 있는 화자라는 위치에서 자서전이라는 영역에 접근해야 했으며, 그에 따라 자서전적 이야기를 쓰는 것에 대한 복잡한 태도에 뒤얽히게 되었다(Smith, 44). 그렇다면 샬럿 브론테Charlotte Brontë가 자서전이라는 양식을 사용한 이유는 무엇일까?

뤼스 이리가레Luce Irigaray는 「하나가 아닌 이 성This Sex Which Is Not One」에서 두 입술의 메타포를 사용해 여성 글쓰기의 이중성이 가지는 힘을 설파한 바 있다. 한 입으로 두 가지 말하기, 이는 여성이 남성중심의 사회와 문화에 의해 분열된 자기의 모습을 드러내는 전략이며, 이 전략은 『제인 에어』에서 효과적으로 작동하고 있다. 여성주의 비평가들이 『제인 에어』를 여성주의 텍스트의 한 전형으로 삼으며 활발한 비평을 시작한 이래 『제인 에어』에 관한 가장 대표적인 해석은 샌드라 길버트Sandra M. Gilbert와 수잔 구바Susan Gubar의 『다락방의 미친 여자 *The Madwoman in the Attic*』일 것이다. 그런데 버사Bertha에서 주제를 잡아 제목을 정한 이 저서는 제인의 "혁명적 페미니즘"을 높이 평가하면서도 그것이 초래하는 자아 분열을 버사에게 씌우고, 대신 제인은 이를 극복해 "그녀만의 자아로 깨어나는" 성장을 이루는 것으로 해석하고 있다(Gilbert & Gubar, 368). 그들은 『제인 에어』에 나타난 이중성은 보았으되, 그중 어두운 면, 저항적인 면을 억압해나가는 것을 제인의 성장으로 본 것이다. 길버트와 구바뿐만 아니라 그 후 많은 여성주의 비평가들이 이와 같은 비평을 했다. 반면에 이러한 백인 여성주의 비평가들의 『제인 에어』 분석에 반기를 든 퍼두스 아짐Firdous Azim과 같은 비평가는, 제인이 계급과 인종, 성에 의해 차별화된 타자를 불러낸 후 말살시킴으로써 생산된 "통일된 계몽적 주체"(Azim, 88)라고 비판했다.

아짐과 백인 여성주의 비평가의 차이는 제인이 획득한 여성적 정체성 혹은 주체성을 어떻게 해석하느냐의 차이일 뿐 제인이 그것을 획득했다는 데에는 이의를 제기하지 않는다. 그러나 이 글에서는 제인 안에 존재하는 갈등과 분열은 하나가 다른 하나에 억압되지 않은 채 "두 입술"에서 나오는 "두 가지 말"로 계속해서 존재하고 있음을 밝히고자 하며, 이것을 "들으려면" 제인의 자아 분열과 자기 소외를 그대로 드러내는 자서전적 글쓰기에 귀 기울여야 함을 지적하고자 한다. 이리가레의 주장처럼 여성적 글쓰기를 제대로 이해하려면 "또 다른 귀another ear를 가지고 들어야만" 한다(Irigaray, 29). 여기에서는 이러한 또 다른 귀를 가지고 들을 수 있는 한 방법이, 등장인물인 제인을 만들어가고 있는 서술자 로체스터 부인의 "두 가지 말"에 "또 다른 귀"를 기울이는 것임을 주장하고자 한다.

『제인 에어』가 출판되었던 당시에 이 소설이 내포하고 있는 여성적 욕망과 열정을 신랄하게 비판했던 사람 중 하나인 엘리자베스 릭비 Elizabeth Rigby는, 브론테가 커러 벨Currer Bell이라는 필명으로 1847년 『제인 에어』 제2판에 서문을 붙여 자신의 입장을 설명한 후인 1848년에도 여전히 다음과 같이 『제인 에어』를 맹비난하고 있다.

> 전체적으로 제인 에어의 자서전은 현저하게 반기독교적인 글이다. …… 자부심 강하고 끊임없이 인권을 주장하고 있으며…… 신을 두려워하지 않는 불만의 어조가 널리 퍼져 있다. …… 우리는 해외에서 권위를 전복시키고 인간적이고 신적인 모든 관례를 어기고, 국내에서 차티즘과 혁명을 촉진한 사고와 사상의 논조가 『제인 에어』를 쓴 논조와 똑같은 것이라고 주저 없이 말할 수 있다. (Rigby, 173-174)

제인 에어의 자서전에 나타난 강렬한 주장, 사회에 대한 불만, 권위에 대한 도전이 차티즘과 혁명을 불러온 바로 그 사고라고 지적한 릭비의 주장은 1848년 당시 『제인 에어』에 대해 널리 행해지던 강력한 비판의 하나로서, 가부장적인 종교, 법, 경제에 대한 강력한 위협을 이 작품이 제기하고 있다는 것을 감지하고 있음을 보여준다. 그러므로 20세기 페미니스트들은 오히려 릭비가 비판한 것들이야말로 『제인 에어』의 미덕이라고 보았고, 그러한 강렬한 저항 정신이 작품 후반부에는 모두 사라지고 말았다고 애석해하거나, 그러한 저항 정신이 여성의 성장에 기여하는 바를 평가했다. 이들 여성주의자가 『제인 에어』의 후반부에 대해 애석해했건, 그러한 결말을 낼 수밖에 없었던 사회적, 문화적, 문학적 상황에 대한 분석을 통해 그것을 옹호했건, 그들이 취한 태도는 중요한 공통점을 가지고 있다. 즉, 『제인 에어』의 결말에서 로체스터와 결혼한 제인은 이제 그동안의 욕망을 모두 버리고 "집안의 천사"가 되었다는 것이다. 재닛 게저리Janet K. Gezari는 제인의 목표가 결국 결혼이었다고,

브론테의 여주인공에게서 진실의 순간은 "그녀의 정열이라는 성화가 필요로 하는 연료가 고갈됨이 없이 그 안에서 타오를 수 있는 제단을 발견하는 것이다"라고 실망을 표시한다(Gezari, 92). 일레인 쇼월터Elaine Showalter는 제인이 "자기 영혼의 어두운 정열을 파괴시킴으로써 진정으로 '자신의 여주인'이 되었기 때문에" 로체스터와 동등한 결혼을 하게 되었다고 평하고 있다(Showalter, 122). 토니 태너Tony Tanner는 배척당하던 고아 제인이 뜨거움과 차가움의 양극단을 피해 "완전히 자기 자신"이 됨으로써 마침내 "난롯가의 여주인"이라는 "가정적 인물"이 되었음을 축하했다(Tanner, 22).

그런데 이들은 저항적인 모습을 모두 접고 가정의 여주인이 된 로체스터 부인이 『제인 에어』라는 강렬한 이야기를 쓰고 있는 저자임을 잊고 있다. 자서전이라는 형식은 서술하고 있는 모든 사건이 일어난 다음에 글쓰기가 시작됨을 상기한다면, 『제인 에어』를 쓰고 있는 로체스터 부인은 자신의 일생에서 강렬히 느꼈던 분노와 욕망을 이미 과거로 다 묻어버린 것이 아님을 알 수 있다. 그녀가 『제인 에어』라는 자서전을 쓰는 것은 그것들을 되살려 공적 영역에 내놓음으로써 담론화시키고 있기 때문이다. 릭비는 앞의 인용문에 나타나듯이, 『제인 에어』가 자서전이기 때문에 독자들에게 끼칠 위험이 더 크다는 것을 감지하고 있었다. 이에 대해 존 피터스John G. Peters는 릭비와 같이 『제인 에어』를 신랄하게 비판했던 평자들이 이 소설을 그렇게 공격한 이유 중의 하나가 이 소설이 '자서전'이라고 되어 있는 것과 관련이 있음을 지적한다. 자서전은 그 글 속에서 일어난 사건이 실제로 일어났던 일임을 주장하는 것이므로 독자들이 실생활 속에서 그것을 흉내 낼까 봐 염려했기 때문이라는 것이다(Peters, 67).

그러나 릭비가 이 자서전에 대해 느꼈을 더 큰 불안은, 자서전을 쓰고 있는 로체스터 부인의 목소리와 태도 때문이라고 할 수 있다. 19세기 영국에서 꽃피웠던 자서전 문학은 "그 시대에 사상적, 문화적, 사회적으로 중요한 역할을 했던 인물들의 자서전으로서 시대의 고민이나 과제에 대한 독자적인 통찰력이나 해답을 터득한 산 본보기로서 자신들의 삶을 제시하고 있다"고 지적한 서지문 교수는, 또한 19세기 영국에 여성이 쓴 자서전이 없는 것은 "여성들 중에 자신의 자아 형성이 어떤 공적인 의미를 지니거나 시대적 귀감이 된다고 암묵적인 주장을 감히 할 만한 여성"이 없었을 것이기 때문이라고 분석한 바 있다(서지문, 234-235). 자서전을 쓴다는 것 자체가 이처럼 자기 삶의 중요성을 공적으로 제시하는 일이었던 19세기에 실제로 여성이 감히 자서전을 쓸 수 없었던 사실을 주목한다면, 비록 로체스터 부인이 자서전을 쓰고 있다는 것이 픽션이라고는 하나 브론테가 이것을 자서전이라고 명명한 자체가 한 여자의 삶의 공적 중요성을 천명한 것이기에 그 의미가 적지 않은 것이다.

더구나 이 자서전을 쓰고 있는 사람은 사실 제인 에어가 아니라 결혼한 여자 제인 로체스터이다. 엘리자베스 개스켈Elizabeth Gaskell은 『샬럿 브론테의 생애*The Life of Charlotte Brontë*』에서 브론테의 결혼을 묘사하기를 "가정의 신성한 문이 그녀의 결혼 생활 위에 닫혔다"(Gaskell, 519)라고 표현했다. 이러한 표현은 당시 여자의 삶을 그릴 때 결혼 후의 모습을 계속 그리는 것은 결혼의 신성성을 해친다는 생각을 대변한 것과 다름이 없다. 그런데 로체스터 부인은 10년간 닫혀 있던 그 신성한 문을 열고 말하기 시작한 것이다. 여자가 자기의 생각과 느낌을 드러내는 것이 당시에 어떻게 생각되었는가는 당대 여성 작가들에 대한 너대니얼 호손Nathaniel Hawthorne의 평을 들어보면 잘 알 수 있다. 그는 책을 출판하는 여성들에 대해 "품위의 속박을 벗어 던지고, 말하자면 공공 앞에 완전히 발가벗고 나서고 있다"(Hawthorne, 308)라고 비판했을 뿐 아니라, 자기 아내에게는 여성 작가가 되지 않음으로써 "공중에게 몸을 팔지prostitute 않은 것"이 고맙다고 쓴 바 있다(Hawthorne, 456-457). 이처럼 여자가 글을 쓰는 것이 공중 앞에 "발가벗고" 나서는 것이며 "몸을 파는 것"이라는 개념이 보편적으로 퍼져 있던 시기에, 로체스터 부인이 자신의 일생에 일어났던 일들과 그런 일들을 겪으며 가졌던 모든 생각과 느낌을 다 드러내놓고 쓰는 것은, 특히 남편 로체스터와 있었던 모든 일 — 그의 잘못을 포함한 모든 일 — 에 대해 쓰는 것은, 사적 영역인 가정을 공적 영역으로부터 지켜야 할 신성한 역할을 부여받은 집안의 천사로서 사회에 대한 대단한 도전을 제기하는 행위였던 것이다.

3. 제인 에어의 말하기

샬럿 브론테는 로체스터 부인이 자서전을 쓰기 시작하는 시점을 결혼한 지 10년이 된 때로 설정하고 있다. 마지막 장에서 이 사실을 밝히는 서술자 로체스터 부인은 결혼 생활에 대한 자신의 경험에 관해 한마디를 하겠다면서 한 문단을 할애하고 있다. 이 문단에서 그녀가 서술하는 바에 의하면 그들 부부는 하루 종일 서로에게 이야기하고, 모든 비밀을 털어놓았으며, 서로에게 싫증이 난 적이 없고, "성격이 정확히 잘 맞아서, 그 결과 완전한 화합을 이루었다"고 한다. 그래서 그들의 결혼 생활에 대해 "함께 있는 것은 우리에게 혼자 있는 것만큼이나 자유로우면서 동시에 여럿이 같이 있는 것만큼이나 유쾌하다"고 말하고 있다(476).

그런데 사실상 시력과 오른손을 잃은 로체스터와 황량한 펀딘 Ferndean 영지에서 살고 있는 로체스터 부인은 얼마나 자유로우며 얼마나 유쾌한 생활을 하고 있는가? 그녀가 말한 것처럼 자유로운 생활은 아님은 결혼 후 아델Adèle을 데려와 함께 살려고 했으나 다시 학교로 보낼 수밖에 없었던 사정을 설명하는 데에서 잘 나타나 있다. 그녀는 아델이 있는 학교의 규율이 너무 엄격해서 아델을 집으로 데려온다. 로우드

Lowood 학교에서의 자신의 힘들었던 생활을 생각나게 했을 아델의 고충을 제인은 이해했기에, 아델을 데려와 자기가 다시 가정교사가 되려고 했지만 그 계획이 비현실적임을 곧 깨닫는다. 왜냐하면 "나의 시간과 관심은 이제 다른 사람에 의해 요구되었다. 내 남편이 그 모든 것을 필요로 했던 것이다"(475)라는 설명에 나타나듯이, 이제 그녀는 로체스터의 아내로서 그에게 완전한 봉사를 바칠 수밖에 없기 때문이다. 그렇다면 그녀의 삶은 얼마나 유쾌한 삶인가? 펀딘 영지는 원래 그의 아버지가 사냥할 짐승들을 위한 장소로 사들였던 곳으로 건강에는 좋지 않은 위치여서 버사를 데려다 놓기에도 적합하지 않고, 세를 놓으려고 해도 오려는 사람이 없던 곳이었다. 이곳에서 일상적인 사회에서 제외된 로체스터와 사는 제인은 결혼한 다이애나Diana와 메리Mary와 격년으로 오가며 만나고 있을 뿐 그 외에 사람들과의 교제는 거의 없이 살고 있다. 펀딘에서의 제인의 생활은 그녀의 말과는 여러 가지로 다르리라는 점이 암시되고 있는 것이다.

펀딘에서의 결혼 생활에 대해 말로는 자유롭고 유쾌한 생활이라고 하고 있지만 사실 그렇지 못하다는 것은 로체스터 부인이 펀딘에서의 자신의 삶을 묘사할 때 사용하는 이미지와 모티브를 통해 나타낸다. 로체스터는 횃대에 묶인 독수리이며, 자신은 그런 새에게 먹이를 날라주는 참새이다(464). 펀딘은 숲속 깊이 파묻혀 있는 "아주 황량한 지점"으로 그 주위 숲의 수목은 "짙고 어둡다"(455). 그런데 이러한 암흑의 이미지와 감금의 모티브를 사용하고 있는 것이 로체스터 부인 자신임을 상기할 때, 이는 그녀가 자서전을 쓰는 동기가 단순하지 않으며 오히려 모순적이고 이중적임을 암시한다. 그녀는 과거의 고통과 어려움을 이겨내고 사랑하는 사람과 "행복한 결혼"을 하게 되기까지의 과정을 쓰고 있지만 동시에 현재의 어두움에 질식할 듯하며, 갇힌 것 같은 그 상황에 저항해 "나는 '말'해야만 해*Speak* I must"(68)를 외치며 가슴속에 있는 말들을 쏟아놓기 시작한다. 집안의 천사로서의 굴레를 벗어나 공중에게 자신을 벗어 보이는 것이다. 그렇기에 그녀가 자기 인생의 여러 사건 중 처음 서술하는 것이 바로 빅토리아 시대 가정 이데올로기의 허위를 벗기고 그녀 인생 최초로 '말했던' 사건이다.

『제인 에어』의 첫 장면은 "완벽하게 행복해 보이는" 가정, 리드Reed 집안의 거실에 대한 묘사로 시작된다. 이 집에 얹혀사는 제인에게 그 그룹에 참여하는 것을 "면제"해준 리드 부인은 "난롯가의 여주인"답게 난롯가의 소파에 기대어 누워 있고, 그 주위에는 세 자녀, 일라이자Eliza와 존John, 조지아나Georgiana가 모여 있다. 이 행복해 보이는 가정을 묘사하는 로체스터 부인은 그러나 일라이자와 존, 조지아나가 어쩌다 "그 순간에는 다투지도 않고 울지도 않았다"고 밝힘으로써, 그리고 그 가정이 행복해 '보인다'고 표현함으로써 이 행복한 가정의 모습이 허구에 불과한 것임을 강력히 암시하고 있다.

이 "행복해 보이는" 가정 속에서 제인은 소외되고 학대받는 삶을 살고 있다. 외숙모인 리드 부인에게는 불만 많고 의문 많은 아이로 단정되어 말하는 것도 금지당한 채 구박을 받고, 사촌인 존에게는 늘 매를 맞고 있다. 하인들은 주인의 기분을 상하게 하지 않으려 했기에 제인은 존의 학대에 무방비 상태로 노출된 채 공포에 떨며 산다. 그런데 로체스터 부인이 기록하고 있는 첫 에피소드는 제인이 처음으로 존에게 저항한 사건이다. 그리고 그 저항의 무기는 그동안 독서를 통해 획득한 능력, 즉 '말'이었다. 제인이 읽고 있던 책을 빼앗아 들고 더 이상 이 집안의 책을 읽지 못하게 금지한 존은 제인에게 책을 던져 피를 흘리게 하고, 제인은 극도의 고통 속에서 첫 저항을 시도한다. 그를 "악하고 잔인한 소년"이라고 부르고, "너는 살인자 같아. 너는 노예 감독자 같아. 너는 로마 황제 같아"(43)라고 외쳤던 것이다. 이에 격분한 존은 제인을 또다시 때리려 하지만 제인은 고양이처럼 그에 맞서 저항한다. 이 장면에 대해 하인 하나는 "picture of passion"이라고 제인을 비난했는데, 이는 "격정의 화신"이라고 번역할 수 있겠지만 문자 그대로 "격정의 그림"이라고 번역했을 때 이 장면이야말로 제인 에어의 자서전을 대표하는 '그림'이라고 할 수 있다. '격정'이라는 단어는 이 자서전의 심연에 흐르고 있는 '분노'와 '열정'을 모두 내포하고 있는 단어이기 때문에, 어린 제인이 보던 토마스 베윅Thomas Bewick의 『영국 조류사*A History of British Birds*』에 실린 그림들이 당시 제인의 정서와 상황을 대표했다면 이 "격정의 그림"은 제인의 자서전을 대표하는 그림인 것이다.

제인이 처음으로 말을 통해 빅토리아 시대의 이 거짓된 '가정 천국'에 저항을 시도한 대가로 감금되는 "붉은 방"은 그녀가 어린 시절에 겪는, 그리고 이 소설 전체를 통해 겪는 억압의 한 전형을 보여주고 있다. 그뿐만 아니라 지금 공적인 영역에서 처음 "말하기"를 시도하고 있는 로체스터 부인이 심리적으로 겪고 있는 사회적 억압의 전형을 보여주고 있기도 하며, 한 걸음 더 나아가 『제인 에어: 자서전』의 편집자로 자신을 밝히고 작가로서의 "목소리"를 갖기 위해 커러 벨이라는 남성적 필명을 사용해야 했던 샬럿 브론테가 감지하는 사회적 억압의 전형을 보여주기도 한다.

게이츠헤드Gateshead에서 자신이 놓인 환경에 대한 저항을 '말'을 통해 하려 한 제인의 시도가 정점에 달한 것은, 붉은 방 사건 후 게이츠헤드라는 "감옥"을 벗어날 꿈에 부풀어 있다가 그 꿈을 여지없이 짓밟혀버릴 위기에 처했을 때이다. 제인이 가기를 원하는 학교의 책임자인 브로클허스트Brocklehurst 씨에게 리드 부인이 자기를 거짓말쟁이라고 믿게 만들었다는 것을 알게 되었을 때 제인은 "격한 분노"가 가슴속에서 끓어오르는 것을 느껴 "나는 '말해야만' 해. 난 호되게 짓밟혀왔으니, 반격'해야만' 해"(68)라고 자신에게 외친다. 그리하여 리드 부인에게 얹혀살고 있는 무력한 제인은 말하기 시작한다. 자기를 부당하게 붉은 방에 가둔 그녀의 잔인성에 대해, 그리고 그 방에서 꺼내달라고 애원했을 때 난폭하게 자기를 다시 그 방에 가두어버린 잔혹성에 대해 항의한다. 그리고 거짓말쟁이는 자기가 아니라 리드 부인이라고 선언한다(69). 이렇게 말을 함으로써 제인은 난생 처음으로 거짓된 가정 이데올로기가 만들어낸 "감옥"으로부터의 해방감을 경험한다.

> 이 대답을 마치기도 전에 내 영혼은 내가 일찍이 느껴보지 못한 낯선 해방감과 승리감으로 팽창되어 기뻐 날뛰기 시작했다. 마치 보이지 않는 굴레가 파열되기라도 하여 바라지도 못한 자유로 전력을 다해 빠져나온 것 같았다. (69)

여기에서 제인은 이제까지 그녀를 속박하던 환경을 '말'을 통해 빠져나오는 놀라운 체험을 하고 있다.

로우드 학교에서 어린 제인이 반항적 성격과 분노를 억누르는 데 성공해 정신적인 성숙을 이루는 과정은 말을 조절하는 법을 배우는 것과 병행되고 있다. 제인이 친구인 헬렌에게 리드 부인과 존으로 인해 느꼈던 고통과 분노를 쏟아놓을 때 "삼가거나 부드럽게" 하지 않고 "신랄하고 반항적"으로 느낀 대로 말하자(90), 헬렌은 리드 부인과 존이 제인에게 친절하지 않았던 것은 알겠지만, 제인이 자기가 당한 불공정함에 대해 자세히 기억하고 그 상한 감정을 모두 가슴에 새기고 있는 데 대해서는 좋지 않다고 비판한다. 이런 반응을 경험한 제인은 템플 선생 앞에서 그 이야기를 해야 될 때가 되었을 때, 헬렌에게 했던 것과는 다른 서술 전략을 취한다.

> 나는 가슴속 깊이 결심했다. 최대로 절제를 해야겠다, 가장 정확해야겠다고. …… 감정 때문에 지칠 대로 지쳐, 내 언어는 그 슬픈 주제를 발전시

> 킬 때 보통 그런 것보다 많이 누그러져 있었다. 그리고 분노에 빠지는 것에 대한 헬렌의 경고를 염두에 두어, 나는 그 서술에 보통보다 원한과 증오의 쓴맛을 훨씬 덜 집어넣었다. 그렇게 억제되고 단순화되니 그것은 훨씬 믿을 만하게 들렸다. (102-103)

이 서술 전략은 성공해 제인은 템플 선생의 인정을 받게 되고, 이 날로부터 무거운 슬픔의 짐을 벗어버리고 프랑스어와 미술을 공부하면서 정신적으로 성숙해지기 시작한다.

그런데 이 성숙을 말하고 있는 로체스터 부인의 태도는 이중적이다. 지금 그녀는 헬렌에게 했던 것처럼 "삼감 없이without reserve" 말하고 있는 것일까, 아니면 템플 선생에게처럼 "누그러진subdued" 언어로 말하고 있는 것일까? 자서전을 쓰는 서술자 로체스터 부인은 믿을 만하게 들리도록 하기 위해서 자신의 서술을 "억제된restrained" 것으로 만들 수밖에 없음을 알고 있다. 그러나 그러한 서술을 하기 위해서는 'reserve'가 필요하다는 것을 독자들에게 암시하고 있다. 'reserve'라는 단어에는 조심해 삼간다는 뜻도 있지만 생각이나 감정을 남에게 말하지 않는다는 뜻도 있는데, 로체스터 부인은 자기의 서술을 독자들이 믿을 수 있도록 템플 선생에게 했던 것처럼 'reserve'를 통해 누그러진 언어를 사용함으로써 집안의 천사다운 자서전을 쓰고 있음을 은연중에 상기시키고 있다.

로우드 학교의 엄격한 규칙과 제도 속에서 8년간 생활하며 자신의 눈에도 "훈련되고 억압된 인물"(116) 같이 보이게 된 제인은, 템플 선생이 결혼해 로우드를 떠나게 되자 여성 간의 우정을 의미 없게 만드는 결혼이라는 제도에 대해 억압되었던 분노가 끓어오름을 느낀다. "운명이 네이즈미스Nasmyth 목사라는 형태로 그녀와 템플 선생님 사이에 온" 사실을 직면하자 제인은 자기의 "본성적 요소"와 "옛 감정의 꿈틀거림"을 느끼기 시작한다. 창가로 가서 밖을 내다보았을 때, 로우드 학교를 포함해

"바위와 히스로 덮인" 산들에 둘러싸인 모든 것이 마치 "감옥 마당" 같았고 "유배지" 같았으며, 제인은 "자유를 갈망하며" 자유를 향해 숨을 헐떡인다(117). 자유에 대한 갈망, 아니 자유가 너무 큰 바람이라면 "변화"와 "자극"이라도 바라는 마음, 그것도 너무 큰 바람이라면 "적어도 새로운 노예 생활"을 갈망하는 마음(117), 이것이 로우드를 떠날 때 제인이 소망한 것이라면 이는 모두 지금의 로체스터 부인에게도 필요한 것이다. 사실 제인의 일생에 있어서 로체스터와의 결혼으로 펀딘에서 10년간 헌신적이고 절제되고 "만족한" 생활을 하고 있는 현재 제인의 모습과 가장 유사한 모습이, 로우드에서 8년간 템플 선생과의 우정으로 만족하며 "훈련되고 억압되었던" 제인의 모습이다.

4. 제인 로체스터의 글쓰기

제인이 창밖을 내다보며 멀리 산등성이 너머의 세상을 동경해 로우드라는 "감옥"을 탈출하기를 꿈꿀 때, 이 세상에 그녀를 도와줄 사람은 아무도 없었기에 스스로 그 방법을 찾아야 했다. 제인이 생각하고 생각한 끝에 마침내 찾아낸 방법은 광고문을 써서 신문에 싣는 것이었다.

> "수업료를 받는 데 익숙한 젊은 숙녀가"(나는 2년간 선생이었지 않았던가?) "열네 살 미만의 아이들이 있는 가정집에 일자리를 구함."(나는 이제 막 열여덟 살이 되었으니까, 내 나이와 비슷한 학생을 지도하기는 어려울 것이라고 생각했다.) "좋은 영국 교육의 일반 과목들과 함께 프랑스어, 미술, 음악을 가르칠 자격을 갖추고 있음."(독자들이여, 그 당시에는 이러한 좁은 범위의 재예 목록도 상당히 광범위한 것으로 생각되었답니다.) "주소 — 셔, 로우튼, 우체국, J.E." (118-119)

광고 문구 사이에 괄호를 사용해 삽입한 제인의 부연 설명은, 자신을 공적 영역에서 광고하는 그녀의 자의식을 드러내고 있다. 첫 두 괄호 속의 설명에 당시 열여덟 살이었던 제인 에어의 생각이 나타나 있다면, 세 번째 괄호는 지금 이 글을 쓰고 있는 제인 로체스터의 설명이다. 독자에게 직접 당시 자기가 낸 광고가 정당한 것이었음을 설명하는 제인 로체스터의 태도는 열여덟 살이었던 제인 에어가 최초로 공적인 글을 써내며 불안해했던 마음을 공유하고 있음을 보여준다. 이 광고문에 대한 답이 페어팩스Fairfax 부인으로부터 왔을 때 제인은 나이 든 부인으로부터 답장이 온 데 대해 적잖이 안심한다. "나 자신을 위해 나 자신의 안내를 따라 그렇게 행동함으로써 내가 어떤 곤경scrape에 빠질 위험을 감수하고 있는 것이 아닌가 하는 개인적인 두려움이 나를 따라다녔다"(120)라는 고백 속에는, "삶에 대한 진정한 지식real knowledge of life"을 찾을 수 있는 세상으로 가고 싶어(116) 모험을 하고 있지만, 동시에 여성으로서 자기의 판단에만 의지해 공적인 영역에 광고를 낸 '작가'가 됨으로써 'scrape', 즉 규칙 위반 등으로 스스로 초래한 곤경에 빠지지 않을까 하는 불안감을 느꼈음이 나타나 있다.

제인이 광고 문구를 써서 가정교사 자리를 얻은 데 대해 "소설 전체를 통해서 제인은 자유와 역동성에 대한 욕망을, 문구를 써서 광고하는 것과 텍스트와 출판물의 재생력을 통해서 가장 성공적으로 실현시키고 있다"(Marcus, 209)고 평가하며 제인이 낸 광고를 자세히 분석한 바 있는 샤론 마커스Sharon Marcus는, 제인이 가진 작가로서의 이 첫 경험이 자신의 자서전을 쓰게 되는 작가로서의 경험으로 연결되는 데 대한 분석은 하지 않고 있다. 광고의 성공으로 제인이 가정교사라는 '전문직'을 가지게 되는 것에 대해 분석하고, 전문직이 새로이 부상하던 당시 사회상을 분석하고는 있지만 가정교사라는 전문직을 거친 후 제인이 글을 통해 자유와 역동성을 획득하는 전문직, 즉 작가로 성장해가고 있는 데 대해서는 분석하지 않은 것이다. 『데이비드 코퍼필드』에 대한 비평을 통해 작가라는 전문직이 가지는 이데올로기적 모순을 분석한 메리 푸비Mary Poovey는, "여자가 글쓰기라는 상업적 사업에 종사함으로써 여성을 이상화시키는 것으로부터 떠나는 것은 소외된 노동과 소외되지 않은 노동 사이의 경계를 무너뜨리는 것이었다"(Poovey, 125)라고 지적한 바 있다. 그러나 이처럼 여성이 작가가 된다는 것이 공적 영역과 사적 영역의 경계를 무너뜨리는 대단히 중요한 이슈임을 지적했음에도 불구하고 푸비는 『제인 에어』를 분석할 때에는, "이 문제를 직접적으로 다루기보다는" 빅토리아 시대 중기의 여성 작가들이 보다 많이 다루었던 "더 일반적인 이슈"를 다루겠다면서 가정교사의 문제에 대해서만 분석을 시도한다(Poovey, 125).

그러나 자신의 전기를 쓰는 작가 로체스터 부인의 목소리는 가정교사 제인 에어의 목소리만큼이나, 아니 때로는 그것보다 더 크게 작품 전체를 지배하고 있으며, 그러한 목소리가 강렬하게 터져 나오는 부분이 바로 이 소설에서 문제가 되고 있는 유명한 장면, 즉 제인이 손필드 Thornfield 저택의 지붕 위에 올라가 마음속의 불만을 털어놓는 것을 묘사한 부분이다. 이 부분에 대해 버지니아 울프Virginia Woolf는 등장인물의 목소리가 아니라 샬럿 브론테의 분노의 목소리가 절제됨이 없이 터져 나온 것이라고 비판한 바 있다(Woolf, 73). 울프가 그것이 등장인물인 가정교사 제인의 목소리가 아니라고 지적한 것은 옳지만 브론테의 목소리가 불쑥 튀어나온 것으로 보는 견해는 잘못임을 지적하고자 한다. "누구든 하고 싶은 사람은 나를 비난해도 좋다"로 시작되는 이 부분은 세 문단으로 되어 있는데, 첫 번째 문단은 로체스터 부인의 목소리가 분명한 현재 시제로 첫 문장의 반이 쓰였고, 두 번째 문단은 첫 문장 전체가 현재 시제로 쓰였으며, 세 번째 문단은 한 문단 전체가 현재 시제로 쓰여 있다. 이는 로체스터 부인이 당시 제인이 가정교사 생활에 대해 느꼈던 불만과 손필드에서의 제한된 삶을 넘어 바쁜 세상, 넓은 세상, 생명이 넘치는 세상에서 살고 싶은 욕망을 기술하는 것으로 시작하고 있지만, 점차 그것을 공유하고 있는 현재 자신의 불만과 욕망에 대한 기술로 무의식적으로 넘어오고 있음을 보여주는 대목이다. 이 세 번째 문단에서 로체스터 부인은 제인 에어의 생각을 묘사하는 과거 시제를 버리고 완전히 현재 시제를 사용해 다음과 같이 말하고 있다.

> 사람은 조용한 생활에 만족해야 한다고 말하는 것은 헛된 일이다. 사람은 활동을 해야만 하며, 만일 그것을 찾아낼 수 없다면 그것을 만들어낼 것이다. 수백만 사람들이 나보다 더 조용한 운명을 선고받았으며, 수백만이 그들의 운명에 대해 침묵의 반란을 일으키고 있다. 정치적인 혁명 외에도 얼마나 많은 혁명이 지구상에 사는 많은 사람들 속에서 격동하고 있는지 아무도 모른다. 여자들은 일반적으로 매우 조용하다고 상정된다. 그러나 여자들도 남자들과 똑같이 느낀다. 여자들도 남자 형제들과 똑같이 그들의 능력을 발휘할 수 있는 훈련이 필요하며 그들의 노력을 발휘할 수 있는 현장이 필요하다. …… 남자들이 겪는 것과 정확히 똑같이 고통을 겪는다. (141)

그리고 이 문단 바로 뒤에 그런 생각들을 하곤 할 때 버사의 낮고 느린 "하! 하!" 소리를 자주 들었다고, 제인 자신의 불만과 버사의 불만을 병치시키는 것도 서술자 로체스터 부인이다. 마치 과거 시제로 묘사한 제인 에어의 갈등뿐 아니라 현재 시제로 묘사한 지금 자기의 갈등에 버사가 동조해주고 있기나 한 듯이.

그러므로 버사는 제인의 성장을 위해 제인의 "어두운 더블dark double"로서 타죽어 없어지는 것이 아니다. 오히려 로체스터의 첫 부인이었던 버사와 마찬가지로 현재 로체스터의 부인인 제인에게 버사의 웃음소리는 남의 것이 아니라 자기 것이 되어 있다. 사실 버사의 고통에 대한 이해가 제인 에어에게 부족했던 것이 사실이다. 로체스터에 대한 사랑에 불가항력적으로 빠져버렸던 열여덟 살의 제인 에어에게 버사의 존재는 자기가 그토록 사랑하는 로체스터의 인생을 망친 사람일 수 있었으며, 자기와 로체스터의 결혼을 가로막는 방해물일 수 있었기 때문이다. 그러나 자신을 가두고 있던 손필드 저택을 불태우고 스스로 죽음을 선택함으로써 그곳을 탈출한 버사에 대해 알고 있는 지금의 로체스터 부인은, 어린 시절 "반란 노예"(44) 같던 자신의 모습을 향수와 애정을 가지고 묘사하듯이 버사의 저항과 분노의 폭발을 공감과 애정을 가지고 묘사하고 있다. 버사가 로체스터에게 가졌던 증오와 리처드 메이슨Richard Mason에 대해 가졌던 분노, 그리고 제인에게 해주고자 했던 경고를 이제는 모두 이해하게 된 로체스터 부인은 그런 것들을 이해하지 못했던 제인 에어의 생각을 기록하고는 있지만, 동시에 그 모든 것을 이해하게 된 현재의 관점을 삽입시킴으로써 부족했던 제인의 생각을 보완하고 있다. 로체스터 부인의 회고 속에서 버사는 오히려 자신을 도와준 사람이다. 그녀가 불만을 느끼던 순간에는 갇힌 채로 "하! 하!" 하는 소리로 화답해주었고, 로체스터의 침대에 불을 지른 사건으로 그와 자신을 가깝게 해주기도 했으며, 제인의 면사포를 찢은 사건을 통해 그 결혼에 대한 경고를 해주었고, 그리고 무엇보다도 로체스터를 우상처럼 숭배하던 제인의 맹점을 일깨워주었다. 버사의 존재를 알게 된 후 로체스터에 대한 환상에서 깨어난 제인의 심경에 대해 로체스터 부인은 이렇게 적고 있다. "믿음은 시들고 신뢰는 파괴되었다! 로체스터는 내게 이제까지의 그가 아니었다. 왜냐하면 그는 내가 생각한 그런 사람이 아니었기 때문이다"(324). 더구나 버사는 로체스터의 대저택을 불태우고 그를 무력한 장님으로 전락시켜, 그가 상징하던 권위와 권력을 파괴해 버렸던 것이다.

로체스터 부인은 손필드에서 로체스터가 지녔던 권력이 남성 중심적이고 가부장적이며 계급적이고 인종 차별적인 것이었음을 그녀의 서술을 통해 보여주고 있다. 제인 에어는 가진 것 없는 가정교사였고 예쁘지도 않은 여자였으며, 외가인 리드가에서는 버림을 받았고 친가는 나중에 밝혀지지만 서인도 제도인 마데이라Madeira에 살았던 삼촌이 있을 뿐이다. 이런 제인에게 로체스터는 영국 본토의 돈 많은 상류층 백인 남성으로서 자신의 권위를 마음껏 휘두른다. 처음에 제인이 로체스터에게 끌리게 된 것은, 그가 그녀와 마찬가지로 전통적인 성 역할과 연관되어 있는 관습적인 예법이나 언어를 무시하고 제인의 독립적이며 비관습적인 면을 평가하는 것처럼 보였기 때문이다. 그러나 제인은 그의 거만함과 무관심, 부주의함에 매료될수록 그것들로 인해 고통을 당한다. 자기의 얼굴과 블랜치 잉그램Blanche Ingram의 얼굴을 그려놓고 대조시키며 로체스터에게 끌리는 열정을 억누르려고 노력하는 부분에 대표적으로 잘 나타나 있듯이 제인은 성적·계급적 주변인으로서의 고통에 시달리고 있지만, 로체스터는 제인이 가진 것 없는 여자이기에 가부장적 권위를 무심하게 휘두르곤 한다. 이 점은 청혼 장면에서 가장 적나라하게 드러나고 있는데, 비록 제인의 마음을 떠보기 위해서였다고는 하나 블랜치와 결혼하기로 했으니 제인을 아일랜드에 가정교사로 보내야겠다고 하는 것은 그녀에게 청혼하려고 하는 사람이 취하는 태도치고는 너무나 잔인한 것이다. 그렇기에 제인은 다른 여자와 결혼한다는 그 앞에서 눈물을 보이며, 리드 부인에게 했듯이 '말'을 통한 자기주장을 시도한다. 제인은 "내 안의 슬픔과 사랑에 의해 일어난 격렬한 감정"이 "말할 권리를 주장"한다면서 다음과 같이 말하기 시작한다.

> "당신은 내가 가난하고 미천하고 못생기고 작다고 해서, 내가 영혼도 없고 감정도 없다고 생각하시나요? 잘못 생각하셨어요! 저도 당신같이 풍부

한 영혼을 가지고 있고 풍부한 감정을 가득 가지고 있어요! …… 지금 관습과 인습에 입각해 이야기하고 있는 것이 아니에요. 썩어 없어질 육체를 통해서도 아니지요. 당신의 영혼에게 말하는 것은 나의 영혼이에요. 마치 둘 다 무덤을 지나, 하나님의 발 앞에 동등하게 서 있듯이 말하는 거지요. 우리가 그렇듯이." (281)

제인이 로체스터에게 느낀 감정은 격정이었다. 그에게 사랑받고 싶은 강한 욕망과, 처음에는 자신의 신분과 외모 때문에 그리고 나중에는 그가 이미 결혼한 사람이었기 때문에 그와 결혼할 수 없다는 분노를 느낀 점 양면에서 모두 그것은 격정이었다. 그런데 그 격정의 정당성을 주장하기 위해 제인이 여기서 제시하는 비전은 계급과 성을 넘어선 평등한 인간관계에 대한 비전이며, 그 비전은 "하나님의 발 앞에"로 제시되고 있다. 그런데 로체스터는 제인의 마지막 말인 "우리가 그렇듯이"를 받아 동등성을 인정하며 청혼을 함에도 불구하고 청혼 후에도 제인을 계급적·성적으로 동등하게 대우하지 않는다. 약혼 후 제인은 로체스터가 보석으로 자신을 감싸려고, 아니 "묶으려고" 함을 감지하게 되며, 그가 그녀에게 던지는 웃음이 마치 이슬람 군주가 금은보화를 주어 부자로 만들어준 하인에게 던지는 그런 웃음과 같은 것임을 깨닫게 된다.

로체스터 부인은 남편인 로체스터가 지녔던 인종적 편견을 그가 버사의 정체를 밝힐 때의 태도를 자세히 서술함으로써 드러내고 있다. 크레올인 버사에 대한 그의 태도는 그녀와의 결혼으로 생기는 부에만 관심이 있었을 뿐 그녀에 대한 무지와 무관심으로 일관했음을 보여주고 있고, 버사와 제인을 비교하는 그의 언어는 두 개인을 비교하는 것이 아니라 영국 본토 백인 여성과 크레올 여성을 비교하는 것임을 알 수 있게 한다. "그 차이를 보시오. 여기 이 맑은 눈과 저기 저 붉은 눈알을, 이 얼굴과 저 가면을, 이 모습과 저 거대한 것을 비교해보시오"(322)라는 말에서 알 수 있듯이 그가 버사를 묘사하는 용어는 인간을 묘사하는 단어가 아니라 동물 혹은 사물을 묘사하는 단어에 불과하다. 로체스터 부인은 버사와 자신을 동일시하는 부분들 — 버사가 로체스터에게 덤벼들어 그를 물려고 하다가 오히려 의자에 묶이는 장면을 제인이 붉은 방에 갇히는 장면과 대단히 유사하게 묘사하고 있는 점, 로체스터가 제인에게 만일 제인이 미친다면 자기가 제인을 미워하리라 생각하느냐고 물었을 때 물론 그러리라고 생각한다고 대답한 점, 제인이 자기 말을 들어주지 않자 폭력을 행사하려고 했던 일을 통해 로체스터의 폭력 앞에서 버사와 제인은 똑같은 입장에 놓여 있음을 보여주는 것 등 — 을 통해, 로체스터가 인종적 편견으로 제인과 버사를 "천사"와 "괴물"의 양극단으로 몰아 버리려는 것이 무용함을 계속 보여주고 있다.

제인이 여성적 욕망과 분노로 "격정의 그림"을 그리며 살아온 일생 동안 그 격정의 벼랑 끝에서 매달리곤 하는 것이 있다면 하나님과의 직접적인 관계이다. 로체스터에게 저항할 때 하나님 앞에서 동등하다고 주장했던 제인은 로체스터를 떠나려 할 때 그가 자기를 버리고 가면 자기는 어떻게 해야 하느냐고 물을 때에도 "저처럼 하세요. 하나님과 당신 자신을 믿으세요"(343)라고 대답한다. 하나님과 자신에 대한 믿음이라는 밧줄에 의지해 험한 풍랑 속을 헤쳐온 제인은 그러나 바로 그 믿음에 대한 커다란 도전에 직면한다. 씬진[2] 리버스St. John Rivers가 종교와 신앙의 이름으로 "분리 영역"을 내세우며 자기와 결혼할 것을 요구한 것이다. 그가 제인에게 선교사의 아내가 되어 하나님께 봉사하라며 청혼했을 때, 제인은 그를 따라 선교하러 가는 것은 좋지만 아내로서가 아니라 동료 선교사로서 혹은 누이로서 함께 가겠다고 한다. 그러나 그는 자기

2 영국에서 'St. John'은 예수님의 제자를 지칭할 때에는 '세인트 존'으로 발음하지만, 일반인의 이름인 경우에는 'Sinjin'이라고 발음한다. 이 글에서는 이와 가장 가까운 우리말 표기로 '씬진'을 사용하기로 한다.

가 원하는 것은 "살아 있는 동안 내가 효과적으로 영향력을 발휘할 수 있으며 죽을 때까지 절대적으로 고용할 수 있는 유일한 내조자, 즉 아내"라고 단언한다(431).

그런데 제인이 씬진과의 결혼 생활이 숨 막힐 듯한 "감옥 생활"이 되리라는 것을 알면서도 그의 청혼을 순전한 자신의 의지로 거절하지 못하고 로체스터의 텔레파시 같은 부름에 힘입어 겨우 그를 떠날 수 있었다는 사실은 분리 영역 이데올로기가 얼마나 강력한 것인지를 보여준다. 씬진은 그 이데올로기를 제인에게 강요할 때 조금도 미안한 기색이 없으며, 제인도 그러한 요구에 부응하는 것이 자신을 파괴시키는 일임을 알고 있음에도 불구하고 그것을 "제인답게" 조롱하지 못한다. 낭만적 애정에 호소하던 로체스터의 탄원을 그렇게 용기 있게 거부하고 손필드를 떠나올 수 있었던 제인이 씬진의 결혼 강요에 당당히 맞서지 못하는 부분에서 19세기에 종교와 분리 영역을 조합해 만들어냈던 집안의 천사 이데올로기가 얼마나 강력한 것인지, 그리고 그것이 종교의 이름을 빌려 얼마나 큰 힘을 얻고 있는 것인지 알 수 있다. 더구나 로체스터 부인은 마지막 장에서까지 씬진의 근황을 전하며 그의 신앙의 위대함을 언급하는 것으로 이 자서전을 마무리하고 있어서 자서전을 쓰는 순간에도 그에 대해 이중적인 태도를 보이고 있음을 알 수 있다.

자기 소모적이고 자기 파괴적일 뿐 아니라 타인에게도 자기와 똑같은 종교적인 태도를 강요하는 씬진에 대해 로체스터 부인이 이처럼 이중적인 태도를 견지하는 이유는 무엇일까? 그것은 그가 표방하는 기독교 신앙과 관련되어 있다고 할 수 있다. 20세기 비평가들은 제인이 씬진을 소설의 마지막 부분에 언급한 데 대해 여러 가지로 비판했다. 테리 이글턴Terry Eagleton은 이 소설이 씬진에게 마지막 말을 허용하고 있는 것이 "세상과 영성 사이의 경쟁적인 요구"가 해결되지 않은 것이라고 주장했으며(Eagleton, 23), 가야트리 스피박Gayatri Chakravorty Spivak은 인도에 선교사로 간 씬진이 "'텍스트'의 대미를 장식하는 중요한 임무를 부여받은" 것이 결말의 "닫힌 원을 벗어나는 접선"으로서 제국주의적 주체 형성에 기여하고 있다고 비판했다(Spivak, 182-183).

그러나 19세기 당시에 『제인 에어』가 가장 비판을 받은 면은 반기독교적이라는 것이었는데 이는 이 소설의 제2판을 출판하면서 커러 벨이라는 필명으로 샬럿 브론테가 붙인 서문에 잘 나타나 있다. 커러 벨은 자기 소설을 옹호하기를 "관습이 도덕은 아니다. 자기의self-righteousness가 종교는 아니다. 전자를 공격하는 것이 후자를 비난하는 것은 아니다. 바리새인의 얼굴에서 가면을 잡아 뜯는 것이 가시 면류관에 불경건한 손을 쳐드는 것은 아니다"(35)라고 밝히고 있다. 브론테는 브로클허스트나 씬진과 같은 인물들의 바리새인적인 면모를 밝혀 그 가면을 잡아 뜯는 과감한 시도를 감행함으로써 자신이 생각하는 참기독교적인 것을 제시하려고 했다고 할 수 있다. 그러나 남편에게 봉사하는 것이 하나님께 봉사하는 것이라고 주장하는 씬진의 청혼을 거절하는 것이 도덕과 종교 자체를 거부하는 것으로 간주되리라 예견했던 듯하다. 브론테의 우려대로 그녀의 시도는 당시에 많은 비판을 받았고, 제2판을 출판할 때에는 이에 대한 해명을 하지 않을 수 없게 되었던 것이다.

그런데 로체스터 부인이 씬진을 다룸에 있어서 이처럼 조심하고 있는 또 하나의 중요한 이유는, 그가 호소한 이데올로기가 그녀가 자서전을 쓰고 있는 현재의 상황과 관련이 있다는 점에서 발생하고 있다. 현재 제인의 삶은 로체스터의 아내로서 그야말로 집안의 천사로 살아가고 있기 때문에 씬진이 요구한 집안의 천사가 되기를 거절하는 부분을 다룰 때 예민하게 느끼지 않을 수 없었던 것이다. 현재의 로체스터는 손필드에서처럼 거만하고 부주의하고 빈정거리지만 열정적이고 반항적이고 낭만적이어서 제인의 마음을 고동치게 하고 그녀의 욕망을 자극하던 그 로체스터가 아니다. 버사의 불로 변화된 로체스터는 굴욕과 고통을 통해 무력하고 의존적이 된 사람이다. 반면 상당한 유산을 물려받아 경제적으로 독립적이 된 제인은 이제 로체스터와 비슷한 수준의 사람이 되었으며 자신이 꿈에 그리던 결혼을 현실 속에서 이룰 수 있게 된 것이다. 그러나 그 일로 인해 로체스터는 더 이상 그 전처럼 삶의 역동성이 넘치는 "바쁜 세상"의 일부가 아니며, 제인이 그와 함께 살게 된 세상도 따라서 그녀가 바라던 대로 생명과 역동성, 활동이 있는 세상이 아니다. 이러한 또 하나의 갇힌 세상 속에서 제인은 더 이상 낭만적 영웅이 아닌 로체스터에게 봉사하는 삶을 살아가고 있다. 그러므로 씬진에게 거부한 집안의 천사 이데올로기는 현재 자서전을 쓰는 시점에도 제인을 지배하고 있는 것이다.

5. 자서전을 통해 공적 담론 만들기

분리 영역에 기초한 집안의 천사 이데올로기는 이처럼 로체스터 부인의 삶을 지배하고 있지만, 그녀는 그 속에서 가정적인 여자로만 살아가는 데 만족하지 않고 그 틀을 과감히 깨고 나와 글쓰기를 하고 있다. 그녀는 남들이 자기에 대해 뭐라고 말하는지 묻는 질문을 리드 부인에게 던졌다가 "유쾌하게 말할 수 있을 때까지는 말하지 말라"는 리드 부인의 명령과 함께 거짓된 빅토리아조의 '가정 천국'에서 추방되던 에피소드로부터 자기의 일생을 기술하기 시작한다. 이 첫 에피소드에 나타난 두 가지 주제 — 제인의 '말하기'와 제인이 말을 통해 저항하는 빅토리아조 가정 이데올로기 — 는 로체스터 부인이 제인 에어의 삶에서 가장 중요하게 다루고 있는 것이며 그녀의 현재의 삶에서도 중요한 주제이다. 그녀는 글쓰기를 통해, 그것도 불복종과 저항의 연속이었던 자신의 결코 유쾌하지 않은 이야기를 쓰는 것을 통해 빅토리아조의 가정관에 근거한 분리 영역 이데올로기에 끊임없이 의문을 제기하고 있다. 남자는 이기심과 공격적인 이윤 추구와 경쟁의 세계인 공적 영역에 속해 있고 여자는 모성과 사랑과 헌신의 세계인 사적 영역, 즉 가정에 속해 있다는 분리 영역 이데올로기는, 분리 영역이 지켜짐으로써 영국 사회는 건전한 도덕성을 유지할 수 있고 영국 남성들은 경제적·사회적으로 안정되게 발전될 수 있다고 믿게 만들었다. 그렇기 때문에 사실 여성의 삶과 관계되는 것만이 아니라 19세기 영국 전체를 지배하던 이데올로기였는데, 로체스터 부인은 제인 에어의 자서전을 기술함으로써 이에 대한 의문을 강력히 제기하고 있는 것이다.

더구나 로체스터 부인의 자서전은 가정의 영역을 벗어난 공적 영역에서 말하기를 시작하는 것이다. 청자의 수가 제한될 수밖에 없었던 말하기와는 달리 급격히 불어나고 있던 독서 대중을 대상으로 글을 쓰고 있기 때문에, 등장인물 제인 에어의 저항적 말하기는 작품 속에서 몇몇 사람에게 들려질 뿐이지만 서술자 로체스터 부인의 저항적 글쓰기는 대단히 많은 사람들에게 읽혀 커다란 영향력을 발휘하게 된다. 제인이 이처럼 공적 영역에 영향력을 발휘할 수 있게 된 것이 얼굴을 맞대고 목소리를 높여야 하는 "말하기" 대신 "언어의 조용한 숙달"을 통한 "글쓰기"로 인해 가능했다고 한 이반 크라일캠프Ivan Kreilkamp의 지적은 로체스터 부인의 글쓰기가 이루어낸 업적을 평가하는 데 유효한 지적이다. 그러나 『제인 에어』에서 로체스터 부인은 말하기와 글쓰기를 뚜렷이 구분하고 있다기보다는 글쓰기를 "은유적인 말하기"로 보고 있다고 할 수 있다. 자신의 글쓰기를 제인 에어의 말하기와 계속 연관시키고 있기 때문이다. 그러나 이는 로체스터 부인이 자기의 글쓰기를 문자 그대로 말하기로 보고 있다는 뜻은 아니다. 그녀는 자주 '독자들'을 불러서 많은 독자에게 '읽히게 될' 자신의 작가로서의 작업을 의식하고 있음을 보여주고, 동시에 비유적 차원에서 독자를 부름으로써 독자와 친밀한 관계를 형성하고자 함을 보여준다.

그녀는 가정교사 광고를 냈을 때 확인했던 공적인 글쓰기의 위력이 자서전 쓰기에서 더 크게 발휘되기를 희망한다. 그녀는 그때 로우드라는 갇힌 공간을 탈출하기 위해 광고문을 썼듯이, 지금은 펀딘이라는 닫힌 공간을 넘어 공적 영역이라는 더 넓은 세상과 접촉하기 위해 자신의 일생에 대해 쓰고 있다. 로우드에 있을 때 제인은 템플 선생의 가르침과 관심 덕분에 가정교사로 가기에 부족함이 없는 숙녀의 모습으로 성장했으나, 가슴속은 자유에 대한 갈망으로 들끓고 있었기에 사실 두 가지 주체 형성 사이에서 분열되어 있었다. 지금 제인은 로체스터의 아내로서 흠잡을 데 없는 집안의 천사가 되었으나, 가슴속에는 공적 영역에서 더 넓은 세상의 역동성을 느끼며 살고자 하는 두 가지 주체성을 가지고 있다.

샬럿 브론테가 이 소설의 제목을 '제인 에어: 자서전'이라고 붙인 것은, 이 이야기를 이제는 로체스터 부인이 된 철없던 제인의 과거 이야기로 그리려는 것이 아니라, 반항적이고 저항적이던 제인 에어를 되살려 냄으로써 자신의 사적인 삶을 통해 도전적인 공적 담론을 만들어낸 로체스터 부인이 공사 영역의 경계를 넘어서고 있음을 보여주고자 한 것이다.

12장

여성의 서사시와 『오로라 리』

엘리자베스 배럿 브라우닝의 양성적 글쓰기*

박현경

1. 서사시의 전통과 양성성

시가 관행적으로 남성적 장르로 간주되고 주된 시적 성취 역시 남성 작가들이 이룬 것으로 평가되던 19세기 중반의 영국에서, 여성 시인 엘리자베스 배럿 브라우닝Elizabeth Barrett Browning(1806-1861)의 성공은 문학사적으로 특이한 현상이었다. 알프레드 테니슨Alfred Tennyson (1809-1892)이 계관 시인에 오를 때 브라우닝이 그의 거의 유일한 경쟁자였다는 점과, 1856년 『오로라 리*Aurora Leigh*』가 출판되었을 때 앨저넌 찰스 스윈번Algernon Charles Swinburne, 윌리엄 마이클 로세티 William Michael Rossetti, 월터 새비지 랜더Walter Savage Landor 등이 호

* 이 글은 『현대영어영문학』에 발표한 「『오로라 리』에 나타난 서사시의 양성적 영웅의 자질」과 제 91차 한국영어영문학회 학술대회에서 발표한 「『오로라 리』를 통해 본 여성의 시 쓰기와 양성성」을 수정·보완한 것이다.

평했다는 점에서도 알 수 있듯이 브라우닝의 시적 성공은 대단한 것이었다. 그러나 1899년에 브라우닝의 연애편지를 모아 엮은 책이 출판됨에 따라 그녀는 "이 세기의 주요 영국 시인들 중의 하나이기보다는 사랑 이야기의 여주인공"(Leighton, 4)으로 널리 알려지게 되었다. 그리고 마저리 스톤Marjorie Stone이 『엘리자베스 배럿 브라우닝*Elizabeth Barrett Browning*』(1985)에서 지적한 바와 같이, 1950년에 이르면 1850년 계관 시인의 후보자이자 『오로라 리』의 저자는 문학사에서 '효과적으로' 사라지고 『포르투갈인으로부터 온 소네트*Sonnets from the Portuguese*』(1850)에서 자신의 마음을 토로하는 낭만적 여주인공으로서 브라우닝의 능력만이 남게 된다(Stone, 217). 이후 문학 비평에서 브라우닝은 크게 주목받지 못했다. 해럴드 블룸Harold Bloom이 라이어널 트릴링Lionel Trilling과 더불어 『빅토리아 시대의 산문과 시*Victorian Prose and Poetry*』(1973)를 편집하면서 브라우닝을 '빅토리아 시대의 기타 시인들'로 분류한 것은 그 한 예이다. 블룸은 또한 『오독의 지도*A Map of Misreading*』(1975)에서 존 러스킨John Ruskin을 19세기의 가장 위대한 비평가로 보면서도 러스킨이 『오로라 리』를 그 세기 최고의 시라고 한 점은 비판했다(Bloom, 28). 20세기 주요 비평가들에 의해서 소외되어온 브라우닝이 본격적으로 재평가받기 시작한 것은 1978년 코라 캐플런Cora Kaplan이 서문을 쓰고 브라우닝의 시를 편집해 출판한 이후부터였다. 앤절라 레이튼Angela Leighton, 헬렌 쿠퍼Helen Cooper, 도러시 머민Dorothy Mermin, 마저리 스톤 등의 비평가들은 브라우닝의 시적 성취에 주목하면서, 『오로라 리』에 나타난 여성성 혹은 여성적 글쓰기를 주요 논제로 다루었다. 남성적인 것으로 간주되어온 시 전통을 여성의 입장에서 전유하고 재창조한 데서 『오로라 리』의 의의가 평가되기 시작한 것이다.

기존의 비평에서 브라우닝에 대한 견해는 크게 두 갈래로 나누어졌다. 첫째는 그녀를 주변적 어류 시인으로 평가하는 것이고, 둘째는 그녀를 여성적 시 전통의 창시자로 보는 것이다. 이 두 가지 접근법은 브라우닝의 시적 시도와 문학적 성공의 진면목을 평가한 것이라고 보기 어렵다. 브라우닝은 여류 시인이기보다는 여성 시인이 되고자 했고 "호머의 여성형The feminine of Homer"으로 자리 잡기를 원했다. 실제로 그녀의 시도는 당대의 보수적인 문단에서도 큰 성공을 거두고 상당한 인정을 받았다. 서정시보다 서사시를 쓰면서 브라우닝은 고전의, 그리고 시 전통의 직접적인 계승자가 되기를 원했다. 그녀가 사포Sappho와 달리 사랑을 주제로 하는 서정시의 모델을 거부한 것도 이 때문이었다. 이조벨 허스트Isobel Hurst가 『빅토리아 시대의 여성 작가와 고전: 호머의 여성형*Victorian Women Writers and the Classics: The Feminine of Homer*』에서 지적한 바와 같이, 브라우닝이 사포 식의 서정시 모델을 거부한 것은 이전의 빅토리아 시대의 여성 시인들과는 대조적이다. 펠리샤 히먼즈Felicia Hemans나 러티샤 엘리자베스 랜던Letitia Elizabeth Landon 등은 가부장제 사회에서 여성의 지위에 대해 글을 쓰며, 서정 시인으로서 사포의 이미지에 많은 것을 빚졌다. 사포는 창조적이고 여성적인 시적 감수성의 전형으로 여겨졌지만, 브라우닝은 사포나 그녀의 계승자를 시적 조모poetic grandmother로 받아들이지 않았다. 시를 쓰고자 하면서도 서정시가 아닌 서사시를 통해 공적이고 영향력 있는 발언을 하려고 한 브라우닝은, 당대에 성공한 주요 시인이었고 여성 문학의 창시자이기보다는 전통 시 문학의 계승자였다.

19세기에 여성이 시 전통의 계승자가 되는 데에는 갈등과 논란의 여지가 있었다. 브라우닝 스스로도 자신의 시적 야심에 대한 불안을 드러낸 바 있다. 「성과 장르의 불안: 서사 시인으로서 엘리자베스 배럿 브라우닝과 H. D. Gender and Genre Anxiety: Elizabeth Barrett Browning and H. D. as Epic Poets」에서 수전 스탠퍼드 프리드먼Susan Stanford Friedman이 지적한 바와 같이, 남성 시인들에게 있어서 서사시의 전통 안에서 글을 쓴다는 것은 철학적, 보편적, 우주적, 영웅적 담론을 발생시킬 문화적으로 승인된 남성적 권위의 연장선 위에 있는 것이었지만 여성에게는 그러한 문화적 권위가 존재하지 않았다(Friedman, 205). 이러한 상황에서 시적 열망을 지닌 브라우닝은 그녀의 생물학적 성으로 인해 좌절과 갈등을 경험한다. 브라우닝이 자신의 '여자 됨'과 화해하기 위해 오랜 세월이 걸렸다고 고백한 것에서도 나타나듯이, 시를 쓰는 여성에게 있어서 자신의 생물학적 성은 불편한 정체성일 수밖에 없었다. 남성 중심적 문학 전통과는 독립된 여성적 혹은 여성주의적 문학의 창시자가 아니라, 여성으로서 목소리를 내면서도 남성 위주의 전통에 승인되고자 했던 브라우닝의 열망은 그녀의 위치를 모호하고 불안정하게 만드는 결과를 초래했다.

브라우닝의 독특한 위상으로 인해 남성 중심적 문학 전통은 물론 여성주의 문학 비평에서도 브라우닝을 간과하는 사례가 종종 발견된다. 그 예로 앤 K. 멜러Anne K. Mellor가 『낭만주의와 성*Romanticism & Gender*』에서 에밀리 브론테Emily Brontë에 대해서 논하고 1750년에서 1900년까지 영국의 문학에서 나타난 여성 낭만주의의 연속성을 지적하지만 낭만주의적 성향을 띠고 있는 브라우닝에 대해서는 언급하지 않는 점을 들 수 있다. 마거릿 호먼즈Margaret Homans 역시 『여성 작가와 시적 정체성*Women Writers and Poetic Identity*』에서 도러시 워즈워스Dorothy Wordsworth, 에밀리 브론테, 에밀리 디킨슨Emily Dickinson 등을 예로 들며 "19세기의 시인들 중 누구도 그 자신이 어머니는 아니었지만, 여기에서 언급된 모든 현대 시인들은 어머니였거나 어머니이다"(Homans, 223)라고 말한다. 19세기의 시인이자 어머니였던 브라우닝에 대한 논의는 비껴가는 것이다. 이처럼 브라우닝은 당대의 여성 작가들과 더불어 범주화되지 않음으로 인해 비평에서도 종종 소외되었다. 여성이면서도 남성 위주의 문학 전통에 적극적으로 참여하려 한 브라우닝은 문학사에서 소수자 중의 소수자로 남게 된다.

이 글에서는 여성이지만 남성성을 가장, 획득, 흡수함으로써 시 문학 전통에 참여하는 양성적 시인이 되고자 한 브라우닝의 시도를 읽고, 그 함의를 성과 서사시 장르의 상관관계 속에서 탐색하려고 한다. 이때 양성적이란 캐럴린 헤일브런Carolyn Heilbrun이 『양성성의 인식을 향하여 *Toward a Recognition of Androgyny*』에서 지적한 바와 같이, '남성성'과 '여성성'으로 받아들여지는 특질들이 한 개인 안에 자유롭게 공존하는 것을 의미한다(Heilbrun, ix). 브라우닝은 성별화된 자질을 통합하는 양성성을 통해 생물학적 성의 제한을 극복하려 했다. 양성성을 토대로 브라우닝을 재조명하는 것은 성과 장르의 이분법에 이의를 제기하고 창조적인 문학 실험으로 성과를 거둔 인물을 재평가하는 작업이 될 것이다. 이는 남성의 시가 중심이었던 시기에 써진 여성들의 시를, 여성의 소설이 문학의 주류였던 시기에 기록된 남성들의 소설을 발굴하는 것과 마찬가지로, 성과 장르의 상관관계를 재검토하는 의의를 갖는다. 이항 대립적으로 구성된 잣대로 작가와 작품을 재단하기보다는 개별 작가의 창조적 작업을 전통과의 역동적인 관계 속에서 고찰할 때, 잊힌 작가를 되살리고 평가 절하된 작가에게 제 위치를 찾아줄 수 있을 것이다.

2. 서사시 주인공으로서의 여성 시인

문학 장르의 위계에서 서사시는 비극과 더불어 최고의 위상을 점하는 것으로 간주되었고, 서사시의 주인공은 군사적 용맹이나 사회적 지도력을 지닌 '영웅'으로 규정되었다. 이것은 서사시가 확고한 문학 전통 안에서 숭고한 업적과 원대한 이상을 기리는 시의 형식임을 보여준다. 서사시에 대한 이러한 개념 규정은 이 장르를 '남성적인' 장르로 인식하게 하는 데 기여했다. 미하일 M. 바흐친Mikhail M. Bakhtin이 서사시와 소설을 비교하며 서사시의 세계는 "국가의 영웅적 과거이고, 그것은 아버지들과 가정의 창시자들의 세계"(Bakhtin, 13)라고 규정한 것 역시 서사시를 남성적인 장르로 인식한 예이다. 버나드 슈바이처Bernard Schweizer도 서사시는 모든 문학 장르 중 가장 배타적으로 성별 부호화되어gender coded, 서사시와 남성성은 거의 동일 선상에 있는 것처럼 보인다고 지적한다(Schweizer, 1). 이와 같이 문학 전통에서 서사시는 특히 남성 중심적인 장르로 간주되어온 것이다. 그러나 서사시로 규정되는 작품들을 전반적으로 살펴보면, 서사시의 내용과 형식은 역동적으로 변화해왔고 서사시의 영웅 역시 시대에 따라 새롭게 정의되어왔음을 알 수 있다.[1] 이 과정에서 전형적이던 남성 중심적 영웅상 역시 지속적으로 도전받고 수정되어왔다.

서사시로 불리는 개별 작품을 살펴보면 여성적 혹은 양성적 특질로 간주된 것이 서사시의 영웅적 자질로 제시되는 예를 찾아볼 수 있다. 서사시의 영웅은 '남성적인' 인물에 국한되지 않고, 여성성이나 양성성을 지닌 존재로 제시되기도 한 것이다. 존 밀턴John Milton의 『실낙원*Paradise Lost*』을 예로 들면, 이성뿐 아니라 "인내라는 더 나은 용기the better fortitude / Of Patience"(Milton, 9. 31-32)처럼 전통적으로 여성적이라고 분류된 자질이 영웅적 가치로 예찬된다. 메리 베스 로즈Mary Beth Rose가 지적한 바대로, 밀턴이 제시한 영웅적 자질은 17세기 후반에 이르면 규범적으로 여성으로 성별화된 인내의 영웅성이 문학에서 영웅적 자질의 최우선적 모범이 될 충분한 명성을 얻었음을 보여준다. 이것은 "신성한 결혼holy matrimony"을 인간의 완전한 영적, 사적, 공적 삶을 위한 중대

1 이에 대한 자세한 논의는 필자의 졸고 「윌리엄 워즈워스의 『서곡』에 나타난 서사시의 관행과 문학적 전통」에서 다룬 바 있다.

한 노력으로 이상화하는 당대 프로테스탄트의 담론과도 닮아 있다(Rose, 86, 92). 영웅 안에 여성적 자질이 부각되거나 공존함으로써 영웅은 남성이고 영웅적 자질은 남성의 전유물이라는 등식 역시 창조적으로 해체된다. 낭만주의적 서사시라고 할 수 있는 윌리엄 워즈워스William Wordsworth의 『서곡*The Prelude*』에서는 "내 안에 스쳐간 것"이 서사시의 주제로, "영혼들의 힘"이 진정한 용맹으로 규정된다(Wordsworth, 3. 172-181). 시인 개인의 내면에서 보편적이고도 영웅적인 이상이 발굴되는 것이다. 워즈워스를 "우리 시대의 시인 왕the king-poet of our times"으로 지칭한 바 있는 브라우닝 역시 워즈워스와 유사한 시적 시도를 보여준다. 『오로라 리』에서 그녀는 일인칭 화자인 시인 오로라Aurora가 성숙해가는 과정을 다루면서 시대와 역사를 아우르고 인류의 보편적 경험을 예시한다. 캐슬린 블레이크Kathleen Blake가 지적한 바와 같이, 브라우닝은 자신의 경험을 통해 보편성을 확보하는 워즈워스의 시학을 칭송했다. 그녀가 워즈워스와 거리를 둔 것은 낭만주의의 미학을 거부해서가 아니라 남성이 아닌 여성으로서 낭만주의적 시인이 되고자 했기 때문이었다(Blake, 388-389). 브라우닝은 워즈워스와 마찬가지로 시인의 내면을 서사시의 주제로 다루되, 여성 시인의 정신적 성숙 과정을 통해 사회의 현실을 담아내고 공동체의 낙관적 미래를 전망한다.

『오로라 리』에 있어서 양성성은 오로라가 시인으로서의 정체성을 확립하는 과정에서 드러난다. 그녀가 지향하는 양성성은 남성성과 여성성을 통합하는 것에서 출발하지만 이는 장르 간의 결합, 더 나아가서는 장르의 재규정으로까지 이어진다. 이것은 브라우닝이 『오로라 리』를 "소설적 시novel-poem"로 부르며 남성적 장르로 간주된 시와 여성적 장르로 평가된 소설을 결합해 장르상의 양성성을 보여주는 것과 그 궤를 같이한다. 작품 안에서 오로라는 자신의 시를 '서사시'로 부르는 한편, 그것이 샤를마뉴의 시대가 아닌 자신의 시대를 재현하고, 기사의 삶이 아닌 응접실의 거울들 사이에서 이루어지는 여성의 삶을 다루는 것임을 역설한다(Browning, 1993, 5. 200-229).[2] 이처럼 오로라가 서사시의 시대와 내용을 재규정하면서 시의 형식 역시 시의 내용 및 정신에 따라 달라질 수 있음을 강조하는 것은, "소설적 시"라는 브라우닝의 시도가 단순한 문학적 실험에 그치지 않고 시대를 재현하고 영웅적 가치를 재규정해 서사시의 위상을 확보하는 데 있음을 시사한다. 남성 본위의 영웅담을 담은 전통적 시 문학 장르로 간주된 서사시에 대한 재규정은, 성과 장르의 이항 대립적 사고의 해체 가능성을 드러내는 한편, 문학적 전통 역시 시대에 따라 역동적으로 변화될 수 있음을 예시한다.

오로라가 서사시의 작가가 되기를 열망하는 것은 음영 시인bard으로서 시대를 향해 말하는 존재가 되려는 시도라고 볼 수 있다. 서사시는 자기 반영적 장르이고 시인의 역할과 시의 기능은 호머의 시대부터 전통적인 것이라는 지적과 같이(Hurst, 125), 오로라는 그녀의 시적 성취를 영웅적 사명과 동일한 맥락에서 다루고 시를 통해 세상에 기여하려 한다. 이 과정에서 그녀는 편견에 따른 갈등을 겪으면서도 궁극적으로는 이를 극복하고 시인으로서 자신의 입지를 확보해간다. 롬니Romney의 청혼을 오로라가 거절하는 장면은 그 한 예이다. 오로라는 스무 살이 되던 해 6월, 새들이 노래하고 꽃들이 피어 있던 이른 아침, 스스로를 "너무나 젊고, 너무나 강하며, 하나님을 너무나 신뢰한"(2. 13) 존재로 규정한다. 그리고 그녀는 가장 가치 있는 시인들도 죽음이 그들의 이마를 흰 뼈만 남도록 할 때까지 무관無冠으로 남아 있다며, 스스로에게 왕관을 씌울 것을 결심한다(2. 33-34). 오로라는 자신을 단테와 같이 위대한 시인의 반열에 놓고, "왕관을 씌우는" 행위를 통해 이를 가시적으로 확인

2 이후부터 Elizabeth Barrett Browning, *Aurora Leigh*(Oxford University Press, 1993)에서 인용 시 권book과 행만 표시하기로 한다.

하려 한다. 그녀는 아름다운 여성일 뿐 아니라 위대한 시인으로 스스로를 규정하는 것이다. 왕관에 사용될 꽃을 선택하는 대목에서도 이러한 의지가 드러난다.

> 월계수는 아니다! 월계수는 택하지 않는다.
> (우리가 지나치게 대담하면 운명은 우리를 억제한다)
> 도금양도 아니다. 그것은 주로 사랑을 의미한다. 그리고 사랑은
> 그렇게 이른 아침에는 사람들이 감히 만지지 못할 만큼
> 두려운 무엇이다. 이 마편초속 식물은
> 열정적인 향기의 순간을 짜낸다. 그리고 바로 가까이에
> 이 불두화 나무는 너무나 가냘파,
> 멀리 바람의 손짓으로도, 그녀의 사과 모양 꽃을 흔들어댈 것이다.
> 아, 내가 선택할 게 있다. 벽에 있는 저 담쟁이,
> 그 무모한 담쟁이! 화관을 생각하지 않고는
> 어느 한 잎도 자라지 않을 것이다. 큰 잎, 부드러운 잎이,
> 나의 덩굴처럼 가장자리가 깔쭉깔쭉하고, 그 반만큼 초록빛이다.
> 나는 그런 담쟁이가 좋다. 높은 곳을 뛰어넘도록 대담하고
> 기어오를 만큼 강했다. 무덤 위에서 자랄 만큼 건강하고
> 밀추화서密錐化序 주위를 휘감을 만큼 굽이쳤다. 또 예쁘다.
> (그것은 나쁜 게 아니다) 머리빗 둘레에 휘감아두면.

> 'Not the bay! I choose no bay
> (The fates deny us if we are overbold)
> Nor myrtle—which means chiefly love; and love
> Is something awful which one dares not touch
> So early o'mornings. This verbena strains

The point of passionate fragrance; and hard by,
This guelder-rose, at far too slight a beck
Of the wind, will toss about her flower-apples.
Ah—there's my choice—that ivy on the wall,
That headlong ivy! not a leaf will grow
But thinking of a wreath. Large leaves, smooth leaves,
Serrated like my vines, and half as green.
I like such ivy, bold to leap a height
'Twas strong to climb; as good to grow on graves
As twist about a thyrsus; pretty too
(And that's not ill), when twisted round a comb. (2. 38-53)

오로라가 월계수 대신 담쟁이를 택하는 것은 그녀의 시적 정체성을 암시한다. 강한 시적 야심과 성취감에도 불구하고 오로라가 계관 시인의 상징인 월계수를 선택하지 않는 것의 표면적인 이유는, 지나친 대담함에 대한 운명의 부정적인 반응을 예견하고 신중하고 겸손한 자세를 취하기 위함으로 나타난다. 그러나 이 안에는 나이 어린 여성 시인으로서 자신의 위치에 대한 오로라의 불안 역시 드러난다. 그녀의 불안은 사랑을 의미하는 도금양을 거부하고 그것이 이른 아침에는 두려운 것이라고 말하는 대목으로 이어진다. 미성숙한 시기에 사랑에 빠지면 통상적인 여성성으로 스스로를 제한할 수 있다는 인식이 나타나는 것이다. 시인으로서 오로라의 자부심은 가시적인 성취가 부족하고 사랑에 취약한 존재라는 자기 평가와 긴장을 이루고 있다. 담쟁이는 오로라의 현실을 반영하면서도 성공에 이를 수 있다는 희망을 담고 있다. 화려하지는 않지만 높은 곳을 지향하고, 소박한 아름다움을 간직하며 끈기 있게 벽을 타고 오르는 담쟁이는, "남성의 전통"이라는 높고 큰 벽을 올라 궁극적으로는 그 이상의 것을 성취하려는 오로라의 의지와 닮아 있다.

담쟁이는 병약했던 브라우닝이 누워 있던 침실 겸 거실에서 자라는 모습을 볼 수 있는 유일한 식물이기도 했다. 브라우닝은 런던의 날씨로부터 보호받기 위해 난로가 있는 꽉 막힌 방 안에 머물러야 했다. 그녀는 꽃과 푸른 나무를 좋아했지만, 그녀의 어두컴컴한 방에서는 식물이 잘 자라지 않았다. 사촌 케년이 준 담쟁이만이 수년 동안 자라서 그녀의 창을 넘어 그 위 굴뚝 앞까지 줄무늬를 만들어, 은둔처 같은 방 안에 초록 빛을 던져주었다고 기록된다(Markus, 14). 이러한 전기적 사실을 고려할 때, 오로라가 선택한 담쟁이는 생명력과 의지, 희망을 상징한다고 볼 수 있다. 월계수의 찬란한 영광이나 도금양의 사랑 대신 담쟁이의 건강하고 힘찬 의지를 선택함으로써 여성 고유의 아름다움을 간직하면서도 시적 성공을 거두고자 하는 오로라의 의지가 드러나는 것이다.

담쟁이 화관에 대한 묘사에는 브라우닝에게 큰 영향을 미친 작가로 평가되는 조르주 상드George Sand의 모습 역시 교차된다. 오로라의 이름 자체가 상드의 처녀 시절 이름인 오로르 뒤팽Aurore Dupin을 본떠 지은 것일 뿐 아니라, 무모한 담쟁이의 덩굴로 자신에게 왕관을 씌우는 것 역시 "이마에 담쟁이 덩굴을 두르고 파리에 나타난 상드"(Browning, 1898, 2. 230)를 연상시키기 때문이다. 상드의 여성주의는 브라우닝에게 큰 영향을 끼친 것으로 평가된다. 코라 캐플런의 설명에 따르면, 브라우닝은 상드에게서 동시대의 영국 작가들에게는 없는 자신과의 감정적, 지적, 정치적 유사성을 발견했다고 한다. 그들은 둘 다 열정적이고 충동적이고, 급진주의자였으며, 여성주의적 견해를 지니고 있었다. 『오로라 리』는 상드의 전 작품과 그녀의 철학에 영향을 받았고, 시인인 여주인공의 개념 역시 그러한 영향이 합쳐져 형성된 것으로 평가된다(Kaplan, 151-152). 헨리 포더길 촐리Henry Fothergill Chorley에게 보낸 편지에서 나타나듯이, 브라우닝은 상드에게 대단히 매료되어 있었다. 이 편지에서 브라우닝은 스스로가 '천재genius'에 대한 존경심이 있음을 밝히는 한편, 조르주 상드가 모든 나라와 시대의 첫 여성 천재라고 평가했다(Browning, 1898, 1. 233). 담쟁이 화관과 오로라라는 이름에서 교차되는 상드의 이미지는 여성 천재 시인의 이미지를 부각시키게 된다. 담쟁이를 통해 상기되는 상드의 이미지에서는 양성성 또한 암시된다. 브라우닝이 상드에 대해 쓴 소네트에서 상드는 "위대한 두뇌의 여성great-brained woman"이자 "넓은 가슴의 남성large-hearted man"으로 예찬되며 이성과 감성을 함께 갖춘 존재임이 강조된다. 여기서 브라우닝은 두뇌를 여성에게, 가슴을 남성에게 부여하는 표현을 통해 상드의 양성성을 더욱 부각시킨다. 그리고 "진정한 천재true genius"이자 "진정한 여성true woman"인 상드가 하나님에 의해 "성을 벗어unsex", 성의 감옥을 벗어나 신적이고 창조적인 존재로 고양될 것임을 시사한다(Browning, 2005, 363).

롬니의 응시는 오로라가 지향하는 여성주의적 천재 시인이자 양성적 존재를 위협하는 사회적 편견을 대변한다. 롬니는 스스로에게 왕관을 씌우는 오로라를 책망하듯 근심 어린 시선으로 바라보고, 오로라는 이러한 롬니의 모습에 놀라 수치심을 드러낸다. 오로라의 시적 야심은 타인의 시선뿐 아니라 그녀 자신의 불안정한 정체성과 예민한 자의식으로도 위협받는 것이다. 야심찬 자기 규정에도 불구하고 오로라의 시적 정체성이 여전히 취약하다는 사실은 '마비'라는 신체적 현상으로 나타난다.

나는 거기에 굳은 채 서 있었다
팔은, 어떤 파괴된 사원의 밑바닥,
여상주女像柱처럼 올려져, 무력하게
이전의 의도를 조롱하는 자세를
고집하고 있었다. 하지만 나의 홍조는
돌이 아닌, 아마亞麻에서 나온 것인 양 불타올랐다.

I stood there fixed, —

My arms up, like the caryatid, sole
Of some abolished temple, helplessly
Persistent in a gesture which derides
A former purpose. Yet my blush was flame,
As if from flax, not stone. (2. 60–65)

오로라의 자세는 남성의 응시에 의해 무력화된 여성의 전형이라고 할 수 있다. 그녀는 마비되고, 당혹스러워하며, 수치를 느끼는 존재로 나타난다. 이에 대해 헬렌 쿠퍼는 오로라가 스스로에게 부여한 남성의 정체성을 견딜 수 없는 것이라고 분석한다. 시인으로서 오로라의 자기 규정은 스스로에게 남성의 정체성을 부여한 것이고, 오로라는 종국에는 이를 벗어나야 한다고 본 것이다(Cooper, 155). 그러나 담쟁이를 선택할 때의 오로라가 스스로를 단테와 같은 위대한 시인의 반열에 선 존재이자, 젊고 아름다우며 재능 있는 여성 시인으로 인식하기 때문에 그녀가 가진 것은 남성의 정체성이라기보다는 양성적 정체성이라고 보는 것이 타당하다. 따라서 롬니의 응시와 오로라의 마비는 양성성을 향한 오로라의 '탐색'이 쉽지 않을 것임을 예고한다고 볼 수 있다.

양성적 시인으로서의 정체성에 대한 더 큰 위협은 롬니가 오로라에게 책을 건네는 대목에서 나타난다. 롬니는 여백에 "강세가 없는 / 여자들의 그리스어lady's Greek / Without accents"(2. 75–76)가 써진 책을 찾았다고 말한다. 그리고 그는 그 안에 "위험한 유령을 불러일으키는calls up dangerous spirits"(2. 78) 마력이 있음을 즉시 알았기 때문에 글을 하나도 읽지 않았다고 말한다. 책을 건네주는 롬니에게서는 담쟁이 왕관을 쓴 오로라를 보았을 때와 마찬가지로 책망하는 태도가 드러난다. 그는 자신이 찾은 책이 오로라의 것임을 알고 있었지만, 일부러 모른 체하며 여성의 시적 야심에 대해 노골적인 경멸을 표출한다. 이는 제대로 된 그리스어 문법 교육을 받을 수 없는 여성들이 위대한 시인이 되고자 하는 '위험한' 열망을 품는 것에 대한 사회의 통상적인 반응을 예시한다. 이소벨 허스트Isobel Hurst가 지적한 바에 따르면, 그리스어와 라틴어는 독학하기에는 매우 어려운 언어였지만 이들 언어는 권력과 연관되어 있기 때문에 문학적 야심을 가진 빅토리아 시대의 여성에게는 습득할 가치가 있는 언어로 인지되었다. 하지만 대개의 경우 고전 교육은 남성의 특권으로 거의 배타적으로 인식되었고, 딸들이 그리스어와 라틴어를 배우는 곳은 대체로 집이었으므로 여성이 고전 텍스트에 접근하는 것은 아버지에 의해 통제될 수 있었다(Hurst, 2-4). 오로라가 회상하는 고전 교육은 이러한 불편한 현실을 반영한다. 그녀는 아버지로부터 받은 그리스어와 라틴어 교육을, 옷이 맞는지 큰지도 고려하지 않은 채 딸에게 남자의 상의doublet를 입힌 것에 빗대는 한편, 테티스가 아킬레스의 트로이 참전을 막기 위해 그에게 여장을 시킨 것에 비유한다(1. 714-718). 오로라가 경험한 고전 교육은 남성의 정체성을 가장하도록 한 일종의 강요이자 "여자들의 그리스어"로 표현되는 제한된 범위의 교육이었다. 여성들은 고전 문학을 배움으로써 성적 제약을 벗어나는 자유를 누릴 수 있지만, 그러한 자유에도 아버지의 강요와 제한이 동반되어 있었다. 이러한 점을 고려할 때 "여자들의 그리스어"는 오로라의 문학적 역량과 한계를 동시에 보여주는 요소가 된다.

"여자들의 그리스어"에 대한 롬니의 조롱은 오로라 자신이 겪는 내적 갈등과 사회적 억압을 재확인하는 계기가 된다. 쿠퍼가 지적한 바와 같이, 롬니는 여성이자 예술가로서 오로라가 느끼는 문화적 갈등을 말로 표현하게 해주고 오로라의 내면화된 비평가로서 사회의 비판과 오로라의 내적 갈등을 드러내는 역할을 한다(Cooper, 160). "…… 시인들은 반드시 남자이거나 / 혹은 여자가 되어야만 하는 것이죠. 그 이상이라면 유감인 것이죠 Poets needs must be / Or men or women — more's the pity"(2. 90-91)라는 표현에서도 암시되듯이, 양성적 시인이 되려는 오로라의 야심은 사회적·문학적으로 승인받기 어려운 것이다.

양성적 천재 시인의 비전이 성취될 가능성은 이탈리아에 이르러서야 확인된다. 오로라는 피렌체가 물에 잠기는 환상 속에서 "바다의 왕 sea-king"을 대면하며, 창조자이자 욕망의 주체로서 위상을 확보한다.

> …… 열정적인 욕망으로
> 응시하는 그대를 끌어당겨, 그대 뛰어 들어가
> 파도의 음성을 지닌 바다의 왕을 찾고,
> 그 배반하는 부드러운 눈과 미끄러운 머릿결에
> 입 맞출 수는 없지만 그대 입술에
> 그 소금기는 가져오게 될 것이다.
> (……)
> 생각건대 나는 뛰어든 것 같고, 모든 게 너무나 분명히 보인다. ……
> 그리고 오 내 심장이여, …… 바다의 왕이다!

> … drawing you who gaze
> With passionate desire, to leap and plunge
> And find a sea-king with a voice of waves,
> And treacherous soft eyes, and slippery locks
> You cannot kiss but you shall bring away
> Their salt upon your lips. (8. 39-44)
> (…)
> Methinks I have plunged, I see it all so clear. …
> And, O my heart, … the sea-king! (8. 59-60)

오로라가 대면하는 바다의 왕은 그녀에게 '응시'와 '욕망'의 주체가 되는 경험을 제공한다. 바다의 왕을 대면하며 오로라는 자신의 욕망을 시각적이고 촉각적인 환상을 통해 확인한다. 도러시 머민의 지적과 같이, 파도의 음성과 배반하는 부드러운 눈과 미끄러운 머릿결에 대한 묘사로 미루어 바다의 왕은 남성화된 인어로 볼 수 있다. 이 신비로운 존재는 반은 자연이고 반은 인간이며 '응시'의 성적 대상으로 표현된다. 홍수에 잠긴 피렌체에 뛰어들어 바다의 왕과 만나는 오로라의 환상은 그녀 스스로가 신비로운 성적 대상을 만들고 그것을 대면하는 욕망의 주체임을 시사한다(Mermin, 189-190). 비록 미끄러운 머릿결과 입 맞출 수 없는 입술에서 암시되듯이 그 결합이 안정적이고 영원하지는 않을지라도, 오로라는 자신의 입술에 소금기를 갖고 돌아옴으로써 욕망의 성취와 예술적 성공의 가능성을 예감하게 된다.

환상 속에 나타난 오로라의 욕망과 그 성취는, 롬니가 등장해 오로라의 시를 읽었다고 고백하는 상황으로 실현된다. 책을 읽었다는 말과 더불어 미소를 짓고 마치 세차게 끌어안듯 오로라에게 다가오는 롬니는 구제를 위해 적합한 협력자와 동반자 여성을 찾는 이전의 상태를 벗어나, 오로라와의 합일과 소통을 희구하는 모습으로의 변화를 보여준다(8. 259-261). 롬니가 오로라의 책을 읽은 것은 남성 중심적 욕망을 벗어나는 계기가 된다. 이는 남성과 여성의 위계는 물론 정신과 육체의 경계를 허무는 사랑 고백으로 이어진다.

> …… 세상은 도움을
> 기다리오. 사랑하는 자여, 우리가 몹시 잘 사랑하여,
> 우리의 일이 우리의 사랑 때문에 훨씬 더 좋아지게 합시다.
> 그리고 우리의 사랑은 우리의 일 때문에 더 달콤해질 것이오.
> 그리고 서로를 위하여 둘 다 칭찬받고,

모든 진정한 일꾼에 의해 진정한 연인들이 탄생할 것이오.
그대 여인의 입술에 나팔을 대고
(사랑의 성스러운 입맞춤이 늘 신성하게 할 것이오)
그 관악기를 따라 미세하고 날카로운 소리를 내어보시고,
모든 계급의 벽을 요단강을 지나 여리고에서처럼
날려버리시오. ……

…… The world waits
For help. Beloved, let us love so well,
Our work shall still be better for our love,
And still our love be sweeter for our work,
And both commended, for the sake of each,
By all true workers and true lovers born.
Now press the clarion on thy woman's lip
(Love's holy kiss shall still keep consecrate)
And breathe thy fine keen breath along the brass,
And blow all class-walls level as Jericho's
Past Jordan— …… (9. 923-933)

롬니는 오로라에게 예언자 시인의 위상을 부여한다. 표면적으로 오로라에게 부여된 예언자 시인의 역할은 계급의 벽을 허무는 것, 즉 구제사업이나 마리안Marian과의 결혼을 통해 롬니가 이루려 했던 목적을 대행하는 것처럼 보인다. 그러나 이것은 단순히 문학을 사회사업의 일환으로 활용하는 정도의 의미를 넘어선다. 여리고 성벽을 허무는 여호수아의 군대와 나팔 소리의 비유에서처럼 오로라의 시적 사명은 하나님의 섭리를 이 땅에 이루고 그로써 천국을 앞당기는 것이라고 볼 수 있다.

전통적으로 남성에게 부여되어온 예언자적 역할이 '여선지자' 오로라를 통해 이루어지는 것이다. 신시아 셰인버그Cynthia Scheinberg의 지적처럼, 이 대목에서의 오로라는 성경에 등장하는 미리엄을 상기시킨다. 미리엄은 여선지자로서 이스라엘이 이집트를 벗어났을 때 여인들을 이끌며 영광스러운 해방을 노래한 인물이다. 그러나 그녀는 모세를 비방했다가 나병을 얻고 그 병이 나아 정결케 되기까지 7일간을 진camp 밖에서 지내야 했다. 셰인버그는 미리엄의 일화가 여선지자이자 시인이 가부장적 권위에 도전했다가 부당하게 나병을 얻고 몰락한 것이라고 해석한다. 그러나 『톰슨 관주 성경』을 재편집하고 번역한 1985년 판 『뉴톰슨 관주 주석성경』의 주석에 따르면, 민수기 12장 1절의 "비방하니라"라는 히브리어는 여성 단수형인 "테다베르"임을 알 수 있다(김영진, 215). 형벌이 미리엄에게 내려진 것은 그녀가 여성이기 때문이 아니라 불평의 주동자였기 때문이라고 보는 것이 타당하다. 그녀가 진 밖에 머문 7일은 사람이 나병에 걸렸다고 의심될 때 격리되는 첫 기간과 일치하는데, 7일 후 미리엄이 진에 들어오는 것은 그녀가 고침 받았음을 암시한다. 더욱이 미리엄이 진 밖에 있는 동안 백성은 진행하지 않다가 그녀가 다시 진 안으로 들어온 뒤에야 진행을 함으로써 그녀가 공동체 내에서 중요한 위상을 차지하고 있음을 보여준다. 브라우닝이 히브리어로 성경을 읽었음을 고려할 때, 미리엄을 인유한 것은 미리엄의 영광과 좌절, 그리고 회복과 사명을 근거로 한 것이라고 볼 수 있다. 미리엄은 여성 시인 예언자로서의 오로라의 위상을 효과적으로 비유한다.

롬니가 미리엄의 위상을 오로라에게 부여하는 것은 모세의 역할을 자처하던 이전의 태도와는 대조를 이룬다. 모세의 인유를 통해 롬니는 보편적 인간을 위해 말하고 그들을 구원하는 존재는 남성이라고 주장한 바 있다(2. 168-172). 그러나 시의 결말에 이르러서 그는 오로라에게 선지자의 사명을 부여하고 그녀를 미리엄, 더 나아가 여리고 성벽을 허무는 여호수아와 같은 전사에 비유한다. 여성 시인이 예언자이자 구원자가 될 수 있음은 롬니의 전향적 인식을 통해 더욱 극적으로 제시된다. 디어드리 데이비드Deirdre David은 『오로라 리』가 보수적인 정치적 견해를 보여주고 이 안에서 여성의 예술은 묵시적 가부장제의 전망에 봉사한다고 주장하지만(David, 98), 결말의 예언적 비전은 결코 가부장적이라고 보기 어렵다. 롬니 스스로가 성숙해가는 과정에서 남성 중심성을 벗어날 뿐 아니라, 오로라와의 화합을 통해 남성과 여성의 고정된 성 역할을 허물기 때문이다. 롬니가 말하는 그들의 일은 가부장적 인식을 극복하고 성과 계급의 경계를 허물어, 억압받고 희생된 자를 되살려 지상에 천국을 구현하려는 비전이라고 할 수 있다. 여기서 최고의 고양된 영혼을 상징하는 오로라의 나팔 소리는 지상의 모순과 죄, 고통을 씻어낼 뿐 아니라 천상의 복된 전망을 이 땅 위에 구현하는 원동력이 된다.

롬니는 육체적으로 눈이 멀었을 때 비로소 예언적 전망을 얻음으로써 오로라의 조력자로서 자리 잡는다. 비록 볼 수는 없으나 위엄이 서린 그의 눈에 완전한 정오의 빛이 채워지는 것 역시 그가 육체의 눈을 넘어 내면의 눈, 더 나아가 신적인 영혼의 눈을 얻었음을 의미한다(9. 960-961). 롬니의 예언적 전망은 남성과 여성은 물론, 지상과 천국, 어둠과 빛, 시간과 영원이 하나가 되는 비전을 상징한다. 하나의 인간 안에 남성성과 여성성이 공존하는 상태를 의미하는 양성성이, 성은 물론 계급의 경계를 허물고 지상에 천국을 구현하는 이상으로 확장되는 것이다. 『오로라 리』에서의 양성성은 시인이자 서사시의 주인공인 영웅으로서 오로라의 성숙과 사명은 물론, 남성 중심적이고 가부장적인 사고를 허물고 계급의 벽을 깨뜨려 이상 세계를 창조하는 예언자적 역량을 의미한다. 오로라와 가장 강하게 대립했던 롬니의 변화와 각성은 오로라의 양성성이 서사시의 매우 영향력 있고 널리 공명하는 영웅적 성취임을 설득력 있게 보여준다. 요한계시록의 '새 예루살렘'에 대한 비전이 오로라뿐 아니라 롬니의 각성과 화합을 통해서도 성취되기 때문이다.

『오로라 리』에서 브라우닝은 여성 시인의 내면적이고 개인적인 체험을 통해 시대를 재현하는 한편, 주인공들이 양성성을 체득하는 과정을 통해 시인의 공적 영향력을 보여준다. 브라우닝의 분신이라고 할 수 있는 오로라는 억압과 부정, 발견과 재발견을 통해 자기 안에 있는 양성성을 회복함으로써 시인 예언자의 위상을 확보하고 영웅적 업적을 드러낸다. 브라우닝은 개인적 성숙과 시적 성취를 동일한 맥락에서 보여주며 "남성의 자기정의와 자기주장의 근원적 매개인 서사시를, 여성 낭만주의 음영 시인 영웅의 구성과 표현의 수단으로 전유"(Bailey, 117)해 여성 시인 영웅을 정당화한다. 브라우닝 스스로가 "소설적 시"로 규정한 『오로라 리』의 여주인공을 서사시의 영웅이자 음영 시인으로 제시하는 것은 그녀의 문학적 혁신이자 시적 성취라고 할 수 있다. 브라우닝은 표면적으로 양립할 수 없는 장르를 융합시킴으로써 한 장르만으로는 제공하기 어려운 삶의 다양한 국면과 가치를 보여주며 양성성을 부각시킨다. 『오로라 리』에서의 양성성은 다양한 목소리를 담는 형식과 더불어 성과 계급의 장벽을 허물어 진정한 의미에서의 화합과 조화를 예시한다. 이처럼 양성성을 이상적 자질로 제시하는 것은, 성과 계급의 문제에 대한 적극적인 관심을 토대로 영웅을 재규정해 서사시의 전통을 창조적으로 계승한 시도라고 볼 수 있다.

3. 빅토리아 시대 여성의 서사시

19세기의 성공한 시인이었고 공적인 발언을 했으며 또한 그 영향력을 인정받았던 엘리자베스 배럿 브라우닝은, 남성성과 여성성, 시와 소설을 아우르며 여성이면서도 남녀 전체를 향해 말하고 문학의 형식과 내용에 있어서 창조성을 드러낸 작가라고 할 수 있다. "호머의 여성형"에 대한 브라우닝의 지향은 여성과 시인이라는 통상적으로 양립하기 어려운 정체성을 화해시켜 남성 위주의 주류 문학 전통에 성공한 시인으로 수용되는 것을 의미했다. 이를 성취하는 과정에서 브라우닝이 추구한 것은 문화적으로 구성된 남성성과 여성성의 통합이었다. 브라우닝은 남성의 영역으로 간주된 고전어에 대한 지식을 바탕으로 여성의 시각에서 바라본 여성의 삶을 시로 표현했는데, 일차적으로 이것은 남성성과 여성성의 공존을 수반했고 궁극적으로는 이항 대립적으로 성별화된 가치들을 통합했다.

영국 서사시의 전통에 관한 연구에서 『오로라 리』를 서사시나 양성성과 관련해 논의한 예는 찾아보기 어렵다. 브라우닝은 남성 중심적인 문학 전통에서 소외되었을 뿐 아니라, 여성주의 비평에서도 크게 주목받지 못했다. 남성성과 여성성의 공존이 진정한 창조성의 근간이라고 주장한(Woolf, 1979, 134) 버지니아 울프Virginia Woolf조차도 브라우닝의 시적 성취는 본격적으로 다루지 않았다. 여성이지만 소설이 아닌 시를 통해 문학적 야심을 펼치려 한 브라우닝은 문학 비평에서 상대적으로 외면받아왔다. 여성 서사시 작가에 대한 이러한 무관심은 여성의 시적 역량을 폄하하는 남성 중심적 비평가들만의 책임이 아니라, 고전으로부터 소외된 여성이 소설을 통해 이룬 문학적 성취를 주요하게 부각한 여성주의 진영의 논의와도 간접적으로 연관된다. 일례로 「그리스어를 모르는 것에 대하여On not Knowing Greek」에서 울프가 편 주장을 들 수 있다. 여기서 그녀는 퍼시 비시 셸리Percy Bysshe Shelley가 그리스어 13단어를 번역하기 위해 영어 21단어를 사용한 것을 지적하며 그리스어를 번역으로 읽는 것은 소용없다고 주장한다. 그리고 엘렉트라Electra의 격정적인 대사보다는 엠마Emma의 "저는 당신과 춤추겠어요"라는 말이 더욱 위대하다고 평가한다(Woolf, 1992, 95-104). 이러한 울프의 주장은 대다수의 여성이 고전 교육으로부터 배제된 현실을 직시하고 그것이 고통스러운 소외가 아닌 영국 문화와 소설, 영어를 통해 문학적 성취를 이룰 대안적 길이 될 수 있음을 역설하는 것이었다. 『자기만의 방*A Room of One's Own*』에서 울프가 여성에게 시간과 공간, 그리고 경제적 여유가 허락되는 아마도 100년쯤 뒤에는 위대한 여성 시인이 탄생할 수 있으리라고 말한 바와 같이(Woolf, 1957, 97-98), 기존의 비평에서는 서사시 작가로서 브라우닝의 성취보다는 여성 소설가들의 성공과 미래에 등장할 여성 시인의 활약에 더 큰 관심이 있었다.

이 글에서는 브라우닝의 자전적 시인 『오로라 리』에 나타난 양성성을 분석하고, 그것이 서사시 작가로서 여성 시인의 정체성 확립에 작용하는 양상을 살펴보았다. '여성 시인의 시심의 성장'라고 할 만한 『오로라 리』는 오로라가 양성성을 획득해 시적, 사회적, 가정적 성취를 이루는 과정을 새로운 서사시의 형식과 내용을 통해 표현한다. 오로라의 양성성은 브라우닝 자신의 문학적 야심과 그 성공적 이행을 상기시키며, 여성이 남성 위주의 문학 전통에 참여하고 궁극적으로는 이를 창조적으로 계승하는 양상을 예시한다. 『오로라 리』의 서사시적 면모와 양성적 글쓰기에 대한 분석은 브라우닝에 대한 재평가뿐 아니라, 잊힌 혹은 주변화된 여성 시인들에 대한 관심을 환기하고 문학 전통 안에서 그들의 적절한 위치를 찾는 데 기여할 수 있을 것이다.

13장

마거릿 애트우드의 여성 화자가 지닌 전복성

『시녀 이야기』와 『그레이스』의 내러티브를 중심으로*

김순식

1. 『시녀 이야기』와 『그레이스』의 여성 화자와 주체 의식

마거릿 애트우드Margaret Atwood(1939-)는 소설가, 시인, 비평가, 편집자, 동화 작가, 강연가, 그리고 교육자로 불리며 여러 문학 단체에서 활동하고 있다. 캐나다의 문화적 주체성을 드러내는 그녀의 작품 세계는 현대 사회에 대해 새로운 시각을 갖도록 유도하는 철학적 힘을 제시한다. 작품 속에서 젠더 정치학, 언어와 재현의 문제, 전통적 글쓰기의 전복, 새로운 신화 창조 등을 다루면서 그녀만의 비판적 시선을 견지하는 것은 예술의 사회적 기능을 강조하는 인권주의자이자 여권 운동가로서의 역할을 하는 것이라고 볼 수 있다.

---

* 이 글은 '마가렛 애트우드의 『대리모 하녀 이야기』와 『일명 그레이스』에 나타난 여성적 글쓰기/말하기의 전복성'이라는 제목으로 『비교문학』 65권(2015)에 게재된 논문을 수정·보완한 것이다.

첫 장편 소설 『먹을 수 있는 여성*The Edible Woman*』(1969)으로부터 『떠오르는 집*Surfacing*』(1972), 『레이디 오라클*Lady Oracle*』(1976), 『시녀 이야기*The Handmaid's Tale*』(1985), 『그레이스*Alias Grace*』(1996), 『눈먼 암살자*The Blind Assasin*』(2000), 그리고 비교적 최근의 『마녀의 씨*Hag-Seed*』(2016)에 이르기까지, 그녀의 작품은 첨예한 사회적 문제를 되짚어 보게 만들며 여성주의 시각을 다분히 함축하고 있다. 애트우드의 글쓰기는 남성 중심의 전통적 서사를 비틀고 패러디하며, 사회의 권력과 이데올로기가 주는 폭력을 드러냄과 동시에 여성 주체의 목소리를 다양하게 드러낸다.

여성은 전통적 가부장 사회에서 규정된 사회적·문화적 역할에 따른 제약 때문에 온전한 주체 의식을 형성하는 데 한계가 있었을 뿐만 아니라 자신의 목소리를 내는 것조차 여의치 않았다. 여성은 아내, 딸, 어머니로 분류되며, 그런 역할에 맞추어 형성된 담론에 의해서 그 존재 가치가 규정되어왔다. 남성 주도의 담론을 벗어나 여성이 자신의 목소리를 낼 때, 여성의 몸은 중요한 기표 역할을 한다. 왜냐하면 여성의 몸은 고통, 기쁨, 그리고 재생산을 경험하는 실질적인 장소이면서 동시에 상징적인 장소를 나타내는 것이어서 여성은 몸을 통한 경험을 언어 체계 속에 기표화한다. 특히 엘렌 식수Hélène Cixous와 뤼스 이리가레Luce Irigaray와 같은 프랑스 페미니스트 이론가들은 여성의 말하기/글쓰기, 또는 여성의 창조성을 몸과 비유해서 이론화했다. 이는 언어와 관련된 남성의 창의성이 남근 우위와 특권, 그리고 그것을 중심으로 한 즐거움과 자부심에 의해 형성되는 힘이라고 보는 자크 데리다Jacques Derrida나 자크 라캉Jacques Lacan 같은 이론가들의 주장에 대한 반론이기도 하다. 전통적 가부장 사회에서 여성을 규정하는 것은 여성의 몸과 더불어 남성과의 관계이다. 권력을 쥐고 있는 남성이 여성을 어떻게 보는가에 따라 여성의 자아가 규정되고 제한을 받는다. 로라 멀비Laura Mulvey는 이를 관찰자와 피관찰자의 권력적 역동성으로 설명한다. 피관찰자인 여성의 자아는 남성 주체의 시선에 구경거리spectacle로 객체화되어 존재하는 것이다. 남성의 응시는 곧 권력이며, 미셸 푸코Michel Foucault는 자신의 저서 『감시와 처벌*Discipline and Punish*』(1975)에서 이런 응시의 위력이 어떻게 담론과 권력으로 규율화되고 체제화되는지를 잘 보여주고 있다.

여성의 말하기/글쓰기에서 또한 고려해야 할 점은 남성 중심의 가부장제 아래에서 여성의 존재에 대한 계층적 인식을 고찰하는 것이다. 가야트리 스피박Gayatri Chakravorty Spivak은 여성을 하위 주체subaltern라고 보았으며, 이들이 전통적으로 말하기/글쓰기가 자유롭지 않았다는 점에서 "하위 주체는 말할 수 있는가"를 역설적으로 질문한다. 줄리아 크리스테바Julia Kristeva의 용어를 빌리면, 여성은 "비존재non-being"이며 "비체the abject"이다. 이런 측면에서 보면 여성은 주변적 존재이며, 무엇이라고 확연히 정의내릴 수 없는 영역에 위치한다. 따라서 여성의 말하기/글쓰기는 기존 담론과 권력에 대해 끊임없이 저항하는 역학적 성격을 갖게 되는 것이다.

이 글에서는 『시녀 이야기』와 『그레이스』에 나오는 여성 화자의 상황과 그녀들이 말하거나 쓰는 내러티브가 소설 속 현실에서의 기존 담론과 어떻게 다르고, 어떤 점에서 전복적인지를 고찰하고자 한다. 이 두 소설의 여주인공, 오브프레드Offred와 그레이스Grace는 젠더와 계급에 있어서 억압받는 '시녀/하녀'라는 신분적 공통점이 있다. 젠더, 계급, 정치, 종교, 폭력 등과 연관되는 시간적·공간적 배경과 사회적 양상은 서로 다를지라도 여성주의적 주제를 다루고 있다는 점에서는 일맥상통한다. 이 여성 화자들은 당대 사회가 규정지은 억압적 담론에 순응하지 않고, 자아 주체성을 자신만의 방식으로 표현하고 있다. 이들의 표현 방식은 어떤 면에서는 작가의 글쓰기와 같다. 그들이 발화 과정에서 발휘하는 다층적 의미화 기재가 마치 예술가와 같은 창조성으로 기존 담론에 대한 전복적 힘의 불씨가 되고 있다. 애트우드의 이 여성 화자들은 생과 사의 갈림길에 있는 절박한 상황에 처해 있으며, 『천일야화』의 셰에라자드Scheherazade처럼 이야기를 구술하는 내러티브만이 스스로를 삶과 죽음의 기로에서 구해낼 수 있는 유일한 방편이 된다. 하지만 소설 속 현실에서 이 여성들에게는 말하기/글쓰기의 제약이 있을 뿐만 아니라, 자신의 처지나 상황과 연계되어 그들의 언어에는 남성 중심의 사회 담론과는 다른 관점이 드러나게 된다. 그리하여 허용되지 않은 위험하고 전복적인 요소들이 그들의 말에 내포되기 쉽다. 왜냐하면 이 여성들은 권력에서 주변화된 존재이며, 스토리텔링은 그러한 인간 의식의 조직(바탕)을 반영하기 때문이다.

『시녀 이야기』는 조지 오웰George Orwell의 전형적인 디스토피아 소설인 『1984』를 여성적 시각으로 그려낸 것이라고 할 수 있다. 제목이 시사하는 바와 같이, 억압받는 계층인 시녀의 관점에서 서술되고 있다는 점이 지배 담론을 간접적으로 전달하는 효과를 낸다. 여성에게는 자유로운 의사 표현과 글쓰기가 금지되고 각자의 기능적 역할에 따라 철저히 분리되고 종속되어 있는 사회에서, 오브프레드라는 여성이 자신의 이야기를 일기 형식으로 녹음해놓은 것이 이 소설 텍스트의 큰 부분이다. 이 여성의 역할은 사령관의 가족에게 아이를 낳아주는 대리모이다. 그녀는 글쓰기가 금지된 사회에서 오히려 말하기/글쓰기를 통해 자기 존재를 드러내고 확인하며, 생존의 의미를 되새긴다. 오브프레드의 이야기가 녹음된 카세트테이프는 후에 발견되어 텍스트로 옮겨지는데, 이 텍스트가 후대의 학자들에 의해 복사되고 재편집되어 순서가 맞추어진 것이라는 사실이 독자의 해석을 굴절시킨다. 제프리 초서Geoffrey Chaucer의 『캔터베리 이야기*The Canterbury Tales*』를 연상시키는 제목도 후대의 학자들이 지은 제목임이 드러나면서, 이 '시녀 이야기'가 후대의 학자들의 시선과 관점으로 걸러지고 재해석되는 과정을 보여준다. 저자는 과거의 내러티브가 시간이 지나면서 어떻게 왜곡되는지 보여줌으로써 독자로 하여금 해석상의 "간섭"을 직접 체험하게 만든다.

『그레이스』는 19세기 중반 실존했던 살인범인 그레이스 마크스Grace Marks라는 여성의 이야기를 소설화한 작품이다. 젊고 아름다운 여성이 살인범이라는 사실만으로도 당대에 큰 관심을 불러일으켰다. 1843년 남자 공범과 함께 주인과 가정부를 살해한 혐의로 수형 생활을 하는 이 여자 살인범을 연구하기 위해 사이먼 조던Simon Jordan 박사가 감옥을 방문하면서 이 여성에 대한 내러티브가 이루어진다. 그레이스의 내러티브와 사이먼의 내러티브를 읽으면서 독자는 그레이스라는 여자에 대해 재구성하게 된다. 사이먼에게 자신의 이야기를 들려주는 그레이스는 그가 듣고 싶어 하고 그가 투사하는 여성의 모습으로 자신을 재구성해 이야기를 한다. 이러한 여러 겹의 말하기/글쓰기 과정은 마치 양피지 사본palimpsest과 같다. 그레이스는 예술가처럼 자신의 이야기를 창작하듯 허구화해서 진행하고, 소설 속에서 이와 같은 그녀의 여성성과 창의력에 대한 상징은 '조각이불 만들기quilt making'로 대치된다.

『시녀 이야기』와 『그레이스』는 스릴과 서스펜스로 인한 긴장감이 독자를 사로잡는다. 소설의 구조에 대해 카렌 F. 스타인Karen F. Stein은 『시녀 이야기』가 전통 장르인 고딕 소설의 형식을 차용했다고 말하며(Stein, 1999, 80), 이소희는 대리모 역할을 하는 시녀의 일에 주목해 집안에서 대리모의 위치가 19세기 가정교사의 위치와 같다고 보아 이 소설이 19세기 가정교사 플롯을 패러디한 것이라고 주장한다(이소희, 188). 『그레이스』는 역사적인 기록을 사적인 내러티브와 혼합해 실제 살인 사건을 기술하고 있다는 점에서 실제와 허구가 중첩된다. 그리고 한 인물의 정체를 파악하기 위해 여러 각도에서 조명하는 방식을 취하고 있는데 이에 대해 힐데 스타엘스Hilde Staels는 탐정 소설의 형식을 패러디한 것이라고 본다(Staels, 428). 이 두 작품 모두 화자가 구축하는 내러티브 과정을 독자가 의식하도록 하는 메타 픽션의 요소도 갖추고 있다.

애트우드의 작품에 대해 독자와 학자들이 매력을 느끼는 것은 스토리텔링, 즉 이야기 구성의 방식에서 오는 탁월함뿐만 아니라 독자로 하여금 현재 우리가 처한 사회 문제를 함께 생각하도록 만드는 철학적 힘이 있기 때문이다. 그녀의 작품은 사회 구조, 문학적 전통, 서구 철학의 이분법적 사고방식 등에 대해 광범위하게 의문을 던지고 도전하며 이를 해체시킨다. 남성과 여성의 역할, 낭만적 관습, 일상에 깃든 힘의 정치학, 강자와 약자, 자연과 문명, 가족 간의 갈등, 모녀 관계, 내러티브 방식과 해석, 스토리텔러(화자)의 역할 등에 대해 독자로 하여금 끊임없이 주시하게 만든다.

『시녀 이야기』와 『그레이스』의 여성 화자들의 내러티브 속에서 여성의 자아가 갖는 실존적 의미는 무엇이며, 그들이 말하기/글쓰기를 통해 갖게 되는 힘의 정도와 역기능 등을 살펴보는 것은 흥미로운 일이다. 이는 젠더에 따른 언어의 사회적 의미와 권력 관계, 그리고 성의 정치학을 고스란히 드러내면서 남성 중심의 가부장 체제에서 여성적 말하기/글쓰기가 전복성을 함축하고 있음을 알 수 있기 때문이다.

2. 『시녀 이야기』의 내러티브에 내포된 전복성

『시녀 이야기*The Handmaid's Tale*』는 세 종류의 제사題辭로 시작된다. 첫째는 창세기 30장 1절부터 3절까지 인용한 것이고, 둘째는 조너선 스위프트Jonathan Swift의 「겸손한 제안A Modest Proposal」에서의 한 구절이며, 마지막은 수피Sufi 격언이다. 창세기 인용은 이 소설의 공간적 배경인 신권 정치 국가 '길리아드Gilead'에서 여성의 출산과 관련해 애트우드의 풍자와 비판 의식을 잘 보여준다. 야곱Jacob의 아내 라헬Rachel이 불임이어서 여종인 빌하Bilhah로 하여금 아들을 잉태하게 하는 내용으로, 창세기가 쓰일 당시의 히브리 가부장제 아래에서 있었음 직한 일을 길리아드 공화국은 철저하게 정치적으로 전용한다. 여성의 생산 능력을 국가가 통제·관리하고 비인간화하는 억압 기제로서 창세기 구절을 이데올로기화하는 것이다. 여기에서 더 나아가, 조너선 스위프트가 아일랜드의 기근에 대한 영국의 냉혹한 처사에 관해 비난하는 내용을 담은 「겸손한 제안」의 구절을 제사로 사용함으로써, 길리아드 같은 디스토피아에서의 삶을 풍자하고 비판하고 있다. 마지막 제사는 "사막에는 돌을 먹지 말라는 표시가 없다"라는 수피 격언이다. 너무도 당연한 것은 굳이 말할 필요가 없으며 아무도 원치 않아 결코 일어나지도 않을 일을 굳이 명시할 필요가 없는 것처럼, 이 소설에서와 같은 일이 일어나는 것은 그 누구도 원치 않음을 시사한다.

작가가 『시녀 이야기』를 쓴 이유는 1980년대 미국에서 일고 있었던 보수 우경화 추세, 여성 운동에 대한 비판적 여론, 종교계 원론주의자들의 상승세 등에 대한 우려의 시각을 표현한 것이라고 밝히고 있다. 그와 같은 주장들이 극단적인 형태로 시행될 때 야기될 수 있는 문제를 소설 속 길리아드 공화국에서 잘 보여준 셈이다. 또한 환경 오염으로 인해 인류가 당면하게 되는 여러 재앙 중에서 불임에 의해 야기될 수 있는 사회 문제도 여성의 인권 문제와 함께 제시한다.

길리아드 공화국은 교리에 입각한 철저한 신권적 전체주의 국가이며, 이곳에서 모든 사람은 계층과 역할에 따라 통제받고 관리된다. 길리아드 공화국에서 '천사Angels'는 군인으로 전쟁에 참가하거나 경비를 서고, '눈Eyes'은 숨은 감시자로서 끊임없이 사람들을 감시해 사회 규율을 강화한다. '수호자Guardians'라고 명명된 사람들은 정규 군인은 아니지만 순찰을 비롯한 기타 육체노동을 담당한다(Atwood, 1986, 25).[1] 여성은 옷 색깔로 사회적 위치와 역할이 구분된다. '아내Wives'는 푸른색 드레스를 입고, 집안일을 하는 하녀인 '마르사Marthas'는 초록색 옷을 입는다. 불임 부부에게 아기를 낳아주는 대리모인 '핸드메이드Handmaids', 즉 시녀의 복장은 수녀복과 유사한데, 머리의 두건은 수녀처럼 흰색이나 옷은 붉은색이다. 이들을 교육하고 통제하는 '아주머니Aunts'는 갈색 옷을 입는데, 가임기를 지난 나이 든 여성들이다. 이런 부류에 속하지 못하는 여자들은 환경 오염의 재앙으로 인한 쓰레기 지역 '콜로니Colony'에서 아사 직전의 상태로 온갖 궂은일을 해야 하며(11), '비여성Unwomen'이라고 불린다. 따라서 아무리 낮은 하층 계급이라 하더라도 대부분의 여자들은 죽을 때까지 격리된 채 노동을 해야 하는 '비여성'의 처지가 아니라는 사실에 안도하며 지낼 뿐이다. 그리고 여기서 중요한 것은 여성에게 일체의 읽기/쓰기 같은 문자 활동이 금지되었으며, 자신의 의견을 피력하는 말을 하는 것조차도 철저히 통제가 된다는 점이다. 이런 점에서 이 소설의 제목처럼 '시녀 이야기'는 침묵당한 존재라는 금기를 깬 저항적 내러티브라고 할 수 있다.

소설의 화자인 오브프레드는 핸드메이드로서 사령관의 집에 배속되어 있다. 오브프레드란 이름은 임신 가능한 여성의 자궁과 난소에 대한 남성의 소유권을 표시하는 기표에 불과하다. 오브프레드는 '프레드의of Fred'라는 의미로 프레드란 이름의 남성에게 속한 대리모를 뜻한다. 남자의 이름 앞에 소유를 나타내는 '오브of'를 씀으로써, 개인 고유의 정체성이나 고유성을 나타내는 것이 아니라 그 이름을 가진 남성에게 '속한' 도구이며 소모품임을 표시하는 보통명사인 것이다. 이와 같이 남자의 이름에 따라 오브글렌Ofglen, 오브워런Ofwarren 등으로 불린다. 오브프

1 이후부터 이 절에서 Margaret Atwood, *The Handmaid's Tale*(Seal Books, 1986)로부터 인용 시 페이지만 표시하기로 한다.

레드라는 이름은 이야기가 진행됨에 따라 여러 가지 의미로 읽힌다. '붉은색에서 벗어난off red'이라는 뜻을 가진 '오프 레드'로 읽힘으로써, 붉은색 옷을 입는 대리모 역할에서 벗어나는 것으로 해석해볼 수 있다. 또한 '제공된' 또는 '바쳐진'의 의미가 있는 'offered'와 유사하게 읽힘으로써 그녀 존재의 수동성과 제한성을 시사하는 것으로 볼 수도 있다. 이에 따라 실라 콘보이Sheila C. Conboy는 "불임 가정에 일종의 생식력이라는 제물"(Conboy, 351)을 바치는 것을 시사한다고 말한다.

오브프레드는 붉은색을 스스로 "피 색깔"이라고 칭하며, 머리만 빼고 온통 붉은 자신의 모습을 "동화 속의 빨간 외투 입은 소녀" 같다거나 "피에 흠뻑 젖은 수녀A Sister, dipped in blood"(9)라고 말한다. 피 색깔은 폭력의 색으로서 죽음과도 연결된다. 길리아드 공화국에서는 구성원을 통제하기 위해 감시도 하지만, 남자와 여자를 따로 구분해서 '구제Salvaging'라는 공개 처형도 시행한다. 공개 처형을 당한 사람의 시체는 모든 사람이 볼 수 있게 '장벽Wall'에 매달아 놓는다. 어느 날 유산 시술을 했다는 죄목으로 처형된 의사의 흰 가운에 묻은 핏자국을 보고 오브프레드는 "붉은 미소"라고 반어적으로 표현한다. 그 색은 사령관의 '아내'인 세레나 조이Serena Joy가 가꾸는 빨간 튤립과도 겹쳐진다. "나는 붉은 미소를 바라본다. 미소의 붉은색은 세레나 조이의 정원에 핀 튤립의 붉은색과 같다"(42). 오브프레드의 이런 관점은 세레나 조이도 결국 체제의 억압과 폭력에 노출되었음을 시사한다. 지위고하를 막론하고 여성의 존재는 열등한 위치에 있음을 보여준다.

공개 처형은 집행 기관과 집행자의 권위를 재확인시키고, 국민을 통제하는 강력한 도구이다. 미셸 푸코는 『감시와 처벌』에서, 18세기 이전의 처벌은 수형자의 육체에 직접 가해지는 형태로 집행되었으며 이것을 보는 관중이 꼭 있어야 되는 일종의 의식이었음을 밝힌다. 공개 처형을 직접 보지 않더라도 당시 대중 문학을 통해 이런 형 집행이 상세히 묘사되고 대중들이 이러한 폭력적 묘사를 소비하는 상황도 일종의 참여라고 간주한다. 마찬가지로 소설 속에서 묘사되는, 오브프레드가 외출 시에 수시로 공개 처형당한 시체들을 보는 장면, '구제' 의식에 참여하거나 때로는 직접 '구제'를 실행해야 되는 상황 등은 전체주의 국가의 권력이 개인에게 가하는 폭력의 공포가 일상에 만연해 있음을 알려준다. 야만적 행위라고 폐지되었던 중세의 공개 처형이 길리아드에서 공공연하게 시행되는 것은 과거로 회귀한 그 체제의 야만성과 공포 정치의 정도를 적나라하게 드러내는 것이다.

바라보는 시선/응시/주시의 힘은 강력한 권력의 수단일 뿐만 아니라, 남녀 간 성의 정치학에서도 누가 관찰자이고 피관찰자인지에 따라 권력의 역학 관계를 드러내는 기재이다. 리디아Lydia '아주머니'가 말하듯이, 남자의 응시는 결국 성적 비유로 치면 삽입당하는 것과 같다. 이 소설에서 애트우드는 바라보는 것에서 느끼는 성적 교감에 대해 미묘하게 시사한다. 사령관의 집에 배속되어 대리모로서의 목표 달성, 즉 임신을 하기 위해 오브프레드는 창세기 30장에 나오는 라헬, 야곱, 그리고 여종인 빌하에 관한 인용구가 시사하는 바대로 행한다. '아내'인 세레나, 사령관, 오브프레드 세 사람이 함께 해야 하는 "막중한 임무serious business"는 말 그대로 씨받이 의식이다. 인간적 교감과 감정이 배제된 채 행하는 수태 "의식"은 인간의 존엄성이 말살되었을 때의 비극을 가장 적나라하게 보여주는 블랙 코미디이다. 그 비극을 더욱 그로테스크하게 만드는 것은 임신 여부가 대리모의 생과 사를 가르는 문제일 뿐만 아니라, 주변의 모든 인물에게 지대한 영향을 미치는 중대사라는 점이다. 이런 상황에서 사령관의 호출을 알리러 온 운전사 닉Nick의 시선은 인간적 소통에 목말랐던 오브프레드에게 일종의 성적 욕망처럼 피어오르는 여성성의 발현을 경험하게 만든다. 그녀는 "손을 뻗어 그의 피부를 느끼고 싶다. 그가 나를 굶주리게 만드는"(122) 것이라고 생각한다. 이런 느낌은 비인간화되어 "의식"처럼 행해지는 "교배" 행위에 대한 저항적 자기의식과도 같다. 닉에게 느끼는 성적 욕망은 자기 존재감이 몸을 통해 발현된 것이라고 할 수 있다. 상징계에서의 존재를 확인하는 말하기/읽기/쓰기가 금지된 오브프레드에게 몸/육체만이 표현 장소이고 쓰기가 가능한 유일한 장이 된다.

변태적 성행위를 하기 위해 사령관이 비밀스럽게 호출했으리라는 예상과 달리 그의 일탈은 놀랍게도 오브프레드와 스크래블 게임을 하는 것이다. 오래 같이 산 부부가 무료함을 달래기 위해 하는 것 같은 일상적인 단어 맞추기 놀이를 원해서 처음에는 당황했으나, 오브프레드는 곧 그것이 과거와 같은 일상성이 금지된 상황에서 예전의 것을 즐기고자 하는 일종의 변태적 놀이임을 깨닫는다. 읽기/쓰기가 금지된 오브프레드에게도 단어 맞추기 놀이는 욕망으로 다가온다. 말 그대로 글자판에 쓰인 단어는 몸속의 욕구를 자극하고 애무한다. 단어를 만드는 게임이 자기표현을 위한 좋은 구실이 된다.

오브프레드는 글자를 하나씩 생각하고 맞추어나가면서 생성되는 단어마다 충분히 음미하고 그 뜻을 몸으로 느낀다. 여기서 맞춘 단어는 금기시된 욕망이나 제약을 표현하면서 동시에 그것에서 벗어나게 하는 도구가 된다. 단어는 이중적 의미를 띠고 있으며, 문자로 내면을 표현하는 것은 쾌락이자 권력이 된다. 그녀는 사령관과의 은밀한 교감을 느끼며, 서로를 바라보는 시선에서 전과 다른 변화를 감지한다. 그리하여 이삼주 후, 임신을 위해 치러야 하는 "의식"의 밤이 왔을 때 미묘한 변화가 일게 된다(200). 밤에 사령관의 개인 서재에서 두 사람만 있을 때, 그가 바라보는 시선에 오브프레드는 마치 자신이 발가벗겨진 듯한 느낌을 받는다. 그리고 그것이 일종의 변태적인 유사 성행위와 같음을 인식한다(231). 길리아드 공화국에서는 금지된 잡지나 소설을 보고 있는 자신을 바라보는 눈길에서, 사령관이 그것을 즐기고 있음을 느낀다(196, 231).

자기가 준 핸드로션을 바르고 있는 오브프레드를 바라보는 사령관의 시선에서, 그녀는 그와 함께 목욕탕에 있는 듯한 기분이 들 정도로 극히 사적인 순간을 관찰당하는 느낌이 든다. 여기서 오브프레드는 남성의 응시가 내포한 권력이 사적 영역을 침범하는 것을 느끼지만 노출당한 채 그대로 있을 수밖에 없다. 자신이 할 수 있는 유일한 저항이라면 그의 시선 밖으로 사라지는 것이지만 감히 그렇게 하지 않는다. 그에게 자신의 존재는 "스쳐 지나가는 변덕에 불과할 뿐"(199)이라는 것을 분명히 기억하고 있기 때문이다.

애트우드는 『생존: 캐나다 문학의 주제 안내서*Survival: A Thematic Guide to Canadian Literature*』에서 캐나다 문학에 끊임없이 반복되는 주제는 '생존'과 '희생자'에 관한 것임을 언급한다. 이를 토대로 최옥영은 『시녀 이야기』를 오브프레드가 신권 정치 체제에서 겪는 위기와 그로부터의 탈출을 다룬 생존 스토리로 읽는다(Choe, 147-148). 그런 측면에서 보면, 소설의 처음부터 끝까지 오브프레드는 세상의 체제가 바뀌고 억압받는 상황에 처했어도 생존에 대한 의지를 분명히 하며 살아남기 위해 시키는 대로 고분고분하게 지내려 노력한다. 자신이 처한 상황에 비참해하기보다는 오히려 "마지막까지 살아남을 작정"을 굳게 한다(8).

오브프레드의 생존 의지는 내면의 저항이다. 그녀의 저항은 체제 전복을 노린 폭력적인 저항이라기보다는 개인적이고 소극적인 저항이다. 말하기/글쓰기가 금지된 상태에서는 언어의 유희를 즐기고, 과거를 기억하며 끊임없이 내면의 독백을 하는 것조차도 저항이 된다. 체육관으로 사용되던 건물이 대리모 교육 장소로 바뀌었지만, 그녀는 켜켜이 묻혀 있는 과거의 흔적을 느끼고 냄새 맡고 듣고 바라본다. 그것은 마치 반복해서 지우고 덧쓴 양피지의 글씨처럼 그곳에 켜켜이 쌓여 있는, 과거 그곳에서 열렸을 무도회의 소리와 장면까지 기억해내려 노력하는 것이다. '양피지' 이미지는 과거와 현재를 넘나드는 오브프레드의 내러티브를 상징하고 규정한다. 희미하게 남아 있는 글씨의 흔적처럼, 오브프레드가 직면한 현실의 그 이면에서 일어나고 있는 사건과 이야기가 느닷없이 튀어나온다. 잘 통제되어 빈틈없어 보이는 길리아드 공화국 내에서 각 계층마다 나름의 전복적 반항과 일탈이 시도되고 있음을 알 수 있다. 예컨대 사령관의 일탈은 물론 임신을 둘러싼 '아내'들의 일탈과 음모, 심지어 대리모와 '의사' 간의 일탈 등이 은밀히 자행되고 있다. 그리고 무엇보다 '메이데이Mayday' 단체의 은밀한 조직과 활동은 체제 전복적인 저항이 시도됨을 보여준다.

내레이터로서의 오브프레드는 끊임없이 자신의 생각과 과거 이야기를 하면서도, 독자에게 "지금 재구성한 이야기"(176)라는 점을 상기시킨다. 변기의 레버를 떼어 숨겨 들어와 사령관과의 밀회 때 그를 찌르는 상상이라든가 헤어질 때 그가 슬퍼 보인다는 그런 구술은 사실 "지금 재구성한 기억일 뿐"임을 밝힌다. 그것은 그녀가 불안정하고 믿을 수 없는 화자unreliable narrator라고 독자들에게 전하는 것이다. 다른 한편으로 보면, 이야기를 재구성하고자 하는 오브프레드의 욕망은 전복적이며 글로 대변되는 권력 혹은 담론이 생산하는 권력을 지향한다는 것이다. 대리모를 위한 교육을 받을 때 리디아 '아주머니'는 "펜은 '욕망Envy'을 불러일으킨다"[2]는 교육장의 모토를 언급하며 그런 물품들을 멀리하라고 가르쳤지만(234), 오브프레드는 "펜의 권력을, 펜이 내포하고 있는 글의 권력"을 생생히 확인한다. 손가락 사이에 쥐고 있는 펜이 "육감적이고 거의 살아 움직이는 것"처럼 느껴지기 때문이다. 오브프레드의 이 내러티브는 그녀의 존재감의 원천이자 재확인이다. 그녀는 늘 살아남아 탈출하는 모습을 상상한다. 그리고 자신의 이야기를 어떤 형태로든 어떤

---

2 작가는 "Pen is Envy"라고 언급하면서, 남근 기표phallic symbol를 상징하는 펜을 뜻함과 동시에 프로이트가 말하는 남근 선망penis envy을 풍자하는 이중적 의미를 갖게 만든다.

목소리로든 기록으로 남기고 싶어 한다.

하지만 오브프레드의 내러티브는 소설의 끝부분에서 하나의 사소한 역사 기록물 또는 연구 자료에 불과하다는 소설 속 학자들의 평가로 인해 독자들은 이제껏 읽었던 내러티브의 신빙성을 의심하게 된다. 왜냐하면 이 믿을 수 없는 화자가 "재구성한 이야기"는 소위 후대의 학자들에 의해 변형된 것으로 밝혀지기 때문이다. 독자들은 '『시녀 이야기』에 대한 역사적 노트'라는 마지막 부분을 읽으면서, 오브프레드의 녹취된 이야기가 후대의 남성 학자들에 의해 재배열되고 편집되었다는 사실을 알게 된다. 표제인 '시녀 이야기'도 초서의 『캔터베리 이야기』에서 영감을 받아 학자들이 붙인 제목이고(373), 이야기를 의미하는 'tale'도 여성 비하적인 속어 'tail'과 동음이라는 점에서 스토리텔러 오브프레드를 희화화하는 동시에 자신들의 연구 텍스트에 대한 거리 두기를 하고 있다.

소위 '길리아드 연구학' 심포지엄에서 강연을 하는 피엑소토Pieixoto 교수의 언어는 내면의 생각을 드러내며, 이는 피상적인 오브프레드의 언어와 다르다. 그 차이를 애트우드는 극명하게 드러낸다. 소설의 이 부분은 현대 사회의 학회나 학자들의 연구에 대한 패러디에 가깝다. 심포지엄이 열린 곳이 디네이대학교University of Denay인데, '부인하다'를 뜻하는 'deny'와 유사하게 발음되는 것도 작가의 의도적인 설정으로 읽힌다. 피엑소토 교수는 사실에 근거해 과학적이고 분석적인 듯한 어투로 말하지만, 정작 오브프레드의 이야기에 대해서는 여러 가지 해석의 가능성만 열어둔 채 정확하게 밝혀주는 것이 없다. 피엑소토 교수는 그런 결과가 나온 것을 오브프레드의 말하기에 일부 원인이 있다고 한다. "그녀에게 기자나 스파이의 자질이 조금만 더 있었더라도, 길리아드 공화국의 운영에 대해 아주 많은 것을 알려줄 수 있었으리라는 아쉬움이 남는군요"(386)라고 말하며, 그녀의 글은 사소한 것뿐이라서 역사적 관점으로 보면 "빵 부스러기"에 불과하다고 폄하한다.

자신이 처한 현실과 자신의 감정에 대해 말하고 그것을 기록으로 남겨 전하고 싶어 했던 오브프레드의 말하기/글쓰기는 남성적 말하기/글쓰기가 아니라 여성적 말하기/글쓰기이다. 기자처럼 사건 보도를 위해 육하원칙에 입각해 쓰는 것도 아니고, 정치 체제와 사건들에 대한 정보를 캐내려는 스파이 정신이 있는 것도 아닌 내용이다. 신변잡기와 자신의 내면에서 일어나는 생각과 느낌을 기록한 그런 내용에서 길리아드 사회에 대한 중요한 역사적 사실들을 다 기록해놓을 수는 없는 것이다. "우리가 돌아서서 그녀를 바라보면, 그녀는 잠깐 모습을 보이지만 어느새 우리 손아귀를 빠져나가 도망가버립니다"(388)라고 피엑소토 교수가 말하듯이, 오브프레드에 대해서도 피상적인 정보만 알 수 있다.

하지만 '말'보다 더 확실히 현존을 드러내는 것은 없다. 언어 중심주의logocentrism의 관점에서 보면, 음성 녹음은 확실히 그 화자의 현존을 증명하는 것이다. 그런 점에서 역사적 가치가 있는 정보가 아무리 충분치 않다고 하더라도 오브프레드의 존재는 중요하며, 언어와 담론의 생산 통로를 박탈당한 상황에서의 기록 그 자체로 전복적이고 저항적인 행동이다. 언어의 특성상 완벽하게 진실을 전할 수는 없어도 오브프레드는 말하기/글쓰기가 금지된 세상에 대해, 그리고 자신이 겪은 일들에 대해 말하고자 한다. 기록함으로써, 말함으로써 힘을 갖게 되는 것이다. 또한 그녀의 내러티브가 말하기/글쓰기의 금기를 깨는 것도 전복적이지만, 사회가 규정하는 담론의 방식으로 말하지 않는 것도 전복적이다. 오브프레드는 길리아드의 종교적 담론을 답습하지 않고 오히려 그 경직된 틀에 저항하며 비켜나 있다. 그녀가 생각하고 상상하고 꿈꾸는 것은 겉으로는 적응한 듯 보이는 대리모 '핸드메이드'로서의 몸이 보이는 유순한 자태, 푸코가 말하는 유순한 몸docile body을 배반하는 내면의 저항이다.

3. 『그레이스』 내러티브의 간극이 주는 전복성

『그레이스*Alias Grace*』는 제목이 시사하는 것처럼, 그레이스라는 여자가 누구인가에 대한 이야기이다. 역사적으로 실존했던 그레이스 마크스Grace Marks는 1843년 7월 23일 캐나다의 토론토에서 토머스 키니어Thomas Kinnear와 낸시 몽고메리Nancy Montgomery의 살인에 제임스 맥더못James McDermott과 함께 공범자로 체포될 당시에 열여섯 살이었다. 어리고 아름다운 여성 살인자에 대한 이야기는 당시 토론토 사회를 뒤흔들었으며, 그녀는 지역 신문의 집중적인 관심을 받았다. 키니어는 그레이스의 주인이었고 낸시는 가정부이자 키니어의 정부였다. 마구간지기였던 맥더못은 1급 살인죄로 교수형이 확정되었으며, 그레이스는 종범으로 종신형을 선고받았다. 실존 인물인 그레이스는 종교계를 비롯해 여러 분야의 사람들이 무죄 청원을 반복적으로 한 끝에 1872년 석방되기까지 거의 29년의 수형 생활을 했다. 애트우드는 이 역사적 인물을 소재로 해서 사료, 신문, 책 등을 근거로 실존 인물에 대한 역사 소설처럼 썼으나, 그 간극은 당시 시대에 맞게 상상으로 채웠다. 그녀는 이 소설에 시간의 흐름에 따른 단선적 내러티브 기법이 아니라 여러 유형의 내러티브 기법을 적용했다. 각 부의 시작마다 당시 문서나 신문 기사, 문학 작품에서 발췌된 구절 등으로 구성된 제사를 넣었고, 내러티브 구성은 그레이스, 그녀를 면담하는 정신과 의사 사이먼 조던, 그리고 삼인칭 시점 등으로 되어 있어 내러티브의 중심이 하나로 고정되어 있지 않다. 또한 인물 간 주고받은 편지 등도 들어 있어 제한적 관점을 보완하는 효과를 준다. 이런 점에서 헝겊 조각을 하나씩 이어 붙이는 퀼트와 닮아 있는 내러티브이다.

아멜리아 드팔코Amelia Defalco는 이 소설에서 퀼트의 상징성에 대해 언급하며 소설 텍스트가 여러 목소리와 여러 장르가 혼합되어 연결되어 있다고 보고, 그런 점을 마치 퀼트처럼 파편화fragmentation되고, 천 조각을 이어 붙이는 작업patchwork과 같다고 비유했다(Defalco, 776). 실제로 작가는 내러티브의 진행을 퀼트처럼 구조화하고 있다. 15부 각각의 소제목 다음에 두 가지 이상의 제사가 이어지고 소설 텍스트가 진행된다. 작가의 소설 텍스트 구성 방식과 더불어 소설 속 화자인 그레이스의 내러티브 방식도 퀼트를 닮아 있다. 질리언 시달Gillian Siddall은 이에 대해 퀼트 패턴을 딴 소설 텍스트 구성 방식은 "정치화된 의미화 작용의 한 형태a form of politicized signification"(Siddall, 86)라고 평한다. 퀼트는 그레이스의 내러티브의 상징물이다. 소설 속 현실에서 그레이스의 창의성이 그나마 제약받지 않고 나름대로 표출될 수 있는 것은 퀼트 작업이다. 재판을 거치면서 그녀의 말하기는 많은 통제와 제약을 받는다. 변호사 케네스 매켄지Kenneth MacKenzie는 그레이스를 사실과 다르게 "바보 천치 같다"(Atwood, 1997, 24)[3]고 하고, 증인들을 다 사악한 사람으로 몰아가는 거짓으로 "훌륭한 변론"을 이끌어낸다(24). 그럼에도 불구하고 그레이스는 그 변호사가 자신이 말한 것을 한마디라도 믿었을까 하는 의구심을 품는다. 담론적 제약이 있는 현실에서 말로써는 자신을 표현할 길이 없으므로 퀼트에서 그녀의 예술적 면모가 드러난다. 그레이스는 퀼트를 하면서 사이먼과 독자에게 전하는 자신의 내러티브도 그렇게 창의적으로 지어낸다. 생각을 검열하기도 하고 조작하기도 하고, 어떤 때는 사실을 전달하듯 시간의 흐름을 의식하며 사건을 순서대로 묘사해나간다.

1843년의 그레이스 마크스를 다룬 신문 기사와 더불어 제사로 가장 많이 인용된 것은 수재너 무디Susanna Moodie의 『개척지에서의 삶*Life in the Clearings*』(1853)에서 실존 인물 그레이스에 대해 언급한 부분이

3 이후부터 이 절에서 Margaret Atwood, *Alias Grace*(Seal Books, 1997)로부터 인용 시 페이지만 표시하기로 한다.

다. 무디가 본 그레이스의 모습은 1부, 3부, 4부, 8부, 9부, 11부, 12부에 제사로 인용되어 있으며, 그것은 소설 속 그레이스와 비교되면서 텍스트의 허구와 실제의 경계를 흐린다. 하지만 애트우드가 '작가 후기'에서 언급하듯이, 무디 자신도 남에게 전해 들은 살인 사건의 내막을 흥미 위주의 통속극처럼 치정 살인으로 만들었기 때문에 여전히 역사 속 실재 인물 그레이스에 대한 진실은 알 수 없다(555). 무디는 그레이스를 주인 키니어에 대한 사랑으로 낸시를 질투한 나머지 맥더못을 부추겨 살해한 주모자로 그려놓았다. 애트우드는 무디가 나중에 자신의 기억을 더듬어 그레이스 마크스에 대해 썼기 때문에 무디의 기록에 대한 정확성에 의문을 제기한다. 애트우드는 이에 대해 자료를 조사하고 연구한 결과, 무디의 기록에 너무나 많은 오류가 있어서 관여한 사람의 이름을 잘못 쓴다든가 장소를 틀리게 쓴 것은 그 시작에 불과하다고 언급했다(Atwood, 1998, 1514).

『시녀 이야기』에서와 마찬가지로 이 작품에서도 고딕 소설의 기법이 차용된다. 억압받는 이들이나 죽은 이들의 혼령이 나타나서 살아 있는 사람들의 삶을 뒤흔들고 뇌리에서 떠나지 않는다. 죽은 자들의 귀환은 하층 계급의 여성들에 대한 억압과 주변화와 직접적으로 연관되어 있다. 가난한 아일랜드계 이민자로서 어머니는 대서양을 건너오는 배에서 사망하고, 술에 취한 아버지의 폭력에 시달리며 열세 살에 하녀로 일을 해야만 하는 소녀의 삶 속에서 조우하는 인물들은 자신의 모습과 크게 다르지 않다. 어머니의 죽음에서 겪은 트라우마는, 대리모 역할을 하는 동료 하녀인 메리 휘트니Mary Whitney의 죽음으로 더욱 심화된다. 불법 낙태 수술의 후유증으로 메리가 부당하게 죽자 그레이스는 기절한다. 열 시간쯤 지난 후 깨어났을 때 "메리가 없어졌다고, 호수에 몸을 던졌으니 찾아야 한다고 하면서"(209) 나가려 했다는 말을 주변 사람들로부터 전해 듣는다. 단기 기억상실에 대해 주변 사람들은 "충격 때문에 정신이 나간 것"(209)이라고 이해한다. 메리의 죽음 후에 보인 이러한 반응은 이중인격 장애를 지니게 되는 전조이다. 나중에 살인 사건에서도 그레이스가 아닌 메리의 의식을 가지고 살인에 가담한 것처럼, 그레이스에게는 살인 사건에 대한 기억이 전혀 없다. 이런 사실도 최면을 통한 심령술에 의해 드러나는데, 소설의 내러티브는 그레이스가 억지로 꾸며서 연기를 하는 것인지 정말 메리의 인격체로 전환된 것인지에 대해 확실하게 선을 긋지 않는다.

『그레이스』에서 내러티브는 불확실성과 불안정성을 일부러 조장한다. 탐정 소설whodunit에서 누가 범인인지 찾아내듯 살인에 관련된 그레이스 마크스에 대한 진실을 추구하고 있지만 책을 읽어갈수록 독자들에게 좌절을 안겨준다. 독자들은 다양한 인물들의 관점을 읽으면서 이중성과 거짓을 끊임없이 접하게 되므로, 진실이라고 생각되는 의미는 잠시 고정될 뿐 기표 아래로 끊임없이 흘러가며 진실은 연기된다. 진짜 그레이스는 누구이며, 그레이스가 살인을 했는지 안 했는지에 대한 탐구는 마치 진실 게임을 이어가는 것 같다. 이런 과정을 드러내는 내러티브 방식은 마치 포스트 구조주의에서 말하는 의미화 작용과 유사하다. 특히 재판 과정에서 자신의 말이 그대로 받아들여지지 않는 경험을 했으므로, 사이먼에게 하는 그레이스의 말하기 방식은 당시 지식 기반 사회나 권력 담론(정치, 사회, 종교, 문화적 담론)에 의해 이해되고 규정되기를 거부한다. 그리고 유명한/악명 높은 여자 살인범이라는 주변적 존재이며 동시에 흥미의 대상인 그레이스는 하층민, 이민자, 광인 등과 같은 부류에 속하며 그 속에서의 은밀한 유대감 형성이 오히려 기존 체제의 경직성에 도전하는 결과를 낳는다. 처음 만남에서부터 석방에 이르기까지 그레이스의 삶에 영향을 미치는 행상인peddler 제르마이어Jeremiah와의 은밀하면서도 신뢰가 두터운 관계는 사회 권력, 지식 권력, 종교 권력의 그 어떤 체계로도 파악할 수 없고, 무너지거나 영향받지 않는 강한 유대감이다. 사회적 약자vulnerability이며 주변적 인물marginality인 하녀와 떠돌이 행상인 간의 비밀스러운 유대감이 결국 사이먼 조던이 대변하는 합리적이고 이성적인 과학 담론을 무너뜨리는 결과를 가져온다. 사이먼은 그레이스를 상담하면서 겪은 실패의 좌절감과 그 이후 남북전쟁에 참전한 후유증으로 결국 기억상실증에 걸린 채 자기의식 너머에 존재하며, 동시에 소설의 내러티브 밖으로 사라진다.

소설의 초반에 그레이스의 회상과 재판에 대한 자신의 생각이 드러나는 부분에서 당시 처벌과 훈육에 대한 정보를 알 수 있다. 애트우드는 '작가 후기'에서 역사 속 실재 인물인 1급 살인범 제임스 맥더못은 1843년 11월 21일 수많은 군중 앞에서 공개 처형되었다고 묘사한다(553). 소설 속 그레이스는 맥더못의 처형장에 모인 군중들에 대한 기사를 보며, "나에게 내려진 사형 선고가 마지막 순간에 감형되지 않았다면, 그들은 내가 처형당하는 광경을 보며 똑같이 탐욕스러운 쾌감을 느꼈을 것"(30)이라고 상상한다. 이러한 공개 처형과 더불어, 19세기 당시에 교도소나 정신병자 수용소는 "동물원처럼 방문객이 가볼 수 있는 구경거리였다"(554). 수재너 무디가 그레이스를 보러 교도소에 갔던 경험에서 알 수 있듯이, 수형자 중에서도 특히 그레이스는 중상류층 여성들 사이에서 호기심의 대상이었다.

그레이스는 정신 병원에 갇혀 있을 때의 경험을 통해 부당한 처벌을 벗어나는 길은 고분고분해지는 것밖에 없음을 깨닫는다(34). 또한 자신이 미치지 않았음을 보여주는 길은 말을 잘 듣고 감정을 보이지 않아야 함을 알게 된다. 더구나 언어 사용의 중요성을 깨닫고, 교도소에서는 밖에서 하녀 시절에 쓰던 말보다 "좀 더 고급스러운 말투와 태도를 배워" 사용한다(35). 애트우드는 실제 그레이스를 만나본 수재너 무디의 글을 3부에 인용해놓았는데, "그녀는 미천한 신분이라기보다는 오히려 높은 계층의 사람처럼 보인다"(19)고 언급된다. 그레이스는 자신의 경우처럼 정신 병원에 갇힌 많은 여자들이 "대부분 정신이 멀쩡했고", "그중에는 죽도록 때리는 남편을 피해 입원한 여자도 있었는데, 미친 쪽은 남편이지만 그를 잡아가는 사람은 아무도 없었다"(33)고 회고한다. 누가 정상이고 비정상인지를 규정하는 담론(권력)을 쥐고 있는 쪽은 남자들인 것이다. 이 인용에서 알 수 있듯이, 소설은 구분이 명확한 이분법적인 세계, 체제가 정연한 현실 담론을 보여준다. 정상인과 정신병자, 상류층과 하류층, 교도소 안과 교도소 밖, 캐나다와 미국, 여성과 남성 등 경계가 그어지고 그 범주 안에 속하도록 규정되고 정의 내려질 때 분명한 진리가 성립된 것으로 간주된다. 하지만 그레이스는 이런 체제와 담론의 정의에 의해 구분되고 포착되지 않는 존재로서, 이 경계의 틈새에 위치하고 담론의 틀 속에 맞는 대상이 되기를 거부한다는 점에서 전복적인 존재이다. 더구나 어린 하녀가 남자 주인을 살해한 것보다 더 명확하게 전복성을 드러내는 경우는 드물 것이다.

교도소장의 부인은 유명한 범죄나 범죄자들에 관한 신문 기사를 모아놓은 스크랩북이 있는데, 그 내용은 당시 사회상의 축소판이라고 할 수 있다. 그레이스는 거기서 자신과 관련된 내용을 읽어보고 "많은 부분이 거짓말"이며, 진실을 말하는 신문도 더러 있다고 생각한다. 하지만 남녀노소 지위고하를 막론하고 대중이 관심을 갖는 것은 그레이스가 맥더못의 애인이었는지의 여부이지 정말로 살인을 했는지는 부차적인 사안이라고 느낀다(29). 중상류층이 원하는 센세이셔널리즘을 전형적인 여성상에 투영시킨 욕망의 대상으로 그레이스가 아주 적합한 인물이었던 것이다. 치정과 살인이라는 소재로 그레이스는 모든 이의 시선에 노출되어 "탐욕스러운 쾌락으로" 관찰당하는 대상이 된 것이다. '작가 후기'에서 밝히고 있듯이, "섹스, 폭력, 하류 계층의 통탄할 만한 반항"이라는 이 세 가지 조합이 모두에게 너무도 매력적인 소재였다(553). 주디스 넬먼Judith Knelman은 당시 신문의 주 독자인 중상류층이 이 사건에 관심을 가지게 된 것은, 자신들 삶의 많은 부분을 하인들에게 의존하고 있는데 그 하인이 주인을 살해했다는 것이 충격과 공포로 다가왔기 때문이라고 말한다(Knelman, 677). 그리하여 자신들을 잠정적 희생양으로 간주해 이 살인 사건을 기사화했고, 그 이면에는 혹시 이 사건으로 인해 어떤 "과감한 행동"을 취하는 하인이 더 나올까 하는 두려움이 반영되어 있었던 것이다(Knelman, 678).

사이먼 조던은 정신병 연구에 새로운 방법으로 접근하는 미국에서 온 젊은 의사이다. 푸코에 의하면, 19세기 파놉티시즘 사회에서는 육체에 직접적인 형벌을 가하기보다 점차 감시와 조사에 기초한 훈육으로 옮겨가며, 수형 형태가 공간과 신체의 자유를 제약하는 감옥으로 체계화된다. 이런 과정에서 인간에 대해 탐구하는 학문인 심리학, 사회학, 정신의학 등이 발전하는데, 사이먼 조던 박사가 이러한 새로운 학문의 조류를 반영하는 인물이다. 그가 시도하는 정신병에 대한 접근 방식은 프로이트의 정신분석학적 상담 방식과 유사하다. 그레이스는 의사에 대해 부정적인 경험을 갖고 있다. 메리를 유산시킨 의사의 가방 속에 들어 있던 도구가 늘 공포의 대상으로 각인되어 있으며(31), 의사는 "죽음이 가까이 있다는 뜻"이므로 까마귀 같은 흉조라고 생각한다(29). 하지만 당시의 정신과 의사로서는 아주 새로운 방식으로 환자를 대하는 사이먼과의 만남에서, 진실을 알고 싶다는 그에게 그레이스는 자신의 내면 생각을 솔직히 드러내기보다는 남이 알고 있는 대로 남아 있으려는 신중함을 보인다. 하위 계층의 말이나 생각이 기존의 권력 담론에는 어떤 영향도 미치지 않음을 이미 간파한 것이다.

> 제 말을 안 믿으실 거잖아요. 선생님. 내가 말한다. 게다가 기나긴 재판 끝에 이미 판결이 났으니 제가 무슨 말을 하건 아무것도 달라지지 않잖아요. 변호사나 판사나 기자들한테 물어보세요. 그 사람들이 저보다 제 사건

에 대해서 더 많이 아는 것 같으니까요. 아무튼 저는 생각이 안 나요. 다른 것들은 생각이 나는데, 그 부분의 기억은 완전히 잊어버렸어요. 사람들이 그렇게 이야기하는 것을 들으셨을 텐데요. (45)

이미 남에 의해 규정된 모습만을 보이고 규정된 대로만 말하고자 하는 그레이스와의 면담은 사이먼이 생각한 대로 진행되지 않는다. 그레이스는 자기 절제와 조정을 통해 모든 것을 그대로 드러내지 않는다. 그가 내민 사과가 먹고 싶어도 자신의 "허기진 모습"을 보여주기 싫어서 먹지 않는다. 왜냐하면 "저들은 내가 필요로 하는 게 있으면 알아내서 악용하기"(43) 때문이다. 반대로 사이먼은 첫 만남에서부터 오히려 자신이 그녀의 두 눈으로 평가당하고 있다는 느낌을 받는다. 그것은 "마치 미공개 실험 대상을 관찰하는 듯한 눈빛"이었고, "감시하에 놓인 사람이 그녀가 아니라 자신인 듯한 눈빛"이었다(67). 스스로도 "상상과 공상"(67)에 의해 흔들리는 면모를 느끼지만, 그레이스에게는 자기의 "관심이 순수하게 과학적인 것"(45)이라고 말한다. 상담이 진행될수록 그는 권력 담론에 속한 남성 응시자로서 그레이스를 바라본다. 그녀는 과학 탐구의 대상이면서 동시에 성적 욕망의 대상인 것이다.

사이먼에게 자신의 생각을 솔직히 드러내지 않는 자제력으로, 그레이스는 『시녀 이야기』에서 말하는 "관통할/삽입할 수 없는 존재"로 남는다. 그녀의 내면은 "깨기 힘든 아주 단단한 호두"(60)이고 "굴 까듯 열려고 해도 헛수고"(152)이다. 그레이스를 상담할 때 사이먼은 마치 "여우처럼 생기고 경계심을 품고 있는", "어떤 동물의 암컷과 함께 있는"(103) 느낌마저 든다. 바늘에 실을 꿰려고 침을 묻히는 자연스러운 모습을 보면서는, "마치 벽 틈새로 그녀가 옷을 벗는 모습을 몰래 훔쳐보는 듯한 느낌을, 마치 그녀가 고양이처럼 혀로 자기 몸을 핥으며 닦는 것 같은 느낌"(104)을 갖는다. 그레이스가 누구인지 알고 싶은 욕망은 그녀의 여성성에 대한 육체적 삽입의 욕망으로까지 도치된다. 호기심의 대상을 바라보는 시선이 성애적 시선과 동일시되는 것이다. 하지만 이러한 성애적 욕망의 좌절은 그가 기거하고 있는 집의 안주인인 험프리 부인Mrs. Humphrey에게로 전이되어 분출된다. 험프리 부인과 정사를 하게 될 때의 사이먼은 죽은 생선의 배를 갈라 들여다보듯 여성의 육체를 한 겹씩 펼쳐내 들여다보려고 하나 아무것도 볼 수 없는 악몽 같은 잠결 속이다. 자기에게 다가오는 여성이 누구인지 알아보고자 하는 욕망은 의사로서 사체를 부검하듯 피부 속을 한 겹씩 들춰보고 파헤치고 싶게 만든다(421). 그레이스에 대한 성애적 욕망을 의사로서의 과학적 탐구와 중첩시키며 자기를 기만하는 위선이 이와 같은 꿈으로 명확해진다. 그리고 그레이스에 대한 욕망이 험프리 부인과의 정사로 이어진다.

그레이스의 이야기를 들으면 들을수록 그녀가 누구인지 실체를 알지 못하는 것에 대한 좌절감으로 의사로서의 자신감을 잃을 뿐만 아니라, 오히려 피상담자의 내러티브에 감정적으로 휘말리게 된다. 더구나 사이먼 자신이 스스로 무장하고 있다는 합리적이고 과학적인 담론이, 듀퐁DuPont 박사의 브레이드 시스템Braidian System이라는 신경 최면술에 의해 당시 사회의 권위 있는 사람들이 모두 모인 자리에서 산산이 무너진다. 듀퐁 박사는 신경 최면술을 통해 수면 상태에 있는 그레이스로부터 메리 휘트니라는 다른 인물을 불러내서, 살인의 순간에 대해 메리 휘트니의 목소리로 대답하게 한다. 듀퐁 박사는 다름 아닌 행상인 제르마이어로, 그가 직업을 바꾸어 사회적 신분 상승을 해서 그레이스 앞에 나타난 것이다. 그는 어린 그레이스를 처음 만났을 때 손금도 봐주고 단추를 덤으로 하나 더 주었으며, 떠나면서는 "넌 우리와 같은 부류야"(180)라는 의미심장한 말을 하며 유대감을 심어주었던 사람이다. 두 사람 사이의 비밀스러운 유대감은 그레이스가 중년이 되어 출옥한 뒤에도 이어진다. 이웃집 소년이었던 제이미 월시Jamie Walsh와 결혼 후 우연히 제랄드

브리지스Gerald Bridges라는 새로운 인물로 나타난 제르마이어와 조우하게 되는 순간에도, 그레이스와 제르마이어는 두 사람만 느끼는 유대감 속에서 은밀히 인사를 한다(546). 그레이스는 결국 자신을 억압하는 권력 담론이 서로 상충하는 틈새로 빠져나와 손이 닿지 않는 미국에 정착하는 것으로 사람들의 시선에서 완벽하게 벗어난다. 『시녀 이야기』의 오브프레드처럼 권력 담론 밖에서 자유롭게 생존을 이어가는 것으로 텍스트 밖의 존재로 남는다.

이 작품에서 그레이스는 타인이 정의한 그녀의 모습에 따라 그들의 기대치에 맞게 말하고 행동하며 지내지만, 사이먼과의 상담을 통해 독자들에게는 그녀의 내면 생각을 드러낸다. 따라서 독자들은 등장인물들보다 우월적 지위의 청자가 된다. 변호사, 의사, 신문 기자들이 규정한 그레이스에 대한 공식 담론을 흔들고 위태롭게 하는 것은 그녀 자신이 말하는 내면의 이야기이다. 그 과정에서 어린 시절부터 살인에 이르기까지의 과거에 대한 기억을 끄집어내는 것이 소설의 내러티브를 지탱하는 주요 관점이다. 어린 그레이스를 보호하고 양육하는 존재이던 어머니의 죽음 이후 그레이스는 주폭 가장인 아버지의 육체적·경제적 폭력 앞에 그대로 노출된다. 열세 살에 하녀로 들어간 집에서 만난 메리는 그레이스가 잊고 있었던 웃음과 삶의 기쁨을 느끼게 해주고, 세상에 대한 비판과 저항 정신을 심어준다. 메리도 역시 성과 계급으로 인한 착취의 전형적인 희생양이지만, 그레이스에게 어머니의 부재를 채워주며 삶을 바라보는 주체적 안목과 지혜를 가르쳐준다. 주인집 아들에게 버림받고 불법 낙태 수술을 받은 메리가 죽자, 그레이스는 "인생의 가장 행복한 시간이 끝나서 사라져버린"(209) 것 같이 느낀다. 메리는 그레이스의 외향성과 긍정적인 면이 형상화된 인물이며, 곧 그녀의 분열된 자아split self이고, 이중 자아double self이다.

그레이스가 현실에서 억누르고 있는 반항심은 메리의 목소리로 의식에 떠오르며 속으로만 표현된다. 그레이스는 배널링Bannerling 박사가 정신 병원에서 진찰하는 척하며 성희롱을 할 때 "내 젖통에서 그 손 떼시지, 이 더러운 놈아. 메리 휘트니라면 그렇게 말했겠지만, 내가 할 수 있었던 말이라고는 '오, 안 돼요, 오, 안 돼요' 뿐이었다"(37)라고 한다. 메리의 담론은 부르주아 상류층에 대해 저항적이고 비판적이다. 사이먼이 하녀에 대해 혐오감과 성적 욕망을 동시에 갖고 있다는 것을 느낀 그레이스는 역시 겉으로는 평정심을 유지하지만 속으로는 메리의 언어로 비판한다(Staels, 441). 최면 상태에서 메리의 목소리로 말하는 것은 억압된 그레이스의 또 다른 면모가 표출된 것이다. 메리일 때만 자유롭게 자신이 생각하는 바를 말하고 생각한 대로 행동할 수 있는 것이다. 억압된 부당함의 표출이 살인이라는 극단적 폭력으로 표출되었다고 보인다. 현실의 그레이스는 권력 담론에 충실해 그런 내면을 억압할 수밖에 없다. 제르마이어/듀퐁 박사의 신경 최면술은 억눌린 또 다른 자아를 해방시키는 효과를 준다. 그레이스는 잠들어 있을 때 어머니가 평화롭게 바다 위에서 둥둥 떠다니고 있는 꿈을 꾸었다고 말하는데(484), 이는 죽은 어머니에 대한 연민과 죄의식에서도 마침내 해방되었음을 시사한다. 이렇게 말하고 난 후 방에서 나가는 그녀의 뒷모습은 경쾌하고 행복해 보인다(484).

그레이스는 신경 최면술을 받은 이후에 각계의 청원으로 사면되어 풀려난다. 결국 그녀를 살인자로 규정하고 잡아 가두었던 권력 담론에서 풀려남을 뜻한다. 그레이스가 자신의 이야기로 맞섰던 대상은 당시 사법 체계이기도 하고, 사이먼으로 대변되는 이성적 과학 담론이기도 하다. 여성으로서 남성의 성애적 응시와 감시를 자신에게 유리하게 이용하며 사회화된 존재로 자신을 맞추어감으로써, 오히려 역설적으로 권력의 감시를 벗어난다. 또한 이야기를 하는 방식도 당대 여성에게 허용된 담론 방식을 벗어나, 포스트 구조주의적 이야기 구성을 함으로써 사이먼이 고안한 '과학적' 함정trap이나 기술 방법을 교묘히 피한 것이다(Siddall, 85). 저항이나 비판적 목소리는 메리 휘트니의 영혼을 내재화해서 폭력적이거나 광기 서리게, 혹은 직설적인 방식으로 쏟아낸다. 제르마이어/듀퐁 박사는 유동적인 정체성을 가진 인물로, 자기와 같은 부류인 그레이스에게도 유동성을 실어주는 안내자가 된다. 담론적 권위를 상실한 사이먼이 갑자기 사라지자, 그의 부재에 대한 실망감을 표현한 그레이스의 편지는 말하기의 전복성이 구체적으로 글쓰기로 이어지고 있음을 잘 보여준다. 남북전쟁 때 입은 머리 부상으로 기억상실증에 걸린 사이먼이 약혼녀를 그레이스로 부른다는 것은 각인된 욕망 또는 좌절의 흔적이라고 할 수 있다.

『시녀 이야기』와 『그레이스』의 이야기 구조는 여러 층으로 구성되어 있어서 해석에 따라 다른 의미를 지니게 된다. 내러티브의 서술 방식도 전지적 작가 시점처럼 확고하고 여러 인물들의 내면을 자유롭게 드나드는 것이 아니라 한 사람의 시각으로 제한적이어서 주변의 상황에 대해 독자들이 다 파악할 수 없다는 한계가 있다. 또한 이야기를 서술하는 주인공들이 믿을 수 없는 화자라는 점도 이야기의 의미에 유동성을 부여한다. 이와 같은 애매모호한 텍스트로 기존의 서술 방식을 해체하고 패러디함으로써 마치 양피지 사본처럼 여러 겹의 글이 겹쳐 있는 다중적 의미의 텍스트가 된다. 이러한 다중적 글쓰기는 해석상의 의미를 하나로 고정시킬 수 없게 만드는 열린 텍스트라고 할 수 있다.

지금까지 마거릿 애트우드의 『시녀 이야기』와 『그레이스』를 분석함으로써 여성의 말하기/글쓰기에 담긴 의미를 알아보고, 기존의 담론을 해체하는 전복성에 대해 살펴보았다. 이는 사회적으로 주변화되어 있는 여성 약자의 목소리를 듣는 것이 어떤 의미가 있고 어떤 결과를 초래하는지를 암묵적으로 보여준다. 하녀와 같은 노동 계층 여성에게 당연시되는 '침묵'은 역설적으로 그들에게 억압적으로 작용하는 커다란 힘이 무엇인지를 잘 보여준다. 이 두 소설 속 여성들이 현실과 권력 담론의 체계에 적응하고 안주해서 살았다면, 이들의 목소리를 들을 수 없었을 것이다. 오히려 길리아드 체제에서 벗어나고자 이에 저항하는 오브프레드의 작은 용기와 모험심, 그리고 주인과 가정부를 살해한 살인범으로 지목된 그레이스의 비정상적인 삶이 그들의 수수께끼 같은 내면을 표현하도록 이끈다.

소설의 이야기 구성은 그들의 극단적이고 특이한 이력을 바탕으로 구축되어, 그들의 시각으로 기존의 질서를 패러디하고 위협하며 의문의 시선으로 바라본다. 이것은 침묵당했던 계층이 조망하는 새로운 관점이며, 당시 사회의 관습, 이데올로기, 종교, 사회 계층 간의 관계 등을 흔들어놓는 전복성을 보인다. 『시녀 이야기』에서 권력 체계를 대표하는 사령관의 정치 생명이 위태로워지고, 『그레이스』에서 합리적 과학 이데올로기를 대변하는 의사 사이먼 조던은 좌절하고 패배한다. 이는 모두 여성의 말하기/글쓰기에서 표출되는 전복적인 힘이 초래한 것이다. 오브프레드와 그레이스에게는 말하기/글쓰기가 생사를 가르는 중대한 문제였다. 이런 점에서 두 화자는 『천일야화』의 셰에라자드에 비유할 수 있는 인물이다. 여성들의 말하기를 제한하는 사회 권력 담론에도 불구하고, 두 여성은 자신의 이야기에 주인공이 되는 주체적 목소리로 말하면서 자기 삶에 대한 주도적 권위를 갖게 된다. 아무리 사적인 목소리라고 할지라도 스토리텔링이 그들의 삶에 자유를 부여해서 그들을 해방시키는 효과를 가져다준다는 것을 알 수 있다.

이 글에서는 또한 이 두 작품을 분석함으로써 여성의 몸에 관한 담론으로 표현되는 남성과 여성의 각기 다른 욕망과 권력 관계가 텍스트의 내러티브에 어떻게 투사되고, 어떻게 기존 질서를 교란시키는지를 알아보았다. 이것은 여성이 기술하는 내러티브에서의 여성의 육체와 남성 중심의 가부장 담론에서의 여성의 육체 사이에는 어떤 간극이 존재함을 보여준다. 『시녀 이야기』에서의 여성의 몸은 통제되고 감추어진 채 지배당한다. 이러한 통제의 시선을 벗어나고 전복시키는 일탈 행위의 일환으로 오브프레드의 말하기와 단어 맞추기 게임이 큰 역할을 한다는 것을 알 수 있다. 『그레이스』에서는 보다 더 복잡하고 교묘하게 여성성에 대한 질문을 던진다. 주인공 그레이스는 여자 살인범murderess이라는 단어에 내포된 병적인 이미지를 인지하고 더 나아가 이용한다. 남의 동정심을 자아내는 모범수로 남들이 원하는 대로 행동함으로써, 자신의 참모습과 욕망은 감춘다. 소녀티를 벗고 여성성이 발현된 이후에는 주인 키니어, 하인 맥더못, 이웃 소년 제이미, 의사 사이먼, 감옥의 간수들, 대중들로부터 성애적 응시와 감시를 받으며, 그들의 욕망을 부추기기도 하는 것이다.

이러한 관심과 연계시켜 성의 정치학과 권력 담론의 차원에서 남성의 응시male gaze를 보면, 『시녀 이야기』에서는 이를 아주 분명하게 권력의 감시, 그리고 성의 통제와 감독의 문제로 부각시키고 있다. 푸코가 설명한 원형 감옥에서의 보이지 않는 감시의 시선이 연상되는 부분이다. 남자의 응시, 특히 사령관의 시선에 대해 오브프레드가 느끼는 감정의 변화에 관해서 세심하게 주목할 필요가 있다. 『그레이스』에서 주인공 그레이스는 의도적으로 남성의 응시를 이용해 자신의 진짜 정체성이 무엇인지 모르도록 모호하게 만든다. 또한 그녀는 영악하게도 사람들이 여자 살인범에게 주목하는 이유를 안다. 일반적으로 남자 살인범에게서는 잔학성과 폭력만을 떠올리지만, 젊은 여자 살인범에게서는 "화병에 꽂힌 죽은 꽃에서처럼 사향 냄새 같은 고혹성과 억압성"(23)을 연상한다는 것을 타인의 시선에서 읽어낸다. 그리하여 그레이스는 자신을 연구하는 사이먼 조던 박사가 무의식적으로 투사하는 여성성을 스스로 창조해서 보여준다. 그는 그레이스를 여성적 순수함feminine innocence의 화신으로, 때로는 아주 계산적인 유혹녀로 간주한다. 결국 이러한 이중적 이미지 사이에서 혼란스러워하며 그녀의 담론에 휘말리다가 목적 달성에 실패하는 것이다.

앞서 두 소설에서 공통적으로 보이는 고딕 소설의 요소를 언급하고 이러한 요소가 텍스트 전체의 해석과 구성에 어떤 효과를 주는지 살펴보았다. 『시녀 이야기』에 나오는 많은 방과 그 안을 드나드는 오브프레드의 모습은 타인과의 관계가 어떤지를 상징한다. 『그레이스』에서 그레이스의 험난한 삶과 살인에 관련된 그녀의 정황 진술 등은 고딕 소설의 요소를 많이 차용하고 있다. 고딕 로맨스는 상상력을 통해 여성의 전복성을 형성하므로 텍스트에 나타난 내러티브 중 현실과 꿈 등을 통한 암시 및 환상을 구분하는 것은 독자의 몫이며 해석상의 작업이다. 모호함과 양면성, 아이러니 등으로 점철된 주관적 내러티브에서 객관적 '진실'이라는 것이 정말 존재하는가에 대해 의문을 던지게 되는데, 일례로 그레이스가 가장 중요한 살인에 얽힌 기억을 못 하는 것이 '거짓 기억 증후군false memory syndrome'에 시달리는 것인지 아니면 교묘히 위장하는 것인지 독자들이나 전문가인 조던 박사도 판단할 수 없게 만든다. 의미의 불확정성 또는 불안정성이 이 두 소설 텍스트의 전복성이기도 하다.

여성의 내러티브에서 파생되는 창조의 의미를 살펴보면, 여성은 두 가지 생산적 측면 때문에 갈등하게 된다. 육체적이며 실질적인 출산 능력과 정신세계를 보여주는 예술 창조 행위는 마치 쌍둥이처럼 여성이라는 한 공간 안에 공존하면서도 첨예하게 대립하게 된다. 이러한 여성의 양면성은 불임이 사회 문제로 대두된 길리아드 공화국에서 살아가는 오브프레드의 삶이자 내러티브이다. 여성의 양면성은 또한 살인자로 낙인찍힌 채 살아가는 그레이스가 조각이불을 만들고 자신의 삶을 재구성해내는 과정에서 드러난다. 애트우드의 소설에서 여성의 내러티브는 마치 여성 예술가가 자신의 작품이 『프랑켄슈타인*Frankenstein*』(1818)의 괴물처럼 나올 것이라는 불안감에 시달리는 것과 맥을 같이하는 것일 수도 있다. 여성의 예술 활동, 즉 말하기/글쓰기의 궁극적 결과는 마치 『프랑켄슈타인』의 괴물과도 같다. 여러 사체에서 가져온 신체 부위들을 하나씩 이어 붙여 만든 괴물의 모습은 여러 장르에서 차용한 다양한 형태의 글을 이어 붙인 『프랑켄슈타인』의 내러티브를 상징한다. 과학자 프랑켄슈타인이 창조해낸 괴물은 결국 여러 목소리가 혼합되어 이어져 있는 메리 셸리Mary Shelley 소설의 내러티브를 대변하는 것처럼, 오브프레드의 구술 테이프와 그레이스의 퀼트는 그들의 내러티브를 상징하는 것이다. 애트우드의 이 두 소설에서 보여주는 여성의 내러티브는 마치 『프랑켄슈타인』의 괴물과도 같은 전복성을 띠고 소설 속 남성 중심 사회를 어지럽히며, 마찬가지로 책을 읽는 독자들을 뒤흔드는 것이다.

14장 여성 노년 소설에 나타난 여성의 노년과 성숙

메이 사튼의 『지금의 우리』와 폴리 마셜의 『과부를 위한 찬가』*

이경란

1. 우리 안의 타자: 페미니즘과 여성의 노년

평균 수명이 급격히 늘어나고 출생률이 저하하면서 우리 사회도 2000년을 기점으로 전체 인구에 대한 65세 이상의 노인층 인구 비율이 7퍼센트를 넘어서는 고령화 사회로 접어들었다. 역사적으로 유례없는 긴 노년의 시간을 많은 동년배들과 보내야 하는 상황은 노인의 삶의 질에 관한 문제들을 중요한 사회적 의제로 만들고 있으며, 노인들에게 "아무도 가보지 않은 길을 지도도 없이 여행하면서 노년의 삶의 의미를 새로이 만들어가야 하는 '문화적 전위'의 역할"(정진웅, 14)을 담당시킨다. 이렇게 놀랍도록 증가하는 노인들 중 여성 노인의 수는 대부분의 나라

---

* 이 글은 '여성노년소설의 노년과 성숙: 메이 사튼의 『지금의 우리』와 폴리 마셜의 『과부를 위한 찬가』'라는 제목으로 『영미문학페미니즘』 제18권 1호(2010)에 게재된 논문을 수정·보완한 것이다.

에서 남성 노인의 수를 훨씬 웃돈다. 여성의 평균 수명이 남성보다 길기 때문이다. 중요한 노인 문제 중 하나인 경제적 빈곤도 남성 노인보다 여성 노인의 경우 훨씬 심각하다. 그래서 노인 문제는 곧 여성 문제라는 의식도 강화되고 있다.

하지만 연점숙의 글 「페미니즘과 노년차별: 페미니즘 안팎의 타자, 노년여성」(2009)이 보여주듯이, 우리보다 페미니즘의 역사가 길고 먼저 고령화 사회로 진입한 영국과 미국 같은 서양 국가들에서도 페미니즘 담론과 현장에서 노년과 여성 노인의 문제는 흔히 주변적이고 침묵되는 영역이며, 한국의 상황도 크게 다르지 않다.

> 20세기 후반 열정적으로 등장한 페미니즘은 그때까지 남성 중심 문화에서 침묵된 타자로 위치했던 여성들을 복원하려는 노력을 기울여왔음은 주지의 사실이다. 그러나 그 여성들의 중요한 일부인 노년 여성에 대한 비가시성, 배제, 침묵, 억압의 문제는 그동안 페미니즘 안에서도 거의 공백 상태로 남겨져왔다. 페미니즘이 약자에 대한 억압의 문제와 닿아 있다면 노년과 노년차별 문제를 비가시적인 것으로 간과해온 것 자체가 페미니스트 학문과 현장의 짐이며 문제이다. (연점숙, 110)

페미니즘이 노년 여성의 문제에 침묵해온 이유에 대해 여러 설명이 가능하다. 여성의 재생산, 경제적·정치적 불평등, 여성 교육, 여성 폭력 등 페미니즘이 주력해온 문제들이 여성 노인의 문제보다 더 긴급했다고 인정할 수도 있고, 젠더 차별에 예민한 페미니스트들도 젊음 숭배와 노년 혐오에서는 벗어나지 못했다고 비판할 수도 있다. 마거릿 크룩생크 Margaret Cruikshank는 20세기 후반 페미니즘 운동에 참여했던 여성들이 60세를 넘어가는 상황에서도 여성의 노년에 관한 문제가 여성학의 중요 의제로 잘 다루어지지 않는 흥미로운 현상에 대해 고찰하며 페미니즘 담론이 여성의 몸을 다루는 방식에 주목한다. 즉, "나이 듦은 논의의 여지없이 몸을 변화시키는데, 우리 여성학자들은 몸에 너무 많은 의미를 두지 않으려고 했다. 해부학이 운명이 아니라면 생물학도 운명이 아니어야 했다"(Cruikshank, 180-181)는 것이다. 크룩생크에 따르면, 페미니즘은 여성의 열등한 지위를 생물학적 몸에 근거해 자연적인 현상으로 설명하는 여성 담론들을 거부하고 여성은 태어나는 것이 아니라 만들어진다는 문화 구성론에 의거해 여성의 지위를 변화시키고 여성의 힘을 확보해왔는데, 바로 이 점 때문에 페미니스트들에게 노년, 특히 여성의 노년은 다루기 어려운 주제가 되고 있다. 나이 듦에 대한 논의의 출발점이 불가피하게 신체적 노화라는 생물학적 사실이어야 한다는 점이 페미니스트들로 하여금 여성의 행위 주체성을 확보하기 위해 애써 부인해온 몸의 결정론을 다시 논의의 중심에 놓게 될 의제에서 눈을 돌리게 하고 있다는 것이다.

여성과 나이 듦에 대한 다양한 영역의 논문과 글을 모아 1997년 『우리 안의 타자*The Other Within Us*』를 출판하면서 그동안 페미니즘 안에서 여성 노인의 존재가 '우리 안의 타자'였음을 인정하고 반성한 메릴린 피어설Marilyn Pearsall 역시 페미니스트들이 자신의 늙어가는 몸에 대해 느끼는 곤혹감을 책을 여는 첫 문단에 분명하게 진술하고 있다.

> …… 여러 해 동안 우리는 개인적으로 정치적으로 대중 매체와 선전이 여성들에게 부과하는 불가능한 몸의 이상과 아름다움에 대한 집착을 비판해왔다. …… 하지만 이제 우리 얼굴이 서서히 나이 든 여성의 모습이 되는 것을 보면서, 아름다움의 기준에 대한 우리 페미니스트적 거부는 가장 어려운 시험에 놓인다. 우리가 마침내 여성의 삶의 사이클에서 가장 불명예스럽다고 간주되는 단계인 노년에 도달해 자신이 가치가 없다고 느끼게 될 때, 우리는 그런 부정적 느낌에 저항할 수 있을까? (Pearsall, 1)

피어설은 『우리 안의 타자』에서 '위치 설정하기Situating', '문제 삼기Problematizing', '재현하기Representing', '특권 주기Privileging'의 네 범주로 여성의 노년을 담론적, 재현적, 사회적, 개인적 차원에서 분석한 글들을 분류·배치하고 긍정적인 여성 노년 서사들을 찾아내고자 했다. 이러한 피어설의 시도는 넓게는 사회 전체에서, 좁게는 페미니즘 안에서 이중의 타자였던 여성의 노년에 관한 문제를 전경화하고 의미 있는 여성 노년의 삶을 전망하고자 한다는 점에서 중요하다.

여성의 노년이 페미니즘 안의 타자임을 역설한 피어설의 책이 출판된 이후 현재까지도, 2006년 미국 여성학회National Women's Studies Association가 발행한 『나이 듦과 나이 차별*Aging and Ageism*』을 제외하고는 페미니즘 관련 학술지에서 나이 든 여성을 다루는 글은 아직도 찾아보기 어렵다. 하지만 1997년 피어설의 책에 실린 글들이 비록 산발적이기는 하지만 1970년대부터 발표된 글이라는 사실은 개별 페미니스트들이 여성의 노년에 대해 꾸준히 관심을 가지고 있었음을 드러낸다. 페미니스트들이 여성/노년에 보인 관심 중 가장 두드러진 예의 하나는 『제2의 성*The Second Sex*』(1949)에서 여자는 태어나는 것이 아니라 만들어진다는 페미니즘 운동의 기본 명제를 개진한 프랑스의 시몬 드 보부아르Simone de Beauvoir의 『노년*The Coming of Age*』[1](1970)이다. 이 책에서 보부아르는 "노년은 생물학적 사실만이 아니라 문화적 사실이기도 하다"(Beauvoir, 20)고 주장하면서 노년의 사회 구성성과 타자성을 논증한

1 노년을 다룬 보부아르의 저서 『*La Vieillese*』의 제목이 각국마다 다르게 번역되고 있음은 흥미롭다. 영국에서는 '*Old Age*'로 번역된 반면, 미국에서는 '*The Coming of Age*'로 번역되어 '노년old age'라는 말조차 사용하기 꺼리는 미국 문화의 젊음 중시 경향을 극단적으로 드러낸다. 한국의 1994년 초판 번역본은 『노년』으로 출판되었지만, 2002년 개정판은 원제에는 없는 부제가 붙은 제목, 즉 『노년: 나이 듦의 의미와 그 위대함』으로 출판된다. 원저에는 의도되지 않은 '노년의 위대함'을 제목에 부가한 한국의 번역본은 전통적으로 나이 듦에 권위와 지혜를 인정해주었던 동양 문화권의 부담이 엿보인다.

다. 『여성의 신비*The Feminine Mystique*』(1963)로 미국 사회에 여성 해방 운동의 불을 붙였던 베티 프리던Betty Friedan은 1993년 『나이의 샘*The Fountain of Age*』에서 노년의 긍정적인 면모를 탐색한다. 여성 순종성의 젠더 정치학을 분석한 『여성 내시*The Female Eunuch*』(1970)의 호주 출신 저자 저메인 그리어Germaine Greer 역시 1991년 여성과 나이 듦의 문제에 천착한 저서 『변화: 여성, 나이 듦과 폐경*The Change: Women, Ageing and the Menopause*』을 출판한다. 바버라 맥도널드Barbara MacDonald와 신시아 리치Cynthia Rich의 『내 눈을 보라: 나이 든 여성, 나이 듦과 나이 차별*Look Me in the Eye: Old Women, Aging and Ageism*』(1985), 캐슬린 우드워드Kathleen Woodward의 『나이를 생각하기: 여성, 신체, 세대 *Figuring Age: Women, Bodies, Generations*』(1999) 등도 여성의 노년에 대한 창의적이고 도전적인 담론을 개진한 저서들이다.

여성의 노년에 관한 페미니스트들의 창의적이고 도전적인 글들이 마땅한 받아야 할 담론적·사회적 주목을 받지 못했고, 사회적으로 강력한 영향력을 행사하지 못한 것은 안타까운 일이다. 하지만 위대한 페미니즘 저서의 작가들이 대표적인 노년 연구서의 저자들이라는 사실은 주목할 필요가 있다. 그리어의 『변화』는 전적으로 여성의 나이 듦에 관한 저서이지만, 보부아르의 『노년』과 프리던의 『나이의 샘』은 나이 듦과 젠더의 문제를 날카롭게 견지하면서도 여성의 노년의 문제뿐만 아니라 노년 전반의 문제를 다룬다. 보부아르가 노년에 대한 침묵의 공모를 깨뜨리겠다고 주장하면서 쇠락하는 노년의 부정적인 현실에 집중했다면, 프리던은 노년의 삶에도 발전이 지속될 수 있다는 긍정적인 나이 듦의 패러다임을 모색하려고 노력한다. 두 저자 모두 페미니즘과 노년 연구 사이에 의미있는 연결 고리가 존재한다는 사실을 보여준다. 시간적 차이는 있어도 대표적인 페미니즘 저작의 작가들이 결국 여성의 노년만이 아닌 노년 전반의 문제에 관심을 가지게 된다는 것은, 페미니즘이 여성의 이해관계에만 주목하는 담론이 아닌, 사회적 타자로 주변화되는 다양한 존재와 집단의 이해관계를 그 안에 담을 수 있는 잠재력을 가진 담론임을 증명한다. 페미니즘이 노년에 관한 연구에서 젠더의 중요성을 부각해 의미 있는 연구 결과들을 낼 수 있는 담론이면서도 동시에 여성뿐 아니라 다양한 타자와 약자에 대한 기본적인 윤리 감각을 붙잡고 있는 담론임을 잊지 않는 것, 그것만이 페미니즘을 지속적으로 살아 있게 할 것이다.

여성의 노년이 사회 전반이나 페미니즘 안에서 오랫동안 타자의 위치에 놓여 있었으며 1990년대 이후에야 조금씩 그 불가시성과 침묵에서 벗어나고 있는 상황은 문학 연구에서도 예외가 아니다. 한국 문단에서 여성 노인의 경험을 다룬 장편은 아직 보이지 않지만, 이선, 박완서 등의 여성 작가들이 쓴 노년 여성의 경험을 다룬 훌륭한 단편들이 눈길을 끈다. 노년 문학 혹은 여성 노년 문학에 대한 비평적 연구 역시 크게 활발하지는 않지만, 1990년대 중반부터 『한국 문학에 나타난 노인의식』(1996), 『한국노년문학연구 II』(1998), 『한국노년문학연구 III』(2001), 『한국노년문학연구 IV』(2004) 등 노년 문학 관련 논문들을 꾸준히 모아 출판한 '문학을 생각하는 모임'의 작업은 주목할 만하다.

영국과 미국 문학계에서도 여성 노년 문학에 대한 연구는 크게 활발하지 않지만, 여성 노년 소설을 발굴하고 관련 주제를 찾아내면서 여성 노년 소설의 미학적 이론화를 시도하는 의미 있는 연구서들이 1990년대부터 나오고 있다. 1990년에 출판된 바버라 왁스먼Barbara Waxman의 『벽난로에서 한길로: 현대문학에서의 나이 듦에 관한 페미니스트적 연구 *From the Hearth to the Open Road: A Feminist Study of Aging in Contemporary Literature*』는 미국 여성 노년 문학 연구의 기본서이다. 이 책은 여성 노년 문학에 관한 최초의 본격적인 비평서이면서 여성 노년 소설을 이론적으로 연구하고 있다는 점에서 주목할 만하다. 왁스먼은 노년을 쇠락으로 보면서 노년 여성을 가정의 벽난로 옆에 잡아두는 기존의 담론을 거부한다. 그녀는 청년들의 성장 소설 장르인 "빌둥스로만 *Bildungsroman*"을 염두에 두고, 여성 노년 소설을 "라이풍스로만 *Reifungsroman*(성숙 소설)"으로 범주화한다. 노년 서사도 젊음에 대한 서사처럼 물리적·정신적 여행의 모티브와 성장 및 성숙의 내러티브를 가지고 있음을 강조함으로써 청춘과 노년을 이분법적으로 대립시키는 문화적 구성을 해체한다.

왁스먼이 여행과 성숙의 모티브를 통해 여성 노년 서사의 가능성을 확대한다면, 샐리 치버스Sally Chivers는 『늙은 여성에서 더 나이 든 여성들로*From Old Woman to Older Women*』(2003)에서 캐나다 문학을 중심으로 나이 듦의 긍정적 요소와 부정적 요소 모두를 담아내는 "건설적 나이 듦constructive aging"(Chivers, xxvi) 개념을 개진한다. '늙은 여성' 대신 '더 나이 든 여성'이라는 용어를 선택해 '늙은 여성'이라는 말이 시사하는 젊음과 늙음의 이분법적 대립을 폐기하고, 삶과 나이 듦을 단절이 아닌 점진적 연속성으로 이해할 것을 촉구한다. 나이 듦을 부정적인 측면이나 긍정적인 측면 한쪽으로만 단순화하는 담론들을 경계하는 치버스는 경험과 리얼리티의 복잡성, 모순, 역설을 모두 담아낼 수 있는 문학 서사의 미학적 잠재력을 높이 평가한다. 문학이 나이 듦의 복잡한 경험과 본질에 대해 독자들의 이해를 높일 수 있다고 강조하는 치버스의 입장은 노년 소설의 사회적 기능을 부각하고 있다는 점에서 중요하다. 치버스가 문학과 영화를 넘나들며 '나이 든 몸'이 죽음이나 노쇠만이 아닌 다양한 문화적 해석에 열려 있음을 지적하고 있다면, 조 브레넌Zoe Brennan은 『최근 소설에서의 나이 든 여성*The Older Woman in Recent Fiction*』(2005)에서 나이 든 사람들에게는 아무 일도 일어나지 않는다는 경멸적인 담론을 문제 삼으며 열정, 성적 욕구, 분노 등 다양한 감정과 욕망을 표현하는 나이 든 여주인공들에게 초점을 맞춘다. 같은 해에 출판된 영국 작가 크리스틴 사이즈모어Christine Sizemore의 『여성들의 삶에서 정체성 협상하기: 영어권 탈식민 소설과 현대 영국 소설*Negotiating Identities in Women's Lives: English Postcolonial and Contemporary British Novels*』(2005)은 여성의 노년만을 다루는 연구서는 아니다. 하지만 여성의 정체성 문제를 폭넓게 다루는 문학 비평서에 노년 여성에 대한 독립된 장을 포함시킴으로써, 여성 문학이 노년 문학을 포함해야 한다는 것을 보여준다는 점에서 새롭다. 더욱이 사이즈모어의 저서는 백인 여성 중심의 기존의 여성 노년 문학 연구에서는 잘 다루어지지 않았던 비백인 노년 여성의 다문화적 정체성 협상 문제를 다룸으로써 여성 노년 문학이 젠더뿐 아니라 인종, 민족, 지역, 계급 등 다양한 교차 분석의 대상이 되어야 한다는 것을 보여준다는 점에서도 주목할 만하다.

앞에서 언급한 여성 노년 문학 연구자들은 공통적으로 여성의 노년을 페미니즘에서뿐만 아니라 사회적 차원과 개인적 차원 모두에서 '우리/나 안의 타자'로 만드는 문화적 구성과 담론에 도전한다. 이들은 노년을 쇠퇴와 쇠락으로만 보는 부정적 노쇠 담론에 도전하기 위해 현대 여성 작가들이 어떻게 효과적인 대안 담론들을 만들어내는지 주목하고, 문학이 어떻게 나이 듦과 같은 어려운 문제들을 다루는 효과적인 공간이 될 수 있는지 탐색한다.

필자 역시 문학 서사의 잠재력을 높이 평가한다. 여성의 노년에 관한 문제를 외적 혹은 양적으로 접근하는 다른 학문 영역의 연구가 잘 드러내지 않는 여성 노인 자신의 목소리를 들려주고 내적 경험을 다룰 수 있기 때문이다. 문학 서사의 상상력이 현실을 놓치지 않으면서도 노년 여성의 삶의 다양한 잠재태들을 전망함으로써 현실을 변화시킬 가능성을 가지고 있다는 믿음도 있다. 미국의 백인 여성 작가 메이 사튼May Sarton의 소설 『지금의 우리*As We Are Now*』(1973)와 미국의 카리브계 흑인 여성 작가 폴리 마셜Paule Marshall의 작품 『과부를 위한 찬가*Praisesong for the Widow*』(1983)는 똑같이 여성의 노년과 성숙의 문제를 다루면서 인종과 문화적 배경에 따라 여성의 노년과 관련된 문제를 설정하고 해결하는 방식이 어떻게 다른지 보여주는 텍스트이다. 동일하게 노년 여성의 문제를 다루면서도 다른 해결책을 제시하는 두 작품을 같이 고찰함으로써 여성 노년 문학에 관한 연구의 지평을 넓혀보고자 한다.

2. 『지금의 우리』: 노년과 성숙의 신화

늙어가는 여성의 몸을 둘러싼 페미니즘 내부의 미묘한 갈등은 여성의 노년에 관한 문제에 접근할 때 나이 듦을 정신적·육체적 쇠락과 연결시키는 기존의 노년 신화와 그에 대한 우리의 두려움을 직면하는 일에서부터 시작하는 것이 중요하다는 점을 상기시켜준다. 이런 맥락에서 83세로 사망할 때까지 나이 듦에 대해 꾸준히 숙고한 여성 작가 메이 사튼의 글, 특히 심장병으로 홀로 살 수 없게 된 70대 중반의 나이 든 여주인공을 통해 노년의 몸과 정신의 쇠락에 대한 두려움, 노년과 죽음, 노년과 성숙 등의 문제를 진지하게 다루는 『지금의 우리*As We Are Now*』는 주목할 만하다.

『지금의 우리』의 서술 화자이며 주인공인 캐롤라인 스펜서Caroline Spencer는 외딴 시골의 양로원에 보내진 직후 쓰기 시작한 일기에서 "노년은 우리가 그곳에 도달하기 전까지는 흥미 없는 나라, 젊은이나 중년도 그 언어를 모르는 낯선 나라"(Sarton, 1973, 23)[2]라고 정의한다. 이 소설이 단지 나이 든 여성을 주인공으로 나이 든 여성의 경험을 다루는 작품이 아니라 노년 그 자체에 대한 숙고가 핵심적 주제인 작품임을 시사

2 이후부터 이 절에서 May Sarton, *As We Are Now*(Norton, 1973)로부터 인용 시 페이지만 표시하기로 한다.

하는 구절이다. 노인은 사회의 특정한 집단이다. 하지만 노년은 누구나 필연적으로 도달할 나의 미래의 모습이기도 하다. 그런데 그 노년이 젊은이들에게 '흥미 없는 낯선 나라'인 이유는 무엇일까. 노년은 왜 우리 안의 타자이면서 동시에 내 안의 타자일까. 그 나라에 들어가서야 알게 된다는 노년의 흥미로움은 과연 어떤 것이며 그 원천은 무엇일까. 76세의 캐롤라인, 즉 캐러Caro가 쓴 이 일기는 독자들을 "의존적인 노쇠의 낯선 나라로 보내는 운송 수단"(Waxman, 140)이면서, 동시에 독자들이 노년의 주인공의 눈으로 세상을 보고 그녀의 몸과 마음으로 노년의 위태로운 일상을 살아내는 동일시 경험을 통해 낯선 나라의 언어를 배우는 교육장이기도 하다.

이 소설의 줄거리 혹은 사건은 아주 간단하다. 수학 교사였던 독신 여성 노인 캐롤라인 스펜서가 심장 발작 후 혼자 살 수 없게 되자, 80세인 오빠 집에 잠시 기거하다가 올케와의 불화로 어느 여름 '느릅나무 두 그루Two Elms'라는 외딴 시골 양로원으로 보내지면서 이야기는 시작된다. 작은 규모의 이 양로원은 해리엇Harriet과 그의 딸 로즈Rose가 운영하는데 그들은 수용된 노인들을 가족에게 버림받은 불쌍한 존재, 그래서 열등한 존재로 보고 자신들의 돌봄 노동을 손쉽게 하기 위해 노인들을 수동적이며 무력한 존재로 길들인다. 자율적이며 존엄한 인간이고자 하는 캐러는 자신이 가족에 의해 이 외딴 곳에 버려졌다는 사실과 양로원의 길들이기가 야기하는 수치심, 그리고 자신의 이런 상황에 저항할 수 없다는 현실에 절망하고 분노한다. 결국 자신의 정체성과 기억들이 양로원의 절망적인 환경 속에서 점점 파편화되는 과정을 세세하게 기록한 일기장 세 권만을 남긴 채 모두가 잠든 겨울밤 양로원을 불태우고 자신도 죽는다. '후기'는 이 원고가 "미스 캐롤라인"이 일기장 안에 남긴 편지에 기록된 요청에 따라 그녀의 오빠 존 스펜서의 허락을 받아 출판되었다고 알려준다.

이 짧은 줄거리는 많은 사람들이 상상하는 노년의 두려운 양상들을 모두 다루고 있다. 여주인공 캐러의 상황은 늙어서 무력하게 양로원에 버려지는 두려움, 특히 가족도 돈도 없는 독신 여성 노인의 비참한 말로, 감정적으로 불안정한 노망난 노인이 되어 죽는 결말 등 흔히 노년과 연상되는 부정적인 상황을 보여준다. 그래서 이 작품은 일견 노년을 부정적인 시기로 단순화하는 기존의 담론을 따라가는 듯하다. 이 소설의 장점은 이렇게 노년의 쇠락과 무력감, 의존성이라는 부정적 현실을 결코 부인하지 않으면서도 노년이 그 이상의 의미를 가지는 시기임을 보여준다는 데 있다.

『지금의 우리』는 분명하게 노인들을 제대로 돌보지 않는 양로원 시설에 대한 분노 어린 고발이다. 캐러가 거주하는 양로원은 불결한 환경, 단조로운 음식, 일회용 플라스틱 집기들로 노인들의 감각적 즐거움을 박탈한다. 음악, 신문, 책 등 노인들이 즐길 수 있는 감정적·지적 자원을 제공하지 않아 노인들의 삶을 단조롭고 무기력하게 만든다. 문제를 더 악화시키는 것은 양로원을 운영하면서 돌봄 노동을 하는 해리엇과 로즈가 자신들이 돌보는 노인들을 대하는 태도이다. 해리엇과 로즈에게 노인들은 언제나 "그들"(16)이다. "그들"은 마치 "차 밖으로 버려진 동물들"(16)처럼 열등한 존재이다. 해리엇과 로즈는 "그들"과 인간적인 대화를 시도하지 않으며, "그들"의 사적인 생활도 허용하지 않는다. 지속적으로 안정제를 먹여 둔하고 수동적이 되도록 만들 뿐이다. 격한 감정을 표현하거나 자신들의 지시에 따르지 않으면 창문도 없는 방에 가두는 처벌도 서슴지 않는다.

하지만 캐러가 간파하듯이 해리엇과 로즈가 운영하는 이 양로원의 문제는 단지 어떤 특정한 노인 시설만의 문제가 아니다. 이곳에 맡겨진 노인들 중에는 가족이 전혀 찾아오지 않는 이들도 있다. 가끔 찾아온 사람들도 결코 오래 머물지 못한다. 이 양로원의 노인들이 돌봄이 필요한 가족과 친척을 버린 일을 사람들에게 상기시키는 "도덕적 문둥이, 불가촉천민"(27)이 되었기 때문이다. 젊음과 건강과 생산성을 중시하는 사회에서 양로원이 약하고 늙은 존재를 보이지 않게 치워버리는 곳이라면 캐러가 이 시골 양로원을 감옥으로, 양로원 안의 자신을 우리 안에 갇힌 동물로 느끼게 되는 것은 당연하다. 가족과 친척만이 아니라 사회 전체가 자신과 같은 노인들을 버리고 있기 때문이다. 캐러는 자신이 결혼을 거부한 독신 여성이라는 사실 때문에 나이가 들었을 때 가족에게 버림받을 수밖에 없었던 것인지 숙고해보지만, 이곳에 수용된 남성 노인들도 젠더와 무관하게 똑같은 운명에 놓여 있다. 가족이 있어도 사정은 다르지 않다. 양로원의 어떤 문도 잠겨 있지 않지만, 이들은 갈 곳이 없다. 양로원 밖의 어느 누구도 이곳의 삶에 관심을 두지 않는다. 그래서 이곳의 삶은 나아질 가능성이 전혀 없다. 이곳 노인들은 자신들의 삶에 "출구가 없다는 것을, 죽음에 이를 때까지…… 단지 조금씩 하강할 뿐임을"(22) 알고 있다. 사회 안에서 양로원이 차지하는 의미에 대한 캐러의 이러한 통찰이 이 소설을 단지 양로원에 관한 소설이 아닌, 노인들을 제한된 공간과 영역에 감금시키고 유폐시키는 사회에 대한 항의 소설로 만든다.

사회적으로 노인에 대한 관심과 배려가 적기 때문에 개별 양로원을 개선하려는 개인이나 감독 기관의 노력도 별 효과가 없다. 캐러는 약자에게 도움을 주려는 사람들에게도 노인의 우선순위가 아주 낮다는 사실을 알고 있다. 어쩌다 이 외진 곳을 찾아온 마을 목사에게 캐러는 날카롭게 그의 마음을 읽어준다. "문제는 나이 든 사람, 노망난 사람에게 해줄 일이 별로 없다는 거지요. 당신은 이 외진 곳으로 오면서, 차라리 이 시간에 마약을 하는 소년이나 이혼하려는 절망적인 젊은 어머니를 돕는 편이 낫지 않을까 마음속으로 생각했겠지요"(57). 양로원에 대한 외부의 관심이 양로원에서의 삶을 낫게 할 수 있으리라 기대했던 캐러는 목사의 도움을 받아 감독관을 양로원에 오게 하지만 결과는 참담하다. 감독관들은 더러운 시설과 환경을 모두 보았지만 말기 암 환자는 더 이상 받지 말라는 손쉬운 행정 명령만 내릴 뿐, 양로원의 일상적인 돌봄의 질을 변화시킬 어떤 조치도 취하지 않는다. 자신의 침대에서 인간답게 죽고자 했던 말기 암 환자 스탠디시Standish만 강제로 병원으로 옮겨지는 중에 앰뷸런스 안에서 외로운 죽음을 맞이하고, 감독관이 오도록 조처한 캐러는 해리엇의 미움을 사서 사소하지만 치명적인 처벌을 받게 된다. 가끔 찾아와 다정하게 이야기를 나눠주고 캐러의 옛 제자를 데리고 와주기도 한 목사의 딸 리사Lisa, 휴가를 간 해리엇 대신 양로원 노인들을 따스하게 돌봐준 마을 농부의 아내 애너Anna 등은 캐러의 삶을 잠시 인간다운 삶으로 회복시켜준다. 하지만 그들의 개인적인 노력은 양로원의 삶 자체를 변화시키지도, 캐러의 비극적인 죽음을 막지도 못한다.

사튼은 「다른 차원을 향하여Toward Another Dimension…」라는 글에서 노인을 "양로원에 넣어 치워버린, 박탈된 사람"(Sarton, 1997, 229)으로 간주하고, 좋은 양로원과 돌봄만 있으면 노인 문제는 해결된다고 생각하는 경향이 노년의 더 큰 리얼리티, 즉 노년이 언제나 "모험이며 새로운 성장의 단계이며 대단한 용기와 정신이 요구되는 시기"(Sarton, 1997, 229)임을 보지 못하게 한다고 지적한다. 사튼은 양로원 시설의 개선만이 아니라 노년에 대한 사람들의 인식 전환을 요구한다.

유태인 학살 이후 뒤에 남은 사람들이 할 수 있었던 유일한 일이 사실을 "아는 것"(48)이었듯이, 캐러는 자신이 죽은 후 자신을 죽음으로 몰고 간 양로원에서의 자신의 삶을 다른 사람들이 알고 이해해주기를 간절히 바란다. 일기장을 냉장고에 넣어 화재로부터 보호하면서 "언젠가 나의 일기장을 읽을 그대여, 부디 이해하려고 노력해달라"(133)고 간절히 요청한다. 젊은이들이 한 번도 경험해본 적이 없어서 그 언어를 이해할 수 없는 낯선 나라, 죽음과 질병과 무력함과 소외에 대한 부정적인 신화로 가득해 결코 진입하고 싶지도, 보고 싶지도 않은 타자화된 곳, 바로 그 세계와 그 세계에서의 삶을 이해해달라고 주인공 캐러는 자신의 일기를 통해, 작가 사튼은 캐러의 일기로 구성된 이 텍스트를 통해 간절히 호소한다. 바로 이런 요소가 일견 양로원에 관한 소설처럼 보이는 이 작품을 노년에 대한 우리의 편견과 두려움을 치열하게 대면하게 하는 소설로 만들고 있다.

조 브레넌의 지적처럼 "이 소설에서 일어나는 많은 '사건들'은 내면적인 것, 즉 캐러의 심리적 투쟁과 관련되어 있다"(Brennan, 59). 노년의 주인공의 내면성을 그대로 드러내는 일기 쓰기 형식은 독자들이 그 주인공의 생각과 감정을 거리를 두고 판단하기보다는 공감하고 경험하게 하는 서술 전략이다. 일인칭 화자의 목소리를 통해 여성 노인 캐러가 놓인 상황과 두려움에 동참하면서 독자들은 자신들이 노년에 대해 가지고 있는 두려움과 신화적 개념들을 대면하고, 정형화된 노년의 개념들이 간과하는 복잡한 상황을 경험한다.

노년에 대한 치명적인 두려움 중 하나는 '노망', 즉 늙어 제정신을 잃는 상황에 대한 두려움이다. 캐러의 일기는 "나는 미치지 않았다. 단지 늙었을 뿐이다"(9)라고 시작한다. 일기를 쓰기 시작한 이유가 자신이 제정신임을 스스로에게 증명하기 위한 노력이라는 주인공의 진술은 노망에 대한 모두의 두려움을 건드리는 발언이다. 시간이 지날수록 캐러는 바로 이전의 사소한 일들이 생각나지 않는 자신을 발견한다. "내가 편지를 베껴 썼는지, 편지를 봉했는지 기억나지 않는다"(16)고 말하면서 약화되는 기억력에 대한 두려움을 토로한다. 사소한 것을 잊곤 하는 자신이 제정신인지 불안해하는 노년 여성의 근심은 독자들에게도 전달되며, 이러한 과정은 육체적으로 노쇠해지면 정신적으로도 약해진다는 '노망'의 신화를 지지하는 듯하다.

하지만 작가는 캐러의 심해지는 건망증과 이에 대한 그녀의 극심한 불안을 나이 들면서 필연적으로 나타나는 자연적인 현상으로 그리지 않는다. 양로원에 오기 전까지 캐러는 70대 중반임에도 주변 사람들과 격렬한 토론을 벌이던 논리적인 여성이었다. 작가는 캐러가 자신의 정신 상태가 온전한지 의심하는 상황들이 이 양로원에 들어온 후 생겨난 현상으로 그려냄으로써, 노인들의 사소한 건망증과 혼잣말 등 노화의 흔한 증상들을 맥락화한다. 캐러는 이 양로원이 너무 "폐쇄적이고, 끔찍하게 고독한 곳"(26)이어서 리얼리티와 판타지의 경계가 불분명해지고 있다고 인정한다. "언제 의사가 올 것인지, 우리가 무슨 약을 먹는지"(59) 등에 관한 해리엇과 로즈의 수많은 사소한 거짓말이 노인들로 하여금 어느 것도 믿을 수 없게 만드는 나쁜 영향을 미친다고 비판한다. 더 나아가 해리엇은 감독관 사건 이후 자신을 보호하기 위해 캐러를 의도적으로 노망난 노인으로 몰아간다. 양로원 방문객들에게 캐러가 "망상에 빠져 [양로원에 대한 나쁜] 말을 만들어내는 불쌍한 미스 스펜서"(78)이므로 그녀의 말을 믿지 말라고 암시한다. 또한 캐러에게 그녀가 생각 안 나는 말과 행동을 했다고 말해줌으로써 캐러의 혼란을 가중시킨다. 이렇게 "불신당하는 고문, 미친 사람으로 몰리는 두려움"(78)이 일으키는 공포 때문에 캐러는 자신이 정말 제정신인지 아닌지 스스로도 믿을 수 없는 상황으로 몰린다. 이러한 상황은 노인의 우울증과 건망증의 경우 무분별한 약물의 처방보다는 돌보는 사람들의 친절과 배려로 다루어질 수 있는 환경적인 것일 수 있음을 시사한다.

'노년은 모든 것을 초월한 온화한 시기'라는 긍정적인 노년 신화 역시 이 양로원과 같은 상황에서는 근거가 없어 보인다. 캐러는 믿지 못할 사람 혹은 미친 사람으로 몰리면서 공포와 격한 분노의 감정을 느낀다. 캐러가 자신의 격한 감정 때문에 느끼는 당혹감은 어느 정도는 '온화한 노인' 신화의 압력으로 인한 것이다. "저항하는 사람은 누구든지 미친 사람, 위험한 사람"(78)으로 간주하는 양로원 관례가 노인의 분노와 분노의 표현을 모두 위험한 노망의 증상으로 만들고 있지만, 캐러는 자신의 분노의 맥락을 스스로 인정하고 그 분노를 일기에 표현하는 과정을 통해 자신이 정말로 살아 있다고, 다시 자기 자신이 되었다고 느낌으로써 분노가 "절망과 파편화의 좋은 항생제"(Waxman, 148)일 수도 있음을 증명한다. 캐러는 자기가 제정신이 아니어서, 즉 노망이 들어서 화를 내는 것이 아니라 자기가 제정신이기 때문에 화를 내는 것임을 인정한다. 이렇게 노인들, 특히 여성 노인들의 분노를 긍정적으로 평가하고 그 맥락을 인정해주는 여성 노년 소설은, 여성뿐 아니라 사회 안에서 분노의 표현을 억압당하는 주변인들과 약자들의 분노를 논할 수 있는 장을 열어준다는 점에서 중요하다. 캐러의 분노는 노인의 노망에 대한 판단 기준의 인위성을 드러내고, 감정적 흔들림이 없는 온화한 시기라는 노년 신화가 노인들을 수동적으로 순응하게 만드는 이데올로기적 힘을 발휘할 수 있음을 폭로한다.

캐러의 서사가 도전하는 또 다른 수사는 '여생'으로서의 노년 신화, 즉 노년을 삶의 모든 모험이 끝나고 죽음만을 수동적으로 기다리는 생의 시기로 보는 신화이다. 하지만 캐러는 자신이 죽을 때까지 양로원에 갇혀 살아야 한다는 것을 인정하는 절박한 상황에서도 자신의 삶을 "위대한 마지막 여행"(10)으로 만들겠다고 기획한다. 또한 그녀는 "죽음을 향해 가면서 더욱 성숙해져서 열매를 맺고자"(18) 하며 자신의 삶이 "여전히 하나의 발전 과정"(19)이라고 믿는다.

> 나는 여기 이 지옥에서 나 자신을 온전하게 만들고자 한다. 그것이 내 앞에 놓여 있는 내가 할 일이다. 어떤 면에서, 내면으로 들어가고 과거로 되돌아가는 이 길은 지도, 내 세계의 지도와 같다. 만약 내가 그것을 정확하게 그린다면, 나는 내가 어디에 있는지 알게 될 것이다. (10)

과거와 내면으로의 여행은 그녀의 기억과 판단, 숙고를 통해 이루어진다. 캐러는 영국 남성 알렉스Alex와의 오랜 사랑, 전문 직업인으로 살았던 독신 이모에 대한 믿음, 제자들로부터 받았던 존경을 되새긴다. 비혼의 교사로 살았던 자신의 삶이 독신 여성에 대한 주변의 부정적인 판단에도 불구하고 자기 자신에게 충실한 삶이었다고, 그래서 성공적인 삶이었다고 재확인한다. 자신을 이곳에 버린 오빠와 올케에게 자신이 교만했음을 진심으로 반성한다. 로즈와 소통할 수 있었던 가능성이 있었지만 이를 망친 것도 자신의 속물성과 계급적 자만심 때문이었다고 인정하게 된다. 과거와 내면을 들여다보며 자신의 세계를 정확하게 인식하려는 캐러의 시도는 나름대로 진전을 보이고 있는 셈이다.

하지만 죽음을 향해 가면서 보다 성숙해지고자 하는 캐러의 기획에도 불구하고 그녀의 마지막 삶은 분노와 혼란, 방화와 자살로 얼룩진다. 그녀는 자신을 온전하게 만들려는 싸움이 지는 싸움이었으며 "더 큰 좌절과 분노로 끝이 났다"(125)고 일기의 마지막 부분에서 고백한다. 극단적으로 선택한 죽음을 향해 걸어간 그녀의 마지막 삶은 과연 실패이기만 한 것일까. '노년과 노망' 사이의 관계가 단순하지 않은 것처럼 '노년과 미래/기획/여행'의 관계 역시 단순하지 않다. 캐러의 서사는, 그녀의 기획이 성공할지 실패할지의 여부와 무관하게, 70대 중반의 여성 노인의 삶이 미래를 향해 현재의 삶을 기획하고 그 기획을 성취하고자 노력하는 삶일 수 있다는 사실을 보여준다. 사람이 나이가 들어 노인이 된다고 해서 결코 당연하게 죽음을 수동적으로 기다리는 존재가 되는 것이 아니다. 캐러의 서사는 또한 죽음을 향해 가며 열매를 맺는 방식으로 성숙해지고자 하는 주인공의 기획이 결과적으로 실패했다면, 그것은 노년이 그 자체로 위대한 여행을 허용하지 않는 시기여서가 아니라 사회와 양로원이 노년의 기획을 허용하지 않는 공간이기 때문임을 설득력 있게 보여준다. 몸과 마음과 감정이 생생하게 깨어 있도록 노인들을 고무하기보다는 그들로 하여금 수동적으로 잠들어 있기를 강요하는 사회에서 주인공은 노인이 온전하게 자기 자신을 유지하는 것이 참으로 어렵다는 것을 고통스럽게 일기에 적고 있다. 이 작품은 자존심 강하고 불같은 성격의 그녀가 어떻게 길들여지고 수동적으로 되어가는지, 그 미묘하고 세세한 과정을 치밀하게 보여준다.

캐러의 실패들, 즉 성숙이 아닌 분노, 온전함이 아닌 파편화, 열매 맺듯 자연스럽게 오는 죽음이 아닌 부자연스러운 극단적인 죽음은 역설적으로 그녀가 온전한 자신이 되려는 기획을 포기하지 않았기 때문에 나타난 결과이다. 그녀의 기획이 그녀가 원하는 방식대로 성공해서가 아니라, 적대적인 환경에서도 자신이 원하는 방식대로 자신의 삶을 유지하려는 노력 그 자체가 그녀의 삶을, 목사의 말처럼 "용기 있고 아름다운"(131) 것으로 만든다. 캐러의 서사는, 그녀의 기획의 성공 여부나 그녀의 자살과 방화에 대한 윤리적 판단과는 별도로, 노년이 결코 죽음만을 수동적으로 기다리는 여생에 불과하다고 말할 수 없게 한다.

노인들을 식물처럼 무력하게 만드는 양로원, 그 안에서 비인간적인 존재로 숨만 쉬는 노인들, 그리고 양로원과 자신의 삶을 더 이상 개선할 힘이 없는 자기 자신까지도 불로 정화해야 한다고 결심한 후, 캐러는 죽음을 확고한 사실로 받아들인 사람만이 가지는 시각의 변화를 보여준다. 자신의 온전함에만 몰두했던 캐러는 사물 자체의 본질과 아름다움에 몰두하는 자신을 발견한다. 나에 대한 집착에서 벗어나 사물의 핵심을 볼 수 있게 된 캐러의 변화, 그러한 변화야말로 인간이 죽음으로 걸어가면서 이루는 성숙의 핵심이 아닐까. 흥미롭고도 안타까운 점은 캐러가 사물의 아름다움을 보게 되면서 삶에 대한 애정도 되살아나고 있다는 사실이다. 그녀는 죽음을 분명하게 계획하면서도 살고 싶다고 느끼는 자신을 발견한다. 만약 그 마지막 겨울날 해리엇이 그녀의 일기를 훔쳐보고 그녀의 소중한 내면의 감정을 모욕하는 결정적인 사건만 일어나지 않았더라면, 양로원을 방화하려는 그녀의 계획은 사물과 생명의 아름다움에 대한 애정으로 인해 아주 오랫동안 미루어지지 않았을까.

캐러의 삶은 육체적 의존성이 수동성, 노쇠, 노망으로만 읽힐 수는 없다는 것을, 그리고 노년이 육체적으로 쇠약해지는 시기라는 점이 오히려 노년을 새로운 성장의 단계로, 엄청난 용기와 정신을 요구하는 시기로 만들어주고 있다는 역설을 보여준다. 사튼의 이러한 복합적 시각이 『지금의 우리』를 양로원 시설에 대한 비판을 넘어선 사회 비판적 노년 소설로 만든다.

3. 『과부를 위한 찬가』: 탈식민적 성숙 소설

메이 사튼의 『지금의 우리』가 병들고 늙고 가난한 여성이 외진 시골 양로원에서 죽음으로 몰리게 되는 과정을 통해 기존의 노년 신화들을 맥락화하고 있다면, 폴리 마셜의 『과부를 위한 찬가*Praisesong for the Widow*』는 노년의 문턱에 선 중류층 흑인 여주인공을 중심으로 미국의 비주류 인종인 흑인 여성이 노년의 삶으로 진입하는 것의 의미를 숙고한다.

백인 중심의 미국 사회에서 인종적으로 주류에 속하는 사튼의 주인공은 자신의 인종적 정체성에 대한 자의식이 없다. 하지만 인종적으로 주변적 존재인 마셜의 주인공 아베이 존슨Avey Johnson은 자신이 서 있는 노년의 문턱에서 가장 문제가 되는 것이 자신의 인종적 정체성임을 발견한다. 결론부터 말하자면 자신이 백인 사회에서 흑인이기 때문에 문제인 것이 아니라 백인 중심 사회에서 백인의 가치에 맞추어 살기 위해 흑인으로서 자신의 정체성을 잃어버렸던 것이 문제였음을 깨닫는 것, 이것이 노년의 입구에 선 그녀에게 가장 큰 도전이 된다. 존스 부부가 '흑인으로서의 정체성'을 포기하는 것는 백인 중심 사회에서 물질적 부를 획득해 안정된 삶을 살기 위한 피나는 노력의 결과로 그려진다. 경제적으로 무력해 양로원에서 벗어나지 못하는 사튼의 주인공과 달리 마셜의 주인공이 비교적 독립적이고 자유롭게 노년의 삶을 살고 있는 것은 죽은 남편이 남겨준 충분한 재산 덕분이다. 그런데 안정된 노년을 보장하는 그 물질적 성취를 이루기 위한 평생의 노력이 노년으로 진입하는 바로 그 시점에서 아베이의 삶을 위협하는 힘으로 작동한다.

뉴욕 중산층 교외 거주지인 '노스 화이트 플레인스North White Plains'—중류층 흑인들 중 일부가 진입한 이 동네의 이름은 이곳에 거주하는 흑인들이 백인적 가치를 받아들이고 있음을 시사한다—에 살고 있는 아베이 존슨은 아이들에 대한 의무도 남편에 대한 의무도 더 이상 없는, 은퇴를 앞둔 나이 든 여성이다. 아베이가 현재 거주하고 있는 집은 혼자 살기에 크지만, 그녀는 아직 남편과 더불어 평생을 바쳐 획득한, 사회적·경제적 지위를 상징하는 이 집을 포기할 마음이 없다. 남편이 남겨준 넉넉한 재산, 화려한 찻잔들로 꾸며진 저택, 세련된 취향의 옷과 장식품, 남편의 죽음 이후 매년 여름마다 친구들과 떠나는 카리브해 호화 유람 등으로 이루어진 그녀의 노후 삶은 중산층 미국 노년 여성으로서 더 바랄 것이 없는 삶이다.

다음에 인용하는 카리브해 한 호텔에서의 결정적인 장면에 이르기 전까지, 아베이는 아픈 등이나 삐걱거리는 관절에도 불구하고 자신을 전혀 늙은 여자로 인식하지 않는 만족스러운 삶을 영위하고 있었다. 그런데 작품의 중간 부분에 나오는 이 장면, 카리브해 호화 유람을 중도에서 포기하고 집으로 돌아가려고 하던 중, 묵고 있는 호텔에서 아까운 돈을 낭비했다고 꾸짖는 남편의 목소리를 환청으로 듣고 자신들이 돈을 모으기 위해 평생 어떤 삶을 살았는지 회상한 이후의 아베이의 모습을 그리고 있는 이 장면은, 아베이의 노년이 이때의 깨달음 뒤에 물질적 안정에도 불구하고 결코 만족스럽지 못할 것임을 암시한다.

> 아베이 존슨이 마침내 간신히 몸을 일으켰을 때 그곳의 불은 모두 꺼져 있었다. 그녀는 천천히, 지갑도 잊은 채 어두운 발코니를 더듬어 방으로 통하는 미닫이 유리문 쪽으로 갔다. 갑자기 아픈 아래 등과 삐걱거리는 뻣뻣한 관절을 지닌 늙고 허약한 여자가 되어 알아들을 수 없는 말을 중얼거렸다. "너무했어……!" 발코니에 있는 동안 시간이 갑작스러운 마술을 걸어, 몇 시간 만에 그녀를 삶의 노망난 끝으로 데려온 듯하다. 멀리까지 내다본 세월들. 단 하루 저녁 동안 그녀는 나머지 삶을 다 살아낸 듯하다.
>
> 안으로 들어온 그녀는 전기 스위치를 찾으려 하지 않았다. 그곳 거울들 중 하나에서 자기 자신을 만나고 싶지 않았다. 무덤으로 비틀거리며 걸어가는 늙은 여자가 된 자신을 뼛속에서 느끼는 것만으로도 충분히 끔찍했다. (Marshall, 143)[3]

아베이를 갑작스럽게 "무덤으로 비틀거리며 걸어가는 늙은 여자"로 만든 깨달음은 과연 무엇일까. 인생의 어느 시점에서 갑자기 늙은 여자가 된다는 것은 무엇을 의미하는 것일까. 아베이의 변화와 카리브해라는 특정한 장소는 과연 어떤 관련이 있는 것일까.

사튼은 「다른 차원을 향하여…」에서 우리는 "노년에 진정한 자아가 될 자유를 더 많이 가진다"(Sarton, 1997, 231)고 말한다. 하지만 아베이의 상황은 나이가 들면서 진정한 자아가 되는 과정이 결코 쉽게 이루어지는 것도, 당연하게 이루어지는 것도 아니라는 점을 보여준다. 나 자신이 되기 위해서는 무엇이 나 자신이 아닌 것인지에 대한 인식이 있어야

---

3 이후부터 이 절에서 Paule Marshall, *Praisesong for the Widow*(Plume, 1983)로부터 인용 시 페이지만 표시하기로 한다.

하며, 내가 왜 평생 나 자신이 아닌 존재로 살아왔는지에 대한 반성과 깨달음도 있어야 한다. 그런 반성은 흔히 지금까지 살아온 방식을 부정하는 것이기 때문에 결코 쉬운 일이 아니다. 동시에 나 자신이라는 것, 나 자신으로 살아간다는 것이 도대체 어떤 의미인지, 사적인 의무는 면제되고 공적인 역할은 박탈당하는 노년의 일상 속에서 진정한 나 자신을 어떻게 구체화할 수 있을지에 대해 분명하게 전망하는 것도 쉬운 일은 아니다.

앞의 인용문이 묘사하는 장면, 불 꺼진 호텔 발코니에서 아베이가 겪은 일은 바로 60대 중반의 아베이가 자기 자신으로 살기 위해 통과해야 할 중요한 첫 번째 관문, 즉 자기 자신이 아니었던 과거의 삶을 되돌아보고 그 의미를 깨닫는 과정이다. 이 작품의 2부에서 '잠든 자의 경야Sleeper's Wake'라는 부의 제목처럼 잠든 자, 즉 죽은 남편에 대해 아베이가 처음으로 진실하게 애도하게 되며 동시에 잠든 자로 살았던 자신에 대해 뼈아픈 깨달음을 얻게 된다.

노래와 춤, 시, 사랑을 즐길 줄 알았던 젊은 흑인 남편 제이Jay는 끔찍한 가난에서 벗어나기 위해 수십 년 동안 쉬지 않고 노력하는 사이에 제롬 존슨Jerome Johnson이라는 공적인 이름이 어울리는 딱딱하고 재미없는 사람으로 변한다. 강건한 개인주의라는 미국적 가치에 동화되어 부를 축적하면서 그는 가난한 흑인들을 게으른 '그들'로 타자화한다. 흑인으로서의 문화적 뿌리를 버리면서까지 백인의 가치를 받아들이며 백인 사회로 동화되어간 남편 제롬이 "혼란과 모순과 분노"(135)에 빠져들어가는 미묘한 변화를 지켜보면서도, 아내 아베이는 중산층의 안락한 집, 회계 사무실, 노후를 보장할 경제력을 얻기 위해 그의 변화를 묵인하고 그에게 동조한다. 더 정확히 말하면, 안정된 물질적 삶을 간절히 바란 아베이 자신이 남편의 변화를 촉진한 동력이다. 남편이 죽은 지 4년이나 지난 이제서야 아베이는 처음으로 남편의 변화와 죽음을 가져온 것이 바로 자기 자신이라는 사실을, 자신이 지금 누리는 물질적 풍요가 남편과 자신의 진정한 자아를 죽이고 획득한 허망한 결과라는 사실을 인정한다. 유람선을 가득 채운 백인들 사이에서도 결코 주눅 들지 않았던 세련되고 당당한 60대의 흑인 여성 아베이를 단번에 "무덤으로 비틀거리며 걸어가는 늙은 여자"로 만들어버린 것은 물질적으로 성공한 삶을 위해 치른 대가에 대한 뼈아픈 반성이며, 과거의 상실에 대한 몰두이다. 과거를 되새겨본 결과가 "무덤으로 비틀거리며 걸어가는 늙은 여자"로의 변모라면, 과거에 대한 재평가가 언제나 건설적이고 발전적인 미래를 가져오리라는 보장은 없는 듯하다. 자신의 과거의 삶이 실패였다는 깨달음이 미래로 연결되지 않는 한 현재는 단지 과거 상실에 대한 애도의 기간이 될 뿐이며 미래는 단지 죽음만 담게 된다.

노년의 문턱에서 잠든 자/죽은 자를 위한 애도가 잠든 자/살아 있는 자의 깨어남으로 전환되었을 때, 깨어남이 절망이 아닌 희망, 과거에의 부정적인 몰입이 아닌 미래에의 긍정적인 전망으로 연결되려면 어떻게 해야 하는 것일까. 작가는 아베이의 치명적이고 개인적인 깨달음 앞뒤에 그녀의 진정한 정체성에 자양분을 제공해줄 문화적 원천들을 배치한다. 즉, 노예제를 비롯해 백인적 가치와 물질적 안락함의 추구가 상실시키거나 억압한 아프리카계 미국인의 문화와 역사의 회복에 그녀의 미래가 달려 있음을 보여줌으로써 『과부를 위한 찬가』를 "탈식민적 성숙 소설Postcolonial *Reifungsroman*"(Sizemore, 108)로 만든다. 빌둥스로만, 즉 성장 소설이 흔히 기존 문화 질서 속으로의 성공적인 진입과 동화를 다룬다면, 탈식민적 라이풍스로만, 즉 성숙 소설은 "나이가 들어 동화가 야기한 상실을 애도하고 상실한 문화적 유산을 회복"(Sizemore, 114)하는 과정을 다룬다는 사이즈모어의 지적은 이 소설의 핵심을 건드리는 통찰이다.

아베이로 하여금 자신의 지난 삶에 대해 재검토하고 반성하게 촉진한 것이 아프리카계 미국인의 공동체적 문화 서사라는 사실은 소설의 첫 장면에서부터 암시된다. 소설의 첫 시작 부분에서 아베이 존슨은 '비앙카 프라이드Bianca Pride'이라는 백인의 우월성을 시사하는 이름의 호화 유람선에서 급히 내릴 준비를 하고 있다. 호화 유람선에서 탈출하는 아베이는 이 소설 1부의 제목처럼 백인 세계에서 탈출하는 '도망자, 도망 노예runagate'이다. 이유를 알 수 없는 소화 불량, 옷을 찢으면서까지 자신을 데려가려는 돌아가신 고모할머니 큐니Cuney에 대한 심란한 꿈, 거울 속에 비친 깔끔한 흑인 여성인 자신의 모습이 낯설게 느껴지는 기이한 경험 등 서로 무관한 듯 보이는 이 이상한 경험들이 아베이를 '하얀 자부심'이라는 이름의 배에서 도망/탈출하게 하는 요인들이다. 아베이는 이 경험들의 의미를 분명하게 인식하지 못하지만, 독자는 그녀의 단편적인 기억과 꿈, 혼란스러운 경험의 조각들을 연결시키면서 아베이가 새삼 백인 세계와 그 세계 속의 자기 모습에 불편함을 느끼게 된 것이 그녀가 어린 시절 풍부하게 접했던 흑인 문화와 흑인들의 경험 및 정신이 담긴 이야기들에 대한 기억 때문이라는 사실을 알게 된다.

카리브해는 백인들에게는 관광의 대상에 불과하다. 하지만 아메리카 흑인들에게는 아프리카에서 노예로 끌려온 선조의 과거와 현재가 현존하는 터이다. 카리브해에 위치한 마르티니크 섬 토착인들의 언어 파투아는 그래서 아베이에게 어린 시절 들었던 미국 남부 캐롤라이나의 테이텀Tatem 섬 노인들의 언어를 상기시키고, 테이텀 섬 출신의 고모할머니 큐니가 자신에게 의식을 치르듯 경건하게 들려주던 이보족의 전설을 기억나게 한다. 노예선을 타고 쇠사슬에 묶여 테이텀 섬에 내려진 이보족들이 예지력으로 자신들이 아메리카에서 겪을 미래를 내다보고는 곧바로 뒤돌아서 바다를 걸어 고향으로 되돌아갔다는 이보 랜딩Ibo Landing 전설은 흑인 노예제의 고통스러운 현실과 그에 저항한 흑인들의 정신을 담고 있다. 그 저항 정신은 아베이가 남편과 더불어 물질적인 풍요를 추구하면서 상실한 바로 그 정신이다. 고모할머니의 꿈을 꾸고 이보 랜딩에 관한 이야기를 기억해낸 아베이가 '하얀 자부심' 배에서 불편을 느끼게 된다는 것은, 고모할머니가 그녀에게 심어주었던 백인들에 대한 이보족의 저항 정신이 자신도 모르게 되살아나고 있음을 의미한다. 바로 이러한 기억들이 남편과 자신의 결혼 생활의 진실을 정면으로 바라보고 인정할 수 있게 하는 힘이 된다. 흑인 여성인 아베이가 백인들의 세계에 성공적으로 진입했음을 과시하는 수단으로 선택했던 카리브해 여행이 역설적으로 그녀가 상실했던 아프리카의 문화와 정신을 되살려주는 여행이 된 것이다.

작가는 아베이의 여행을 단순히 탈식민화의 여행이 아닌, 상실한 문화적 정체성을 회복하는 치유의 여행으로 만들기 위해 카리브해의 작은 섬 캐리어쿠Carriacou를 방문하게 하고, 그곳에서 아프리카 종족의 문화와 역사를 직접 경험하게 한다. 조지프Joseph 노인의 안내로 노예선을 타고 아메리카로 온 옛날 흑인들처럼 작은 배를 타고 심한 뱃멀미를 하며 바다를 건너는 의식을 치른 아베이는, 고령의 노인들이 선조의 아프리카 부족 춤을 기억해 젊은 세대에게 몸으로 직접 보여주는 의식에 참여한다. 아프리카의 뿌리를 기억하는 노인들의 공동체적 춤 의식은 아베이로 하여금 자신이 백인 사회에서 부유한 개인이 되기 위해 무엇을 버렸는지 상기시킨다. 노인들의 춤은 조상의 문화와 인종적 정체성을 상실한 신세계 후손을 위해 조상에게 용서를 비는 의식이기도 하며, 동시에 자신이 어느 부족인지 모르는 젊은 세대의 크레올 춤을 포용해 아프리카계 아메리카인들의 변화와 혼종성을 인정하는 의식이기도 하다.

아프리카의 뿌리를 일깨우고 모든 섬사람들을 하나로 묶는 노인들의 춤 의식을 보면서 아베이는 자신이 상실한 것을 깨닫고, 자신이 회복해야 하는 것, 자신이 앞으로 해야 할 일들에 대한 분명한 전망을 얻는다. 조지프 노인의 '큰 용서' 노래를 들으며 기억에서 잃어버리고 억눌렀던 고모할머니 큐니와 고모할머니의 할머니 아바르타Avarta로부터 들은 이보 랜딩 이야기를 되살려낸다. 아프리카 춤을 기독교 전통과 접목해 보존했던 테이텀 교회의 '링 샤우트ring shout' 걸음걸이 춤도, 뉴욕의 가난한 아파트에서 남편과 추던 엉덩이 춤도 기억해낸다. 춤으로 그 모든 기억을 되살려낸 아베이에게 섬 노인들이 불러주는 찬양의 노래는, 그녀가 아프리카 영웅시를 헌사 받을 만큼 먼 고난의 길을 돌아 온전한 문화적 정체성의 원천으로 귀향했음을 인정해주는 찬가이다.

카리브해 호화 유람선에서 탈출한 후 나흘 만에 뉴욕의 집으로 돌아가게 된 아베이는 이야기를 멈출 수 없는 늙은 수부처럼 스스로에게, 그리고 주변 사람들에게 계속 자신의 경험을 이야기하는 구술 역사가의 임무를 수행한다.

> 그녀의 영토는 노스 화이트 플레인스의 거리 모퉁이와 앞 잔디밭이 될 것이다. 쇼핑몰과 기차역, 맨해튼의 좁은 거리와 사무실 빌딩이 될 것이다. 고층 건물 주변을 돌아다니다가 군중 속에서 젊고 똑똑하고 겁날 정도로 분명하게 의견을 말하는 몇 안 되는 그들, 그들을 위해 자신의 세대가 여러 가지 일을 동시에 했던 그들을 만날 때마다, 그들을 멈춰 서게 할 것이다. (255)

스스로 구술 역사가의 임무를 맡은 노년의 여성 아베이가 감당하고자 하는 영토는 카리브해의 섬들과 미국 북부의 뉴욕과 남부의 테이텀 섬 모두를 망라한다. 여성 노인 구술 역사가 아베이가 전수하고자 하는 이야기도 자신이 목격한 아프리카 부족 춤을 추는 카리브해 섬의 노인들 이야기, 고모할머니 등을 통해 자신에게 전수된 테이텀 섬의 이보 랜딩 전설, 그리고 뉴욕에서의 자신의 삶 이야기 모두를 포함한다. 아메리카의 노예제를 거부한 아프리카 이보족, 백인 사회로 진입하려다가 자기 자신을 잃어버리는 아프리카계 미국인 후손, 그런 후손을 위해 조상에게 '큰 용서'를 비는 카리브해 섬의 노인들, 이 모든 이야기는 아프리카계 미국인이라는 거대한 이산 공동체의 이야기면서 아베이라는 한 흑인 여성이 아프리카계 미국인의 역사의 어디에 위치해 있는지 그 좌표를 드러내주는 이야기이다.

아메리칸 드림을 좇는 아프리카계 미국인이 흔히 빠지는 혼란과 상실의 역사를 살아낸 노인, 남편의 삶과 생명을 대가로 치르고 뼈아픈 지혜를 얻은 나이 든 '과부'만이 가지는 권위 있는 목소리로 흑인 정신의 탈식민화를 말할 수 있게 된 아베이는 소설의 제목에서처럼 '찬가'를 받을 만한 존재가 된다. 도로시 데니스톤Dorothy Hamer Denniston에 따르면, '찬가'는 "아프리카의 다양한 의식에서 암송되거나 노래로 불렸던 전통적인 영웅시 혹은 아프리카계 미국인 교회에서 흔히 사용되던 종교적 노래"(Denniston, 126)를 지칭한다. 이렇게 볼 때 그러한 공동체적 영웅시나 종교적 찬양을 60대의 '과부' 흑인 여성에게 바치는 이 텍스트는 흑인 여성도, 노년을 홀로 사는 여성도 영웅시를 헌사 받을 만큼의 공동체적 삶이 가능하다는 전망을 열어준다는 점에서 사적인 삶에 갇히기 쉬운 여성의 노년에 중요한 대안을 제시한다.

4. 여성 노년 소설의 다양한 시각들

여성 노년 소설을 분석·연구하기 위해 이 글에서 소개한 『지금의 우리』와 『과부를 위한 찬가』는 두 작품 모두 노년과 노년의 여성에 대한 치밀한 숙고를 보여주는 텍스트이다. 쇠락, 노망, 여생 등으로 설명되는 노년에 대한 부정적 신화들에 도전해 나이 든 여성도 공동체를 위한 역할을 할 수 있으며 그들의 삶도 모험적 여행이 될 수 있다는 것을 보여준다. 하지만 이 글에서는 두 작품이 여성 노년 소설의 전형적인 특징을 가지고 있다거나 여성 노년 소설의 연구에 이론적 모델이 될 분석 방법론을 구축하고 있다고 주장하려는 것은 아니다. 그보다는 이 작품들이 의미 있는 노년의 삶에 대한 전망을 노년 여성 내부의 시각과 목소리를 통해 드러내고 있음을 말하고자 한다. 노년 소설의 전형적인 특징이나 연구 방법론을 찾는 시도만큼이나, 노년에 들어선 여성들의 경험과 목소리를 가시화함으로써 독자들로 하여금 노년의 삶이 가질 수 있는 다양한 전망에 주목하게 하는 것도 중요하기 때문이다. 섣불리 여성 노년 소설의 이론화를 시도하기보다는 현재까지도 비평가들의 관심을 거의 받지 못하는 여성 노년 소설과 여성의 노년이라는 주제에 더 많은 사람들의 관심을 불러일으키고, 그 과정을 통해 여성의 노년과 관련된 작품들이 더 많이 생산되고 더 활발히 소비·향유될 수 있도록 하는 것도 충분히 의미 있는 일이다.

노년, 특히 여성의 노년에 대한 문화적·문학적 상상은 한국에서나 미국에서나 여전히 빈곤하다. 앞서 분석한 두 작품은 서로 다른 노년의 문제를 설정하고 아주 다른 방식으로 그 문제를 다룬다는 점에서 노년에 대한 다양한 통찰을 이끌어낸다. 메이 사튼의 『지금의 우리』가 미국 문화의 핵심적 이념인 개인적 자율성을 실천하고자 하는 여성 노인의 고투를 통해 비자율적인 노년을 가정하는 부정적 신화에 도전한다면, 폴리 마셜의 『과부를 위한 찬가』는 소수 인종/민족 여성을 주인공으로 사적·가정적 의무에서 자유로운 나이 든 여성에게 어떤 의미 있는 공동체적 역할이 가능할지 전망한다. 인종적·계급적 정체성과 경험이 다른 주인공을 다루는 두 작품을 나란히 놓고 고찰함으로써 이 글은 여성의 노년에 관한 문제를 다룰 때 나이나 젠더만이 아니라 인종과 계급 등의 차원도 같이 고려해야 함을 시사한다. 여성의 노년이라는 주제가 '여성'과 '노년'에 특정한 문화적 의미를 처방하는 각 사회의 문화적 특징과 가치를 두드러지게 드러나게 한다는 점을 고려한다면, 동양과 서양, 혹은 여러 국가의 여성 노년 문학들을 비교 연구했을 때 어떤 흥미로운 결과가 나올지 자못 기대된다.

이 두 작품은 여성의 노년의 삶과 젠더의 관계에 대해서도 흥미로운 사고를 하도록 자극한다. 이들 작품 모두 주인공이 노년의 여성이고, 여성이 노년에 겪는 문제들에 대한 천착을 보여주고 있다. 『지금의 우리』는 독신 여성의 노후에 대한 공포를 중요하게 다루고 있으며, 돌봄 노동을 하는 사람들이 주로 여성이기 때문에 생기는 문제들도 보여준다. 과로와 저임금에 시달리는 돌봄 여성 노동자들의 노동 현실, 남성 노인들의 성적 환상이나 모성성에 대한 기대가 제기하는 문제, 여성들 간 계급의 차이에서 기인하는 질투 등이 이야기 안에 잘 섞여 있다. 『과부를 위한 찬가』에서도 끔찍한 가난 속에서 아이들을 책임져야 했던 흑인 여성들의 절망, 가난과 육아로 집안에 갇힌 여성들이 자유롭게 밖으로 도는 남편들에 대해 가지는 불안과 질투, 여성들의 고통이 야기하는 부부 관계의 악화 등이 여주인공 아베이의 삶을 추동했던 중요한 요소로 등장한다. 또한 할머니에게서 손녀로, 어머니에게서 딸로 세대를 건너 전수되는 구전 문화 전승자로서의 여성의 역할에 대한 마셜의 강조는 미국의 소수 인종/민족 문화가 나이 든 여성들에게 허용하는 역할과 백인 사회가 나이 든 여성들에게 허용하는 역할의 차이에 관심을 갖게 한다.

여성의 노년의 삶에 젠더가 미치는 영향이 크기 때문에 페미니즘적 시각에서 여성 노인의 문제에 관심을 가질 때 해명될 수 있는 문제들도 많다. 여성이 노년으로 진입하는 시기에 경험하게 되는 늙어가는 몸에 대한 충격과 소위 '빈 둥지 증후군empty nest syndrome'은 남성과 달리 몸의 아름다움과 가족 관계에서 여성의 정체성을 구축하게 하는 가부장제의 문제점을 더욱 분명하게 드러낸다. 여성 노인의 가난에 대한 페미니즘적 관심은 여성 노인의 가난이 단순히 여성이 노인이 되어서가 아니라 여성을 가정 안의 무보수 노동, 노동 시장의 저임금 및 비정규 노동에 묶어놓는 가부장적 자본주의 사회의 경제적 구조 때문임을 드러낼 수 있다. 더욱이 노인들을 보살피는 돌봄 노동자들이 대부분 여성인 상황은 여성들을 무임금 혹은 저임금 돌봄 노동에 몰리게 하는 가부장적 사회 구조와 가족 구조의 문제를 동시에 드러낸다. 이러한 예들은 페미니즘이 여성의 삶에 대해 제대로 다루기 위해서는 여성의 삶의 모든 단계를 다루어야 한다는 자명한 주장에 더욱 힘을 실어준다.

하지만 두 작품 모두 죽음을 향해 가는 과정에서 자신의 정체성을 온전하게 보존하려는 백인 여성의 개인주의적 기획이나 백인 사회에서 물질적 성취를 추구하다가 잃어버린 인종적·문화적 정체성을 회복하려는 흑인 여성의 탈식민적 성숙 여행을, 여성만의 특이한 경험이 아닌 남성과 여성 모두가 겪을 수 있는 보편적인 노년의 경험으로 다루고 있다는 것도 주목할 만한 특징이다. 젠더적 시각이 개입해야 설명되는 구체적인 상황들의 차이에도 불구하고, 이 작품들에서 다루어지는 주인공들의 문제는 '여성' 노인만의 문제라기보다는 '인간'인 여성 노인의 문제로 볼 수 있다. 두 작품의 이러한 특징들은 여성의 노년을 다룬 소설 혹은 노인이 된 여성을 다루는 소설을 페미니즘적 시각에서 읽을 때, 여성의 노년이 남성의 노년과 어떻게 다른지, 여성 노년 소설이 남성 노년 소설과 어떻게 다른지 차이를 부각해 젠더가 노년의 문제에 개입하는 지점들을 드러내는 것이 중요함을 보여준다. 더 나아가 여성 노인이 경험하는 문제가 인간의 문제로 보편화될 수 있는 차원을 찾아내 그것을 부각하는 시각도 필요하다는 것을 일깨워준다. 젊음과 늙음의 이분법적 경계에 도전하는 것이 남성과 여성의 이분법적 경계를 강화하지 않도록 주의할 필요가 있다.

15장 린다 호건의 『파워』

인디언 여성 자서전 문학*

김옥례

1. 열린 세계: 인디언 여성 자서전 문학

인디언들은 미국이라는 국가의 탄생과 그 성장에 많은 기여를 했음에도 불구하고 오히려 백인들의 정착 과정에 있어서 장애가 되는 존재로 왜곡되어왔다. 인디언 여성 자서전 문학은 백인들이 인디언에 대한 편견에서 벗어나 인디언 부족 사회의 실상을 객관적으로 파악할 수 있도록 도와준다(Sands, 288). 예를 들어 레슬리 실코Leslie Silko, 린다 호건Linda Hogan, 폴라 알렌Paula Gunn Allen 등의 자서전 문학에서 인디언들은 전쟁을 원하는 잔인한 야만인이 아니라 평화주의자임이 부각된다(Allen, 265). 포우하탄Powhatan 인디언 부족의 추장이 영국의 식민지를

* 이 글은 '벽과 울타리를 넘어서: 아메리칸 인디언 여성 자서전 문학으로서의 『파워』'라는 제목으로 『미국소설』 제15권 2호(2008)에 게재된 논문을 수정·보완한 것이다.

건설하기 위해 북아메리카에 온 존 스미스John Smith에게 제기한 "사랑으로 조용히 가질 수도 있는 것을 왜 힘으로 얻으려 하는가? 전쟁으로 무엇을 얻을 수 있단 말인가? …… 총과 칼을 거두지 않으면 당신들도 모두 똑같은 방법으로 죽게 될 것이다"(진, 37-38)라는 항의에서도 평화를 사랑하는 그들의 특성이 뚜렷이 제시된다. 또한 사회에서 중심적 역할을 담당하고 있는 여성들의 면모가 인디언 여성 자서전 문학에서 주요 주제로 다루어진다(Allen, 264). 전통적인 인디언 부족 사회는 남성과 여성이 권력을 공유하며 함께 협력해나가는 평등한 사회였고 여성들은 사회의 대변자로 영향력을 행사했다. 인디언 여성 문학 장르는 그동안 관련 전공 학자들의 주목을 받지 못했다. 주된 이유 중 하나는 이들 작품에서 아메리칸 인디언 여성에 대한 묘사가 '사악하고 저속한 인디언 여성'과 '선량하고 모성적인 인디언 공주'라는 정형화된 이미지에서 벗어났기 때문이다(Sands, 270). 초기 작가들의 경우 가능한 한 백인 독자들의 반발을 사지 않는 범위에서 전통적인 인디언 사회의 실상을 알리는 데 주력했다. 예를 들어 사라 위네뮤카Sarah Winnemucca는 『파이우트 사람들의 삶*Life among the Piutes*』에서 자신이 인디언이나 백인 남성 무사 이상으로 용감한 영웅이라고 주장하면서도 때로는 자신을 평범한 인디언 공주에 불과하다고 묘사한다.

전통적인 인디언 문학은 개인보다 공동체 사회에 가치를 부여하고 구전 양식의 특성을 보여주며 신화, 이야기, 노래로 구성된다(Sands, 270). 개성과 자아를 중시하는 백인 사회의 전통과 이렇듯 공동체를 중시하는 인디언 부족 사회의 전통이 결합되어 발전한 현대의 인디언 여성 자서전 문학에서도 구전 양식은 중요한 특성이다. 독자를 의식하며 이야기를 서술하고 극적인 대사를 사용하며 비연대기적 서술 방식을 취하는 등의 특성은 인디언 구전 문학의 전통에 따르는 예로 들 수 있다. 현대의 인디언 여성 자서전 문학은 인습적인 자서전 양식을 탈피한 새로운 형식의 담론으로, 단지 사실을 보고하려는 것이 아니라 진실을 드러내고자 하는 목적을 지닌다. 예컨대 실코의 『스토리텔러*Storyteller*』는 전통적 이야기, 단편, 시, 사진 등으로 구성된 새로운 유형의 텍스트로 자서전 문학의 영역을 넓혔다(Sands, 283). 알렌의 경우도 연대기적 서술에서 벗어나며 신화와 역사, 나와 다른 이, 시간 사이의 경계를 무너뜨린다(Sands, 286). 1998년에 출간된 호건의 대표적인 자서전 문학 작품인 『파워*Power*』에서도 오미슈토Omishto라는 주인공의 성장사를 다룬 이야기에 아메리칸 인디언 부족 고유의 신화, 민담이 짜여 들어가 있다. 이로써 이야기에 박진감을 주고 인디언들의 순환적인 세계관을 작품 속에 담을 수 있게 된다.

린다 호건은 치카소Chickasaw 부족 출신으로 미네소타대학교와 콜로라도대학교 교수를 역임했으며, 소설 『비천한 영혼*Mean Spirit*』으로 '오클라호마 북 어워드Oklahoma Book Award'를 수상했다. 폴라 알렌, N. 스콧 모머디N. Scott Momaday, 사이먼 오리츠Simon Oritz, 마지 피어시Marge Piercy 등은 인터뷰와 그들의 저서를 통해 호건을 높이 평가한 바 있다(Wilson, 449). 『파워』에서는 상충하는 두 세계관, 즉 인디언 부족 사회와 백인 사회 속에서 자신의 길을 정립해나가는 아메리칸 인디언 소녀의 성장 과정이 시적인 언어로 섬세하게 구사된다. 호건은 자서전 문학 작품을 쓰게 된 동기를 "부족 여성들은 보통 자신의 이야기를 거의 하지 않는데 보호 구역 젊은이들이 내가 어떻게 생존해왔는지 알고 싶어 했기 때문이다"(Hogan, 2001, 14)라고 밝혔다. 오미슈토가 영어 수업 시간에 쓴 자전적인 에세이는 자서전 문학 장르로서의 이 작품의 전체 특성을 압축하는 '이야기 속의 이야기' 역할을 한다. 『파워』는 오미슈토라는 화자의 자서전 형식을 취하고 있으나 이는 바로 작가인 호건 자신의 경험을 다룬 것임은 그녀의 저서 『세상을 지켜보는 여자*The Woman Who Watches Over the World*』의 제목뿐 아니라 그 안에 담긴 여러 자전적인 기록에서도 입증된다. 가령 남자 형제와의 돈독한 유대, 아버지에 대한 따뜻한 시선, 어머니와의 심리적인 괴리감, 신분 상승에의 열망이 강했던 언니와의 불편한 관계 등을 그 구체적인 예로 들 수 있다. 또한 '관찰하다'는 의미의 오미슈토라는 이름을 지닌 화자가 바로 작가를 대변하고 있음은 호건의 저서 『거처*Dwellings*』의 "나는 아웃사이더이다. 나는 단지 관찰만 한다"(Hogan, 1995, 157)는 구절에도 뚜렷하게 드러난다. 오미슈토의 삶은 단적으로 말해 두 문화권 사이에서의 갈등으로 요약되는데 작가 자신도 "나는 두 세계 사이에 살고 있다. 문화적, 인종적인 면에서 중간 지점에 위치해 있을 뿐 아니라 소녀에서 여성으로 성숙해가는 중간 과정에, 즉 나는 변모되어가는 바다 속에 있다"(Hogan, 2001, 34)라고 토로한 바 있다.

2. 경계 넘기: 오미슈토의 성장 서사

『파워』를 통해서 자신에게 규정된 경계선을 뛰어넘는 주인공들의 시도를 담고 있는 인디언 여성 자서전 문학의 특징을 짚어보도록 하겠다. 호건은 계층 간의 단절이 심각한 현대 사회의 문제를 논하면서, 성별, 인종, 빈부 차이 등으로 인해 그 속에서 무수히 이루어지는 경계선 긋기는 사회 지배 계층이 물리적인 힘으로 약자들을 침묵하게 하고 그들의 패배를 합리화시키기 위한 목적 때문이라는 사실을 자신의 문학에서 밝히고자 한다(Ackerberg, 13)고 말한 바 있다. 따라서 그녀는 참다운 삶을 이루어가기 위한 경계 넘기의 필요성을 주장하는데 이는 인디언 여성 자서전 문학에서 공통적으로 다루는 주제이다. 다시 말해서 이들 작품은 사람들 사이의 관계뿐 아니라 인간과 자연의 조화로운 관계를 유지하게 하는 사랑의 힘을 강조한다.

열여섯 살 어린 나이의 아메리칸 인디언 소녀인 오미슈토의 정신적 성장에 있어서 주도적인 역할을 하는 인물은 대리 어머니인 주술사 아마Ama이다. 아마는 작품의 초반부에서 '관찰하다'라는 의미의 이름에 걸맞게 백인 사회와 인디언 부족 사회, 두 세계를 바라보기만 하던 오미슈토를 후반부에서 인디언 부족의 영혼의 세계로 이끈다. 아마는 절망적인 상황에 빠져 있는 타이가Taiga 부족을 살리기 위해 그들의 토템 동물인 표범을 죽이게 되며, 부족을 새롭게 이끌어나갈 후계자로 오미슈토를 지목해 교육한다. 인디언들은 절망적인 현 상황을 타파하고 새로운 세계를 창조해나가는 과정에서 토템 동물이 그 희생양으로 이용된다고 믿는다. 작품에서 아마는 타이가 부족 사회의 치유사 하이드Hide와 부족의 우두머리인 소토Soto의 역할을 모두 아우르는 주술사로서의 면모를 함축적으로 보여준다. 저명한 주술사인 피트 캐치스Pete Catches의 경험담에 의하면, 그는 꿈을 꾸고 난 뒤 모든 이를 치유할 수 있는 영적인 비전을 지니게 되었다(Catches, 42)고 한다. 호건은 인디언 사회에서는 꿈을 통해 미래를 볼 수 있는 능력, 즉 예지 능력을 지녔던 위대한 지도자가 늘 있었다고(Hogan, 2001, 34) 밝힌 바 있는데 『파워』에서는 아마가 이런 역할을 담당한다. 주술사는 어떤 사회 조직에도 가담하지 않아야 하는 고독한 삶을 살아야 하는데 아마의 경우도 타이가 부족 사람들과 함께 살지 않고 대신 백인 문화권과 인디언 문화권 사이의 경계 지역에 거주한다.

아마는 표범이 자신을 이끈다고 생각하는데 오미슈토가 영어 시간에 쓴 에세이에서도 사람들이 진정한 삶을 다시 살 수 있게 하기 위해서 표범이 표범 여성에게 자신을 죽이도록 요청했다는 이야기가 담겨 있다. 폭풍이 불던 날 표범을 추적하던 아마는 표범처럼 자신의 몸을 웅크림으로써 마치 동물처럼 보인다. 또한 "표범의 위치에 그녀가 있어야 할 것처럼 표범은 그녀를 꽉 붙잡는다"(Hogan, 1998, 67)[1] 같은 구절과, 아마가 열두 살 때 마을에서 사라진 뒤 몇 주 후에 돌아왔을 때 표범과 같은 동물이 되어 강인해졌다는 사람들의 추측 등에서 알 수 있듯이 표범은 아마의 더블double 역할을 한다. 따라서 오미슈토의 에세이에 등장하는 표범 여성은 바로 아마를 의미한다. 아마는 "우리는 해야만 해. 지금 죽어가고 있는 것을 죽게 내버려두는 것은 더 나빠. …… 이 길을 따르는 것이 바로 신의 의도야"(62)라며 표범을 죽여야 문제가 해결된다는 꿈의 계시를 믿고 이를 실현한다. 이러한 주술사로서 아마의 역할은 결국 오미슈토에게 계승된다. 오미슈토는 아마의 생활 방식을 따르고자 열망하며 자신이 부름을 받아 아마의 집에 간다고 느낀다. 따라서 오미슈토는 "마치 그녀를 떠날 수 없듯이 그녀의 그림자인 것처럼 나는 그녀를 따라간다"(52), "마치 내가 아마의 꿈을 꾸고 그녀의 눈으로 보며 그녀가 아는 것을 내가 아는 거 같다"(188)라며 아마의 후계자로서 자신의 역할을 인식하게 된다. 결국 오미슈토는 아마, 소토, 하이드, 어머니, 언니 등 다른 사람들의 생각뿐 아니라 동물들의 생각까지도 읽을 수 있게 되며, 아울러 꿈을 통해 미래를 예측할 수 있는 능력을 지니게 된다.

오미슈토는 어린 시절 아버지의 폭력을 피해 어머니, 언니와 함께 타이가 부족의 집단 거주지인 킬리Kili 습지 부근에서 부족 사람들의 보호를 받으며 산 경험이 있다. 그녀의 어머니는 부족 사람들의 만류가 있었지만 기독교로 개종하고 도시로 떠난다. 그리고 험Herm이라는 남자와 재혼하고 두 딸을 백인이 운영하는 학교에 보내 서구식 교육을 받게 하며 그 자신도 타이가 부족으로서의 정체성과 전통 부족 신앙을 버리고 백인 사회에 편입되고자 애쓴다. 어머니처럼 서구 문화를 별 이의 없이 받아들이는 언니 도나Donna는 학교생활에도 잘 적응하고 외모 가꾸기

---

1 이후부터 Linda Hogan, *Power* (W. W. Norton & Company, 1998)에서 인용 시 페이지만 표시하기로 한다.

에 신경을 쓰며 백인 남자 친구를 사귄다. 반면에 오미슈토는 의붓아버지의 폭력을 피하기 위한 도피처로 읍내에서 벗어나 있는, 어머니의 친척뻘 되는 아마 아주머니 집을 자주 찾게 된다. 폭풍이 몰아치던 어느 날 그녀는 아마 아주머니의 표범 사냥에 동행한다. 표범은 "꼭 그녀 같다. …… 표범은 어떤 삶을 살 것인가 고민하며 계부 험에게서 벗어나려고 애쓰는 나와도 같다. 그것은 또한 상처를 입은 땅과 같다. 나는 이것이 바로 우리가 처해 있는 상황을 보여준다고 생각한다. 우리는 작아졌고 위태로운 상태에 놓여 있다"(69)라는 구절에 함축되어 있듯이 현대 인디언 부족 사회가 처한 절망적인 상황을 대변하는 객관적인 상관물의 역할을 한다.

폭풍이 지나가고 난 뒤 오미슈토는 자신이 누구이며 어디에 있는지 아는 것조차 불가능해진다. 호건의 "지상에는 인간답게 살 만한 장소가 없으므로 더 나은 세계로 나아가게 하는 하강이 그 유일한 해결책이다"(Hogan, 2001, 34)라는 말은 기존 세계를 전도시키고 난 뒤 새로운 세계를 창조하는 것이 필요하다는 주장이다. 폭풍이 불어와서 기존의 공간이 완전히 파괴되는 것은 "창조가 이루어지기 전에 거대한 폭풍이 있어"(15), "우리는 함께 폭풍에 날려서 창조가 이루어진 첫 장소로 옮겨졌다"(42–43)라는 구절에서 볼 수 있듯이 결국 새로운 세계를 창조하기 위한 불가피한 과정이다. 따라서 오미슈토는 폭풍이 불던 날 표범을 죽인 아마에 대해 "아마가 했던 일은 잘못이었어요. 나는 알아요. 그러나 나는 이해해요"(212)라고 말한다. 아마는 세상을 다시 올바르게 만들기 위해서는 스스로 죽을 수 있는 사람, 즉 기꺼이 표범과 자신을 희생양으로 바칠 수 있는 사람이라는 사실을 깨닫게 되는 것이다. 아마가 표범을 죽인 장소는 "신의 등뼈", "타이가 부족의 출생지", "두 번째 창조가 이루어진 장소", "생명력의 근원지" 등으로 묘사됨으로써 새로운 세계가 시작되는 성스러운 공간이기도 하다는 사실이 부각된다. 인디언 창조 설화에 의하면 그들은 성스러운 장소에서 다시 태어나 영적인 파워를 지니게 된다고 한다. 가령 나바호Navajo 부족의 경우 지하층에서 솟아오른 것으로 믿는 산이 있는데 이 산을 성역으로 간주한다(Deloria, 120-121). 인디언들은 장소에 중요한 의미를 부여하며 이러한 공간 중심적인 사고는 그들로 하여금 현실 세계와 자연 세계에 밀착된 윤리관을 갖게 한다(Deloria, 72).

오미슈토는 어머니의 권유로 서구 세계의 교육을 받고 그곳의 기대주로 촉망받게 된다. 그러나 아마가 표범을 죽이는 현장에 동행하게 됨으로써 아마에 대한 백인 사회와 인디언 부족 사회의 재판에 증인으로 서야 하는, 십 대 소녀로서는 당혹스러울 정도로 혹독한 경험을 하게 된다. 두 사회의 재판을 주도하는 것은 재판관이 아니라 바로 아마 자신이다. 마치 계획이라도 한 것처럼 그녀는 표범을 사냥했으며 그 결과 자신이 체포될 것을 이미 알았다. 예컨대 아마는 표범을 추적하기 전에 자신의 물건을 모두 정리해두었으며, 생물학자들이 이동 경로를 추적하려고 표범 목에 걸어두었던 목걸이를 일부러 집에 가지고 가서 경찰이 사건을 빨리 알아차리도록 했다. 또한 오미슈토를 법정에 증인으로 서게 할 것도 예견했다. 아마가 타이가 부족의 수호신인 표범을 죽인 사건은 1983년 제임스 빌리James E. Billie 재판을 모델로 삼은 것이다. 빌리는 세미놀Seminole 인디언 보호 구역에서 플로리다 표범을 죽임으로써 '멸종 위기에 처한 종을 보호하기 위한 법령'을 위반해 재판을 받았다. 인디언들이 특정 동물을 사냥하는 것은 종교 의식을 수행하는 데 있어서 불가피한 과정이므로 빌리는 인디언에게 종교의 자유를 허용한 법령에 따라 자신은 무죄라고 주장했다(Manning, 4).

오미슈토는 아마가 타이가 부족의 신성한 조상인 표범을 죽이는 장면을 목격하고 난 뒤 고민하게 된다. 즉 인디언 부족 고유의 관습을 거부하는 서구화된 어머니의 세계관과, 영혼의 세계를 대변하는 전통적인 부족 사람들과 아마 아주머니의 세계관 사이에서 갈등한다. 그 과정에서 그녀는 내적으로 성숙해진다. 작품에서 학교와 주 정부 법정, 교회는 백인들의 세계관과 지배 이데올로기를 생성하고 실행해나가는 영향력 있는 체제를 대변한다. 오미슈토는 학교 교육에 환멸을 느끼게 된다. 자연이 지닌 본원적인 힘, 즉 생명을 창조하는 사랑의 힘을 중시하는 부족 사회와 대조적으로 학교는 물리적인 힘 싸움에 불과한 전쟁과 삶을 파괴하는 사람들에 관해 배우는 곳임을 깨닫게 되기 때문이다. 따라서 그녀는 이전에는 크게 느껴졌던 학교라는 공간이 엄마의 집처럼 작아졌다고 인식하게 된다. 또한 인종을 기준으로 사람들을 분리시키는 방편으로 이용되는 기독교(Catches, 22)를 거부하게 된다. 1854년 백인 관리가 인디언을 강제로 보호 구역 안으로 밀어 넣으려 했을 때 시애틀Seattle 추장이 말한 "당신들의 신은 우리의 신이 아니다. 당신들만을 사랑하고 우리는 미워한다"(류시화, 18)라는 유명한 연설 구절도 바로 이러한 오도된 기독교 특성을 비난하고 있는 것이다. 부족 신앙 대신 백인들이 편파적으로 해석한 기독교를 신봉했던 오미슈토의 어머니는 자신들보다 강력하고 옳은 사람들에게 자신들이 파괴당하는 것이 바로 인디언의 운명이라고 믿는다. 따라서 오미슈토는 "엄마의 신은 우리를 삼켜버린다"(40)라며 왜곡된 백인들의 기독교를 비판한다. 그녀는 결국 인디언들의 희생을 기정사실로 받아들이는 기독교 신앙에서 벗어나게 되고 읍내에 있는 어머니 집을 떠나는 등 "동물들의 싸움터"에 불과한 서구화된 체제를 거부하는 결정을 스스로 내린다. 대신 아마 아주머니의 세계관에 동조해나가게 된다. 이는 작품에서 오미슈토가 폭풍으로 입고 있던 옷이 날아가 버려 자신의 몸에는 큰 아마 아주머니의 옷으로 갈아입게 되는 행동으로 묘사된다. 또한 자신이 새로운 자아로 태어나게 되었음을 인식하는 오미슈토의 모습은 "새로 태어난 아기", "성장할 준비가 되어 있는 초승달", "새 피부가 돋아나는 도마뱀" 등에 비유된다.

아마가 오미슈토를 본격적으로 교육하게 된 데에는 이 사건에 대한 백인 사회와 인디언 부족 사회의 재판 과정에 오미슈토가 증인으로 선 일이 중요한 계기가 되었다. 주 정부 법정과 부족 사회의 재판은 오미슈토가 두 사회의 특성과 이에 대한 아마의 가르침을 깨달을 수 있는 중요한 학습 경험의 장이기 때문이다.

먼저 작품에서 많은 비중을 차지하는 백인 사회의 재판을 살펴보도록 하자. 이 법정은 냉혹한 '파워'가 지배하고 있으며 인디언에 대한 백인의 도둑질을 합법화시키는 잘못된 인식으로 인해 둘로 나뉘어 있다. 아마에 대한 법정의 반응은 "다른 세계, 다른 시간대에 살고 있기 때문에 자신들과 같지 않은 여자를 세심히 관찰한다. 그들은 아마를 동물로 간주한다"(136)라고 묘사된다. 이는 백인들이 유색 인종인 아마를 자신들 세계에서 냉혹하게 배제하고 있음을 보여준다. 주 정부 법정에서 아마는 이러한 백인 중심의 파워 구조에 반발함으로써 법정을 당혹하게 하는 대담한 모습을 보인다. 예를 들면 그녀는 재판관의 질문에 답변하기보다는 재판받는 상황을 갑자기 끝내려는 듯이 "내가 표범을 죽였어요. 내가 죽였다고요"(135)라고 말한다. 그리고 자신의 죄를 면죄받기 위해 인디언들이 지닌 종교의 자유와 수렵의 권리 등의 명분에 호소하는 것도 거부한다. 또한 그녀는 자신의 죄를 고백하고 시인하지만 죄를 저지른 동기는 밝히지 않기 때문에 백인 법 체제의 핵심인 논리적인 법률 담론으로 그녀의 증언을 파악하는 것이 불가능해진다. 따라서 『파워』는 죄를 저지른 동기가 명확히 밝혀지지 않은 수수께끼 같은 이야기라는 평을 받기도 한다.

결국 재판관과 변호사 모두 표범을 죽인 사건의 정황을 정확하게 파악하지 못하게 된다. 변호사는 인디언을 연구한 인류학자와 의논하고 난 뒤 아마가 표범을 죽임으로써 사회 질서를 회복하고 우주의 균형을 이루고자 했다고 사건의 동기를 설명한다. 제럴드 비즈너Gerald Vizenor

에 따르면, 인디언의 신념 체제를 인류학적인 관점으로 설명하는 것은 인디언이 멸종되어야 할 인종이라는 주장을 반복적으로 열거하는 일에 불과할 뿐이다(Manning, 12 재인용). 즉, 호건은 변호사의 논리를 예로 들어 과학도 종교 못지않게 백인의 지배 이데올로기를 돕는 방편으로 이용되고 있는 현실을 비판하는 것이다. 아마의 진술은 백인 중심의 사법 제도가 지니고 있는 파워를 부인하는 선언으로서의 의미가 크며 이는 자크 데리다Jacques Derrida의 용어로 '위협적인 기괴함terrifying form of monstrosity'이라고 설명될 수 있다. 즉, 기이한 타자인 그녀를 파악하기 어렵다는 사실로 인해 백인 법정에서 그녀는 위협적인 존재가 된다(Manning, 7-8). 재판관과 변호사는 범죄 동기를 밝히지 않은 채 자신의 죄를 고백하기만 하는 아마를 정신 이상자로 간주하고 사면하는 결정을 내리고 서둘러 재판을 종결한다. 결국 그들은 아마의 파워에 굴복하게 되는 것이다.

그 뒤 이어지는 인디언 부족의 재판 과정에서 부족 사회의 전통적인 가치관을 존속시키고자 자신이 표범을 죽인 이유를 밝히지 않는 아마에게서 오미슈토는 부족에 대한 진실된 사랑과 희생정신을 배운다. 부족 재판에서 아마는 그들의 성스러운 선조로 숭앙받는 토템 동물인 표범을 죽이고도 이를 부족 사람들에게 통고하지 않았다는 비판을 받는다. 즉, 그녀가 대지에 어긋나는 죄를, 동맹자이자 조상인 동물을 적대시하는 죄를 지었다는 것이다. 아마는 병약하고 굶주렸던 표범의 모습을, 다시 말해 이러한 그들 사회의 실상을 부족 재판에서 밝히지 않도록 오미슈토에게 미리 당부한 바 있다. 아마가 표범을 죽인 이유를 알게 되면 부족 사람들은 깊은 절망감에서 벗어나기 힘들 것이기 때문이다. 결국 아마는 자신만을 위한 파워를 원했다며 사회에서 추방당하는 선고를 받게 된다. 아마의 희생을 대가로 부족 사람들은 희망을 잃지 않고 표범을 성스럽게 보는 그들의 믿음을 유지할 수 있게 된다. 주 정부 법정에서의

"표범 고기를 먹으면 파워를 갖게 된다는 것을 당신은, 그리고 타이가 부족 사람들은 믿습니까"(132)라는 변호사의 질문에서도 그는 아마가 자신을 위해 표범을 죽였으리라고 잘못 추측하고 있음을 알 수 있다. 결국 부족 재판에서도 아마가 표범을 죽인 이유에 대해 이기적인 목적 때문이었다는 동일한 결론을 내리고 아마를 추방하는 선고를 내리게 되는 것이다. 인디언 사회에서 추방당하는 것은 가장 심한 처벌이다. 인디언들에게 있어서 자신의 부족을, 사랑하는 삶의 터전을 떠나는 것은 바로 죽음과도 같은 일이기 때문이다.

이 작품에 반복적으로 등장하는 네 명의 인디언 부족 여자들의 상징성을 파악하는 것은 부족 재판에 참석한 이후 성장하게 된 오미슈토의 특성을 이해하는 데 중요하다. 폭풍이 다가오기 전 길을 따라 걸어 내려오던 네 명의 인디언 여자들은 인디언 부족의 전통적인 종교 의식을 거행할 때 네 방향에서 여자들이 등장하는 장면을 상징한다. "우리의 그림자는 아직 형태가 만들어지지 않는 쌍둥이처럼 벽을 따라 움직인다. 이것을 보고 나는 하루 전쯤 길을 따라 내려오던 네 명의 여자들처럼 우리 넷이 있다고 생각하게 된다"(49), "우리가 실재 인물이 아닌 듯, 땅 위를 떠다니는 비현실적인 여자 넷 중 두 사람인 듯, 뱀은 우리를 바라본다"(31) 같은 구절들에서 함축되어 있듯이 이 네 명의 인디언 여자들은 바로 아마와 오미슈토의 더블 역할을 한다. 인디언들은 보통 종교 의식에 참여하기 전에 자신을 정화하기 위해 먼저 스웨트 로지sweat lodge에 들어가야 하는데(Fergusson, 201), 이 의식에 늘 네 명의 여성이 참석한다. 타이가 부족 재판에 오미슈토가 참석하는 것은, "그처럼 더운 날에도 불을 지펴놓았다. 가는 깃발 같은 연기가 솟아오른다. …… 아마 아주머니는 여기, 지펴놓은 불에서 나오는 엷은 연기 뒤쪽에 있다. …… 소토가 불을 휘젓는다. 딱 하는 소리가 난다. 나는 나무 연기와 송진 냄새를 맡는다"(155-156)라는 구절에서 알 수 있듯이 인디언들의 스웨트

로지 의식에 참여하는 것에 비견될 수 있다. 스웨트 로지는 반구형의 공간으로 그 안에 새빨갛게 달구어진 돌을 놓는다. 탄생의 어머니인 지구의 자궁을 상징하는 스웨트 로지 안은 이생과 전생, 내생이 뒤섞인 시간이 없는 세계이다. 스웨트 로지의 문이 열리고 현실로 돌아올 때 사람은 다시 태어나게 된다(로, 133). 의식이 끝나면 사람의 피부에 대지, 동물, 선조, 새들이 스며들게 된다. 자신을 정화시키는 이러한 의식, 즉 부족 재판에 참석한 이후 오미슈토는 성숙해진다. 그녀는 동물과 혼연일체가 될 정도의 조화로운 관계를 이루게 됨으로써 "나는 아직도 표범 냄새를 맡을 수 있다. 그 냄새, 축축한 털, 칼에 베인 살갗과 피 냄새를 맡을 수 있다. 모든 것이 내 살갗이 된 것처럼 여전히 나와 함께 있다"(94)고 토로한다.

오미슈토는 자신의 부족이 처한 상황을 역사적인 시각으로 인식하게 되는 등 아마가 표범을 죽인 사건의 의미를 깊이 통찰하게 된다. 아마는 표범을 죽인 직후 표범이 제물이라며 오미슈토에게 "역사를 바라봐. 그러고 나서 표범을 죽인 것이 잔학한 일인지 죽음과 같은 일인지 말해. 전해 내려오는 부족의 이야기에서 말하고 있듯이 토템 동물을 죽이는 일이 현 세계에 중요한 결과를 가져오기 때문이야"(72)라고 가르친 바 있다. 따라서 오미슈토는 인디언들을 내쫓고 그들 삶의 터전이었던 습지 등을 메꿔서 농토로 개간하고 마을을 세운 백인들의 행적을 대변하는 "사탕수수, 소, 흰색 집들"이 진짜 표범에게 폭행을 가한 자들이라고 주장하게 된다. 다시 말해서 그녀는 아마가 표범을 죽인 사건의 발단은 바로 인디언에 대한 백인들의 비인간적인 행위 때문에 비롯된 것임을 직시한다. 반면에 허위의식에서 벗어나지 못하고 있는 대다수 백인들은 다른 사람들을 죽임으로써 생존할 수 있었던 이들의 자손인데도 자신들의 역사를, 그 실상을 제대로 모른다는 것이다. 예를 들어 그들은 인디언들이 지상에서 이미 사멸된 존재라고 하며 인디언의 무덤에서 해골을 도굴해 역사적 유물로 박물관에 전시하거나 집안에서 재떨이 등의 장식품으로 사용하기도 했다(Deloria, 25; Hogan, 2001, 62). 『파워』에서도 백인 의사가 인디언 추장 오세올라Osceola의 잘린 머리를 구입해 자기 아이들을 훈육할 목적으로 사용했다는 일화가 하이드의 이야기로 제시된다.

아마가 표범을 죽인 사건은 결국 백인의 폭력과 편견으로 절망적인 상황에 처한 인디언 부족 사회를 구하고자 하는 목적으로 이루어진 것이다. 부족 사회를 구원한 아마의 이렇듯 중요한 역할은 자신의 다리를 기꺼이 희생한 소토의 이야기로 다시 한 번 강조된다. 소토는 젊은 시절에 남자들이 거북이 알을 가지려고 알을 잡아 비틀어 떼는 등 거북이를 죽이려는 행동을 목격하고 충격을 받는다. 그 뒤 거북이의 생명을 지키기 위해 자신을 바친다며 운하 속에서 날카로운 칼로 자신의 다리를 잘라낸다. 이 상징적인 일화가 의미하는 바는 그녀의 희생으로 거북이를 토템 동물로 받들고 있는 인디언 부족(Wilson, 450)이 생존할 수 있게 되었다는 것이다. 아마의 경우도 타이가 부족 사람들이 계속 존속해 나갈 수 있도록 부족의 토템 동물이며 동시에 자신의 더블인 표범을 죽였을 뿐 아니라 이로 인해 자신도 추방당하는 희생을 기꺼이 감수하게 된다.

아마가 부족 사회에서 추방당하고 난 뒤 그녀의 빈집을 지키던 오미슈토에게 백인 문화권으로 되돌아오라는 압력이 어머니, 의붓아버지, 언니, 보안관 등으로부터 반복적으로 가해진다. 그러나 오미슈토는 끝내 이를 거부하고 자신의 종착지를 킬리의 타이가 부족 사회로 정하게 된다. 오미슈토는 "전쟁과 두려움을 떠난다. 성공과 실패, 소유한 것들, 라디오, 이 세계의 풍습을 떠난다"(232)라고 하며 지금까지 자신이 편협한 삶을, 자신이 아닌 다른 사람의 삶을 살아왔다며 이러한 세계를 떠날 결심을 한다. 그러나 막상 결정을 내린 후에도 오미슈토는 "우리 타이가 인디언이 살아남을 수 있는지의 여부는 내가 누구이며 어떤 사람이 되느냐에 달려 있는데 이런 모든 상황이 내가 감당하기에는 너무 벅차 도망치고 싶다"(161)라며 순간순간 결심한 바를 실행해나가는 것을 주저한다. 사춘기 소녀로서 그녀는 코카콜라와 영화를 즐길 수 있는 서구 세계에 대한 미련을 떨치기가 어렵다고 고백한다. 또한 자신이 부족 사회에 잘 적응할 만큼 충분한 교육을 받은 것도 아니라며 순간적으로 킬리 지역에 가지 않겠다는 결심을 하기도 한다. 그러나 곧 뒤이어 "내 안에 있는 여자, 그녀를, 즉 내가 되어가고 있는 사람을 배반할 수 있겠는가?"(217)라며 이러한 결심을 번복하게 된다. 결국 오미슈토는 "이 순간에 나 이상의 존재가 된다. 나는 그들이다. 나는 늙은 부족 사람들이다. 나는 대지다. 나는 아마와 표범이다. 이것들이 모두 나다"(173)라고 밝히고 있듯이 타이가 부족 사회로 들어가 그들의 정신을 계승한다. 그녀는 궁극적으로 자연에서 볼 수 있는 본질적인 힘의 원리가 지배하는 부족 사회를 선택하게 되는 것이다.

인디언의 종교관과 창조관에 의하면, 세계는 파괴와 창조의 과정이 반복되는 순환적인 특성을 가지고 있으며 새로운 세계를 창조하기 위한 목적으로 기존 세계를 멸망시키는 과정에서 그 토템 동물이 희생양으로 이용된다. 『파워』에서도 인간을 구원하는 존재로서 동물이 담당하고 있는 이러한 희생적 역할은 여러 번 강조된다. 예컨대 길짐승들과 새들은 인간에게 자비를 베푸는 존재로 언급되고 있다. 재혼한 남편에 의해 숲속에 버려졌던 오미슈토의 어머니를 구해줬던 것도 붉은 늑대였다고 한다. 또한 표범은 타이가 부족의 선조들에게 백인 침입자들의 공격으로부터 생존할 수 있는 방법을, 즉 어두운 안개 낀 밤에 물을 따라 조용히 이동하는 방법을 가르쳐주었다. 타이가 인디언 부족 사회에서는 세상이 절망적인 상황에 빠져 있을 때뿐만 아니라 개인이 아플 때도 표범이 치유사 역할을 해왔다고 한다. 하이드도 과거에 표범 발톱이 아픈 사람을 치유하는 데 사용되었던 사실을 기억한다. 인디언 부족들이 지니고 있던 이러한 공통된 가치관을 수우Sioux 부족의 경우에서도 찾아볼 수 있다. 즉, 그들은 버펄로가 자신들의 세계를 보호해준다고 믿는다. 그들의 부족 설화에 의하면 버펄로는 우주의 서쪽 문을 지키며 주기적으로 세상을 범람시키는 홍수를 막는 역할을 한다. 그러나 버펄로가 매해 조금씩 손상되어가던 자신의 다리를 결국 모두 잃게 되어 더 이상 물의 범람을 막지 못하게 되면 홍수가 일어나서 세계가 멸망하게 되고 그 뒤 새로운 세계가 창조된다고 그들은 믿는다. 수우 부족은 그동안 세 번의 멸망과 창조의 과정을 거쳐 현 세계는 네 번째 창조된 것이라고 간주한다(Deloira, 101).

아마의 희생적인 행동과 오미슈토의 중심적인 역할로 새로운 세계가 시작될 것임이 작품의 마지막 부분에 나오는 종교 의식 장면을 통해 상징적으로 제시된다. 인디언들은 구세계가 멸망할 때마다 새로운 세계에서 생존해나갈 수 있는 방법에 대해 특별한 가르침을 얻는데, 새롭게 그들에게 마련되는 노래와 의식들이 그 구체적인 예이다. 예컨대 춤을 추는 의식은 그들이 인간과 동물이 행복하게 공존했던, 원래의 균형 잡힌 세계로 돌아가는 것을 상징한다(Fergusson, xxii). 그동안 인디언들의 미래를 이끌어갈 것이라는 기대를 받아왔던 오미슈토는 현실과 거리를 두고 관찰만 하던 입장에서 벗어나 부족의 우두머리인 소토로부터 새로 만든 백조 날개를 받아들고 춤을 추는 의식에 참여하게 된다. 작품의 마지막 부분에 나오는 "나는 춤을 춘다. 숲속에서 바람이 불기 시작하자 누군가가 세계가 계속 존속해나갈 것이라는 노래를 부른다"(235)라는 구절이 함축하듯이 오미슈토는 그 사회를 다시 일으킬 핵심적인 역할을 맡게 되는 것이다. 타이가 부족 사회에서 중심적인 역할을 하게 될 오미슈토의 위상은 "그들은 모두 내게로 온다. 꿈들뿐 아니라 사람들도 역시 내게로 온다"(197)라고 묘사되는 구절에서도 볼 수 있다.

3. 진실한 이야기의 힘

인디언 여성 자서전 문학에서는 공통적으로 인디언의 정체성을 긍정하면서 작품이 마무리된다. 개인적인 일상사를 역사의 소용돌이와 대조시킴으로써 백인들이 끊임없이 인디언을 멸종시키려 했음에도 자신들이 생존할 수 있었던 상황을 다시 검토해보는 것이 최근 인디언 여성 자서전 작품이 다루는 주된 주제이다. 이들 작가는 역사를 끊임없이 흐르는 세력으로 파악하며 작품 속에서 역사를 다시 회상해봄으로써 자신들이 처한 현실을 수정할 수 있다고 믿는다(Sands, 287). 따라서 인디언 여성 자서전 문학의 주인공들은 역경을 가까스로 극복해낸 뒤 자신의 삶을 성찰하고 회고하기 위해 자신의 경험을 예술적으로 형상화하게 된다. 주인공들은 자신의 경험을 기록해나가는 과정에서 진실을 드러낼 수 있으며, 창작하는 작업 자체가 자신을 변화시킨다고 생각한다.

린다 호건도 인디언 부족의 전통적인 삶의 모습을 보여주고 이를 현대 사회에서 복원하는 데 있어 문학이 담당해야 할 역할을 강조한다. 호건은 침묵의 세대였던 선조들과 달리 우리는 기억하고 회고하기를 원하는 열린 세대로서 "이야기를 잘한다면 어두운 미로를 꿰뚫고 빛과 완전함에 이를 수 있다"(Hogan, 2001, 20)라고 하며 우리가 진정으로 희구하는 것은 치유하는 언어, 창조의 언어라고 주장한다. 『파워』의 오미슈토도 "내 말이 그들에게 중요할 것이다. …… 그들이 나를 여기로 부른 것은 말할 수 없는 이야기를 하도록 하기 위해서이다"(160), "다시 한 번 모든 것이 내 말에 의존하게 된다"(202)라며 자신의 이야기가 중요한 역할을 한다는 것을 인식한다. 그러나 "모두 그들 나름대로의 이론이 있다. 이것은 단지 그들의 이야기이다. 사실이 아닐지라도 그들은 지어낸 이야기가 필요하다. …… 누군가 실제로 아마가 어디 있는지 알게 되면 입을 다문다"(227)라는 구절에서 제시되고 있듯이 삶의 힘이 되어주는 이야기보다는 실상과 괴리된 이야기만이 만연해 있는 것이 현실이다. 기존의 가치관이 무너지고 새로운 삶의 양식이 대두되는 전환기에 처한 사회에서 사람들은 이야기를 통해 자신의 존재를 확인하고자 한다. 그런데 유포되어 있는 이야기는 많지만 정작 삶에 의미를 부여하고 자신의 존재를 확인하게 하는 '내 이야기'가 없다는 것이 문제점이다. 백인과 인디언, 두 문화권의 영향력 아래 살던 대부분의 인디언들도 백인들이 만들어내는 이야기에 제대로 대응하는 방법을 몰랐으며 그 진위를 구분하지도 못했다. 따라서 호건은 『세상을 지켜보는 여자』에서 인디언에 관한 진실한 이야기는 아직도 역사 기록물에서 빠져 있으므로 이를 보충할 새로운 담론이 필요하다(Hogan, 2001, 60)고 역설한다. 『파워』에서 오미슈토는 바로 이러한 이야기를 성공적으로 해낸 것이다. 인디언 문학의 중요한 역할은 인디언 부족 사회의 가치관을 담고 있는 진실한 이야기를 하는 데 있으며, 오미슈토가 학교에서 쓴 자전적 에세이, 즉 작품의 '이야기 속의 이야기'에서 이러한 메시지가 함축적으로 제시된다.

인간의 삶을 나아가게 할 참된 힘의 의미를 규명하는 『파워』에서 저자인 호건이 바라는 이상적인 삶은 오미슈토를 통해 그려진다. 호건은 생명력 있는 전통적 삶의 복원을 주장하며 두 가지 유형의 힘을 제시한다. 서구화된 현대 사회의 중심 가치관은 자신의 이익을 위해 타인의 희생은 아랑곳하지 않는 물리적인 힘으로 이루어졌다. 따라서 인종, 성별, 계층 사이에 무수한 경계선이 그어지게 되며 이로 인해 지배 계층인 백인들 이외의 소외 계층은 무력해지고 절망에서 헤어나오기가 힘들게 된다. 반면에 자연에서 볼 수 있는 본질적인 힘은 생명을 창조하는 사랑의 힘이다. 이는 또한 인간과 인간, 인간과 자연 사이에 참된 공존을 이룩하는 데 이바지한다. 인디언 부족 사회의 전통적인 가치관은 바로 이러한 사랑의 힘의 중요성을 강조한다는 것이 호건의 주장이다. 현대 사회에서 이루어나가야 할 진정한 경계 넘기는 인디언 사회 고유의 가치 규범을 따름으로써 이루어질 수 있다는 이야기이다. 다시 말해서 우주를 이루는 기본 물질은 물, 흙, 바람, 빛이지만 이들의 기본적인 토대가 되는 것은 사랑이며 사랑에서 창조의 빛이 출발했다는 사실을 깨달아야 한다는 뜻이다.

호건은 대지에서 배운 교훈을 담고 있는 자신의 작품이 자연의 순리에 따르며 사는 인디언들의 세계관을 널리 퍼뜨리는 데 기여하기를 바란다고 밝힌다. 그리고 자신은 자연에 대한 경외심에서 작품을 집필하게 되며, 인류는 자연의 일원이라는 깨달음을 늘 잊지 않는다(Hogan, 1995, 12)고 말한다. 또한 우리 삶을 구원해주는 것은 강력한 사랑의 힘이며 자신은 고통에 관한 주제로 집필을 시작하게 되지만 늘 사랑에 관해 말하는 것으로 결론을 짓게 된다(Hogan, 2001, 16)고 이야기한다. 오늘날 현대인들은 삶의 이정표를 바로 아메리칸 인디언의 전통 문화와 그 가치관에서 찾을 수 있음을 인디언 여성 자서전 문학인 『파워』에서 확인할 수 있다.

16장

여성 SF 작가가 꿈꾸는 가상 세계 속의 신화와 젠더

어슐러 르 귄의 『어둠의 왼손』을 중심으로*

박정오

1. SF · 신화 · 젠더

오늘날 SF 문학이 우리 문화에 하나의 장르로 뿌리내리고 있는 데 비해 이에 대한 진지한 비평이나 연구는 극히 미흡한 상태이다. 서양에서도 역시 SF의 대중적 인기에 비해 심도 있는 비평은 찾아보기 힘든 것이 사실이어서, SF에 대한 이러한 비평의 부재에 대해 어슐러 르 귄Ursula K. Le Guin은 SF 작가 자신이 작품에 대해 거의 유일하게 진지한 비평가라고 분개하기도 한다(Le Guin, 1973, 23). 1980년대 이후 포스트 모더니즘의 영향으로 문학의 영역에서 비주류로만 분류되던 SF에 대한 연구가 비교적 활발해진 것이 사실이지만 여전히 주변적인 문학 활동으로 간주되고 있어, 르 귄의 지적은 오늘날에도 여전히 유효하다고 할 수 있다.

---

* 이 글은 『영어영문학』 제52권 3호(2006)에 게재된 논문을 수정 · 보완한 것이다.

이 글은 SF 문학에 대한 심도 있는 비평의 일환으로, 1960년대 후반부터 두각을 나타내기 시작한 여성 SF 작가들의 상상 세계에 나타난 신화와 젠더 문제에 주목한다. 먼저 SF 장르의 이야기 구조에는 신화적 요소가 강하게 나타난다는 점에 착안해 SF와 신화의 상관관계를 고찰하고자 한다. SF 문학과 영화에서부터 만화와 컴퓨터 게임에 이르기까지 SF 장르의 이야기는 신화성이 강하고 신화의 틀을 거의 벗어나지 않는 경우가 많다. 초기 SF 문학의 고전으로 꼽히는 『프랑켄슈타인*Frankenstein: Or The Modern Prometheus*』은 '현대의 프로메테우스'라는 부제가 시사해주듯 신화적 틀을 토대로 하고 있고, SF 영화의 고전이 된 「스타워즈*Star Wars*」의 제작 과정에서는 조지 루카스George Lucas 감독의 절친한 친구인 저명한 신화학자 조지프 캠벨Joseph Campbell이 지대한 영향을 끼쳤다고 한다. 시대를 앞서가는 SF와 인류 초기의 근원적인 이야기인 신화, 얼핏 보면 시간상 가장 동떨어진 것 같지만 이 두 세계는 리얼리즘의 규제를 벗어나 있으며, 인간의 놀라운 상상력을 바탕으로 하고 있다는 점에서 깊은 유사성을 지닌다. 인간의 존재와 우주의 기원에 대한 물음, 미래의 이상적인 유토피아에 대한 동경, 인간 무의식의 출현 등이 상상의 세계에서 자유롭게 펼쳐진다는 점에서 SF와 신화는 인간의 인식 체계에 대해 다른 영역보다 많은 것을 엿볼 수 있게 해주리라 생각된다.

이 글은 또한 SF와 신화의 형태가 여성 작가의 상상력 속에서 젠더 문제와 합쳐질 때 어떤 양상으로 나타나는지, 그리고 이 양상은 현재 우리가 살고 있는 세계의 가치 질서와의 거리 두기를 통해 어떤 통찰력을 제시하는지에 대한 답을 모색한다. 특히 여성 SF 작가 르 귄의 『어둠의 왼손*The Left Hand of Darkness*』을 중심으로, 신화가 SF 문학에서 어떻게 작용하고 현 세계의 젠더 개념이 신화적 대안을 통해 어떻게 비판되고 있는지를 연구한다.

수많은 SF 작품 가운데 굳이 『어둠의 왼손』을 연구 대상으로 선정한 이유는 SF 문학사에서 이 책이 갖는 의의에서 찾을 수 있다. 최초의 SF 소설로 널리 인정받고 있는 『프랑켄슈타인』은 메리 셸리Mary W. Shelley가 열아홉 살의 나이에 썼지만, 그 이후로 이 장르는 남성 작가들의 전유물이 되어온 것이 사실이다. 남성 작가들이 창조한 주인공들은 젊고 순수하면서 강력한 존재로 소년 같은 남성 인물이 주를 이루며, SF에 등장하는 여성 인물은 남성을 조용히 도와주거나 즐겁게 해주는 인형의 역할을 담당할 뿐이다. 오늘날 가장 잘 알려진 영국의 SF 작가 아서 클라크Arthur C. Clarke와 미국의 영화감독 스탠리 큐브릭Stanley Kubrick이 공동 제작한 놀라운 영화 「2001: 스페이스 오디세이*2001: A Space Odyssey*」는 인류의 초기에 인간이 동물의 뼈를 도구로 처음 사용하고 기뻐하는 장면으로 시작한다. 도구로 사용한 뼈를 좋아서 허공에 던진 순간, 그 뼈가 우주선으로 바뀌는 천재적인 발상을 통해 인류 문명의 발전을 한눈에 압축해 보여준다. 그러나 이렇게 뛰어난 묘사를 할 수 있는 제작진이 그리고 있는 여성은 주로 음식을 날라다 주는 스튜어디스와 장 보러 간 아내 등에 한정되어 통탄할 만큼 진부하다. 이 영화에서 여성은 남편이 우주여행을 할 동안 시장을 가고 아이를 돌보며, 호머Homer의 『오디세이*Odyssey*』에 등장하는 오디세우스의 아내 페넬로페Penelope처럼 지극히 수동적이고 전통적인 모습을 보일 뿐이다.

1960년대 이후에서야 여성 SF 작가들은 남성 작가들이 중심을 이루는 SF의 성격 자체에 대해 의문을 제기하기 시작하고 어슐러 르 귄이나 조안나 러스Joanna Russ와 같은 진지한 SF 작가들이 등장해 본격적인 문학 비평을 받을 만큼 가치 있는 작품을 꾸준히 발표하기 시작했다. 이러한 흐름 속에서 1969년 발표된 『어둠의 왼손』은 SF의 진정한 변화를 제시해주는 책으로서, 새로운 기술 창조에 대한 탐구가 아니라 평등한 인간관계로 이루어진 새로운 사회에 대한 탐구가 중심에 놓이게 된다. 따라서 이 작품은 이후에 출간된 많은 여성 작가들의 SF 작품의 물꼬를

터주는 역할을 했다고 해도 과언이 아니다.

1970년대 이후 페미니즘 또는 에코 페미니즘의 영향으로 여성 작가들이 쓴 SF가 쏟아져 나오면서 다양한 형태의 변화를 보여준다. 여성들이 쓴 SF는 생태학적인 관심을 기저에 깔고 있는 경우가 대부분이며 생태계와 자연은 대지의 여신으로, 생산력을 지닌 모성의 신으로 대변되기도 한다. 환경의 위기 속에서 대지를 신성한 어머니로 생각한 고대의 신화적 사고가 환경론자들에게 새로운 대안으로 떠오르게 되면서 점차 여신goddess에 대한 연구가 활발해지고 있는데, 여성 작가들의 SF에서 이러한 에코 페미니즘적 동향을 잘 감지할 수 있다. 전통적인 SF에는 과학자인 남성 인물만 나올 뿐 여성은 아예 등장하지도 않거나 자연의 생식력과 동일시되는 풍요의 원칙으로, 하나의 이미지로 묘사되는 예가 많았다. 그러나 여성 SF 작가들에게 SF라는 가상 공간은 현 사회의 가부장적 제약으로부터 자유로울 수 있는 이상적인 문학 형태로 인식되었다. 따라서 여성 작가들은 여신을 재해석하거나 새롭게 만들어내기도 하고, 사회적·정치적 문제에 대한 대안의 하나로 새로운 우주 공동체와 문화를 만들어내기도 한다. 과학자 어머니와 감성적인 아들과 같은 인물 설정을 통해 기존의 젠더 역할이 전도되어 나타나기도 하고, 다윈 식의 경쟁 관계가 아닌 자연의 공생 체계가 강조되기도 한다. 과학이 소재가 되는 SF 문학에 역설적으로 짙게 깔려 있는 신화성과 여성 문제에 초점을 맞추어 여성 SF 작가의 가상 공간에서 신화와 젠더가 작가의 상상력을 통해 어떻게 변형되어 나타나는지를 고찰하는 이 글은, 인류의 기원, 미래가 현재와 갖는 관계, 여성과 남성의 존재에 대한 근원적 성찰이 될 뿐 아니라 SF 문학사의 변화를 단적으로 보여준다는 점에서 중요성을 지닌다.

2. 『어둠의 왼손』에 나타난 신화와 젠더

1970년대에 본격적으로 등장한 여성 작가들의 SF는 여성이 체험한 사회의 성적 위계질서를 가상의 공간에서 낯설게 하는 과정을 통해 재검토하고 있다는 점에서 의미심장하다. 사회적 제약으로부터 좀 더 자유로운 SF 영역에서 여성 작가들이 새로운 유토피아 혹은 디스토피아를 탐구하는 것은 현 사회의 문화와 종교를 비롯해 모든 체제가 절대적인 것이 아님을 깨닫게 해줄 뿐만 아니라 현 체제의 문제점을 확연히 부각하는 효과가 있다. 기존의 가부장제라는 제약으로부터 벗어날 수 있는 SF의 세계에서 어떤 공동체를 꿈꾸며, 젠더는 어떻게 설정하는지, 여성과 남성은 어떤 새로운 성 정체성을 모색해가는지에 대한 연구는 미래의 사회에 대한 방향을 제시할 뿐만 아니라 그 자체로서 현재의 삶이 안고 있는 문제와 허위성에 대한 통렬한 비판이 된다. 이들 작품의 모태라고 해도 과언이 아닌 『어둠의 왼손』에서 르 귄은 젠더 문제를 양성성androgyny의 신화를 통해 탐구하고 있다.

이 소설의 배경이 되는 게센Gethen 행성에 사는 존재들은 고정된 성을 가지고 있지 않다. 평소에는 양성을 모두 보유한 존재로 살아가다가 케머Kemmer[1]라고 불리는 발정 기간 동안 여성이나 남성으로 전환되어 생명을 잉태하게 된다. 케머 시기는 여러모로 여성의 가임 기간을 연상시킨다. 지구에서 이곳으로 처음 파견된 여성 조사원의 보고에 따르면, 이들은 한 달 중 5분의 4 정도는 소머Sommer 상태로 전혀 성욕을 느끼지 않다가 나머지 5분의 1 기간 동안 케머 상태로 강렬한 성적 충동을 느끼고 그 기간 동안 상대에 따라서 여성과 남성이 결정된다. 여러 아이

1 케머란 발정기 또는 그 기간을 뜻하거나 케머 기간에 발현되는 어느 한쪽 성으로의 변화 그 자체를 뜻하기도 한다.

들의 어머니가 또 다른 아이들의 아버지가 되는 것이 가능하다(Le Guin, 1969, 90-91).[2] 이들의 성은 따라서 중성이 아니라 양성의 잠재력을 모두 보유하고 있는 형태이다. 이들의 눈으로 볼 때 항상 케머 상태가 가능한 인간은 성도착적 존재이다. 이러한 신화적 발상을 통해 르 귄은 우리가 살고 있는 세계에 뿌리박힌 젠더 개념을 철저히 파헤치고 의문을 제기할 수 있는 장을 마련한 셈이다. 서문에서도 밝히고 있듯이 르 귄은 이 책에서 "사고의 실험thought-experiment"(ii)을 시도한 것으로, "우리에게서 젠더를 제거했을 때 무엇이 남겨지는지"를 상상으로 실험하고 있다(Le Guin, 1989, 10).

유엔을 연상시키는 에쿠먼Ekumen(우주에 있는 83개의 국가를 통합한 연합 단체)의 친선 대사로서 지구에서 이 행성으로 파견된 남자 주인공 겐리 아이Genly Ai가 가장 이해하고 받아들이기 어려운 부분이 바로 여성과 남성을 모두 한 몸에 지닌 게센인들의 특성이다. 르 귄이 헤니쉬 행성The Hainish planet[3]을 배경으로 쓴 일련의 SF에서 주인공은 겐리 아이처럼 주로 대사, 외교관으로 행성 간의 의사소통과 통합이라는 임무를 지니고 파견된다. 이러한 형태는 우주 공간을 배경으로 전개된다는 점만 다를 뿐 성배 전설에서 성배를 찾는 임무를 지닌 기사가 떠나는 여행과 흡사해 보인다. 임무를 띤 여행자는 대개 낯선 곳에서 시련을 극복할 수 있게 돕는 길 안내자를 만나게 된다. 처음에 아이는 양성을 모두 보유한 게센인에 대한 편견을 전혀 극복하지 못한다. 길 안내자 역할의 에스트라벤Estraven 역시 아이가 자신의 충고를 전혀 신뢰하지도 이

2 이후부터 Ursula K. Le Guin, *The Left Hand of Darkness*(Ace Books, 1969)에서 인용 시 페이지만 표시하기로 한다.

3 르 귄은 불가능한 마술의 세계를 다루는 판타지 장르부터 과학의 발달로 가능해질 수 있는 세계를 다루는 SF까지 다양한 형태를 섭렵하는데, 어스시Earthsea가 르 귄의 판타지 소설 삼부작의 무대라면 헤니쉬 행성은 본격적인 SF의 장소이다. 르 귄 작품의 전체 스펙트럼을 보려면 Cummins, 4-20 참조.

해하지도 못한다는 사실을 알아차리지 못해 의사소통의 철저한 부재를 드러낸다.

제한적인 인간 남성의 시각에서 게센인을 전혀 이해하지 못하고 그들과의 의사소통에 어려움을 느꼈던 아이가, 어떻게 에스트라벤이라는 게센인을 통해 차이를 받아들이고 에스트라벤의 여성성뿐 아니라 자신 안의 여성성과 직면하게 되는 "혜안eye"을 얻게 되는지가 이 소설의 골격을 이루고 있다. 르 귄은 합리성의 한계를 넘어서기 싫어하는 겐리 아이가 자신의 한계를 벗어나 성숙해가는 과정을 '아이' 즉, 그의 이름 'Ai'와 혜안을 의미하는 'eye'의 동음이의적 다의성을 암시함으로써 섬세하게 전달하고 있다. 처음 방어적이고 혼란스러운 화자로서의 아이Ai-I는 에스트라벤이 이 행성에서 유일하게 믿을 수 있는 존재라는 것을 깨닫지 못한다. 그러던 아이는 에스트라벤과 오직 둘이서 고브린 빙하 지대를 탈출해야 하는 상황에 직면해, 자신과 다른 에스트라벤을 '차이에도 불구하고'가 아니라 '차이 때문에' 이해하고 받아들이는 혜안을 얻은 아이Ai-Eye가 된다. 그리고 '아이Ai'는 그곳 말로 고통의 외침을 나타내는 의미를 지니는데, 에스트라벤의 죽음을 통해 삶과 사랑에 내재된 비극성을 깨닫는 존재, 고통의 외침을 이해하는 아이Ai-Ai로 거듭나게 된다. 아이와 함께 독자도 문화와 젠더의 충격으로 야기된 혼란과 분열, 소외를 체험하고 마침내 외계인, 혹은 타자를 어떻게 받아들이고 사랑할 수 있는지를 배우게 된다.

르 귄은 『어둠의 왼손』이 젠더보다는 배신과 충성에 관한 책이라고 말하지만(Le Guin, 1989, 8), 가장 중요한 관심은 젠더 문제에 집중되어 있으며 배신과 충성, 성과 젠더라는 두 주제는 사실 서로 연결되어 있음을 알 수 있다. 아이는 처음에 에스트라벤을 신뢰하지 못하는데 그 이유가 결국 양성적 존재에 대한 자신의 불신 때문이었음을 깨닫게 된다.

> 나는 여자인 남자, 남자인 여자에게 내 믿음과 우정을 주기를 원하지 않았었다. (248)

또한 에스트라벤이 지구의 여성이라는 존재에 대해 계속 궁금해하며 그들이 정신적으로 열등한지를 묻자 다음과 같이 말한다.

> 여자가 어떤 존재인지 당신에게 말할 수 없소. …… 어떤 의미에서 나에게 여성은 당신보다 더 낯설다오. 당신과는 여하튼 한 성은 공유하니까요…… (235)

지구인 남성 아이와 양성적 외계인 에스트라벤의 관계보다 지구 위의 남성과 여성이 서로에게 더 낯선 존재라는 아이러니를 느끼게 된다. 궁극적으로 남성과 양성적 존재는 남성과 여성의 관계를 성찰하기 위해 상상 속에서 변형시킨 한 형태로 보인다. 배신과 충성의 주제는 젠더 문제와 맞물려 있는데, 아이가 에스트라벤의 양성성에 대한 편견을 극복하고 나서야 비로소 개인적 신뢰와 유대가 가능해지는 점에서 잘 나타난다.

르 귄은 전쟁을 남성들만의 행위로, "거대한 강간"으로 정의하며, 전쟁이 없는 사회를 상상하면서 양성 사회를 떠올리게 되었다고 한다. 성의 차이가 없으므로 오이디푸스 신화도 부모와 자식 간의 갈등도 없는 겨울 행성, 이곳은 전쟁과 강간, 즉 착취가 없다는 점에서 유토피아적인 성격을 지니나 르 귄이 그리는 게센의 양성 사회가 결코 분쟁이 없는 유토피아만은 아니다. 일명 겨울 나라로 불리는 이곳은 지구에서 온 겐리 아이에게는 수동적이고 여성적이며 어두운 그림자가 드리운 비합리성의 세계로 느껴진다.

그러나 게센에서는 그 무엇도 전쟁으로 이끌지는 못했다. 분쟁, 살인, 반목, 약탈, 복수, 암살, 고문, 그리고 적대감 등이 그들의 주요 메뉴이기는 했지만 군대를 동원할 능력이 없어 보였다. 그런 점에서 그들은 남성이나 개미처럼 행동하지 않고 동물처럼, 여성처럼 행동했다. (48-49)

이와 같은 묘사에서도 알 수 있듯이 르 귄이 그리고 있는 게센은 사실 평화로운 유토피아라고 보기는 어렵다. 추위와 싸우느라 대부분의 에너지를 소진하고, 소소한 갈등과 분쟁이 끊이지 않지만 대규모 전쟁을 일으킬 조직력은 없는 세계. 그럼에도 이 세계에 속한 에스트라벤이 아이보다 더 많은 것을 알고, 봄으로써 사랑과 희생에 더 큰 능력을 발휘하는 과정을 통해, 양성 사회가 적어도 이분법적 성 구조의 지구보다 더 수용적이고 자유롭다는 것을 교묘히 전달하고 있다. 폭력에서 완전히 자유로운 유토피아는 아니지만, 지구의 많은 결정론적 제약으로부터 벗어나 있다는 점에서 유토피아적 요소를 찾을 수 있다.

과학과 자연, 정신과 육체, 이성과 감성을 남성과 여성의 특질로 귀속시키는 서구의 이분법적인 사고가 기존의 SF에 그대로 반영되어 있어서, 우주 공간의 '처녀' 위성을 탐험하는 것은 백인 남성들이 처음 미국 대륙을 발견하고 처녀림을 정복해가는 과정과 흡사하게 보인다. 르 귄을 위시한 여성 SF 작가들은 이러한 이분법적 구분의 경계를 흐리게 하고 전복시키는 노력을 기울이는데, 이때 이분법 이전에 존재한 신화가 우리의 고정 관념을 깨는 데 중추적인 역할을 한다. 양성성, 즉 'androgyny'는 그리스어로 남성을 뜻하는 'andro'와 여성을 의미하는 'gyn'이 결합해 이루어진 단어로 성의 특징이 엄격히 할당되지 않는 상태를 말하며 개인이 하나의 성 정체성에 얽매이는 것에서 벗어날 수 있게 해준다 (Heilbrun, ix-x). 사실 양성적 존재는 플라톤의 『향연*Symposium*』에 나오는 자웅동체 인간뿐만 아니라 그리스 신화에서 아프로디테와 헤르메스 사이에서 태어난 헤르마프로디토스Hermaphroditus, 음양이 하나로 합해진 중국의 여신 형상, 주니Zuni 인디언의 신he-she being에 이르기까지 끊임없이 인간의 상상과 동경 속에 자리 잡고 있었다. 이러한 양성적 존재라는 신화적 대안을 통해 르 귄은 어둠과 빛, 여성과 남성, 국가와 국가, 행성과 행성 간의 융합 가능성을 시사한다. 두 세계가 균형을 이루는 양성에 대한 통찰과 인식이 없다면 개인 내면의 성숙도, 인간 간의 사랑도, 행성 간의 연합도 불가능할 뿐이다.

버지니아 울프가 『올란도*Orlando*』에서 양성성을 여성의 해방을 위한 전제처럼 긍정적으로 그리듯이, 르 귄 외에도 적지 않은 페미니스트들이 양성성을 가부장제가 부여한 성 정체성으로부터 벗어날 수 있는 대안으로 삼는다. 그러나 과연 양성성이 유토피아적인 대안이 될 수 있을까? 주얼 로즈Jewell Parker Rhodes는 오히려 남성, 여성 각각만으로는 온전하지 못함을 강조함으로써 양성성은 남녀의 결합을 이상화하고 결국 결혼 제도처럼 여성을 억압하는 아이러니이자 속임수일 뿐임을 강조한다. 또한 르 귄이 그린 게센 행성의 양성적 존재는 독자에게 양성이 아닌 남성으로 느껴지며 케머 상태에만 갑자기 여성이 필요해지는 존재라고 신랄하게 비판한다(Rhodes, 116-117).

르 귄이 그린 게센 행성의 양성적 존재들이 정말 양성적으로 묘사되었는지에 대해서는 부정적인 비평이 우세한데, 조안나 러스 역시 이 책에 여성은 없다고 논평한다. 르 귄은 이러한 비판에 대해 에스트라벤을 여성이 아닌 남성으로 보게 되는데 이것이 이 소설의 진정한 결함이라고 솔직하게 시인하면서, 그 원인을 남성 인칭 대명사의 사용에서 찾는다(Le Guin; 1989, 168). 게센 행성의 두 나라인 카르하이드Karhide와 오르고린Orgoreyn, 그리고 각각의 종교인 한다라Handdara와 요메시Yomesh, 또 케머와 소머같이 낯선 단어를 만들어낸 것처럼 양성적인 존재를 지칭하는 새로운 단어, 기존의 he, she를 벗어난 새 용어를 찾았다면 더 설득력이 있었을지도 모르겠다는 아쉬움이 남는다. 그러나 "왕이 임신했다"와 같은 구절은 기존의 성 구분을 흐리게 하는 신선한 충격이며, 에스트라벤은 SF 문학에서 보기 드물게 복합적인 성격을 지닌 인물로 그려져 있다. 해럴드 블룸Harold Bloom도 이 작품의 주된 미학적 힘은 겐리 아이의 임무를 도움으로써 자신의 지위, 명예, 자유, 그리고 생명마저 희생하는 에스트라벤이라는 인물의 창조에 있다고 보았듯이(Bloom, 7), 에스트라벤은 '그(he)'로 지칭되지만 행동과 사유에서 여성성과 남성성을 복합적으로 보유한 인물로 묘사된다. 양성성의 신화가 페미니스트들이 거부하는 젠더의 전형을 더욱 강화하는 결과를 초래할 위험도 없지 않으나, 양성적 존재에 대한 상상은 젠더에 의해 얼마나 많은 것이 결정되고 파생되는지를 상대적으로 보여주는 효과를 갖는다. 르 귄이 상상한 양성 사회는 한쪽의 강요로 이루어지는 강간이 불가능하고 따라서 거대한 강간이라 할 수 있는 대규모 전쟁도, 착취도 잘 일어나지 않는다.

한편, 르 귄이 설정한 미래 우주로의 여행은 결국 인간의 무의식 세계를 향한 내부로의 여행, 혹은 과거로의 여행으로도 볼 수 있다. 아메리카 인디언을 전문적으로 연구한 인류학자 아버지Alfred Kroeber와 인디언을 소재로 글을 쓴 작가인 어머니Theodora Kroeber 사이에서 태어난 르 귄은 어린 시절부터 캘리포니아 인디언의 전설과 신화를 들으며 성장한다.[4] 그런 만큼 신화와 전설은 그녀가 구축하는 상상 세계의 토대가 된다. 20개의 장으로 구성된 이 소설에서 절반은 지구에서 온 겐리 아이의 시점에서, 그리고 4개의 장은 에스트라벤이 화자가 되어 미래가 배경이 되는 소설 속의 현재 이야기를 독자에게 전달한다. 또 한 장은 이전에 지구에서 파견된 여성 조사원의 게센인에 대한 건조한 보고서이고, 나머지 5개의 장은 게센 행성의 신화와 전설을 다루고 있다. 이야기

4 르 귄이 부모로부터 받은 영향에 대해서는 Cummins, 1-4 참조.

사이사이에 삽입된 이들 신화와 전설의 내용은 소설 속 현 시점의 역사를 거울처럼 비추고 그 의미를 확대, 보완하는 역할을 하고 있다.

게센 행성의 나라 중 하나인 카르하이드의 전설들은 에스트라벤과 아이의 관계를 이해하는 결정적인 축으로 작용한다. 첫 번째 전설은 케머 상태에서 사랑을 맹세하고 자식을 낳은 두 형제가 이 세계에서 금지하는 영원한 사랑을 서약하나 이루어질 수 없게 되자, 하나가 자살하고 다른 하나는 공동체에서 추방되는 벌을 받는다.

> 지금과 마찬가지로 당시에도 같은 부모의 피를 나눈 형제는 그들 중 어느 한쪽이 아이를 낳을 때까지 케머를 맹세하는 것이 허락되었다. 그러나 아이를 낳은 후에는 헤어져야만 했다. 그리고 평생 동안 서로 케머를 맹세하는 것은 결코 허용되지 않았다. 그러나 그들은 금기를 깨고 죽을 때까지 케머를 맹세했다. (22)

게센 행성에서는 근친상간이 허용되고 자식도 낳을 수 있으나 한 대상만을 사랑하고 원하는 것은 철저히 금지되어 있다. 지구상의 많은 지역에서 채택하고 있는 일부일처제에 대한 패러디일까? 무수한 문학 작품과 영화에서 이상화되어 우리를 세뇌해온 한 대상을 향한 영원한 사랑이 이곳 게센에서는 그 배타성 때문에 금지되고 처벌받는 행위가 된다. 이 전설에서처럼 에스트라벤도 죽은 형 에렉Arek을 깊이 사랑했고 그로 인해 고향에서 추방되었으며, 겐리 아이의 이름에서 인간의 고통스러운 외침, 죽은 형의 목소리를 연상한다. 아이의 이름을 들었을 때 에스트라벤은 고통 속에서 죽어간 형 에렉을 떠올린다. 끝까지 그 이유가 명확히 밝혀지지는 않지만, 에스트라벤이 빙하에서 살아남을 수 있는 모든 지식을 아이에게 가르쳐주고 끊임없이 보살펴주는 것은 아이가 대변하는 우주 연합에 게센 행성도 동참하는 것이 자국의 미래에 도움이 된다고 확신하기 때문이기도 하지만 그의 이름에서 죽은 형을 떠올리게 된 개인적인 감정과도 무관하지 않다. 앞서 소개한 전설 속 형제 중 추방당한 이가 눈보라 속에서 자살한 이를 만나듯이, 눈보라 속에서 에스트라벤과 아이는 마음으로 대화를 나누는 진정한 만남을 이루게 된다. 신화와 전설에는 경쟁을 하고 갈등을 겪다가 신의와 우정에 이르는 두 형제 이야기가 자주 등장한다. 이러한 두 형제 이야기의 주제는 인간의 갈등하는 두 마음을 반영한다고도 볼 수 있다. 르 귄은 새로운 서술을 창조해내는 기법이 아니라 신화와의 연결을 통해 미래의 이야기를 전달하고 있다. 겐리 아이가 행성 간의 연합을 위해 지구를 떠나 친선대사로 게센 행성에 오는 우주로의 여행은 인간의 오랜 숙원인 갈등하는 두 마음의 조화를 향한 여행이기도 하다. 지구인 겐리 아이와 게센인 간의 갈등은 인간 내면이라는 소우주 안에서의 갈등과 연장선 위에 있다. 또한 게센 행성 안에서 카르하이드로부터 오르고린으로 가는 여행과 고브린 빙하 지대에서의 위험한 여행은 곧 아이가 타자를 진정으로 받아들이는 자신의 내면으로의 여행과 맞물려 있는 것이다.

카르하이드 왕국에서 전해져오는 두 번째 이야기 '19일'은 불확실한 삶에 대한 명확한 답을 얻기 위해 예언을 맹목적으로 믿는 것이 얼마나 위험한지를 잘 보여주는 일화이다. 이 이야기가 소개된 바로 다음 장에서 아이는 예언자를 찾아가 게센 행성이 5년 내로 에쿠먼의 일원이 될 것인지를 묻고 있다. 호기심 어린 아이에게 예언자는 예언의 목적이란 "잘못된 질문에 대한 답의 완전한 무용성을 드러내주기 위함"(70)이라고 답한다. 그리고 미래에 대해 확실한 것은 우리가 모두 죽는다는 사실이며 삶의 본질은 곧 불확실성에 있음을 깨닫게 한다.

> 삶을 가능하게 하는 유일한 것은 항구적이고 참을 수 없는 불확실성입니다. 다음에 무엇이 올지 모르는. (71)

세 번째 전설은 분쟁의 소지가 있는 땅을 포기한 대가로 평화를 유지하게 되고, 반목하던 두 집안의 상속자들은 사랑을 맹세하게 된다는 이야기로 『로미오와 줄리엣*Romeo and Juliet*』을 상기시킨다. 에스트라벤의 선조 때 전설로, 땅을 주는 것은 아메리카 인디언의 역사를 암시하기도 한다. 땅을 반목하던 집안에 줌으로써 평화를 이룩한 이 이야기 속의 인물과 동명이인인 에스트라벤의 선조는 "배반자"라는 이름을 얻게 된다. 이것은 소설의 현재에서 지구인 아이를 도와 카르하이드에 평화를 유지하고자 하지만 왕을 위시한 본국 사람들에게 배반자로 낙인찍혀 추방되는 에스트라벤의 상황과 평행을 이룬다. 반역과 진정한 충성이라는 이분법은 결국 어느 입장에서 보느냐에 따른 상대적인 개념일 수밖에 없다. 책 제목인 '어둠의 왼손'은 카르하이드의 종교 한다라교의 노래에서 따온 것이다.

> 빛은 어둠의 왼손
> 그리고 어둠은 빛의 오른손
> 둘은 하나, 삶과 죽음은
> 케머 상태의 연인처럼
> 함께 누워 있네
> 마주 잡은 두 손처럼
> 목적과 과정처럼 (233-234)

결국 어둠의 왼손은 빛을 의미하는 것으로 빛과 어둠, 충성과 반역, 진실과 거짓, 여성과 남성 등의 이분법적 경계는 상대적이며 그 경계가 모호함을 드러낸다. 르 귄은 빛을 늘 태양, 남성, 오른쪽과 연결시키는 기존의 가치관을 조용히 뒤집고 있다. 더 나아가 동양의 음양 사상에서와 같이 빛과 어둠은 둘이면서 동시에 하나이며, 한다라교의 어둠은 풍요와 긍정을 담고 있다. 지구에서 온 겐리 아이도 이 어둠의 의미를 서서히 깨달아간다.

> 오세르호드에서 보름 동안 머물고 나니 나는 카르하이드가 더 잘 이해되기 시작했다. 그 나라의 정치와 시가행진, 그 나라 사람들이 열렬히 사랑하는 모든 것의 밑바닥에는 고대의 어둠과 수동적인 것, 무정부적인 것, 그리고 침묵과 같은 한다라교의 풍요로운 어둠이 흐르고 있었던 것이다. (60)

르 귄은 도교Taoism에 대해 잘 알고 있었고(Cummins, 81), 한다라교는 여러모로 도교를 연상시키는 것이 사실이다. 서구의 이분법적 사고로는 상반되는 두 사물이나 개념 등을 갈등과 경쟁의 의미로 파악하지만, 도교에서는 둘이 합쳐질 수 있으며 하나로 합쳐질 때 비로소 온전한 진리를 전해준다고 믿는다. 자칫 오리엔탈리즘이란 비판을 받을 수도 있으나 음양의 조화는 이 소설을 관통하는 주요한 축이라고 할 수 있다. 국가나 행성 간의 약속은 결국 개인 간의 맹세에서 시작되고 개인과 우주는 하나로 연결되어 있음을 겐리 아이와 독자는 이 신화를 통해 이해하게 된다.

소설의 앞부분이 대립되는 두 나라 중 카르하이드의 전설을 그리고 있다면, 뒷부분은 오르고린의 창조 신화와 전설을 전해준다. 이곳의 종교인 요메시교는 어둠을 배제하고 빛만을 숭상한다. 그리고 창조 신화는, 얼음이 녹으면서 생명이 생겨나는데 한 인간이 극도의 공포로 인해 39명의 다른 형제들을 모두 죽이고 막냇동생과 케머 상태에서 자식을 낳아 나라를 건설하며, 어둠과 그림자가 세상을 지배하게 되었다는 이야기이다. 형제간의 배반과 근친상간의 주제는 카르하이드의 전설과 흡사하나 빛과 어둠의 양면성을 모두 인정하는 카르하이드의 신화와는 달리, 처음에는 빛만을 숭배하다가 다음에는 어둠이 모두를 지배하는 오르고린의 창조 신화는 일원성의 세계이다. 상반된 가치나 개념의 공존 및 균형이 없다면 파멸과 죽음만이 남겨질 것이라는 메시지를 이 신화는 전혀 다른 행성 간의 연합이라는 임무를 수행하기 위해 온 아이에게 간접적으로 전달한다. 이와 같이 세상의 기원을 설명하는 신화와 소설 속의 현재 역사는 서로를 비추며 의미를 확산하는데, 소설 속 신화와 역사의 이러한 관계는 미래를 상정한 SF와 현재의 독자가 갖는 관계와 평행을 이룬다. 다시 말해서 『어둠의 왼손』은 상상할 수 있는 인간의 미래 모습이라는 거리 두기를 통해 지금 현재 우리의 상태를 더욱 잘 꿰뚫어 볼 수 있는 혜안을 제시해준다.

3. 신화와 SF: 탈리얼리즘의 세계

신화와 SF 문학 모두 실재를 바탕으로 그럴듯하게 묘사해야 한다는 리얼리즘의 규제에서 벗어나 있는 만큼 인간의 상상력이 가장 잘 드러나 있는 장르이다. 신화 속의 괴물이나 유령, 기이한 동물 형태가 SF에서는 과학을 잘못 사용했을 때 나타나는 부산물로서 기이한 로봇이나 기계, 또는 외계인 등으로 표출되기도 한다. 이러한 괴물이나 기계 등은 사람들이 인지할 수 없는 것에 대해 느끼는 공포의 객관적 상관물일까 혹은 영원한 타자일까? 르 귄은 신화와 전설 속의 원형이 현대의 판타지와 SF 장르에 어떻게 연결되어 있는지 그 연관성을 다음과 같이 설명한다.

> 프랑켄슈타인의 괴물은 골룸과 예수, 프로메테우스와 연관되어 있다. 타잔은 한편으로는 늑대 소년/고귀한 야만인의 직접적인 후예이며, 다른 한편으로는 모든 어린이의 환상인 '고귀한 신분의 혈통을 지닌 고아'이다. 로봇은 후기 르네상스의 기계적인 사고에 의해 강요된 '정신'과 '몸', '유령'

과 '기계'의 그릇된 구분이 있었던 이후 현대 자아가 몸에 대해 갖는 공포로 볼 수 있다. (Le Guin, 1998, 397)

과학과 인간의 지능이 아무리 발달한다고 해도 신화와 전설 속의 원형과 이미지는 사라지거나 위축되지 않을 것이다. 이들은 어디선가 본 듯한 기시감déjà vu이 되어 우리의 집단 무의식을 자극하고 공감대를 형성하는 힘이 된다. 현대 소설의 비평에 적용되는 여러 미학적 기준은 SF를 분석하는 틀로서 사실 무의미한 경우가 많다. 리얼리즘을 배제하면서 어떻게 동화의 차원을 넘어 공감대를 형성할 것인가의 문제가 남는데, 이때 신화가 중요한 틀이자 주제가 되고 있음을 발견하게 된다.

『어둠의 왼손』의 서술 방식 역시 신화에서처럼 여러 서술 형태가 결합되어 있다. 신화와 전설이 사이사이에 삽입되어 있는가 하면 보고서 형식으로 구성된 부분도 있고 동일한 사건을 에스트라벤과 겐리 아이가 각기 다른 시각에서 서술하기도 한다. 다양하고 유동적인 시각이 혼재하고 확고한 불변의 세계는 찾기 어렵다. 이 소설의 마지막 부분에서 아이는 에쿠먼의 대표자들이 왔을 때 오히려 이들을 낯설고 불편하게 느낀다. 에쿠먼의 일원이지만 게센의 양성에 대한 통찰과 인식을 받아들이게 된 아이는 이렇게 변화된 시각을 갖게 된다. 결국 게센이 에쿠먼에 통합되지만 그 영향은 일방적이지 않다. 이와 같이 소설의 서술 방식은 고정된 형태가 아니라 신화적인 형태를 취하고 있다.

르 귄은 시간 개념 또한 신화적 시간을 원용한다. 게센 행성에서의 시간은 지구와는 달리 원년을 사용해 나타낸다. 연도는 연속적으로 계산되지 않고, 새해 정월 원년이 되면 방금 지나간 해는 1년 전해, 다음 해는 원년이 될 때까지 1년 후의 해로 계산하는 식이다.

여기서는 새해를 늘 원년이라고 부른다. 모든 과거와 미래의 날짜는 이 원년 정월 초하루를 기준으로 일제히 바뀌게 되어 있는데, 사람들은 과거도 미래도 오직 유일무이한 '지금 현재'에서부터 시작해 세어나가기 때문이다. (2)

여기서 시간은 앞으로 나아가는 선의 개념이 아니라 영원히 순환하는 원의 개념이다. 원에서 시작과 끝을 찾을 수 없듯이 과거와 현재, 미래의 구분은 의미가 없고 영원한 찰나인 현 순간만이 존재한다. 이러한 시간관에서 볼 때, 인류의 기원에 대한 이야기인 신화와 미래를 그리는 SF, 그리고 현재의 우리는 결국 뫼비우스의 띠처럼 연결되어 있고, 구분될 수 없는 하나의 원을 이룬다. 이는 또한 르 귄의 작품들을 관통하는 주제와도 일치하는 것으로 빛과 어둠, 음과 양, 여성과 남성이 분리되지 않고 균형을 이루며 하나로 통합되는 세계를 의미한다.

❙ 참고문헌 ❙

1부 몸의 정치학과 젠더

1장 신재생산 기술에 대한 페미니즘의 논쟁과 여성의 위치

그로츠, 엘리자베스. 『뫼비우스의 띠로서 몸』. 서울: 여이연, 2001.

김애령. 「사이보그와 그 자매들: 해러웨이의 포스트휴먼 수사 전략」. 『한국여성철학』 21(2014): 67-92.

미스, 마리아·반다나 시바. 『에코페미니즘』. 손덕수·이난아 옮김. 서울: 창작과비평, 2013.

발사모, 앤 마리. 『젠더화된 몸의 기술』. 김경례 옮김. 홍천: 아르케, 2012.

와이즈먼, 주디. 『테크노페미니즘』. 박진희·이현숙 옮김. 서울: 궁리, 2004.

와츠맨, 주디. 『페미니즘과 기술』. 조주현 옮김. 서울: 당대, 2001.

조주현. 「생명공학과 여성의 행위성: 시험관아기 시술과 배아복제 연구 사이에서」. 『과학기술학연구』 5.1(2005): 93-123.

파이어스톤, 슐라미르. 『성의 변증법』. 김예숙 옮김. 서울: 풀빛, 1983.

하버마스, 위르겐. 『인간이라는 자연의 미래』. 장은주 옮김. 서울: 나남, 2003.

해러웨이, 다나. J. 『유인원, 사이보그, 그리고 여자』. 민경숙 옮김. 서울: 동문선, 2002.

______. 『겸손한_목격자@제2의_천년.여성인간©_앙코마우스TM를_만나다』. 민경숙 옮김. 서울: 갈무리, 2007.

헤일스, 캐서린. 『우리는 어떻게 포스트휴먼이 되었는가』. 허진 옮김. 서울: 플래닛, 2013.

현남숙. 「해러웨이: 기술과학 안에서 전략적 장으로서 물질-기호적 몸」. 『시대와 철학』 19.3(2008): 271-299.

Corea, Gena. *The Mother Machine: Reproductive Technologies from Artificial Insemination to Artificial Wombs*. Cambridge: Harper & Row, 1979.

Plant, Sadie. *Zeros + Ones: Digital Women and the New Technoculture*. London: Fourth Estate, 1998.

______. "On the Matrix: Cyberfeminist Simulations." *The Gendered Cyborg: A Reader*, eds. Gill Kirkup, L. Janes, K. Woodward and F. Hovenden. London: The Open University, 2000. 265–275.

Sawicki, Jana. *Discipling Foucault: Feminism, Power, and the Body*. New York: Routledge, 1991.

Suchman, Lucy. "Wajcman Confronts Cyberfeminism." *Social Studies of Science* 36.2(2006): 321–327.

2장 여성의 몸, 거식증과 소비 자본주의 사회의 여성성: 마가릿 애트우드의 『먹을 수 있는 여성』

보르도, 수전. 『참을 수 없는 몸의 무거움: 페미니즘, 서구문화, 몸』 박오복 옮김. 서울: 또하나의문화, 2003.

Atwood, Margaret. *The Edible Woman*. Toronto: Seal Books, 1969.

Bordo, Susan R. "The Body and the Reproduction of Femininity: A Feminist Appropriation of Foucault." *The Body: Critical Concepts in Sociology*, vol. 1. Ed. The Aberdeen Body Group. London: Routledge, 2003. 237–255.

Bouson, J. Brooks. "The Anxiety of Being Influenced: Reading and Responding to Character in Margaret Atwood's *The Edible Woman*." *Style* 242(1990): 228–242.

Foucault, Michel. *Discipline and Punish: The Birth of the Prison*. New York: Vintage, 1979.

Greene, Gayle. "Margaret Atwood's *The Edible Woman*: 'Rebelling Against the System.'" *Margaret Atwood, Reflection and Reality*. Ed. Beatrice Mendez-Egle. Edinburg: Pan American UP, 1987. 95–115.

Hobgood, Jennifer. "Anti-Edibles: Capitalism and Schizophrenia in Margaret Atwood's *The Edible Woman*." *Style* 36.1(2002): 146–168.

Howells, Coral Ann. *Margaret Atwood*. London: Macmillan Press, 1996.

Lecker, Robert. "Janus through the Looking Glass: Atwood's First Three Novels." *The Art of Margaret Atwood*. Eds. Arnold E. Davidson and Cathy N. Davidson. Toronto: House of Anansi Press, 1981. 177–204.

Orbach, Susie. *Fat Is a Feminist Issue: The Anti-Diet Guide for Women*. New York: Galahad Books, 1977.

Parker, Emma. "You are What You Eat: The Politics of Eating in the Novels of Margaret Atwood." *Twentieth Century Literature* 41.3(1995): 349-368.

Peel, Ellen. "Subject, Object, and the Alternation of First- and Third-Person Narration in Novels by Alther, Atwood, and Drabble: Toward a Theory of Feminist Aesthetics." *Critique* 30.2(1989): 107-122.

Piercy, Marge. "Margaret Atwood: Beyond Victimhood." *Critical Essays on Margaret Atwood*. Ed. Judith McCombs. Boston: G.K. Hall, 1988. 53-55.

Rigney, Barbara Hill. *Margaret Atwood*. Basingstoke: Macmillan Education, 1987.

3장 혼혈 입양 내러티브로서의 『만 가지 슬픔』

김, 엘리자베스. 『만 가지 슬픔』. 노진선 옮김. 서울: 대산출판사, 2001.

김석. 「몸의 기억과 환상: 사후작용의 논리를 중심으로」. 『기억과 몸』. 몸문화연구소 엮음. 서울: 건국대학교출판부, 2008. 57-99.

김종갑. 『타자로서의 몸, 몸의 공동체』. 서울: 건국대학교출판부, 2004.

박준규. 「코리안 아메리칸의 디아스포라적 정체성: 뉴욕 재미 한인 문화단체를 중심으로」. 『북미주 한인의 역사』(하). 유영렬 엮음. 경기도: 국사편찬위원회, 2007. 52-77.

설동훈. 「혼혈인의 사회학: 한국인의 위계적 민족성」. 『인문연구』 52(2007): 125-160.

오은경. 「이슬람 여성의 몸과 섹슈얼리티: 민족주의와의 연관성을 중심으로」. 『국제지역연구』 11.1(2007): 123-142.

이은선. 『유교, 기독교 그리고 페미니즘』. 서울: 지식산업사, 2003.

장윤수. 「한인디아스포라와 해외입양」. 『세계지역연구논총』 26.3(2008): 83-103.

테일러, 폴 C. 『인종: 철학적 입문』. 강준호 옮김. 경기도: 서광사, 2006.

한국여성연구소. 『여성의 몸: 시각·쟁점·역사』. 서울: 창작과비평, 2005.

허먼, 주디스. 『트라우마』. 최현정 옮김. 서울: 플래닛, 2007.

Anderson, Benedict. *Imagined Communities: Reflections on the Origin and Spread of Nationalism*. London: Verso, 1983.

Benet, Mary Kathleen. *The Politics of Adoption*. New York: The Free Press, 1976.

Brah, Avtar. *Cartographies of Diaspora: Contesting Identities*. London: Routledge, 1996.

Brownmiller, Susan. *Against Our Will: Men, Women, and Rape*. New York: Simon & Schuster, 1975.

Eng, David. "Transnational Adoption and Queer Diasporas." *Social Text 76*(Fall, 2003): 1-37.

Gelber, Marilyn G. *Gender and Society in the New Guinea Highlands*. Boulder, Colorado: Westview Press, 1986.

Gilmore, David D. *Misogyny: The Male Malady*. Philadelphia: University of Pennsylvania Press, 2001.

Hays, Hoffman R. *The Dangerous Sex: The Myth of Feminine Evil*. New York: Putnam, 1964.

Holt, Bertha. *The Seed From the East*. Holt International Children's Services, 1956.

Hübinette, Tobias. *Comforting an Orphaned Nation: Representations of International Adoption and Adopted Koreans in Korean Popular Culture*. Seoul: Jimoondang, 2006.

Kim, Eleana. "Wedding Citizenship and Culture: Korean Adoptees and the Global Family of Korea." *Social Text 74*(Spring, 2003): 57-81.

Kim, Elizabeth. *Ten Thousand Sorrows: The Extraordinary Journey of a Korean War Orphan*. New York: Doubleday, 2000.

Moon, Katharine H. S. "Prostitute Bodies and Gendered States in U.S.-Korea Relations." *Dangerous Women: Gender and Korean Nationalism*. Eds. Elaine H. Kim and Chungmoo Choi. New York: Routledge, 1998.

Neimeyer, Robert A. "The Poetics of Experience." *Journal of Constructivist Psychology 21*(2008): 288-297.

Noddings, Nel. *Women and Evil*. Berkeley: University of California Press, 1989.

Shin, Gi-Wook. *Ethnic Nationalism in Korea: Geneology, Politics, and Legacy*. Stanford: Stanford University Press, 2006.

Weil, Richard. "International Adoptions: The Quiet Migration." *International Migration Review* 18.2(1984): 276-293.

Yun, Charse. "Fact or Fiction? Controversy Surrounds Elizabeth Kim's *Ten Thousand Sorrows*." *KoreAm Journal*(November, 2000): 12-13.

4장 도리스 레싱의 『어느 좋은 이웃의 일기』: 초고령 여성의 몸과 사회적 가치

박선화. 「도리스 레씽의 『어느 착한 이웃의 일기』: 노이만의 중심화 이론으로 읽기」. 『현대영미소설』 1.1(2004): 1-32.

베일런트, 조지. 『행복의 조건』. 이덕남 옮김. 이시형 감수. 서울: 프런티어, 2010.

보부아르, 시몬느 드. 『제2의 성』. 이희영 옮김. 서울: 동서문화사, 2009.

새들러, 윌리엄. 『서드 에이지, 마흔 이후 30년』. 김경숙 옮김. 서울: 사이, 2006.

최선령. 「성숙 없는 세계와 노년: 레씽의 『어느 좋은 이웃의 일기』」. 『영미문학연구』 16(2009): 69-89.

테인, 팻 엮음. 『노년의 역사』. 안병직 옮김. 파주: 글항아리, 2012.

Beauvoir, Simone de. *The Coming of Age*. Trans. Patrick O'Brian. New York: W.W. Norton & Company, 1996.

Brennan, Zoe. *The Older Woman in Recent Fiction*. Jefferson: McFarland & Company, 2005.

Calasanti, Toni M. and Kathleen F. Slevin, eds. *Age Matters: Realigning Feminist Thinking*. New York: Routledge, 2006.

Chivers, Sally. *From Old Woman to Older Women: Contemporary Culture and Women's Narratives*. Columbus: The Ohio State University Press, 2003.

Cruikshank, Margaret. *Learning to be Old: Gender, Culture, and Aging*. Lanhama: Rowman & Littlefield Publishers, 2009.

Greene, Gayle. *Doris Lessing: The Poetics of Change*. Ann Arbor: University of Michigan Press, 1994.

Lessing, Doris. *The Memoirs of a Survivor*. New York: The Octagon Press, 1974.

______. *Martha Quest*. London: Hart-Davis, 1977.

______. *The Summer Before the Dark*. New York: Vintage Books, 1983.

______. *The Diaries of Jane Somers*. London: Penguin Books, 1985.

______. *The Four-Gated City*. London: Paladin Books, 1990.

Moi, Toril. *Simone de Beauvoir: The Making of an Intellectual Woman*. New York: Oxford University Press, 2008.

Pearsall, Marilyn, ed. *The Other Within Us*. Boulder, CO: Westview Press, 1997.

Pickering, Jean. *Understanding Doris Lessing*. Columbia: University of South Carolina Press, 1990.

Ridout, Alice and Susan Watkins, eds. *Doris Lessing: Border Crossings*. London:

Continuum International Group, 2009.

Rowe, Margaret Moan. *Doris Lessing*. Houndmills: The MacMillan Press, 1994.

Sontag, Susan. "The Double Standard of Aging." *The Other Within Us*. Ed. Marilyn Pearsall. Boulder: Westview Press, 1997. 19-24.

Sprague, Claire. *Rereading Doris Lessing: Narrative Patterns of Doubling and Repetition*. Chapel Hill: The University of North Carolina Press, 1987.

Wallace, Diana. "Women's Time: Women, Age, and Intergenerational Relations in Doris Lessing's *The Diaries of Jane Somers*." *Studies in the Literary Imagination. Atlanta* 39.2(Fall, 2006).

Watkins, Susan. "The 'Jane Somers' Hoax: Aging, Gender and the Literary Market." *Doris Lessing: Border Crossings*. London: Continuum International Group, 2009. 75-91.

Waxman, Barbara Frey. "From '*Bildungsroman*' to '*Reifungsroman*': Aging in Doris Lessing's Fiction." *Soundings: An Interdisciplinary Journal* 68.3(1985): 318-334.

______. *From the Hearth to the Open Road: A Feminist Study of Aging in Contemporary Literature*. New York: Greenwood Press, 1990.

5장 위반의 욕망과 퀴어 뱀파이어

Arata, Stephen D. "The Occidental Tourist: Dracula and the Anxiety of Reverse Colonialism." *Victorian Studies: A Journal of the Humanities, Arts and Science* 33.4(1990): 621-645.

Auerbach, Nina. *Our Vampires, Ourselves*. Chicago: The University of Chicago Press, 1995.

Bainbridge, Simon. "Lord Ruthven's Power: Polidori's 'The Vampyre,' Doubles and the Byronic Imagination." *Byron Journal* 34.1(2006): 21-34.

Brock, Marilyn. "The Vamp and the Good English Mother: Female Roles in Le Fanu's *Carmilla* and Stoker's *Dracula*." *From Wollstonecraft to Stoker: Essays on Gothic and Victorian Sensation Fiction*. Ed. Marilyn Brock. London: McFarland & Company, Inc., Publishers, 2009. 120-131.

Fincher, Max. *Queering Gothic in the Romantic Age*. New York: Palgrave Macmillan, 2007.

Frayling, Christopher. *Vampyres: Lord Byron to Count Dracula*. London: Faber & Faber, 1992.

Gomez, Jewelle. "Speculative Fiction and Black Lesbians." *Signs*(Summer, 1993): 948-955.

Haefele-Thomas, Ardel. *Queer Others in Victorian Gothic*. Cardiff: University of Wales Press, 2012.

Haggerty, George E. *Queer Gothic*. Chicago: University of Illinois Press, 2006.

Heller, Tamar. "The Vampire in the House: Hysteria, Female Sexuality, and Female Knowledge in Le Fanu's "Carmilla"(1872)." *The New Nineteenth Century: Feminist Readings of Underread Victorian Fiction*. Eds. Barbara Leah Harman and Susan Meyer. London: Routledge, 1996. 77-95.

Le Fanu, Joseph Sheridan. *Carmilla*. Ed. Kathleen Costello-Sullivan. Syracuse: Syracuse University Press. 2013.

Palmer, Paulina. *Lesbian Gothic: Transgressive Fictions*. New York: Cassell, 1999.

Polidori, John. "The Vampyre: A Tale." *Three Gothic Novels*. Ed. E. F. Bleiler. New York: Dover Publications, Inc., 1966. 265-283.

Rigby, Mair. ""Prey to Some Cureless Disquiet": Polidori's Queer Vampyre and the Margins of Romanticism." *Romanticism on the Net*. 36-37. http://www.erudit.org/revue/ron/2005/v/n36-37/011135ar.html

Scoggin, Daniel. "Surveying the Vampire in Nineteenth-Century British Literature." *Approaches to Teaching Gothic Fiction*. Eds. Diane Long Hoeveler and Tamar Heller. New York: The Modern Language Association of America, 2003. 168-176.

Sedgwick, Eve Kosofsky. *Between Men: English Literature and Male Homosocial Desire*. New York: Columbia University Press, 1985.

Shelley, Mary. *Frankenstein*. Ed. J. Paul Hunter. New York: W. W. Norton & Company, Inc., 1996.

Signorotti, Elizabeth. "Repossessing the Body: Transgressive Desire in "Carmilla" and *Dracula*." *Criticism* 38.4(1996): 607-632.

Stoddart. Helen. "'The Precautions of Nervous People Are Infectious': Sheridan Le Fanu's Symptomatic Gothic." *Modern Language Review* 86.1(1991): 19-34.

Stoker, Bram. *Dracula*. Eds. Nina Auerbach and David J. Skal. New York: W. W. Norton & Company, Inc., 1997.

Veeder, William. "Carmilla: The Arts of Repression." *Texas Studies in Literature and language* 22.2(1980): 197-223.

Welter, Nancy. "Women Alone: Le Fanu's "Carmilla" and Rosetti's "Goblin Market."" *Victorian Sensations: Essays on a Scandalous Genre*. Eds. Kimberly Harrison and Richard Fantina. Columbus: The Ohio University Press, 2006. 138-148.

2부 이미지와 중층적 재현

6장 가면 뒤의 여성: 애프라 벤의 『가장한 고급 창부들』 연구

홍유미. 「"나의 남성적 부분 내 안의 시인": 아프라 벤과 위반으로서의 여성 글쓰기」. 『고전 르네상스 영문학』 11.1(2002): 123-144.

Behn, Aphra. *The Rover and Other Plays*. Ed. Jane Spencer. Oxford: Oxford University Press, 2000.

Bobker, Danielle. "Auth-whore or Writer? Authorship and Identity in *The Rover*." *Restoration and 18th Century Theatre Research* 11. 1(1996): 32-39.

Conway, Alison. "Flesh on the Mind: Behn Studies in the New Millennium." *The Eighteenth Century* 44. 1(2003): 87-93.

Copeland, Nancy. *Staging Gender in Behn and Centlivre: Women's Comedy and the Theatre*. Burlington: Ashgate, 2004.

Cotton, Nancy. *Women Playwrights in England*. Lewisburg: Bucknell University Press, 1980.

Craft-Fairchild, Catherine. *Masquerade and Gender: Disguise and Female Identity in Eighteenth-Century Fictions by Women*. University Park: Pennsylvania State University Press, 1993.

Cuder-Dominguez, Pilar. "'Pretty Contradictions': The Virgin Prostitutes of Aphra Behn's *The Feigned Courtesans*(1679)." *Sederi* 8(1997): 129-133.

Diamond, Elin. "Gestus and Signature in Aphra Behn's *The Rover*." *ELH* 56 (1989): 519-541.

Gallagher, Catherine. "Who was That Masked Woman? The Prostitute and the Playwright in the Comedies of Aphra Behn." *Aphra Behn: New Casebooks*.

Ed. Janet Todd. New York: St. Martin's Press, 1999.

Howe, Elizabeth. *The First English Actresses: Women and Drama, 1660-1700*. Cambridge: Cambridge University Press, 1992.

Hughes, Derek. "The Masked Woman Revealed; or, the Prostitute and the Playwright in Aphra Behn Criticism." *Women's Writing* 7.2(2000): 149-164.

______. *The Theatre of Aphra Behn*. New York: Palgrave, 2001.

Kreis-Schinck, Annette. *Women, Writing and the Theater in the Early Modern Period: The Plays of Aphra Behn and Susanne Centlivre*. Rutherford: Fairleigh Dickinson University Press, 2001.

Lowe, Mary Leah. *A Funny Thing Happened On the Way to the Wedding: Gender Ideology and Narrative Structure in Romantic Comedy*. Diss., The Florida State University, 2001. Ann Arbor: UMI, 2001.

Owens, W. R. and Lisbeth Goodman, eds. *Shakespeare, Aphra Behn and the Canon*. London: Routledge, 1996.

Pearson, Jacqueline. *The Prostituted Muse: Images of Women and Women Dramatists 1642-1737*. Brighton: Harvester Press, 1988.

Rosenthal, Laura J. "Reading Masks: The Actress and the Spectatrix in Restoration Shakespeare." *Broken Boundaries: Women & Feminism in Restoration Drama*. Ed. Katherine M. Quinsey. Lexington: University Press of Kentucky, 1996. 201-218.

Spencer, Jane. "'Deceit, Dissembling, All That's Woman': Comic Plot and Female Action in *The Feigned Courtesans*." *Rereading Aphra Behn: History, Theory, and Criticism*. Ed. Heidi Hutner. Charlottesville: University of Virginia Press, 1993. 86-101.

______. *Aphra Behn's Afterlife*. Oxford: Oxford University Press, 2000.

Todd, Janet. *The Secret Life of Aphra Behn*. New Brunswick: Rutgers University Press, 1997.

7장 전복적 혹은 유토피아적 동화?: 여성의 자아 탐구로서 「도깨비 시장」 다시 읽기

Arseneau, Mary, Antony H. Harrison and Lorraine Janzen Kooistra, eds. *The Culture of Christina Rossetti: Female Poetics and Victorian Contexts*. Athens: Ohio University Press, 1999.

Auerbach, Nina and U. C. Knoepflmacher, eds. *Forbidden Journeys: Fairy Tales and Fantasies by Victorian Women Writers*. Chicago: University of Chicago Press, 1992.

D'Amico, Diane. *Christina Rossetti: Faith, Gender and Time*. Baton Rouge: Louisiana State University Press, 1999.

Gilbert, Sandra M. and Susan Gubar. *The Madwoman in the Attic: The Woman Writer and the Nineteenth-Century Literary Imagination*. New Haven and London: Yale University Press, 1984.

Jones, Kathleen. *Learning Not to be First: The Life of Christina Rossetti*. Gloucestershire: Windrush Press, 1991.

Knoepflmacher, U. C. *Ventures into Childland: Victorians, Fairy Tales, and Femininity*. Chicago and London: University of Chicago Press, 1998.

Kooistra, Lorraine Janzen. "Visualizing the Fantastic Subject: Goblin Market and the Gaze." *The Culture of Christina Rossetti: Female Poetics and Victorian Contexts*. Athens, Ohio: Ohio University Press, 1999. 137-169.

Mayberry, Katherine J. *Christina Rossetti and the Poetry of Discovery*. Baton Rouge and London: Louisiana State University Press, 1989.

Menke, Richard. "The Political Economy of Fruit: Goblin Market." *The Culture of Christina Rossetti: Female Poetics and Victorian Contexts*. Athens, Ohio: Ohio University Press, 1999. 105-136.

Rosenblum, Dolores. *Christina Rossetti: The Poetry of Endurance*. Carbondale and Edwardsville: Southern Illinois University Press, 1986.

Rossetti, Christina. *Goblin Market: A Tale of Two Sisters*. Afterword by Joyce Carol Oates. San Francisco: Chronicle Books, 1997.

Rossetti, William Michael, ed. *The Poetical Works of Christina Georgina Rossetti*. London: Macmillan, 1904.

Zipes, Jack. *Victorian Fairy Tales: The Revolt of the Fairies and Elves*. New York: Methuen, 1986.

8장 수잔 최의 『외국인 학생』에 나타난 아시아 남성과 백인 여성의 사랑

고부응·나은지. 「수잔 최의 『외국인 학생』과 초민족적 공간」. 『미국소설』 15.1(2008): 29-52.

김남균. 「미국 역사가들과 한국전쟁: 해석의 변증법」. 『미국사연구』 12(2000): 137-157.
손호철. 「1950년대 한국사회의 이데올로기: 한국전쟁 이후 시기를 중심으로」. 『한국정치연구』 5.1(1996): 41-79.
유선모. 『미국 소수민족 문학의 이해』. 서울: 신아사, 2001.
유희석. 「한국계 미국작가들의 현주소」. 『창작과 비평』 2002 여름호. 265-291.
정은경. 「식민지 지식인 후예의 사랑」. 『디아스포라 문학: 추방된 자, 어떻게 운명의 주인공이 되는가』. 서울: 이룸, 2007. 120-131.
허은. 「1950년대 '주한 미공보원(USIS)'의 역할과 문화전파 지향」. 『한국사학보』 15(2003): 227-259.
Choi, Susan. *The Foreign Student*. New York: Harper Perennial University Press, 1999.
Eng, David L. "Male Hysteria-Real and Imagined-in *Eat a Bowl of Tea* and *Pangs of Love*." *Racial Castration: Managing Masculinity in Asia America*. Durham: Duke University Press, 2001. 167-203.
Koshy, Susan. *Sexual Naturalization: Asian Americans and Miscegenation*. Standford: Standford University Press, 2004.
Ma, Sheng-mei. "Interracial Eroticism in Asian American Literature: Male Subjectivity and White Bodies." *Immigrant Subjectivities in Asian American and Asian Diaspora Literature*. New York: States University of New York Press, 1998. 63-85.

9장 세 편의 「제인 에어」 영화를 통해 본 여성상의 시대적 변화

오정화. 「단독자로서의 제인 에어」. 『근대영미소설』 21.3(2014): 59-95.
Anderson, Kurt. "The Best Decade Ever? The 1990s, Obviously." *The New York Times*. 06 February, 2015.
Bodenheimer, Rosemarie. "Jane Eyre in Search of Her Story." *Modern Critical Interpretations Charlotte Brontë's Jane Eyre*. Ed. Harold Bloom. New York: Chelsea House Publishers, 1987.
Botting, Fred. *Gothic*. London: Routledge, 1996.
Brontë, Charlotte. *Jane Eyre*. Ed. Beth Newman. New York: St. Martin's Press, 1996.

"Cary Fukunaga Talks *Jane Eyre*." *Empire Magazine*. 08 September, 2011.

Davison, Carol Margaret. "Ghosts in the Attic." *Gilbert and Gubar's The Madwoman in the Attic After Thirty Years*. Ed. Annette R. Federico. Missouri: University of Missouri Press, 2009.

Easthope, Anthony. *Literary into Cultural Studies*. London: Routledge, 1991.

Ebert, Roger. "*Jane Eyre*." https://www.*rogerebert*.com. 16 March, 2011.

Ellis, Kate and Ann Kaplan. "Feminism in Brontë's Novel and Its Film Version." *The English Novel and the Movies*. Eds. Michael Klein and Gillian Parker. New York: Frederick Ungar Pub. Co., 1981.

Gilbert, Sandra M. and Susan Gubar. *The Madwoman in the Attic*. New Haven: Yale University Press, 1979.

Hoeveler, Diane Long. *Gothic Feminism*. Philadelphia: Penn State University Press, 1998.

Jane Eyre. Directed by Robert Stevenson, performances by Joan Fontaine and Orson Wells. 1941.

Jane Eyre. Directed by Franco Zefferelli, performances by Charlotte Gainsberg and Willian Hurt. 1996.

Jane Eyre. Directed by Cary Fukunaga, performances by Mia Wasikowska and Michael Fassbender. 2011.

"*Jane Eyre*: A Passionate Adaptation of a Classic Novel." *Focus Features* Jane Eyre *Official Site*. 05 January, 2011.

Kermode, Mark. "Review of *Jane Eyre*." BBC Radio. 09 September, 2011.

Lee, Soyoung. "Jane's Progress in Three Film Adaptations of *Jane Eyre*." *Feminist Studies in English Literature* 10.2(2002): 277-307.

Longworth, Karina. "A Masterful *Jane Eyre* Stresses Independence." *Village Voice*. 09 March, 2011.

Monk, Claire. "Eyre Conditioning." *Sight and Sound* 21.10(2011): 44-45.

Rich, Adrienne. "The Temptations of a Motherless Woman." *Norton Critical Edition of Jane Eyre*. Ed. Richard J. Dunn. New York: W.W. Norton & Company, Inc., 1987.

"Unlocking Charlotte Bronte's Jane Eyre: An Interview with Screen Writer Moira Buffini." *Focus Features Jane Eyre Official Site*. 15 March, 2011.

왓슨, 샘. 『오드리와 티파니에서 아침을: 첫 번째 싱글걸에 대한 혼란과 떨림의 이야기』. 노지양 옮김. 파주: 이봄, 2011.

Auslander, Leora. "The Gendering of Consumer Practices in Nineteenth-Century France." *The Sex of Things: Gender and Consumption in Historical Perspective*. Eds. Victoria de Grazia and Ellen Furlough. Berkeley: University of California Press, 1996.

Benjamin, Walter. *Illuminations*. Trans. Harry Zohn. New York: Schocken Books, 1968.

______. *Charles Baudelaire: A Lyric Poet in the Era of High Capitalism*. Trans. Harry Zohn. London: Verso, 1997.

Breakfast at Tiffany's. Directed by Blake Edwards, performances by Audrey Hepburn and George Peppard. Paramount Pictures. 1961.

Buck-Morss, Susan. "The Flaneur, the Sandwichman, and the Whore: The Politics of Loitering." *New German Critique* 39(1986): 99-139.

Capote, Truman. *Breakfast at Tiffany's and Three Stories*. New York: Vintage Books, 1986.

Clark, Leslie. "Brunch on Moon River." *The Modern American Novel and the Movies*. Eds. Gerald Peary and Roger Shatzkin. New York: Ungar, 1979. 236-246.

D'Arcy, Chantal Cornut-Gentille. "Who's Afraid of the Femme Fatale in *Breakfast at Tiffany's*? Exposure and Implication of a Myth." *Gender, I-deology: Essays on Theory, Fiction and Film*. Eds. Chantal Cornut-Gentille D'Arcy and José Ángel García Landa. Amsterdam: Rodopi, 1996. 371-385.

Hassan, Ihab. H. "Birth of a Heroine." *The Critical Response to Truman Capote*. Eds. Joseph J. Waldmeir and John C. Waldmeir. Westport, Conneticut: Greenwood Press, 1999. 109-114.

Krämer, Peter. "The Many Faces of Holly Golightly: Truman Capote, *Breakfast at Tiffany's* and Hollywood." *Film Studies: An International Review* 5(2004): 58-65.

Lehman, Peter and William Luhr. "'I Love New York!': *Breakfast at Tiffany's*." *City That Never Sleeps: New York and the Filmic Imagination*. Ed. Murray

Pomerance. New Brunswick, NJ: Rutgers University Press, 2007. 23-31.
Lev, Peter. *History of the American Cinema 7: Transforming the Screen 1950-1959*. Berkeley: University of California Press, 2003.
Pollock, Griselda. *Vision and Difference*. London: Routledge, 1988.
Pugh, Tison. "Capote's *Breakfast at Tiffany's*." *The Explicator* 61.1(2002): 51-53.
Richards, Helen. "Sex and the City: A Visible Flaneure for the Postmodern Era?" *Continuum: Journal of Media & Cultural Studies* 17.2(2003): 147-157.
Scott, Bede. "On Superficiality: Truman Capote and the Ceremony of Style." *Journal of Modern Literature* 34.3(2011): 128-148.
Wojcik, Pamela Robertson. *The Apartment Plot: Urban Living in American Film and Popular Culture, 1945 to 1975*. Durham: Duke University Press, 2010.

3부 전복의 장으로서의 글쓰기

11장 자서전 쓰기를 통해 공사 영역 경계 넘기: 로체스터 부인의 『제인 에어』

서지문. 「19세기 영국 여성 작가들의 자전적 소설」. 『여자로 말하기, 몸으로 글쓰기』. 서울: 또하나의문화, 1992. 233-245.
Azim, Firdous. *The Colonial Rise of the Novel*. New York: Routledge, 1993.
Beattie, Valerie. "The Mystery at Thornfield: Representations of Madness in *Jane Eyre*." *Studies in the Novel* 28(1996): 493-505.
Bodenheimer, Rosemarie. "Jane Eyre in Search of Her Story." *Papers on Language and Literature* 16(1980): 387-402.
Boumelha, Penny. *Charlotte Brontë*. Hemel Hempstead: Harvester Wheatsheaf, 1990.
Brontë, Charlotte. *Jane Eyre*. Ed. Q. D. Leavis. New York: Penguin Books, 1966.
Eagleton, Terry. *Myths of Power: A Marxist Study of the Brontës*. London: Macmillan, 1988.
Fraiman, Susan. *Unbecoming Women: British Women Writers and the Novel of Development*. New York: Columbia University Press, 1993.
Gaskell, Elizabeth. *The Life of Charlotte Brontë*. Ed. Alan Shelston. Baltimore, Maryland: Penguin Books, 1975.

Gezari, Janet K. "Marriage or Career: Goals for Women in Charlotte Brontë's Novels." *Bucknell Review* 24(1978): 83-94.

Gilbert, Sandra M. and Susan Gubar. *The Madwoman in the Attic: The Woman Writer and the Nineteenth-Century Literary Imagination*. New Haven: Yale University Press, 1979.

Griesinger, Emily. "Charlotte Brontë's Religion: Faith, Feminism, and *Jane Eyre*." *Christianity and Literature* 58(2008): 29-59.

Hawthorne, Nathaniel. *The Letters, 1853-1856: The Centenary Edition of the Works of Nathaniel Hawthorne*, vol. 17. Columbus: Ohio State University Press, 1987.

Heller, Dana. *The Feminization of Quest-Romance*. Austen: University of Texas Press, 1990.

Irigaray, Luce. "This Sex Which Is Not One." *This Sex Which Is Not One*. Trans. Catherine Porter. Ithaca: Cornell University Press, 1985. 23-33.

Jacobus, Mary. *Reading Woman: Essays in Feminist Criticism*. New York: Columbia University Press, 1986.

Kaffman, Linda S. *Discourse of Desire: Gender, Genre, and Epistolary Fictions*. Ithaca: Cornell University Press, 1986.

Kreilkamp, Ivan. "Unuttered: Withheld Speech and Female Authorship in *Jane Eyre* and *Villette*." *Novel* 32(1999): 331-354.

Marcus, Sharon. "The Profession of the Author: Abstraction, Advertising and *Jane Eyre*." *PMLA* 110(1995): 206-219.

Peters, John G. "Inside and Outside: *Jane Eyre* and Marginalization through Labeling." *Studies in the Novel* 28(1996): 57-68.

Poovey, Mary. *Uneven Developments: The Ideological Work of Gender in Mid-Victorian England*. Chicago: The University of Chicago Press, 1988.

Rigby, Elizabeth. "*Vanity Fair, Jane Eyre* and the Governesses' Benevolent Institution—Report for 1847." *Quarterly Review* 84(1848): 153-185.

Searle, Alison. "An Idolatrous Imagination? Biblical Theology and Romanticiam in Charlotte Brontë's *Jane Eyre*." *Christianity and Literature* 56(2006): 35-61.

Showalter, Elaine. *A Literature of Their Own: British Women Novelists from Brontë to Lessing*. Princeton, New Jersey: Princeton University Press, 1977.

Smith, Sidonie. *A Poetics of Women's Autobiography: Marginality and the Fictions* of *Self-Representation*. Bloomington and Indianapolis: Indiana University Press, 1987.

Spivak, Gayatri Chakravorty. "Three Women's Texts and a Critique of Imperialism." *The Feminist Reader*. Eds. Catherine Belsey and Jane Moore. London: Macmillan, 1989. 175-195.

Tanner, Tony. "Passion, Narrative and Identity in *Wuthering Heights and Jane Eyre*." *Contemporary Approaches to Narrative*. Ed. Anthony Mortimer. Tubingen: Narr, 1984. 9-23.

Thormählen, Marinne. *The Brontës and Religion*. Cambridge: Cambridge University Press, 1999.

Warhol, Robyn R. "Double Gender, Double Genre in *Jane Eyre* and *Villette*." *Studies in English Literature, 1500-1900*. 36(1996): 857-875.

Woolf, Virginia. *A Room of One's Own*. New York: Harvest/HBJ, 1957.

12장 여성의 서사시와 『오로라 리』: 엘리자베스 배럿 브라우닝의 양성적 글쓰기

김영진. 『뉴톰슨 관주 주석성경』. 서울: 성서교재간행사, 1985.

박현경. 「윌리엄 워즈워스의 『서곡』에 나타난 서사시의 관행과 문학적 전통」. 『영어영문학 연구』 49.2(2007): 123-136.

Bailey, Peggy Dunn. "'Hear the Voice of the [Female] Bard': *Aurora Leigh* as a Female Romantic Epic." *Approaches to the Anglo and American Female Epic, 1621-1982*. Ed. Bernard Schweizer. Burlington: Ashgate, 2006. 117-137.

Bakhtin, Mikhail M. *The Dialogic Imagination: Four Essays*. Ed. Michael Holquist. Trans. Caryl Emerson and Michael Holquist. Austin: University of Texas Press, 1981.

Blake, Kathleen. "Elizabeth Barrett Browning and Wordsworth: The Romantic Poet as a Woman." *Victorian Poetry* 24.4(1986): 387-398.

Bloom, Harold. *A Map of Misreading*. New York: Oxford University Press, 1975.

Bloom, Herold and Lionel Trilling, eds. *Victorian Prose and Poetry*. New York: Oxford University Press, 1973.

Browning, Elizabeth Barrett. *The Letters of Elizabeth Barrett Browning*. Ed. Frederic G. Kenyon. London: Macmillan, 1898. 2 vols.

______. *Aurora Leigh*. Ed. Kerry McSweeney. Oxford: Oxford University Press,

1993.
______. *The Complete Poetical Works of Elizabeth Barrett Browning*. Kila: Kessinger, 2005.
Cooper, Helen. *Elizabeth Barrett Browning, Woman & Artist*. Chapel Hill: University of North Carolina Press, 1988.
David, Deirdre. *Intellectual Women and Victorian Patriarchy*. London: The Macmillan Press, 1987.
Friedman, Susan Stanford. "Gender and Genre Anxiety: Elizabeth Barrett Browning and H. D. as Epic Poets." *Tulsa Studies in Women's Literature* 5.2(1986): 203-228.
Heilbrun, Carolyn G. *Toward a Recognition of Androgyny*. New York: Norton, 1982.
Homans, Margaret. *Women Writers and Poetic Identity*. Princeton: Princeton University Press, 1980.
Hurst, Isobel. *Victorian Women Writers and the Classics: The Feminine of Homer*. Oxford: Oxford University Press, 2006.
Kaplan, Cora. "Aurora Leigh." *Feminist Criticism and Social Change*. Eds. Judith L. Newton and Deborah Rosenfelt. New York: Methuen, 1985.
Leighton, Angela. *Elizabeth Barrett Browning*. Brighton: The Harvester Press, 1986.
Markus, Julia. *Dared and Done: The Marriage of Elizabeth Barrett Browning and Robert Browning*. Athens: Ohio University Press, 1995.
Mellor, Anne K. *Romanticism & Gender*. New York: Routledge, 1993.
Mermin, Dorothy. *Elizabeth Barrett Browning: The Origins of a New Poetry*. Chicago: University of Chicago Press, 1989.
Milton, John. "Paradise Lost." *The Complete Poems*. Ed. John Leonard. London: Penguin, 1998.
Rose, Mary Beth. *Gender and Heroism in Early Modern English Literature*. Chicago: University of Chicago Press, 2002.
Scheinberg, Cynthia. "Elizabeth Barrett Browning's Hebraic Conversions: Feminism and Christian Typology in Aurora Leigh." *Critical Essays on Elizabeth Barrett Browning*. Ed. Sandra Donaldson. New York: Hall, 1999. 306-323.

Schweizer, Bernard. *Approaches to the Anglo and American Female Epic, 1621-1982*. Burlington: Ashgate, 2006.

Stone, Marjorie. "Gender Subversion and Genre Inversion." *Victorian Poetry* 25.2(1987): 101-127.

Woolf, Virginia. *A Room of One's Own*. New York. Harcourt, 1957.

______. "Aurora Leigh." *Women and Writing*. Ed. Michele Barrett. Orlando: Harcourt, 1979.

______. "On not Knowing Greek." *A Woman's Essays*. Ed. Rachel Bowlby. London: Penguin, 1992.

Wordsworth, William. *The Prelude*. Ed. J. C. Maxwell. London: Yale University Press, 1981.

13장 마거릿 애트우드의 여성 화자가 지닌 전복성: 『시녀 이야기』와 『그레이스』의 내러티브를 중심으로

김문정. 「여성주의적 『1984』: 마가렛 앳우드의 『대리모 하녀 이야기』」. 고려대학교 학위논문, 2002.

김순식·신숙희. 「『일명 그레이스』에 나타난 여성의 역사의식」. 『인문과학연구논총』 27(2005): 23-40.

이소희. 「『핸드메이드 이야기』에 나타난 여성의 일에 관한 연구: 대리모 하녀의 일을 중심으로」. 『영미문학페미니즘』 3(1996): 187-212.

______. 「『핸드메이드 이야기』 연구: 성(Sexuality)과 친밀성의 재현을 중심으로」. 『현대영미소설』 5.2(1998): 183-204.

이승은. 「『핸드메이드 이야기』에 나타난 디스토피아와 저항적 내러티브」. 『영미문화』 5.1(2005): 237-259.

Atwood, Margaret. *Survival: A Thematic Guide to Canadian Literature*. Toronto: House of Anansi Press, 1972.

______. *The Handmaid's Tale*. Toronto: Seal Books, 1986.

______. *Alias Grace*. Toronto: Seal Books, 1997.

______. "In Search of Alias Grace: On Writing Canadian Historical Fiction." *The American Historical Review* 103.5(December, 1998): 1503-1516.

Choe, Okyoung. "Margaret Atwood's *The Handmaid's Tale*: A Survival Story." *East and West Studies Series* 28(1994): 147-158.

Conboy, Sheila C. "Scripted, Conscripted, and Circumscribed: Body Language in Margaret Atwood's *The Handmaid's Tale*." *Anxious Power: Reading, Writing, and Ambivalence in Narrative by Women*. Eds. Carol J. Singley and Susan Elizabeth Sweeney. Albany: State University of New York Press, 1993. 349-362.

Davidson, Arnold E. "Future Tense: Making History in *The Handmaid's Tale*." *Margaret Atwood: Vision and Forms*. Eds. Kathryn VanSpanckeren and Jan Garden Castro. Carbondale: Southern Illinois University Press, 1988. Rpt. *Margaret Atwood*. Ed. Harold Bloom. Philadelphia: Chelsea House Publishers, 2000. 21-28.

Deer, Glenn. "*The Handmaid's Tale*: Dystopia and the Paradoxes of Power." *Postmodern Canadian Fiction and the Rhetoric of Authority*. McGill-Queen's University Press, 1994. Rpt. *Margaret Atwood*. Ed. Harold Bloom. Philadelphia: Chelsea House Publishers, 2000. 93-112.

Defalco, Amelia. "Haunting Physicality: Corpses, Cannibalism, and Carnality in Margaret Atwood's *Alias Grace*." *University of Toronto Quarterly* 75.2(Spring, 2006): 771-783.

Foucault, Michel. *Discipline and Punish: The Birth of the Prison*. Trans. Alan Sheridan. New York: Vintage, 1979.

Howells, Coral Ann. *Margaret Atwood*. New York: St. Martin's Press, 1996.

Kauffman, Linda. "Special Delivery: Twenty-First Century Epistolarity in *The Handmaid's Tale*." *Writing Female Voice: Essays on Epistolary Literature*. Ed. Elizabeth Goldsmith. Boston: Northeastern University Press, 1989. 221-244.

Knelman, Judith. "Can We Believe What the Newspapers Tell Us? Missing Links in *Alias Grace*." *University of Toronto Quarterly* 68.2(Spring, 1999): 677-685.

Mendez-Egle, Beed. *Margaret Atwood: Reflection and Reality*. Edinburg: Pan American University Press, 1987.

Michael, Magali Cornier. "Rethinking History as Patchwork: The Case of Atwood's *Alias Grace*." *Modern Fiction Studies* 47.2(Summer, 2001): 421-447.

Mycak, Sonia. *In Search of the Split Subject: Psychoanalysis, Phenomenology, and the Novels of Margaret Atwood*. Toronto: ECW, 1996.

Nicholson, Colin, ed. *Margaret Atwood: Writing and Subjectivity*. New York: St. Martin's, 1994.

Rao, Eleonora. *Strategies for Identity: The Fiction of Margaret Atwood*. New York: Peter Land Publishing, 1994.

Rigney, Barbara Hill. *Margaret Atwood*. Houndmills, Eng.: Macmillan, 1987.

Siddall, Gillian. "That Is What I Told Dr. Jordan...": Public Construction and Private Disruptions in Margaret Atwood's *Alias Grace*. *Essays on Canadian Writing* 81(Winter, 2004), 84-102.

Spivak, Gayatri Chakravorty. "Can the Subaltern Speak?" *Marxism and the Interpretation of Culture*. Eds. Cary Nelson and Lawrence Grossberg. Urbana: University of Illinois Press, 1988. 271-313.

Staels, Hilde. "Intertexts of Atwood's *Alias Grace*." *Modern Fiction Studies* 46.2(Summer, 2000): 427-450.

Stein, Karen F. *Margaret Atwood Revisited*. New York: Twayne Publishers, 1999.

______. "Margaret Atwood's Modest Proposal: *The Handmaid's Tale*." *Canadian Literature* 148(Spring, 1996): 57-71. Rpt. *Margaret Atwood*. Ed. Harold Bloom. Philadelphia: Chelsea House Publishers, 2000. 191-204.

14장 여성 노년 소설에 나타난 여성의 노년과 성숙: 메이 사튼의 『지금의 우리』와 폴리 마셜의 『과부를 위한 찬가』

김수영·모선희·원영희·최희경. 『노년사회학』. 서울: 학지사, 2009.

연점숙. 「페미니즘과 노년차별: 페미니즘 안팎의 타자, 노년여성」. 『영미문학페미니즘』 17.1(2009): 107-129.

정진웅. 『노년의 문화인류학』. 파주: 한울, 2006.

Beauvoir, Simone de. *The Coming of Age*. Trans. Patrick O'Brian. New York: G. P. Putnam's Sons, 1972.

______. *The Second Sex*. Trans. H. M. Parshley. London: Picador, 1988.

Brennan, Zoe. *The Older Woman in Recent Fiction*. North Carolina: McFarland, 2005.

Chivers, Sally. *From Old Woman to Older Women: Contemporary Culture and Women's Narratives*. Columbus: Ohio State University Press, 2003.

Cruikshank, Margaret. *Learning to Be Old: Gender, Culture, and Aging*. Lanham: Rowman & Littlefield, 2009.

Denniston, Dorothy Hamer. *The Fiction of Paule Marshall: Reconstructions of*

History, Culture, and Gender. Knoxville: University of Tennessee Press, 1995.
Marshall, Paule. *Praisesong for the Widow*. New York: Plume, 1983.
Pearsall, Marilyn, ed. *The Other Within Us: Feminist Explorations of Women and Aging*, Boulder, CO: Westview Press, 1997.
Sarton, May. *As We Are Now*. New York: Norton, 1973.
______. "Toward Another Dimension..." *The Other Within Us: Feminist Explorations of Women and Aging*. Ed. Marilyn Pearsall. Colorado: Westview, 1997. 229-231.
Sizemore, Christine Wick. *Negotiating Identities in Women's Lives: English Postcolonial and Contemporary British Novels*. Westport: Greenwood, 2002.
Waxman, Barbara Frey. *From the Hearth to the Open Road: A Feminist Study of Aging in Contemporary Literature*. London: Greenwood, 1990.

15장 린다 호건의 『파워』: 인디언 여성 자서전 문학

로, 에리코. 『아메리카 인디언의 지혜』. 김난주 옮김. 서울: 열린책들, 2004.
류시화. 『나는 왜 너가 아니고 나인가』. 서울: 김영사, 2003.
진, 하워드. 『미국민중사 1』. 유강은 옮김. 서울: 시울, 2006.
Ackerberg, Peggy Maddux. "Breaking Boundaries: Writing Past Gender, Genre, and Genocide in Linda Hogan." *SAIL: Studies in American Indian Literatures* 6.3(1994): 7-14.
Allen, Pula Gunn. *The Sacred Hoop: Recovering the Feminine in American Indian Traditions*. Boston: Beacon Press, 1986.
Catches, Peter S., Sr. *Sacred Fireplace: Life and Teachings of a Lakota Medicine Man*. Santa fe: Clear Light Press, 1999.
Deloria, Vine, Jr. *God is Red: A Native View of Religion*. Golden: Fulcrum Press, 1973.
Fergusson, Ema. *Dancing Gods: Indian Ceremonials of New Mexico and Arizona*. Albuquerque: New Mexico University Press, 1934.
Hogan, Linda. *Dwellings: A Spiritual History of the Living World*. New York: W. W. Norton & Company, 1995.
______. *Power*. New York: W. W. Norton & Company, 1998.
______. *The Woman Who Watches Over the World*. New York: W. W. Norton &

Company, 2001.

Manning, Pascale Mccullough. "A Narrative of Movies: Solicitation and Confession in Linda Hogan's *Power*." *SAIL: Studies in American Indian Literatures*. 20.2(2008): 1-21.

Sands, Kathleen Mullen "Indian Women's Personal Narratives: Voices Past and Present." *American Women's Autobiography*. Ed. Margo Culley. Madison: Wisconsin University Press, 1992. 268-294.

Wilson, Norma C. "Linda Henderson Hogan." *Handbook of Native American Literature*. Ed. Andrew Wiget. New York and London: Garland Press, 1996. 449-452.

16장 여성 SF 작가가 꿈꾸는 가상 세계 속의 신화와 젠더: 어슐러 르 귄의 『어둠의 왼손』을 중심으로

Attebery, Brian. *The Fantasy Tradition in American Literature: From Irving to Le Guin*. Bloomington: Indiana University Press, 1980.

Baring, Anne and Jules Cashford. *The Myth of the Goddess*. London: Arkana Penguin Books, 1991.

Barr, Marleen S. *Alien to Femininity: Speculative Fiction and Feminist Theory*. Westport, CT: Greenwood Press, 1987.

______. *Lost in Space*. Chapel Hill & London: The University of North Carolina Press, 1993.

Bassnet, Susan. "Remaking the Old World: Ursula Le Guin and the American Tradition." *Where No Man Has Gone Before: Women and Science Fiction*. Ed. Lucie Armitt. London and New York: Routledge, 1991.

Bloom, Harold, ed. *Ursula K. Le Guin's The Left Hand of Darkness*. New York: Chelsea House Publishers, 1987.

Campbell, Joseph. *The Hero with a Thousand Faces*. Princeton, New Jersey: Princeton University Press, 1973.

Cummins, Elizabeth. *Understanding Ursula K. Le Guin*. Columbia, South Carolina: University of South Carolina Press, 1993.

Donawerth, Jane. *Frankenstein's Daughters: Women Writing Science Fiction*. New York: Syracuse University Press, 1997.

Getty, Adele. *Goddess: Mother of Living Nature*. New York: Thames and Hudson, 1990.

Graham, Lanier. *Deesses*. Paris: Edition Abbeville, 1997.

Heilbrun, Carolyn G. *Toward A Recognition of Androgyny*. New York: Alfred A. Knopf, 1973.

Jung, C. G. *The Archetype and the Collective Unconscious*. New York: Pantheon Books, 1959.

King, Geoff and Tanya Krzywinska. *Science Fiction Cinema: From Outerspace to Cyberspace*. London: Wallflower, 2000.

Landsman, Gail. "Science Fiction: The Rebirth of Mythology." *Popular Fiction: An Anthology*. Ed. Gary Hoppenstand. New York: Longman, 1998. 754-759.

Le Guin, Ursula K. *The Left Hand of Darkness*. New York: Ace Books, 1969.

______. "A Citizen of Mondath." *Foundation* 4(1973).

______. *The Dispossessed*. New York: Avon, 1975.

______. "Is Gender Necessary?" *Dancing at the Edge of the World*. New York: Grove Press, 1989.

______. "Myth and Archetype in Science Fiction." *Popular Fiction: An Anthology*. Ed. Gary Hoppenstand. New York: Longman, 1998. 392-397.

Manfredo, Stephane. *La Science Fiction aux Frontieres de L'homme*. Paris: Gallimard, 2000.

Murail, Lorris. *Les Maitres de la Science-Fiction*. Paris: Bordas, 1993.

Rhodes, Jewel P. "Ursula K. Le Guin's *The Left Hand of Darkness*: Androgyny and the Feminist Utopian Vision." *Women and Utopia*. Eds. Marleen Barr and Nicholas O. Smith. New York: University Press of America, 1983.

Roberts, Adam. *Science Fiction*. London and New York: Routledge, 2000.

Roberts, Robin. *A New Species: Gender and Science in Science Fiction*. Urbana: University of Illinois Press, 1993.

Rochelle, Warren G. *Communities of the Heart: The Rhetoric of Myth in the Fiction of Ursula K. Le Guin*. Liverpool: Liverpool University Press, 2000.

Russ, Joanna. "The Image of Women in Science Fiction." *Images of Women in Fiction*. Eds. S.K. Cornillon and Bowling Green, KY: Bowling Green University Popular Press, 1972.

| 찾아보기 |

[ㄷ]

[ㄹ]

[ㅁ]

[ㅇ]

❙ 저자 소개 ❙

오정화

이화여자대학교 영어영문학과를 졸업하고 미국 위스콘신대학교에서 석사학위를, 코넬대학교에서 박사학위를 받았다. 이화여자대학교 대학원장 및 인문과학대학장, 한국근대영미소설학회 회장, 한국여성학회 회장 등을 역임했으며, 현재 이화여자대학교 영어영문학부 교수로 재직 중이다. 저서로는 『19세기 영국 여성 작가와 기독교』, 『오만과 편견: 한없이 '작은 나'의 성장서사』, 편저로는 『영어영문학연구 50년』, 『이민자 문화를 통해 본 한국 문화』 등이 있고, 역서로는 『여성과 일상생활: 사랑, 결혼, 그리고 페미니즘』 등이 있다.

김순식

이화여자대학교 영어영문학과를 졸업하고 미국 일리노이대학교UIUC에서 비교문학 석사 및 박사학위를 받았다. 한국영어영문학회와 한국비교문학회 이사를 역임했으며, 현재 명지대학교 영어영문학과 교수로 재직 중이다. 저서로는 *Colonial and Postcolonial Discourse in the Novels of Yom Sang-Sop, Chinua Achebe and Salman Rushdie*, 『문학비평의 이론과 실제』(공저) 등이 있고, 역서로는 『번역과 한국 근대문학』 등이 있다.

김순원

이화여자대학교 영어영문학과를 졸업하고 동 대학원에서 영문학 석사 및 박사학위를 받았다. 한국18세기영문학회 회장 및 한국근대영미소설학회 이사 등을 역임했으며, 현재 가천대학교 영미어문학과 교수로 재직 중이다. 저서로는 『18세기 영국소설 강의』(공저) 등이 있고, 역서로는 『영미여성 소설론』(공역) 등이 있다.

김영미

이화여자대학교 영문학과를 졸업하고 동 대학원에서 영문학 석사 및 박사학위를 받았다. 현재 경인여자대학교 간호학과(간호영어)에서 조교수로 재직 중이며 대학교 내 글로벌커리어센터 센터장을 맡고 있다. 저서로는 『감정의 지도그리기』(공저), 『미국 이민소설의 초국가적 역동성』(공저) 등이 있고, 역서로는 『블레이크 씨의 특별한 심리치료법』, 『대지의 순례자 애니 딜라드가 전하는 자연의 지혜』 등이 있다.

김옥례

이화여자대학교 영어영문학과를 졸업하고 동 대학원에서 영문학 석사 및 박사학위를 받았다. 미국 스탠퍼드대학교 영문학과와 하버드대학교 여성학과 방문교수를 비롯해 한국근대영미소설학회 부회장, 한국영어영문학회 이사를 역임했다. 현재 영상영어교육학회와 한국영어어문교육학회 부회장직을 맡고 있으며 한국교통대학교 철도경영물류학과 영미소설전공 교수로 재직 중이다. 저서로는 『영미소설 해설총서 4: 모비딕』, 『익시온의 고뇌: 멜빌 작품에 나타난 예술가의 초상』, 『미국소설 명장면 모음집』(공저), 『모비딕 다시 읽기』(공저), 『미국 이민소설의 초국가적 역동성』(공저) 등이 있고, 역서로는 『파워』 등이 있다.

민경숙

이화여자대학교 영어영문학과를 졸업하고 프랑스 파리 제3대학교에서 비교문학으로 DEA와 박사학위를 받았다. 현재 용인대학교 영어과 교수로 재직 중이다. 저서로는 『조셉 콘라드』, 『도리스 레싱: 20세기 여성의 초상』, 『도리스 레싱, 21세기 여성 작가의 도전』 등이 있고, 역서로는 『해체비평』, 『과학과 젠더』, 『유인원, 사이보그, 그리고 여자』, 『한 장의 잎사귀처럼』, 『겸손한_목격자@제2의_천년.여성인간©_앙코마우스™를_만나다』 등이 있다.

박정오

이화여자대학교 영어영문학과를 졸업하고 동 대학원에서 영문학 석사학위를, 프랑스 파리 제7대학교에서 영문학 박사학위를 받았다. 현재 명지대학교 방목기초교육대학 교수로 재직 중이다. 역서로는 『나, 너, 우리』, 『근원적 열정』, 『사랑의 힘』 등이 있고, 그 밖에 「포크너의 희생제의: 폭력과 희생양의 메커니즘」 등 윌리엄 포크너 및 신화와 관련된 다수의 논문이 있다.

박현경

이화여자대학교 영어영문학과를 졸업하고 동 대학원에서 영문학 석사 및 박사학위를 받았다. 한국여성학회 정회원이며 현재 남서울대학교 교양대학 부교수로 재직 중이다. 저서로는 『부글부글 십대 말하고 싶어요』(공저), 『내 마음 누가 이해해줄까?』(공저), 『우정이 맘대로 되나요?』(공저) 등이 있고, 그 밖에 「윌리엄 워즈워스의 『서곡』에 나타난 서사시의 관행과 문학적 전통」, 「『돈키호테』와 『햄릿』에 나타난 영웅적 꿈과 광기의 욕망충족」, 「조정래의 『태백산맥』에 나타난 강간의 이데올로기적 재현과 여성 문제」 등 다수의 논문이 있다.

이경란

이화여자대학교 영어영문학과를 졸업하고 동 대학원에서 20세기 전환기 미국 여성 작가 연구로 영문학 박사학위를 받았다. 현재 이화여자대학교 이화인문과학원 연구교수로 재직 중이다. 영미 문학을 중심으로 여성, 젠더, 소수자, 포스트 식민 등의 문제를 꾸준히 다루었고, 최근 포스트 휴먼 논의에 관심을 가지고 관련 주제에 대한 연구와 번역 작업을 병행하고 있다. 저서로는 『젠더와 문학: 19세기 미국여성문학 연구』, 『미국 이민소설의 초국가적 역동성』(공저) 등이 있고, 역서로는 『포스트휴먼』, 『나의 어머니는 컴퓨터였다』(공역) 등이 있다.

이선주

이화여자대학교 영어영문학과를 졸업하고 동 대학원에서 영문학 석사 및 박사 학위를 받았다. 현재 광명시청 관광과에 재직 중이다. 저서로는 『경계인들의 목소리』, 『디킨즈와 신분과 자본』, *When the Korean World in Hawaii was Young 1903-1940* 등이 있고, 역서로는 『문학비평의 원리』, 『올리버 트위스트』, 『 포스트휴먼의 조건』, 『하와이 한인사회의 성장사 1903-1940』 등이 있다.

이소영

이화여자대학교 영어영문학과를 졸업하고 동 대학원에서 영문학 석사 및 박사학위를 받았다. 현재 이화여자대학교 호크마교양대학 글로벌소통교육실 조교수로 재직 중이다. 저서로는 *Write Now*(공저), *IELTS Writing for Success*(공저), 『영화로 읽는 영미 소설: 사랑이야기』(공저) 등이 있고, 역서로는 『연애소설(영미편)』(공역) 등이 있다.

이승은

이화여자대학교 영어영문학과를 졸업하고 동 대학원에서 영문학 석사 및 박사학위를 받았다. 현재 가천대학교 영미어문학과 교수로 재직 중이다. 저서로는 『토니 모리슨』, 『19세기 미국소설 강의』(공저), 『20세기 미국소설의 이해 II』(공저), 『미국 흑인문학의 이해』(공저) 등이 있고, 역서로는 『나사의 회전』, 『한권으로 읽는 근대 미국 단편선』(공역), 『한권으로 읽는 현대 미국 단편선』(공역) 등이 있다.

이형숙

이화여자대학교 영어영문학과를 졸업하고 동 대학원에서 석사학위를 받았다. 미국 뉴욕대학교 영화학과에서 석사학위를, 서던캘리포니아대학교USC 영화미디어학과에서 박사학위를 받았다. 한국영어영문학회, 문학과 영상학회, 한국아메리카학회 등의 이사를 역임했으며 현재 이화여자대학교 영어영문학부 부교수로 재직 중이다. 저서로는 *How East Asian Films Are Reshaping National Identities: Essays on the Cinemas of China, Japan, South Korea, and Hong Kong*(공저), 『유럽의 영화와 문학』(공저) 등이 있고, 역서로는 『셰익스피어의 비극』(공역) 등이 있다.

임진희

이화여자대학교 영어영문학과를 졸업하고 동 대학원에서 영문학 석사 및 박사학위를 받았다. 한국영어영문학회 및 한국아메리카학회 편집이사를 역임했으며, 현재 남서울대학교 글로벌지역문화학과 영미문화전공 교수로 재직 중이다. 주요 저서로는 『한국계 미국 여성문학: 인종·성·국가의 미학』, 『한국에서의 미국학』(공저) 등이 있다.

정다운

이화여자대학교 영어영문학과를 졸업하고 동 대학원에서 영문학 석사학위를, 미국 위스콘신주립대학교 매디슨캠퍼스에서 영문학 박사학위를 받았다. 근대영미소설학회 및 한국영미문학페미니즘학회 회원으로 활동 중이며, 현재 이화여자대학교 영어영문학부와 글로벌소통교육실에서 강의하고 있다. 대표 논문으로는 *Victorian Literature and Culture*에 게재된 "Critical Names Matter: 'Currer Bell,' 'George Eliot,' and 'Mrs. Gaskell'"이 있다.

홍유미

이화여자대학교 영어영문학과를 졸업하고 동 대학원에서 셰익스피어와 현대영미 희곡 연구로 석사 및 박사학위를 받았으며, 영국 버밍엄대학교에서 셰익스피어 연구로 석사학위MPhil를 받았다. 현재 명지대학교 방목기초교육대학 교수로 재직 중이다. 저서로는 『셰익스피어 1』 등이 있고, 역서로는 『버킹엄셔에 비치는 빛』, 『푸코와 문학: 글쓰기의 계보학을 위하여』(공역), 『숀 오케이

시 희곡선집』, 『로미오와 줄리엣』, 『십이야』, 『페리클레스』, 『떠돌이 혹은 추방된 기사들』 등이 있다. 그 밖에 「아일랜드 대기근과 민족적 기억: 톰 머피의 *Famine* 연구」와 「창밖의 역사: 오케이시의 '페트리엇 게임'과 *The Plough and the Stars*」 등 다수의 논문이 있다.

젠더와 재현

영미 문학과 문화를 통해 본 여성 문제

펴낸날 1판 1쇄 2018년 11월 20일
2쇄 2019년 9월 27일
지은이 오정화 외
펴낸이 김헌민
펴낸곳 이화여자대학교출판문화원
주소 서울특별시 서대문구 이화여대길 52 (우03760)
등록 1954년 7월 6일 제9-61호
전화 02) 3277-2965(편집), 362-6076(마케팅)
팩스 02) 312-4312
전자우편 press@ewha.ac.kr
홈페이지 www.ewhapress.com
찍은곳 (주)현문자현

ISBN 979-11-5890-297-1 93840
값 28,000원

이 도서의 국립중앙도서관 출판예정도서목록(CIP)은 서지정보유통지원시스템 홈페이지(http://seoji.nl.go.kr)와 국가자료공동목록시스템(http://www.nl.go.kr/kolisnet)에서 이용하실 수 있습니다. (CIP제어번호: CIP2018035640)